사라져 가는 알타이언어를 찾아서

Documentation of Endangered Altaic Languages

KIM Juwon, KWON Jae-il, KO Dongho, KIM Yoon-shin, JEON Soonhwan

Thaehaksa

사라져 가는 알타이언어를 찾아서

김주원 권재일 고동호 김윤신 전순환 지음

태학사

이 책은 2003년 한국학술진흥재단의 지원에 의하여 연구되었음 (KRF-2003-072-AL2002)

사라져 가는 알타이언어를 찾아서

1판 제1쇄 발행 2006년 3월 20일
2판 제1쇄 인쇄 2008년 7월 21일   **2판 제1쇄 발행** 2008년 7월 31일
지은이 김주원 권재일 고동호 김윤신 전순환
펴낸이 지현구 **펴낸곳** 태학사 **등록** 제406-2006-00008호
주소 경기도 파주시 교하읍 문발리 파주출판도시 498-8
전화 마케팅부 (031) 955-7580~2 편집부 (031) 955-7584~90 **전송** (031) 955-0910
홈페이지 www.thaehaksa.com **전자우편** thaehak4@chol.com

ⓒ 김주원 권재일 고동호 김윤신 전순환, 2008
값은 뒤 표지에 있습니다.
저자와 협의하여 인지는 생략합니다.

ISBN 978-89-5966-241-8   93790

요즈음 학문하는 분위기가 많이 바뀌었다. 한국학 범주에 속하는 학문도 한국 자체의 연구만으로는 만족스러울 수가 없고 바깥 세계와 상호 소통하면서 연구하여야 올바른 연구 결과가 도출될 수 있다. 또한 디지털 기기를 비롯한 하드웨어와 소프트웨어의 개발·발전 속도가 눈부실 정도로 빨라서, 자료의 수집과 분석에는 이러한 성과도 충분히 이용해야 한다.

알타이언어에 대한 연구는 응당 한국어와의 비교 연구여야 하며, 알타이언어는 한국어의 계통을 밝혀주는 수단으로만 생각하는 것이 지금까지의 통념이었다. 그러나 이런 목적론적 관점에서 벗어나 알타이언어를 언어 그 자체로 연구할 필요가 있다. 더욱이 알타이언어의 대부분이 절멸 위기에 처해 있는 사실을 직시하면 이 언어들에 대한 연구가 시급함을 깨닫게 된다. 지금 세계의 여러 언어학자들은 문화 다양성을 지키기 위하여 절멸 위기에 처한 언어를 연구하고 있다. 알타이언어학 분야를 전공하거나 관심을 갖고 있는 우리도 이러한 세계 언어학계의 움직임에 발맞추어 알타이언어를 현지 조사하였다.

이 책은 『절멸 위기의 알타이언어 현지 조사』(2006년)를 수정하고 증보한 것이다. 3년간의 연구를 통하여 알타이언어의 약 반 수에 해당하는 언어의 자료를 수집하고 디지털화하였다. 현지 언어 조사 과정에서 조사 기기도 많이 달라졌으며 디지털화 환경도 상당히 달라졌기 때문에 새로운 서술이 불가피해졌다. 이 책에서는 지금까지 조사하고 연구한 알타이언어에 대하여 상세하게 기술하였을 뿐 아니라 언어 조사 방법과 디지털화의 방법까지 자세히 기술하였다. 그리고 초판에 비해 지도를 많이 넣어서 각 언어의 사용 지역을 쉽게 떠 올릴 수 있도록 하였다.

이 책을 통하여 이들 언어에 대한 관심이 한층 더 높아지기를 바라며 장래에는 이 언어들이 절멸의 위기에서 벗어나 각 민족의 모어로서 활발하게 사용될 수 있기를 기대한다.

2008년 7월 5일
지은이

인류에게 지난 20세기는 획일성의 시대, 즉 다양성 말살의 시대였다. 다민족 국가인 미국에 이어 미증유의 강대한 국가인 소련, 중국 등이 형성됨으로써 이 국가에 속한 여러 민족들은 자신의 의지와 관계없이 우세한 언어와 문화에 동화되어 갔던 것이다. 이러한 동화 과정은 15세기부터 계속된 식민지 건설이나 18세기 말부터 시작된 제국주의처럼 명시적인 침략의 형태로 이루어진 것이 아니라 한층 교묘하고 묵시적인 형태로 이루어졌다.

한편 인류는 산업혁명 이후 가속도가 붙은 자연 환경 파괴가 재앙이라는 의식을 가지게 되었다. 이러한 의식 덕분에 인류는 다양성의 중요성을 깨닫게 되었다. 자연계에 생물이 다양하게 존재할 수 있도록 더 이상의 파괴를 막아야 한다는 것이다. 이러한 생각은 인간에게도 미치게 되어 문화 다양성과 언어 다양성이 인류가 직면한 여러 문제를 해결할 수 있는 대안으로 떠오르게 되었다. "언어의 절멸"이라는 돌이킬 수 없는 사태를 겪은 이후에 비로소 깨닫게 된 것이다.

현대언어학은 바로 이 점에서 일반인에게서 유리된 추상적인 학문이 아니라 인류의 문화유산을 담는 살아있는 학문이 될 수 있다. 언어학자들이 "의무를 다하는 언어학" 즉 인간의 생활에 직접 관련되는 언어학의 길을 모색하게 되면서 주목하게 된 것이 절멸 위기에 처한 언어에 대한 연구이다. 1991년에 열렸던 미국언어학회의 절멸 위기에 처한 언어에 대한 심포지엄에서 발표된 논문모음집을 *Language*에 수록하면서 편집자인 MIT의 켄 헤일 (Ken Hale)은 전 세계의 언어학자를 향하여 다음과 같이 말하고 있다:

이 논문들이 전하는 메시지는 시급하고도 중요한 것이다; 나는 모든 언어
학자들이 이 논문들을 주의 깊게 읽어 줄 것을 간청한다.

언어학자들은 현재의 상태대로라면 현재 6,000여 개인 언어가 금세기 말에
그 절반인 3,000여 개로 줄어들 것이라고 말한다. 다시 말하자면 한 달에 두
개 반 정도의 언어가 사라질 것이라는 것이다. 언어의 절멸은 곧 그 언어 체계
에 반영된 사고와 문화가 사라지는 것이며 인류가 가지고 있던 소중한 자산이
없어지는 것이다. 지난 세기말에 시작된 절멸 위기에 처한 언어에 대한 기록과
보존, 교육은 현대언어학의 가장 시급하고도 중요한 과제가 되었다.

한국인이면 누구나 관심을 갖는 문제 중의 하나가 "우리의 조상은 누구이
며 우리말은 어디에서 왔는가?" 하는 물음일 것이다. 이 물음에 가장 과학적
인 답을 줄 수 있는 분야 중의 하나가 역사비교언어학이며 "한국어 계통론"
이라는 학문 분야이다. 지금까지의 연구에 의하면 한국어는 알타이어족에
속할 가능성이 가장 크다. 그러나 약 50여 개의 언어로 이루어진 알타이언어
는 몇몇 언어를 제외한 상당수가 절멸 위기에 처해 있다. 한반도 주변에서
사용되고 있고, 한국어와 역사적으로 관계가 있을 가능성이 가장 높은 언어
들이 절멸 위기에 처해 있다면 한국의 언어학자가 누구보다도 앞장서서 해
야 할 일은 굳이 다시 말할 필요가 없을 것이다.

다행히 우리는 한국학술진흥재단으로부터 지원을 받아서 이 소중한 작업
을 수행할 수 있었다. 연구의 주체인 한국알타이학회는 "한국어 계통 구명을

위한 알타이제어 현지 조사 연구 및 음성 영상 DB 구축"이라는 연구 과제를 2003년 9월부터 2006년 8월까지 수행하고 있다. 교수와 박사급으로 구성된 연구원들, 그리고 대학원 석사·박사 과정 학생으로 구성된 연구보조원이 혼연일체가 되어 현장에 달려가서, 최후의 기록자라는 사명감을 갖고, 알타이 언어를 조사하여 기록하고 분석하였던 것이다. 우리는 세계의 언어학자들과 어깨를 나란히 하며 인류의 시급한 과업을 수행하였으며, 절멸 위기에 처한 알타이언어를 현지 조사하는 세계 유일의 학회로 우뚝 설 수 있게 되었다.

이 조그마한 책자는 우리 스스로 중간 평가를 하기 위해서 그간의 성과를 정리한 것이다. 이 책자를 통하여 우리는 이 작업이 얼마나 중요한 것이며 3년간의 노력으로 무엇을 이루었으며 앞으로 해야 할 일이 무엇인지 점검하였다. 그리고 우리가 시행착오 끝에 확립한 연구 조사 방법을 학계에 알림으로써 앞으로 유사한 연구를 하려는 학계나 단체에 도움을 줄 수 있기를 바라는 것도 이 책자를 펴내는 목적 중의 하나이다.

끝으로 이 책의 출판을 기꺼이 맡아 주신 지현구 태학사 사장님께 깊이 감사드린다.

2006년 1월 31일

제1장

한국어의 계통과 알타이언어 연구

1. 연구 방법

한국어 계통론이란 비교언어학의 한 분야로서 한국어의 발생적 기원을 연구하는 분야이다. 한국어의 발생적 기원이라고 하는 것은 한국어가 어떤 어족(language family, 언어 가족)에 속해 있으며 어족 내의 다른 언어들과의 친소 관계는 어떠하며 어떤 과정을 통해서 국어로 분화하였나를 포괄하는 개념이다.

이러한 연구는 어휘적, 문법적으로 유사한 언어들을 대상으로 음운 대응을 발견함으로써 그 언어들이 공통어에서 유래한 하위 언어들(즉 동일 계통의 언어들)임을 확인하고, 비교언어학의 기본적인 방법론인 비교 방법과 내적 재구를 이용하여 공통조어를 재구하여 각 개별 언어에 적용된 규칙의 상대적 연대를 통해 하위 언어의 상호 관계 등을 확정하게 된다. 이러한 일련의 작업의 결과는 언어계통수(genealogical tree, family tree)를 통해서 도식적으로 나타내는 것이 일반적이다. 그러나 이렇게 하는 것은 계통을 쉽사리 알 수 있는 언어들(예를 들면 인도유럽어족)의 경우에 적용될 수 있는 방법론이며 "한국어계통론"이라는 용어를 통해서도 알 수 있듯이 계통을 확실하게 알 수 없는 언어의 경우에는 계통 모색의 방법론과 비교언어학의 방법론을 굳이 분리해서 적용할 필요는 없다.

언어의 계통을 연구하는 데 가장 기본이 되는 것은 유사성의 발견이다. 크게 보아서 두 가지의 유사성을 말할 수 있는데 언어 구조상의 유사성과 언어 재료상의 유사성이다. 한국어와 그 주위에 있는 언어들이 교착어이고 모음조화 규칙이 있으며 어두에 자음 분포에 제약이 있다는 등의 공통성을 보이는데 이러한 것들을 언어 구조상의 유사성이라고 한다. 이러한 공통성은 비교 대상인 여러 언어들이 공통어에서 기원했을 개연성을 보여 준다.

한편 문법 형태소, 어휘 등의 유사성을 언어 재료상의 유사성이라고 하는데 언어 구조가 일치한다고 하더라도 이러한 언어 재료상의 일치가 발견되지 않으면 동일 계통이라고 단정할 수 없다. 그런데 언어들 사이에 있을 수 있는 재료상의 유사성은 네 가지 정도로 구별해서 볼 수가 있다. 즉 우연적인 유사성, 언어 보편적인 유사성, 차용에 의한 유사성 그리고 동일 기원에 의한 유사성이다.

우연적인 유사성이란 말 그대로 계통적으로 전혀 관계가 없는 언어일지라도 음성 의미 면에서 유사한 어휘가 있게 마련인데 이것은 우연에 의한 것일 뿐 계통을 증명하는 데에는 아무런 의미도 없다. 한국어와 영어를 비교해 보더라도 사전을 꼼꼼히 들여다보면 "많이"와 "many", "푸르-"와 "blue"처럼 서로 유사한 어휘를 수십 개 정도는 쉽게 찾을 수 있다. 언어 보편적 유사성이란 인간의 언어가 공통으로 가지고 있는 유사성을 말하는데 "아버지, 어머니"를 뜻하는 단어가 대개 p-, m-으로 시작된다거나 많은 언어에서 부정을 뜻하는 말에 비자음 n을 포함하고 있다거나 하는 등의 유사성을 말하는데 이것 역시 비교 연구에서 제외되어야 할 것들이다.

서로 다른 언어권의 사람들이 접촉을 하면서 문화, 문물과 함께 언어도 주고받게 된다. 주로 어휘의 차용이 쉽게 일어나는데, 한국어의 "구두", "냄비", "컴퓨터" 등이 대표적인 예이다. 이 차용어는 비교 연구를 매우 어렵게 하는 요인이 된다. 계통의 같고 다름이 분명치 않을 경우에 차용어가 많으면 이것이 동일한 계통임을 보여 주는 증거로 잘못 이용될 수 있기 때문이다. 그리하여 비교 연구에 있어서는 차용어를 어떻게 구별해 낼 것인가 하는 것이 중요한 과제로 되어 있다.

마지막으로 이 모든 유사성을 배제하고 난 후에 남게 되는 동일 기원에 의한 유사성이 비교언어학에서 증명 효력을 가진 것이다. 비교 대상인 어휘들이 공통조어에서 유래했다면 무엇인가 공통점을 가지고 있을 것이다. 마치 가족 구성원이 유사성을 공유하듯이 하위 언어 상호 간에도 공통점이 있을 것이기 때문이다. 이 공통점을 확증해 주는 것이 음운 대응의 규칙성이다. 이 규칙은 비교 대상으로 고려하고 있는 어휘나 문법 형태소가 우연히 일치하는 것이 아니라 체계적으로 일치한다는 것을 보증해 준다. 따라서 계통을 확립하기 위해서는 음운 대응의 규칙성을 발견해야 하는 것이다.

한국어 계통론은 한국어학의 연구 분야 중에서 가장 오랜 역사를 가지고 있으나 가장 뒤떨어진 분야라고 할 수가 있다. 이렇게 된 가장 근본적인 이유는 만일에 한국어와 동일한 계통으로 증명될 언어가 존재한다고 하면 그것이 한국어와 매우 먼 관계를 가지고 있기 때문일 것이다. 바꾸어서 말하자면 한국어는 그 계통이 쉽사리 밝혀지지 않는 언어이기 때문이다. 한국어는 지난 세기에 계통 연구가 시작된 이래 인접해 있는 언어인 일본어를 비롯하여 드라비다어, 인도유럽어 등과도 비교된 바 있으나 현재에는 알타이언어와 주로 비교되고 있다.

2. 연구 성과 개황

한국어의 계통에 대해서 물으면 우랄알타이어족에 속한다는 말을 흔히들 한다. 이는 1930년대까지의 연구 결과로는 맞는다고 할 수 있을 것이나 지금은 전혀 맞지 않는 말이 되고 말았다. 우랄어족과 알타이어족은 서로 구별되어야 할 만큼 분포 범위가 넓고, 언어 구조상으로도 차이가 있다. 그리하여 이미 1930년대부터 두 어족으로 분리되어 연구되어 왔던 것이다. 그 뒤로 가끔 이 두 어족을 관련시키는 연구가 없었던 것은 아니나 각 어족에 대한 연구도 제대로 이루어져 있지 않은 상태에서 둘의 관련성을 운위하는 것은 실익이 없는 것이다.

그렇다면 한국어는 알타이어족에 속한다는 말은 어떠한가? 이 말은 틀린 말이라고는 할 수 없으나 제한적으로 사용되어야 할 것이다. 우선 밝혀 두어야 할 사실은 알타이어족이란 명칭을 통해서 이 어족의 발상지 또는 원주지를 중앙아시아의 알타이 산맥 부근으로 생각하기 쉬운데 알타이라는 명칭은, 우랄어족이 우랄 산맥의 명칭을 따왔듯이, 현재의 알타이언어들의 분포를 고려하여 그 중앙에 위치한 산맥인 알타이 산맥에서 이름을 따온 것일 뿐 원거주지를 고려한 이름은 아니라는 점이다.

[그림 1-1] 알타이산맥과 우랄산맥

　조상이 없는 인간이 없듯이 계통상 뿌리가 없는 언어가 없을 것이라는 생각에 미치면 한국어도 뿌리가 있어야 할 것이고 그 뿌리는 물론 알타이언 어들에서 찾아야 가장 합리적일 것이다. 그러나 이러한 표현은 매우 신중하게 사용되어야 한다. 이러한 사실이 아직 증명이 되지 않은 가설에 불과한 것이기 때문이다. 이 가설을 좀 더 구체적으로 말하면 한국어는 알타이어족에서 속하며 동일 어족에 속하는 다른 언어와 소원한 관계에 있지만 그 중만주퉁구스어파와 비교적 가까운 언어라는 것이다. 이러한 견해를 뒷받침하는 것으로는 구조적 유사성, 음운 대응, 문법 형태소의 일치 등이 있다. 그러나 이러한 가설에 대한 회의론도 끊임없이 제기되어 왔다. 무엇보다도 위의 견해는 알타이어족의 성립을 전제로 하는 것인데 알타이어족의 성립 자체를 부정하는 견해(즉 알타이언어 간의 유사성은 기원적 유사성이 아니라 상호 교섭에 의한 유사성으로 보는 견해)도 제기되어 있다. 만약 그렇다면 한국어의 계통은 다른 각도에서 운위될 수밖에 없으며, 다른 한편으로 동일 계통임을 증명하는 음운 대응의 규칙성, 문법 형태소, 어휘의 일치 등의 예가 다른 어족의 경우와 비교해 볼 때 너무나 빈약하다고 보기 때문이다.

그러나 어떤 언어의 계통을 확립하려는 작업은 그 언어가 처해 있는 환경에 따라 달라질 수 있으므로 따라서 인도유럽어족이나 그 밖의 계통이 쉽사리 밝혀지는 언어들에서 적용된 기준을 똑같이 적용하여 계통의 확립 여부를 결정할 필요는 없을 것이다. 한국어와 알타이언어의 경우에도 비록 다른 언어들에서 보는 바와 같은 풍부한 양의 음운 대응의 규칙성, 어휘의 일치 등은 발견할 수 없다고 할지라도 지금까지의 연구를 통해서 축적된 비교언어학적 성과를 검토해 보면 그것이 결코 우연적 유사성에 의한 것이 아님을 알 수 있으며 앞으로의 연구는 이러한 성과를 토대로 하여 더욱 심화되어야 할 것이다.

현재의 상태로서는 "한국어는, 만일 알타이어족이란 것이 있다면, 알타이어족에 속할 가능성이 가장 큰 언어이다."라고 하는 것이 온당할 것이다. 앞으로의 연구를 위해서는 주된 비교 대상 언어인 알타이언어에 속하는 개별 언어에 대한 연구가 이루어져야 할 것이며, 비교 대상 언어와의 공통점만 찾을 것이 아니라 차이점에 대해서도 주의를 기울여야 할 것이다. 한편 지금까지의 주된 연구 경향이었던 알타이어족 가설(또는 그 결과물인 알타이어족 계통수)에만 전적으로 의존할 것이 아니라 한국어에 대한 내적 연구를 심화하여 알타이언어(또는 개별 알타이어)나 이웃의 언어와의 관계를 밝히는 데 주력하여야 할 것이다(5. 참조).

3. 연구 분야

한국어의 계통에 대한 연구 분야는 서로 밀접한 관련이 있는 다음의 몇 가지로 나눌 수가 있다. 위에서 보았듯이 한국어가 알타이언어와 관련될 개연성이 가장 높다고 보아서 비교 대상 언어를 알타이언어에 국한하기로 한다.

① 알타이언어 비교언어학, 알타이조어
② 한국어와 알타이언어
③ 한국어의 형성
④ 한국어사(고대 한국어)
⑤ 각 개별 언어 및 어파에 대한 연구

이들 분야에 대한 연구의 진행 정도는 같지 않다. ①분야에 대해서 말하기 전에 알타이언어에 대해서 간단히 알아보기로 한다.

알타이언어란 34개의 언어로 이루어지는 튀르크어파, 10개의 언어로 이루어지는 몽골어파, 11개의 언어로 이루어지는 만주퉁구스어파를 포괄하여 이르는 총칭이며 각각 1억 4천여만 명, 880만 명, 15만 명 정도의 화자들이 있다. 이들 언어의 사용자는 유럽 동부 지역에서부터 중앙아시아, 중국의 서북부 및 동북부, 몽골, 시베리아에 걸친 광범위한 지역에 분포한다. 참고로 각 어파에 속하는 언어의 개수는 연구자 혹은 책마다 다른데 그 이유는 언어와 방언의 구별이 명확하지 않기 때문이다. 예를 들어서 몽골어파를 14개로 보는 견해는, 동일한 언어 또는 동일한 언어에 속하는 방언이 분명한데도, 러시아에서 사용되는 언어와 중국에서 사용되는 언어를 별개의 언어로 분류하기 때문에 이렇게 숫자가 많아진 것이다. 일반적으로 한 어파 내의 언어들은 별개의 언어인지 한 언어의 방언인지를 구분하지 못할 정도로 가까운 언어로 구성되어 있다. 즉 한 어파에 속하는 언어들은 확실히 동일한 공통어에서 기원한 것이기 때문에 상당히 유사한 점이 있다.

튀르크라는 명칭은 현재의 터키공화국을 연상시키는 이름이지만, 튀르크족은 일찍이 중국 측의 사서에 돌궐(突厥)로 기록되어 있는 종족 및 관련 종족의 후손이다. 자신들의 기록으로는 8세기 중엽까지 거슬러 올라가는 비문

[그림 1-2] 돌궐이 남긴 퀼티긴 비문(8세기 전반)

들이 오르콘강, 예니세이강 유역에 남아 있다. 즉 그들은 8세기에 현재의 몽골 지역에 있었으며 11세기경에는 서진하여 이미 현재의 터키 지역에도 거주하게 되었다. 이로써 보건대 이들의 원주지는 현재의 알타이 지역보다는 훨씬 동쪽일 가능성이 크다. 이들의 일파는 동로마제국을 멸망시키고 오스만튀르크를 세워서 20세기까지 대제국으로서의 위세를 떨쳤다. 흔히 터키와 관련된 형용사는 Turkish, 튀르크족 전체와 관련해서는 Turkic으로 구별하기도 한다.

몽골은 13세기에 그들의 첫 기록을 비문으로 남겼으며 역사책 몽골비사(흔히 원조비사(元朝秘史)라고 함)를 남겼다. 몽골은 세계적인 정복자 칭기즈 칸을 낳았으며 대제국 원(元)을 세워 아시아와 유럽을 통하게 하였다. 몽골어파에 속하는 언어들의 넓은 분포는 원 시기의 팽창기를 반영한다.

세 어파 중 가장 동쪽에 위치한 것이 만주퉁구스 어파이다. 이 중 가장 잘 알려진 만주족은 누르하치의 시기에 후금을 세우고 이어 청(淸)으로 발전하여 중원을 지배하였다. 이들은 우리의 사료에 자주 등장하는 여진족의 후손이기도 하다. 여진족 외에도 이 어파에 속하는 우디허어가 있는데 그 언어를 사용하는 우디허 사람들은 조선왕조실록에 의하면 자주 우리의 국경을 넘어와서 노략질을 하기도 하고 일부는 귀화하여 벼슬도 하고 조선을 위하여 전쟁에 참가하기도 하였는데 이들의 후손이 지금도 러시아 지역 시호테알린 산맥의 동쪽에 살고 있다. 즉 앞의 두 어파와는 달리 우리와 긴밀하게 접촉을 한 어파이기도 하다.

이들 세 어파는 현저한 구조적 일치와 어휘상의 유사성을 보이며 음운 대응도 발견할 수가 있다. 그러나 이 상호 유사성에 관한 해석에 있어서는

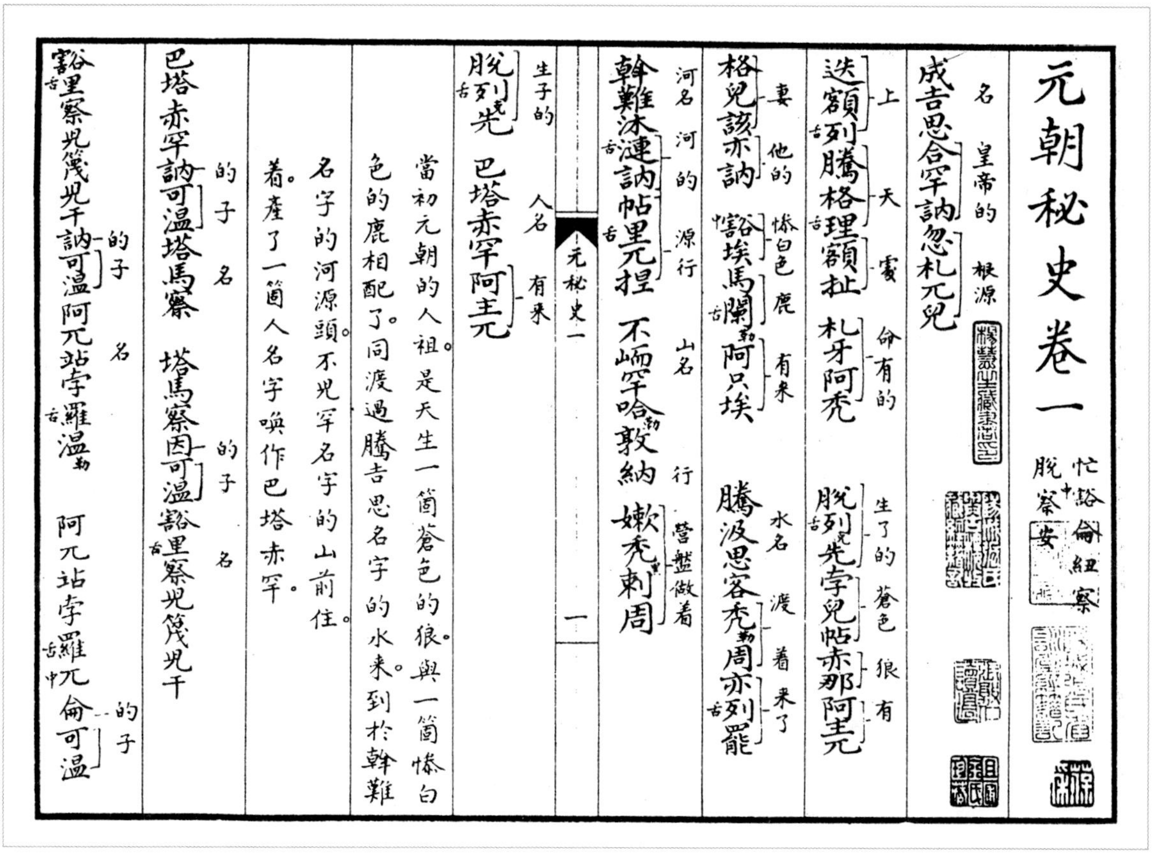

[그림 1-3] **몽골비사(13세기)의 첫 장**

크게 두 가지의 대립되는 견해가 있는데 논란의 핵심은 이러한 유사성이 공통조어에서 유래한 것이냐, 아니냐에 관한 것이다. 첫째 견해는 이러한 유사성이 공통조어에서 유래한다고 보는 견해인데 알타이어족설로 부를 수 있으며 람스테트(G. J. Ramstedt), 포페(N. Poppe) 등의 학자가 여기에 속한다. 알타이어족설에 불리한 것으로 수사 등 기초 어휘의 불일치가 논의되지만, 이들은 어떠한 언어적 사실의 결여가 논증의 증거가 될 수는 없다고 보고, 그보다는 대부분의 알타이언어에서 보이는 음운, 형태의 일치가 중요한 것으로 본다. 둘째 견해는 이러한 유사성이 오랜 역사적 접촉을 하는 가운데 차용에 의하여 생겨난 것으로 보는 견해인데 반알타이어족설로 부를 수 있으며 시노르(D. Sinor), 되르퍼(G. Doerfer), 클로슨(Sir G. Clauson) 등의 학자가 이에 속한다. 이들은 차용이 튀르크제어에서 몽골제어로, 그것에서 다시 만주 통구스제어로 이루어진 것으로 보며, 포페에 의해서 재구된 알타이조어 (Proto-Altaic) 형태를 몽골, 통구스제어에 차용된 튀르크조어 형태로 본다. 이러한 두 갈래의 연구 방향 중에서 한국어의 계통을 알타이언어에서 찾으려는 모든 연구는 알타이어족설에 기대고 있는데 이 또한 재고해 볼 필요가 있다.

이 책에서는 알타이언어에 관한 확정되지 않은 가설이 병존함을 고려하여 이들 언어를 총칭하는 용어로서 알타이어족이라는 용어를 쓰지 않고 "알타이언어"라는 판단 중립적인 용어를 쓰기로 한다. 알타이제어라는 용어도 일반화되어 있으나 한국어다운 용어가 아니어서 되도록 쓰지 않기로 한다.

한편 언어계통수(또는 언어계통도)는 비교언어학 연구의 특성상 동일 계통의 언어들 간의 관계를 나타내 보이는 가장 편리한 방법이다. 그러나 이러한 계통도를 작성하기 위해서는 어느 정도의 확실한 연구 성과가 축적되어 있어야 함에도 불구하고 알타이언어 비교언어학에서는 이상하게도 작업가설로서의 계통도 작성이라는 잘못된 전통이 생겨났고 이러한 방법이 한국어사 기술에서도 별 비판이 없이 이용된 듯하다. 따라서 우리로서는 이러한 계통도가 연구 결과로 그려진 것이 아니라 작업가설로 그려진 임시적인 것임을 항상 염두에 두어야 할 것이다.

〈표 1-1〉 Poppe(1965: 147)의 알타이어족 언어계통도

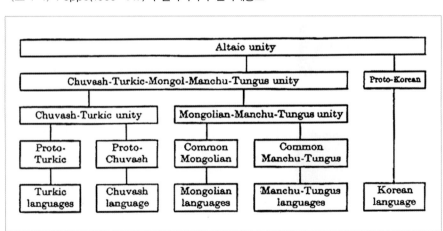

②분야는 한국어 계통 연구의 핵심 분야라 할 만하다. 한국어가 이들 알타이언어와 동일한 계통의 언어라는 생각은 일찍부터 있어 왔다. 19세기 후반기부터 서양 열강이 중국(당시 청)을 비롯한 조선, 일본에 관심을 가지면서 이들의 언어가 유사한 구조를 하고 있다는 점을 바탕으로 하여 비교언어학적 연구가 이루어지기 시작했던 것이다. 그러나 한국어에 대해서 구체적이고 의미 있는 연구가 시작된 것은 1920년대 후반부터이다. 특히 핀란드의 언어학자 람스테트의 연구 업적은 결정적인 공헌을 하였다. 일본에 와 있던 람스테트는 한국인 유학생에게 배운 한국어를 알타이언어와 비교하면서 한국어가 알타이어족에 속한다는 확신을 가지게 되었고 그 사실을 논문과 책으로 발표하였기 때문이다. 우랄어계 언어와 알타이어계 언어를 분리해서 연구를 하기 시작한 것도 실로 람스테트 때부터였다. 람스테트는 한국어가 알타이어족에 속할 뿐만 아니라 알타이어족 가설을 더욱 공고히 해 주는 증거를 제공해 주는 중요한 언어라고 생각했다. 람스테트 이전의 학자들이 한국어가 알타이어족(또는 우랄알타이어족)에 속할 가능성이 있다고 본 가장 큰 이유는 언어 구조상의 특징이 유사하다는 것이다. 그러나 이러한 구조상

[그림 1-4] 알타이 민족의 백화수피(자작나무 껍질) 그림

의 유사성은 위에서 본 바와 같이 증명 효력이 없으며 다만 공통 기원에서 유래했을 개연성만 보여 주는 것인데, 람스테트가 증명에 필요한 언어 재료상의 유사성을 확보하는 연구를 본격적으로 시작한 것이다.

　그는 알타이언어가 하나의 어족을 이룬다는 확신을 가지게 되었고 이후 한국어를 알타이어족에 편입시킨 연구를 한 것이다. 그의 연구 내용을 집대성한 『한국어의 어원 연구』(*Studies in Korean Etymology*)가 출판되고 이 책에 대한 서평이 정평 있는 학술지 『하버드 아시아 연구』에 실림으로써 한국어는 의심할 바 없이 알타이어족에 속하는 것으로 받아들여졌다.

　위에서 람스테트의 업적만을 강조했지만 그의 연구 성과를 뛰어넘은 연구가 아직 없다고 말할 수 있기 때문에 그의 이름은 기억될 만한 값어치가 충분히 있다. 더구나 대부분의 후대 알타이어학자들과는 달리, 알타이언어에 대한 방대한 연구 업적이 직접 현장에서 조사한 결과를 바탕으로 삼고 있다는 점에서도 람스테트는 높이 평가할 만하다. 그가 저술한 『일곱 차례의 동방 여행』은 알타이언어의 현장 조사 과정에서 람스테트가 경험한 이야기가 담겨 있다.

　한편 지금까지 한국어와 알타이언어와의 구조적 공통은 자주 언급되었지만, 구조적 차이점에 대해서는 별로 이야기된 바가 없으므로 잠시 언급하고자 한다. 이렇게 하는 이유는 이러한 차이점을 부각함으로써 가령 동일한 어족에 속한다면 이러한 차이는 왜 생겨났는지를 규명해야 할 필요가 있고 혹시 이러한 차이가 다른 가능성을 시사해 주는 것이 아닌지를 검토해 볼 필요가 있음을 보이려는 것이다.

　ㄱ. r과 l이 음운론적으로 변별되지 않는다.
　ㄴ. 유성음화 규칙이 있다.
　ㄷ. 중세 한국어(와 현대의 일부 방언)가 성조 언어이다.
　ㄹ. 주격 조사가 있다.
　ㅁ. 어간만으로 명령형을 구성하지 못한다(명령형 어미가 있다).

ㅂ. 소유 인칭 어미, 동사 인칭 어미가 없다.

ㅅ. 형용사가 동사처럼 활용을 한다.

ㅇ. 높임법이 활용 어미에 의해서 표시된다.

공교롭게도 ㄴ을 제외하면 한국어의 이러한 특징은 일본어와 오히려 유사하다. 이러한 사실에 대해서는 지역언어학(areal linguistics)적 측면에서 검토해 볼 필요성이 있다.

람스테트는 한국어가 알타이어족에 속한 언어임이 분명하다고 보았으나 포페는 크게 후퇴하여 한국어에 알타이어 기층이 있는 것은 분명하다고 말하는 정도가 되었다. 람스테트와 포페의 견해는 한국어 학자들에게 각각 지대한 영향을 끼쳐 전자에 의존한 낙관론과 후자에 의존한 조건부 비관론이 있어 왔다고 할 수 있는데 최근에는 후자로 기우는 경향이 지배적인 듯이 보인다. 이렇게 된 가장 큰 원인 중의 하나는, 한국어와 알타이어족(만일 이런 것이 있다면) 간의 관계가 매우 소원한 까닭도 있겠지만, 람스테트 그리고 특히 포페가 한국어에 대한 비전문가였기 때문에 그들의 연구를 전적으로 신뢰할 수 없다는 점을 들 수가 있을 것이다.

결국은 우리 한국어학자들이 나서야 하는 것이다. 물론 한국어에 대한 지식만으로는 되지 않는다. 또한 알타이어학의 앞선 연구들에만 매달려 있는 동안은 연구의 큰 진전은 기대할 수 없는 것이다.

그동안 한국의 학계에서는 어떤 연구를 하였나? 일제강점기에는 우리 손으로 제대로 된 학문을 하기 어려웠다. 우리 학자의 손으로 된 주요한 업적이 전혀 없지는 않았지만 대부분이 일본인의 손에서 이루어진 것이었다. 6·25 동란을 지나고 1950년대 후반에야 서서히 비교 연구가 시작되었다. 이때의 주요 연구 경향은 한국어는 당연히 알타이어족에 속하는 것으로 보고, 외국 학자의 눈이 아닌 우리의 입장에서 한국어가 어느 알타이언어와 어느 정도 일치하는지를 찾아내고 알타이어족과의 관계를 정밀하게 밝히는 것이었다. 1970년대는 한국어 비교언어학 즉 한국어 계통 연구의 전성시대라고 할 수 있다. 김방한, 이기문 교수 등에 의한 연구가 한 정점을 이루었으며 이러한 연구 과정에서 기존 연구의 잘못이 상당수 드러남으로써 우리학자들에게 과거의 연구에서 한 걸음 더 나간 연구를 할 수 있다는 자신감을 가져다 주기도 했다. 그러나 우리 학계에서 이루어진 연구의 결정적인 약점은 알타이언어들을 직접 접하지 못하고 문헌에만 의존했다는 점이다. 즉 언어 역사 자료, 기존의 연구 서적, 언어 사전 등에 의존하여 연구를 진행했던 것이다. 그 결과 연구의 결론이 신중론 또는 비관론으로 기운 이래에 근래에는 더 나아간 연구가 이루어지지 않고 있다. 이러한 약점이 극복되기 시작한 것은 1990년대 동서독이 통일되고 페레스트로이카가 진행되면서 러시아소비에트체제가 붕괴된 후부터였다. 이제는 우리가 알타이언어 사용 지역에 직접 가서 우수한 장비로 그들의 언어를 직접 조사하고 분석할 수 있게 된 것이다.

③분야는 아직까지는 상상의 영역에 속한다고 할 수 있다. "형성"이라는 용어는 한국어가 어떤 조어 또는 중간 조어로부터 단순히 분기한 것이 아니라 상당히 복잡한 과정을 겪었음을 전제로 한다. 이렇게 보는 이유는 중국의 역사책에 한국어와 깊은 관련이 있는 여러 말들에 대한 기록이 나오기 때문이다. 즉 부여, 고구려, 옥저, 동예의 말을 포괄하는 부여계 제어와 마한, 진한, 변한의 말을 포괄하는 한계 제어가 있었음이 기록되어 있는 것이다. 그리하여 가령 한국어가 알타이 공통어 즉 알타이조어에서 분기되어 나왔다 하더라도 역사 기록에 나오는 부여계, 한계 제어(그리고 아래에서 볼 고구려, 백제, 신라의 말)가 현재의 한국어와 어떻게 연결되는지에 대한 과정의 연구가 "한국어의 형성"이라는 주제 아래에 묶일 수가 있는 것이다. 약간의 땅이름 자료 등 고유명사 자료밖에 없는 현재의 상태로서는 이들이 어떤 관계로 맺어져 있었는지 파악하기가 쉽지 않다.

한편 고구려, 백제, 신라의 세 나라에서 쓰이던 말의 상호 관계에 관해서 근래에 북한 학자들의 견해가 국내에 소개됨으로써 한동안 상당히 활발한 논의가 이루어진 바가 있다. 그것을 간단히 소개하여 이해를 돕고자 한다.

논의의 초점은 세 나라의 말이 방언적 차이를 가진 말이냐 아니면 언어적
차이를 가진 말이냐에 관한 것이다. 그 동안 국내에서는 세 나라의 언어가
서로 다른 언어라는 가설이 통설이었다고 할 수가 있는데, 북한의 학자들이
세 나라의 말은 동일한 언어의 하위 방언일 뿐이라고 주장하면서 한편으로
세 나라의 말이 서로 다른 언어라는 주장은 일제의 식민사관에 동조한 것이
라는 비판을 하였다. 실제로 세 나라 말이 서로 다른 언어라는 주장은 일본
인 학자가 이미 주장한 바가 있는데, 이것이 식민사관과 관련이 있다는 것은
한반도와 그 언어에 관한 일본인 학자의 다음과 같은 시각 때문이다. 즉 기
본적으로 북쪽에 위치한 고구려는 퉁구스 계통의 우수한 문화를 지닌 나라
였고, 남쪽에 위치한 신라 백제의 이전 시기에 있던 삼한은 한계이며 이들은
저급 문화를 지니고 있었다고 보아서, 남부와 북부의 문화 언어가 서로 달랐
다는 것이다. 결과적으로 보아서 남한의 학자의 주장은 일본인 학자의 주장
을 그대로 따른 셈이 되고 만 것이다.

그러나 여기에서 우리가 눈여겨보아야 할 것은 어느 주장도 상대의 주장을
반박할 수 있는 결정적인 증거가 없다는 점이다. 주로 땅이름 자료를 바탕으
로 하여 세 나라의 말의 같고 다름을 이야기하지만 자료의 양이 절대적으로
부족하고 자료에 대한 자의적 해석이 무성하므로 어느 주장도 상대적 우위를
점할 수 없는 것이다. 다만 세 나라의 말이 방언적 차이의 것이었을 가능성은
충분히 있으므로 앞으로 증명을 위한 가설로서 세워 둘만한 것이다.

④분야는 위의 ③의 논의와 직접 관련이 있는 것이다. 세 나라의 말이 서
로 다른 언어였다면 고대 한국어는 신라어에 국한되고, 세 나라 말이 방언적
차이였다면 고대 한국어는 세 나라 말을 모두 포괄하게 된다. 그러나 확실한
것은 현재 가장 많은 자료가 남아 있는 신라의 말이 현대 한국어의 직접 조
상이 된다는 점이다. 고구려와 백제의 말이 우리말의 형성에 어떠한 영향을
미쳤는지에 대해서는 앞으로도 더 논의되어야 할 것이다.

신라어가 고대 한국어를 대표하는 것으로 본다면 현존 자료를 통해서 어
느 정도의 음운 체계, 문법 체계를 알 수가 있다. 그러나 분명하지 않은 사실

을 알타이조어에 의존하여 해결하려 한 종래의 방법은 재고되어야 할 것이다. 알타이조어와 고대 한국어의 언어 사실을 관련시키려다 보면 자료상의 왜곡과 해석상의 무리가 뒤따르지 않을 수 없는 것이다. 오히려 내적 연구를 통해서, 비록 체계적이지 못하더라도, 확실한 언어 현상을 발견하고 그것을 중심으로 이해의 폭을 조금씩 넓히는 작업이 필요한 것이다. 종래의 연구처럼 전체 체계에 대한 기술을 시도하는 성급함은 피해야 할 것이다.

⑤분야는 앞으로 무궁한 연구 과제를 제공하는 분야이다. 현재로서는 각 언어들에 대한 연구의 정도가 고르지 않으므로 동일 평면상에서 비교 대상으로 삼기에 어려움이 있지만 결국은 알타이언어에 대한 연구가 심화된 이후에야 한국어의 계통 문제도 더욱 명백히 밝혀질 것이므로 이 분야의 연구가 필수적인 것이다. 각 언어에 대한 연구가 고르지 않다는 것은 기본적으로 역사적 언어 자료의 유무와도 관련이 있다. 그러나 여기에서 의미하는 것은 공시적으로 기술되어 있을 뿐만 아니라 통시적으로도 깊이 연구되어 있는 언어가 있는가 하면 겨우 기본적인 기술에만 그치고 있는 언어도 있다는 것인데, 이러한 연구는 지금까지 거의 전적으로 외국인의 연구에 의존해 왔다.

그러나 이제는 한국어를 모국어로 하는 연구자가 알타이언어를 연구하고 기술해야 할 시점에 와 있다. 왜냐하면 연구 여건이 전과는 많이 달라져서 매우 좋아졌기 때문이다. 지금까지 우리나라 학자들이 한국어와 알타이언어의 비교에 관한 수많은 논문을 써 왔지만 우리 손으로 알타이언어의 개별 언어를 기술한 논문은 불과 몇 편뿐이라면 누가 믿을 것인가. 문어 몽골어만을 접할 수 있었고 외국인이 쓴 구어 몽골어 문법서만 보았던 우리가 문어 몽골어와 구어 몽골어의 같은 점과 다른 점을 어떻게 실감할 수 있었겠는가. 이전에는 대부분의 알타이언어가 공산국가 내에 분포되어 있어서 우리로서는 접근이 불가능했다. 그러나 이제는 우리가 마음만 먹으면 어디든지 자유롭게 현지에 가서 조사, 연구를 할 수 있게 되었다. 비교언어학의 학문적 기초를 가진 연구자들이 많이 배출되어, 알타이언어 가운데 한두 개의 언어를 집중적으로 연구하고 그 성과가 축적되면 현재의 연구와는 다른 새로운 성과가 나올 수 있을 것으로 기대된다. 개개 언어에 대한 전문가를 통한 고른 정도의 연구 성과에 의해서만이 지금까지의 비교 연구를 뛰어넘는 새로운 경지를 개척할 수 있을 것이다.

위에서 제시한 ①~⑤의 다섯 분야는 서로 밀접하게 연관되어 있다. 그러나 분야가 연관되어 있다 뿐이지 그 속 내용들은 서로 단절되어 있다. 이러한 단절이 한국어사 연구의 한 특징을 이루고 있다. 새로운 연구를 통해서 이러한 단절을 극복해 나가는 것이 앞으로의 과제이다. 이것은 어느 한 분야만의 발전을 통해서 이루어지는 것이 아니라 전 분야가 고르게 연구됨으로써 가능한 것이다.

4. 알타이어족설의 영향과 극복 방안

이 절에서는 알타이언어 또는 알타이조어가 한국어의 연구에 끼친 영향에 대해서 두어 가지의 예를 통해서 살펴보고 그것을 극복하기 위한 방안을 모색해 보려고 한다.

먼저 살펴볼 것은 한국어의 고대 또는 그 이전 언어의 정지음(파열음) 체계의 대립 자질의 문제이다.

첫째, 현대 한국어의 정지음은 무성음의 3계열 즉 평음(예사소리), 유기음(거센소리), 경음(된소리)의 대립을 이루고 있는 점에서 일찍부터 주목을 받아왔다. 그러나 한국어에 대한 내적 연구에 의하면 된소리는 중세 한국어 시기에 2차적으로 형성된 것으로 밝혀졌으며 유기음도 평음에 유기성이 더해져서 생긴 2차적 음소일 가능성이 있다는 점이 밝혀졌다. 그렇다면 그 이전 시기에 우리말에는 한 계열의 정지음이 있었던 것은 확실하지만 다른 계열의 정지음이 존재했는지의 여부는 확실하지 않다. 그런데 이 문제에 대해서 손쉬운 해결책이 제시되었다. 즉 알타이조어를 고려했던 것이다. 알타이조어의 정지음은 두 계열 즉 *p, *t, *k와 *b, *d, *g로 구성되며, 이 두 계열은

'무성 : 유성'의 대립을 이루는 것으로 재구되어 있다. 그리하여 알타이조어의 체계에 의존하여 한국어도 선사시기에 정지음이 유성음과 무성음의 두 계열이었는데, 일찍이 무성음과 유성음이 합류하고 이것이 다시 3계열로 발달했다는 가설을 내어 놓은 것이다.

그러나 위와 같은 견해는 한국어의 자음 체계를 내적인 증거가 없이 전적으로 알타이조어의 재구형에 의존하였다는 비판을 면하기 어렵다. 이러한 가설이 위험한 것임은 잠깐만 생각해 보면 알 수가 있다. 알타이조어라는 개념이 얼마나 신빙성이 있느냐 하는 점이다. 위에서 보았듯이 알타이언어가 동일 기원에서 유래한 것인지 아닌지의 논란이 있는 것은 차치하고라도, 한 어족의 조어가 재구되기 위해서는 하위 언어들에 대한 충분한 선행 연구가 이루어진 뒤에야 비로소 가능한 것이다. 그러나 알타이언어에 대해서 균형 잡히고 심도 있는 연구가 채 이루어지기 전에 언어계통수가 그려지고 조어가 재구된 것이다.

한국어의 선사를 무턱대고 조어에 맞추는 것은 바람직스럽지 않다. 그보다는 조어의 가설적인 성격을 이해하고 내적 재구에 의해서 가능한 한 가장 이전 시기의 선사 상태로 거슬러 올라가고 그것과 조어를 비판적으로 비교해 보는 작업이 필요한 것이다. 더 근본적으로는 알타이조어의 정지음을 '무성 : 유성'의 대립으로 보는 것이 타당하냐에 대해서도 재고해 볼 필요가 있다. 이렇게 볼 필요성은 대부분의 몽골어파 만주퉁구스어파 그리고 한국어에서 유무성의 대립을 보이지 않는다는 점에서 더욱 절실해진다.

한편 다음과 같은 사실은 알타이조어에 의존하지 않고 한국어의 언어 상태를 이용한 내적 재구에 의해서 이전 상태의 자음 체계에 대한 암시를 주는 것으로 생각된다. 한국어의 평음이 유성음 사이의 환경에서 겪게 되는 유성음화 규칙은 너무나 잘 알려져 있는 음운 현상이어서 무관심하게 지나치기 쉽다. 이 규칙은 알타이언어에 전혀 없는 것은 아니지만 그리 흔치 않은 것으로 보인다. 혹시 이 규칙이 그 이전에 있었던 유성 대 무성의 대립을 반영하는 흔적이 아닌가 하는 생각을 해 볼 수 있다. 이에 덧붙여서 ㄷ 불규칙활용(묻다問 - 물으니, cf. 묻다埋 - 묻으니), ㅂ불규칙활용(덥다 - 더워, cf. 입다 - 입어)등의 존재도 유성 자음의 존재에 대한 암시가 될 수 있다. 이러한 언어 사실로 해서 이전 시기의 한국어의 정지음에 '유성 : 무성'의 대립이 있었다는 결론을 내린다고 하더라도, 그것은 위에서 본 것처럼 알타이조어에 의존한 연구 결과와는 그 가치가 확연히 다르다.

둘째, 알타이조어의 단모음 체계는 8모음 체계로 재구되는 것이 일반적이다. 이렇게 본 데에는 전설 후설의 구개적 모음조화를 하는 튀르크제어의 모음 체계가 크게 참고 되었다. 그러나 중세 한국어는 단모음이 7개일 뿐 아니라 이른바 반듯한 구개적 모음조화를 하지 않는 언어이다. 이러한 사실 때문에 종래의 연구에서는, 한국어가 이전에는 8모음 체계를 가졌으며 반듯한 모음조화를 하였다고 간주함으로써, 이전 시기의 한국어를 알타이조어에 연결시키려는 시도를 하였던 것이다. 이러한 시도는 무리한 가설을 동반하지 않을 수가 없었고 그 과정에서 한국어의 선사는 상당히 왜곡된 모습을 지니지 않을 수 없었던 것이다. 이 역시 알타이조어의 개념과 조어의 재구 과정을 고려했더라면 좀 더 냉정히 한국어의 선사에 대한 기술을 할 수 있었을 것이다.

최근의 연구에서는 한국어가 이전의 어느 시기에는 5모음을 가지고 있었을 가능성에 대한 논의가 자주 이루어지고 있다. 이러한 논의들은 주로 한자음의 연구나 중세 한국어의 내적인 연구 결과 등을 증거로 삼고 있는데, 그러한 체계가 실제로 존재하였는지의 여부는 제쳐두고서라도, 이러한 연구들이 알타이조어에 의존하던 종래의 연구와는 질을 달리 한다는 점에서 큰 의의가 있을 것이다.

5. 알타이언어의 새로운 연구 방향

지금까지 우리는 알타이언어를 연구하는 것은 한국어의 계통을 연구하기 위해서라고 보아 왔다. 지금까지와는 달리 현장에 가서 실생활에 쓰이는 언어를 조사하여 연구하는 것은 침체된 한국어 계통론에 새로운 연구 분위기를 불어 넣을 수 있으므로 더할 나위 없이 바람직한 것이다. 그러나 시각을 조금 바꾸어서 생각해 보면 알타이언어는 전혀 새로운 관점에서 연구될 수 있는 분야이다. 인류의 지난 여러 세기 동안에 특히 20세기에 와서 미증유의 언어와 문화의 절멸을 경험하였다. 다양한 소수민족을 포함하는 강대국가들이 형성되면서 의도적이건 아니건 소수민족들은 자신의 언어와 문화를 상실해갔던 것이다. 20세기 말에 이르러 언어학자들은 언어와 문화의 다양성의 중요성을 느끼게 되어 새로운 연구 과제를 제시하게 된다. 그것은 바로 절멸 위기에 처한 언어(Endangered Languages)에 대한 연구이다. 절멸 위기에 처한 언어란 '아직까지는 어린이가 배우는 언어이지만, 현재의 상태가 지속된다면 다음 세기 말에는 어린이가 더 이상 모국어로 배우지 않을 언어' 정도로 정의할 수 있는데 이러한 언어는 대략 전체 언어의 40~75%에 해당한다.

언어학자들이 "의무를 다하는 언어학" 즉 인간의 생활에 직접 관련되는 언어학의 길을 모색하게 되면서 주목하게 된 것이 절멸 위기에 처한 언어에 대한 연구이다. 1991년에 열렸던 미국언어학회의 절멸 위기에 처한 언어에 대한 심포지엄에서 발표된 논문 모음집을 *Language*에 수록하면서 편집자인 MIT의 켄 헤일(Ken Hale)은 전 세계의 언어학자를 향하여 다음과 같이 말하고 있다:

> 이 논문들이 전하는 메시지는 시급하고도 중요한 것이다; 나는 모든 언어학자들이 이 논문들을 주의 깊게 읽어 줄 것을 간청한다.

언어학자들은 현재의 상태대로라면 현재 6,000여 개별 언어가 금세기 말에 그 절반인 3,000여 개로 줄어들 것이라고 말한다. 다시 말하자면 한 달에 두 개 반 정도의 언어가 사라질 것이라는 것이다. 언어의 절멸은 곧 그 언어체계에 반영된 사고와 문화가 사라지는 것이며 인류가 가지고 있던 소중한 자산이 없어지는 것이다. 지난 세기말에 시작된 절멸 위기에 처한 언어에 대한 기록과 보존, 교육은 현대언어학의 가장 시급하고도 중요한 과제가 되었다.

　세계 여러 지역의 소수민족의 언어가 예외 없이 절멸 위기에 처해 있지만, 한국어와 관련이 있다고 논의되어 온 알타이언어도 예외가 아니다. 상당수의 알타이언어 특히 만주퉁구스어파에 속하는 거의 대부분의 언어가 절멸 위기에 처해 있다(후술). 한국어학자들이 한국어의 계통을 찾기 위해서 알타이언어를 연구하는 것은 물론 필요한 일이며 가치가 있는 연구이다. 그러나 알타이언어를 연구하는 것은 여기에서 더 나아가서 절멸 위기의 언어를 조사하고 기록 연구하여 보존하는 것이며 절멸의 위기에서 벗어나도록 교육하는 일과 바로 연결되는 가치 있는 일이다. 이러한 연구는 한국의 언어학자가 떠맡아야 할 임무를 수행하는 셈이 된다.

　알타이언어 연구는 결국 한국어의 계통 연구를 위한 기반을 마련하는 연

[그림 1-5] 알타이언어 현지 조사(중국 신장의 쾨크 몬차크인)

구인 동시에 절멸 위기의 언어를 보존 기록하는 언어학자의 임무를 수행하는 두 곱의 보람을 지닌 연구인 것이다.

6. 요약

지금까지 한국어의 계통과 형성, 그리고 알타이언어 연구의 새로운 방향에 대하여 살펴보았다. 위에서 논의된 내용을 요약한다면 한국어는 알타이어족에 속할 가능성이 크지만 아직 만족할 만한 증거를 확보하지 못한 상태이다. 앞으로는 지금까지의 연구를 바탕으로 하되 새로운 방법론을 끊임없이 모색해 나가야 할 것이다. 그 중에서 가장 중요하고 시급한 것이 알타이언어의 각 개별어에 대한 연구이다. 알타이언어에 대한 연구는 두 가지 중요한 의미를 지니고 있는데 하나는 한국어의 계통 연구를 위한 기반을 마련하는 것이고, 다른 하나는 절멸 위기에 처해 있는 이 언어들을 조사하여 기록하고 보존하며, 더 나아가 교육함으로써 절멸 위기에서 구해 내는 것이다.

언어의 절멸과
현대언어학의 과제

1. 언어 절멸의 예

이 절에서는 우리가 직접 현지 조사한 언어를 예로 들어서 하나의 언어가 절멸하는 과정을 보이기로 한다. 두 언어를 예로 들고자 하는데 하나는 만주어이고 다른 하나는 푸위 키르기스어이다. 공교롭게도 두 언어는 모두 중국 헤이룽장(黑龍江)성 치치하얼(齊齊哈爾)시 관할의 푸위(富裕)현 유이 다워얼 쭈만쭈커얼커쯔쭈(友誼達斡爾族滿族柯爾克孜族)향에서 사용된다. 만주어는 싼자쯔(三家子)촌에서, 푸위 키르기스어는 우자쯔(五家子)촌과 치자쯔(七家子)촌에서 사용된다.▪ 두 언어는 아래에서 보듯이 '절멸 임박 언어'로 분류되고 있지만 그 절멸의 정도가 다르다. 즉 만주어는 아직 몇 명의 화자가 있는 상태이고 푸위 키르기스어는 이미 사용하지 않은지 오래되었지만 몇몇 노인의 기억 속에 남아 있는 언어이다.

[그림 2-1] **중국 헤이룽장성 치치하얼시**

1.1. 만주어의 경우

우리가 만주어에 대해서 알고 있는 바는 대체로 이러하다. 만주족은 적은 수의 인구로 중국을 지배했지만 시간이 흐름에 따라서 문화적으로 우월한 한족에게 완전히 흡수 동화되어 자신들의 문화와 말을 잊어버리고 말았다. 그리하여 자신의 언어를 잃어버린 민족의 대표적인 예가 되고 말았다. 실제로 중국은 한족을 포함한 56개 민족으로 구성되는데 자기 자신의 언어를 가지지 못한 민족은 만주족과 회족밖에 없다. 회족은 한족과 서역 민족의 혼혈로 형성된 민족 집단으로 볼 수 있으므로 한어를 쓰지 않는 것을 이해할 수 있다. 그러나 불과 100년 전까

▪ 이 글에서 중국의 지명은 그 한어병음을 한글로 표기하고, 민족과 언어의 명칭은 해당 민족의 자칭을 한글로 표기하기로 한다.

지도 중국을 지배한 왕조의 주인공들이 자기 말을 잃어버렸다는 것은 놀라운 일이다.

만주족은 중국의 마지막 왕조인 청(淸)을 세운 민족으로서, 11세기에 금(金)을 세운 여진족의 후손이기도 하다. 금이 원(元)에 망한 후 이들은 지금의 중국 동북지역, 역사에서 흔히 백산흑수지간(白山黑水之間)이라고 일컫는 백두산과 흑룡강 사이의 여러 지역에서 무리를 지어 살았다. 그러다가 명(明)의 중기와 후기에 이르러 건주여진(建州女眞)이라고 불리는 지역에서 세력을 키운 노라치(누르하치)가 후금(後金)을 건국하고 황제를 칭하며 중원을 위협하였다. 농민의 반란으로 혼란한 명 말기에 누르하치의 아들 태종은 산해관을 넘어 북경에 입성하여 명실상부하게 중원의 주인이 되었다. 이때가 1644년이었다.

소수의 인구로 중원의 주인이 된 이들은 그들의 민족성을 유지하기 위하여 '기사국어(騎射國語)' 즉 '말을 타고, 활을 쏘고, 자신의 말인 만주어를 말하는' 것을 하나의 중요한 생활 지표로 삼았다. 그 이후 강희제, 옹정제, 건륭제의 3대 130여 년에 걸친 치세를 통해 세상을 태평으로 만드는 데 성공하였으나 이들은 차차 한족의 문화에 젖어들고 있었다. 문화적으로는 열세였던 만주족이 한족의 우세한 문화에 동화되는 것은 시간 문제였던 것이다.

만주인들의 야심은 컸다. 한편으로는 우세한 한문화에 동화되지 않기 위해서, 다른 한편으로는 만주어와 만주글로써 일상생활뿐만 아니라 문화생활을 할 수 있게 하기 위해서 중국의 고전을 만주어로 번역하는 작업을 대대적으로 시행하였다. 그리하여 짧은 기간에 자신의 언어로 한족이 이룩한 문화 업적을 습득할 수 있도록 시도하였다. 예를 들면 시경(詩經)을 비롯한 사서삼경(四書三經)이 번역되었으며 학문을 시작하는 사람이 읽어야 할 소학(小學)과 같은 책, 삼국지연의(三國志演義)와 같은 책도 번역되었다. 물론 공문서, 법률 등도 만주어와 한어 그리고 몽골어를 함께 썼다. 그리고 자신들의 언어를 정리하고 언어 규범을 세우기 위하여 사전 편찬 작업에도 힘을 기울였는데 황제가 직접 관여하기도 하였다. 그 결과 만주인은 세계 최초로 자신들의 언어를 자신들의 언어로 풀이한 사전을 만든 민족이 되기도 하였다. 그러나 '기사국어' 정신을 유지하기에는 만주인의 숫자가 너무 적었다. 18세기 중엽이 지나면서 이들은 서서히 한족 문화에 동화되었고, 만주어는 점차 잊혀가는 언어가 되었다.

　1911년 신해혁명으로 청이 망하고 중화민국이 성립되었다. 이와 함께 만주어는 공식 언어로서의 종지부가 찍힌 것은 물론이다. 이미 18세기부터 쇠퇴의 길로 들어선 만주어는 더 이상 사용되지 않는 언어로 생각되었던 것이다. 그런데 만주어가 사용되고 있다는 보고가 하나 둘 나오기 시작했다. 1940년대 즉 만주국(중국에서는 거짓만주 즉 위만주(僞滿洲)라고 부른다) 시기에 흑룡강 부근을 탐방한 일본인 학자들의 보고를 통해서 몇몇 마을에서 만주어가 사용되고 있다는 사실이 알려졌다. 그리고 신장(新疆) 지역에서도 만주어와 유사한 말이 쓰이고 있음이 보고되었다. 만주어가 이미 사멸한 것으로 알려졌지만 아직 일부 지역에서 명맥을 유지하고 있었던 것이다. 그 역사적 배경은 이러하다.

　청은 17세기 중엽 강희(康熙)제 때에 러시아 상인을 앞세워 시베리아 동부 지역으로 세력을 확장해 오는 러시아 차르의 군대를 맞아 정예 군대를 파견하여 서북 지역, 동북 지역에 대한 방어를 공고히 하였다. 동북 지역 즉 흑룡강 지역에는 친위대 격인 만주인으로 이루어진 수병을 파견하였다. 이때 장백산(즉 백두산) 주변에 있던 만주족의 군대가 파견되었는데 이들과 그 후손은 이때부터 흑룡강 유역의 주둔군이 되었다. 현재 헤이룽장성 푸위현의 싼자쯔촌의 만주인이 이들의 후손이다. 한편 서북 지역도 너무 멀고 이민족이 많아서 믿을 만한 군사를 파견하였다. 그러나 만주족을 파견할 수는 없었고 그들이 형제처럼 믿었던 시버(錫伯)족과 다고르(達斡爾)족을 주축으로 군인을 선발하여 가족과 함께 이주시켜 서북 변방을 맡긴 것이다. 서역으로 파견된 시버족은 1764년에 성징(盛京, 지금의 선양(沈陽)을 출발하여 몽골 고원을 경유하여 이듬해인 1765년에 서북 변방에 도착하여 군사 활동을 하였다. 다고르족은 1763년 흑룡강장군 바트칸 총관(黑龍江將軍 布特哈總管)

관할에서 일리장군 타르바가타이 참찬대신(伊犁將軍 塔爾巴哈台參贊大臣) 관할로 제4차로 전속되어 이리(伊犁), 훠얼궈쓰(霍爾果斯)에서 솔론영(索倫營)(어웡키와 함께)으로, 1872년부터 타르바가타이로 옮겨 신만영(新滿營)(시버, 어웡키와 함께)으로 주둔하였다. 현재 신장웨이우얼자치구 차부차얼시버(察布查爾錫伯, 찹찰시버)자치현의 시버(錫伯)인과 타청(塔城, 타르바가타이) 지구의 다고르인은 각각 이들의 후손이다.

일본인 학자에 의해서 흑룡강 유역인 아이훈(愛琿) 지역의 만주어의 몇몇 단어가 보고되었으나 학술적 가치가 높다고는 할 수 없다. 만주어가 학문적으로 조사된 것은 1961년에 이르러서였다. 당시 넌(嫩)강 유역의 싼자쯔촌에서도 만주어가 사용된다는 것을 알게 된 내몽고대학의 연구팀은 헤이룽장성 푸위현 싼자쯔촌에 가서 한 달 이상을 머물면서 이들의 만주어를 비롯한 문화와 역사를 조사하였다. 이들의 만주어 조사 결과는 실제적인 문화 파괴 운동이었던 문화혁명 기간에는 발표되지 못하고 1982년에 이르러 비로소 발표되었다. 당시 이 마을의 만주족은 355명이었는데 노년층은 만주어를 잘 말하고, 중년층은 만주어와 중국어 즉 한어(漢語) 두 가지를 사용하며, 소년층은 만주어에 비해서 중국어를 더 잘 말하는 것으로 보고되었다. 이러한 정황은 흑룡강 연안의 아이훈 지방의 만주어 사용지역에서도 거의 마찬가지였다.

여기에서 우리는 언어의 절멸 유형 가운데 한 가지를 명백하게 볼 수가 있다. 젊은이들의 언어에 초점을 맞추어서 보자면 이들은 중국 즉 중화인민공화국이 1949년에 성립된 이후에 이른바 공민교육을 받으면서 모든 국민이 소학교(즉 초등학교)를 다니고 학교에서는 한어로 교육을 하게 되었다. 그 결과 한족이 아닌 소수민족들, 예컨대 만주족의 아동들은 자연스럽게 한어를 접하고 자신들의 언어를 점차 잊어버리게 된 것이다. 언어의 절멸 과정은 일반적으로 다음과 같다. 우선 사회교제용 언어로서 손색없이 사용되다가 사회 환경이 바뀌면서 그것이 한정된 집단 또는 계층에서만 사용되고 더 위축되면 가정 언어로서만 사용된다. 가정 안에서도 자유롭게 사용되다가 점차 노년층만 말하게 되면서 젊은층은 알아듣기는 하지만 말하지 못하는 상태로 있다가 노년층이 사망하면 그 언어는 사어가 되고 마는 것이다.

1961년에 조사하고 1982년에 발표된 논문과 1964년에 조사하고 1984년에 발표된 논문을 통해서 만주어가 두어 마을에서 사용되고 있다는 사실과 함께 구체적인 언어 사실도 언어학계에 보고되었다. 만주어가 절멸했다고 믿고 있던 언어학계로서는 그야말로 기적을 접한 것이다. 그러나 위의 두 업적을 제외하고는 이후에 만주어를 제대로 조사한 논문이 없다.

그로부터 약 40년 이상이 지난 지금의 정황은 어떠한가? 이것은 알타이학계와 언어학계의 지대한 관심사였다. 그 이후에도 세계 여러 나라에서 관심 있는 학자들이 싼자쯔촌을 현지 조사차 방문했으나 만족할 만한 성과를 얻지 못했다. 심지어는 중국인 학자들로부터도 만족스러운 연구가 나오지 못했다. 이에 우리는 혹시 만주어 사용자가 이 세상에 더 이상 남아 있지 않을 가능성이 있다는 생각을 하기도 하였다. 그러나 그 마을에 아직 만주어 사용자가 있었다.

싼자쯔촌의 정식 명칭은 "헤이룽장(黑龍江)성 푸위(富裕)현 유이 다워얼쭈만쭈커얼커쯔쭈(友誼達斡爾族滿族柯爾克孜族)향 싼자쯔(三家子)촌"이다. 즉 향(鄉) 행정구역 내에는 다고르족(몽골계의 한 민족), 푸위 키르기스족(튀르크계의 한 민족), 그리고 만주족(퉁구스계의 한 민족)이 주로 살고 있는데 그 중 만주족은 싼자쯔촌에 거주한다. 싼자쯔촌이라는 마을 이름은 멍(孟)씨, 타오(陶)씨, 지(計)씨의 세 성이 집단으로 거주하므로 붙여진 이름이다. 만주족들에게는 고유한 만주어로 된 성(姓)이 있지만 한자 표기로 바꾸어서 사용한다.

위에서 만주어가 절멸했을 가능성이 있다는 생각을 하기도 했다고 말했지만, 이 싼자쯔촌에는 만주어를 구사하는 사람들이 아직도 남아 있었다. 우리는 70대와 80대의 고령의 노인들의 언어를 조사할 수 있었다. 그 이하의 연령 집단은 만주어를 모른다. 이 분들은 내몽고대학 연구팀이 언어 조사를 했을 당시인 1960년대 초에 30대였던 분들이다. 그 당시에는 만주어와 한어 즉 중국어 두 개의 언어를 쓴다고 기록되었던 연령 집단이다. 이들은 꽤 유

[그림 2-2] **만주족의 전통 가옥**

창한 만주어를 아직도 구사하고 있었다. 그러나 이들 세대가 마지막이다. 지금의 70대는 중화인민공화국 성립(1949년) 이전에 태어난 세대이므로 만주어를 그의 모국어로 한 마지막 세대이다. 그 이하의 세대는 학교에서 한어교육이 강화되고 사회적으로 만주어를 사용할 필요성이 거의 없어졌으므로 다른 지역의 만주인들이 그러한 과정을 겪었듯이 자연스럽게 자신의 언어를 잊어갔던 것이다.

여기에서 예를 든 만주어는 언어의 유지와 절멸을 보여 주는 특수한 예이다. 즉 만주어 전반적으로는, 만주족이 한족의 문화에 동화됨에 따라, 자연스러운 쇠퇴, 절멸의 길을 걸었다. 물론 군사적 목적으로 변방으로 파견되어 대다수의 만주족과 한족으로부터 고립된 일부의 만주족들, 그리고 이들의 후손은 자신들의 언어와 문화를 유지할 수 있었다. 그러나 20세기 중엽에 중화인민공화국이 성립된 후 소수민족의 언어와 문화를 보호한다는 정책에도 불구하고 이들의 언어와 문화는 위협을 받다가 드디어 마지막 수십 명의 모어 화자만 남겨진 상태에 처하게 되었다. 현재의 통계로는 만주족은 1,000만 명을 상회한다. 그러나 이제는 70대 및 그 이상의 노인 몇 명이 만주어를 말할 수 있을 뿐이다. 이들이 세상을 떠나면 이제 만주어는 절멸한 언어가 되는 것이다.

1.2. 푸위 키르기스어의 경우

푸위 키르기스어의 경우는 김주원 교수가 작성한 조사 기록 일지를 통해서 살펴보기로 한다.

2003년 9월 2일(화)

"한국어 계통 구명을 위한 알타이언어 현지 조사 연구 및 음성 영상 DB 구축"이라는 제목으로 한국알타이학회와 서울대학교 인문학연구원이 컨소시엄 형태로 한국학술진흥재단에 신청한 연구 과제에 대해 지원이 결정된 것은 2003년 8월 29일이었다. 한국알타이학회에 연구비를 3년간 지원하기로 결정한 것이다. 한국알타이학회의 발전뿐만 아니라 절멸 위기의 언어 가운데 하나인 알타이제어 조사 연구를 제대로 할 수 있는 좋은 기회가 주어진 것이다.

기뻐할 겨를도 없이 현지 조사를 기획하고 준비하였다. 전체적인 일정은 9월 1일에 연구를 시작하여 10개월 이내인 7월 30일까지 중간 보고를 하여야 하므로 그 이전에 최소한 두 차례의 조사를 하여야 한다. 조사 분석 보고서가 나오는데 약 3개월이 걸리므로 두 번째의 조사는 늦어도 3월에는 이루어져야 한다. 그리고 제1차 조사 지역을 중국으로 정하였는데 세계보건기구(WHO)의 발표에 의하면 겨울이 되면 작년에 온 지구를 공포에 떨게 했던 사스(비전형성 급성 폐렴)가 다시 나타날 것이라는 경고를 무시할 수 없었기에 비교적 조사가 수월한 겨울 방학을 피해야 했기 때문이다. 그리하여 두 차례의 조사를 추석(9월 11일)이 지난 9월과 3월에 하기로 결정하였다. 그리고 첫 조사이니 만큼 세 어파를 동시에 조사할 수 있는 헤이룽장성 지역으로 결정하고 헤이룽장성 민족연구소에 근무하는 박련옥(朴蓮玉) 선생께 현지 준비를 부탁하고 날짜를 통보하였다. 이러한 과정을 거쳐 제1차 조사 지역과 시기는 다음과 같이 결정되었다.

조사 일정: 9월 21일(일) 12시 30분 인천 출발
9월 28일(일) 14시 50분 하얼빈 출발(18시 인천 도착)

중국 현지에서 박련옥 선생이 알려온 바에 의하면 푸위 키르기스어는 자료제공인(Consultant)이 거의 없어서 이틀 이상은 조사할 수가 없을 것이라고 하므로 상황 판단을 하면서 움직이기로 하였다. 한편 헤이룽장성은 2002년의 허저어(赫哲語) 조사 경험에 의하면 관리들의 간섭이 심한 곳이어서 그러한 쪽에 신경을 쓰지 않을 수 없었다. 박련옥 선생도 되도록 소수의 인원이 와 줄 것을 당부하였다. 그러나 한 조의 최소 인원은 전사 분석을 해야 할 해당 언어 전공자, 현지 언어(이 경우는 중국어)에 능통한 질문자, 녹음과 녹화 기기류를 조작할 사람이 있어야 하고 경우에 따라서는 행정적으로 보조할 사람도 있어야 하므로 한 조에 최소한 세 사람은 있어야 한다. 그리고 학문 후속 세대를 키워야 하므로 대학원생도 동행해서 조사에 참가할 필요가 있다. 이러한 고려 끝에 다음과 같이 조를 짰다.

제1조(오로챈어 쉰커 방언): 이호영(서울대 교수), 최형원(서울대 연구원), 신용권(인천시립대학교 교수), 강희조(서울대 대학원 박사과정), 한유펑(韓有峰, 헤이룽장성 민족연구소)
제2조(다고르어 메이리쓰 방언): 성백인(서울대 명예교수), 유원수(서울대 연구원), 장향실(한국알타이학회 연구원), 이동은(서울대 연구원), 고성익(서울대 대학원 박사과정)
제3조(푸위 키르기스어): 김주원(서울대 교수), 메흐메트 윌메즈(터키 율두즈대학 교수), 이용성(서울대 연구원), 판루신(范魯新, 서울대 대학원 박사과정), 박련옥(朴蓮玉, 헤이룽장성 민족연구소)

한유펑 선생과 박련옥 선생은 공동연구원으로서 현지에서 우리와 동행하면서 조사하기로 하였다. 그리고 질문지는 시간 관계상 이전부터 사용해 왔던 것을 재인쇄하여 쓰기로 하였다.

이번 조사에 참가하는 대부분의 박사들이 현지 조사 경험이 없으므로 사전에 조사 방법과 기기 조작법 등을 숙지시키기 위하여 9월 18일에 최종 점검 겸 설명회를 하였다. 한편 만일을 대비해서 독감 예방 주사도 맞아 두도록 하였다.

한편 조사 기기를 구입하였는데 DAT 녹음기를 두 대 더 구입하였으며 캠코더나 마이크는 이호영 교수에게 맡겨서 구입하도록 하였다. 준비물은 이전에 조사를 다녔던 경험에 의거하여 별 문제 없이 준비물 목록을 작성하고 거기에 따라서 준비를 하였다.

2003년 9월 21일(일)

9월 21일이 되었다. 12시 30분 하얼빈행 비행기를 타기 위하여 조사원 12명이 10시까지 약속 장소에 속속 모여들었다. 출국 검사장에서 신발 검사까지 마치고 들어가서 자료제공인에게 주기 위하여 담배를 구입하였다. 술은 이번에는 구입하지 않기로 하였다. 값에 비해서 큰 효용이 없다고 생각했기 때문이다. 두 시간을 날아서 하얼빈 공항에 도착하였다. 사스 관련 쪽지를 간단히 적어 내고 입국 심사를 마쳤다. 밖에서 애타게 기다리던 박련옥 선생이 반갑게 맞아주었고 공항에서 택시 운전사들과 옥신각신하면서 택시를 골라잡고(택시비 대당 100위안) 예약이 되어 있는 하터상무호텔(哈特商務大酒店)에 도착하여 짐을 풀었다. 하터상무호텔은 하얼빈공과대학(HIT, Harbin Institute of Technology)에서 운영하는 호텔이라 한다. 박련옥 선생이 공과대학에 재직하는 친구를 통하여 약간의 할인을 받아두었다 한다. 오로챈어 조사에 동행할 오로챈족인 한유펑 선생도 와 있었다. 그리고 터키에서 온 윌메즈 선생도 도착해 있었다. 이제 조사팀이 전부 모인 셈이 된다. 모두 15명이다. 우리는 조사팀의 수를 줄여 보이기 위하여 헤이허(黑河)시로 가야 할 제1

조는 당일 출발하도록 표를 예약해 두었다. 이들의 출발 시각이 오후 6시 53분이므로 조금 일찍 저녁을 먹었다. 저녁 식사를 마치고 제1조는 헤이허시로 가기 위하여 한유평 선생과 함께 하얼빈 역으로 향하였다. 나머지는 산책을 하기도 하고 준비도 하면서 첫 날을 보냈다.

2003년 9월 22일(월)

아침 일찍 잠이 깨어 호텔 주변을 산책하였다. 6시 조금 넘었는데도 많은 사람들이 오간다. 이전에 비해서 길거리가 매우 깨끗해졌다는 느낌을 받았다. 버스도 대부분이 벤츠였다. 역동적으로 발전해 가는 중국을 느낄 수 있었다.

2조와 3조는 치치하얼까지 가서 각각의 조사 장소로 가기로 되어 있었다. 아침 식사가 8시부터라고 해서 7시 30분부터 식사를 할 수 있게 준비해 달라고 특별히 부탁을 하였는데 8시가 거의 다 되어서 식사를 시작할 수 있었다. 식사를 마친 후 바로 하얼빈 역으로 향하였다. 역 안에서도 한 사람 한 사람씩 이마에 빨간 불을 비추며 체온 검사를 하였다. 9시 50분 열차인데 여유 있게 탈 수 있었다. 우리가 탄 열차는 특급열차(新空調硬座特快)였는데 열차 안이 놀랍게 깨끗해져 있었다. 바닥에 수북이 쌓여 있었던 해바라기 씨(과즐, 瓜子)도 볼 수 없었고 화장실도 매우 깨끗했다. 게다가 속도도 매우 빨랐다. 박련옥 선생의 말에 의하면 중국의 전체 도시를 북경에서 24시간 달려서 도착할 수 있게 하는 속도 증가 정책을 편다고 하였다. 승무원들이 부지런하게 오가며 서비스를 하였는데 쓰레기를 담을 그릇을 테이블 위에 한 개씩 놓고는 종착역에 도착할 때쯤 거두어 갔다. 우리가 탄 열차는 연착이 되었나 보다. 박련옥 선생은 휴대 전화로 치치하얼에서 기다리는 사람에게 전화를 하였다. 12시쯤에 도착하였다. 헤이룽장성 다고르족학회(黑龍江省達斡爾族學會) 이사장(理事長)인 양유천(楊優臣) 선생과 푸위 키르기스족 연구회 부회장인 우징(吳晶) 선생이 반갑게 맞아 주었다. 짐을 역 앞에 있는 가게에 맡겨 놓고 역 건너편에 있는 식당에서 점심 식사를 하였다. 식사를 한 후에 제2조는 양 선생과 함께 택시로 메이리쓰(梅里斯)로 향하였고 제3조는 조금 더 기다리다가 15시 40분 발 푸위(富裕)행 열차를 탔다. 우징 선생이 동행하였다. 차는 보통급행(硬座普快)인데 열차 안은 역시 깨끗하였다. 승객이 꽤 많이 있었지만 드문드문 빈자리도 있었는데 박련옥 선생은 굳이 침대칸(硬臥)을 구하였다. 아마도 외국서 온 손님에 대한 대우인 것 같았다. 50분 만에 푸위 역에 도착하였다. 거기에는 우리를 도와줄 분인 판즈거(範之歌) 국장이 나와 있었다. 빵차라고 부르는 택시를 타고 푸위호텔(富裕賓館)에 도착하였다. 조금 쉬다가 호텔에서 조금 떨어진 식당에 가서 식사를 하고 산책도 하였다.

2003년 9월 23일(화)

아침 일찍 일어나 주위를 산책하였다. 이른 아침인데 학생들이 깃대를 들고 자전거나 수레를 타고 학교로 가고 있었다. 오늘 무슨 행사가 있나 보다. 호텔의 우리 방 옆에는 "SARS 消毒室"이라는 간판을 붙인 방이 있었다. 작년 전 중국을 휩쓴 사스를 미리 예방하자는 뜻일 게다. 사스가 중국 보건 위생의 수준을 한 단계 올려놓았다는 말을 실감할 수 있었다. 간단히 뷔페식으로 식사를 한 후 8시에 우자쯔촌으로 출발하였다.

이번의 조사는 다음과 같이 하기로 하였다. 중국의 행정 당국은 기본적으로 외국인이 소수민족 지구에 오래 머무는 것을 원하지 않는다. 이번에는 최대한 이틀 머물되 오전에는 우자쯔촌, 오후에는 치자쯔촌에서 조사하기로 하였다. 판즈거 국장이 밴형 택시를 불러왔다. 하루에 200위안씩 주고 전용으로 쓰기로 했다.

[그림 2-3] 우자쯔촌 마을 표석

우자쯔촌은 푸위에서 남쪽으로 12km 떨어져 있는 곳으로 20분밖에 걸리지 않았다. 우자쯔촌(五家子村)이라는 마을 표석이 보였다. 이곳의 인구는 551명이며 그중 280인이 푸위 키르기스족이고 나머지는 한족, 몽골족, 만주족, 다고르족 등이다. 우리가 도착한 곳은 그 마을의 촌민위원회(村民委員會)

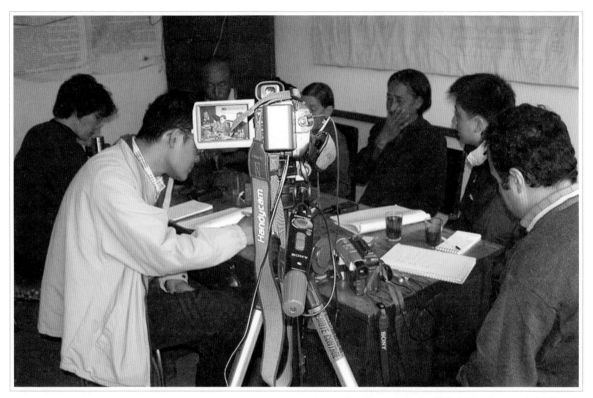

[그림 2-4] 우자쯔촌의 푸위 키르기스어 현지 조사

즉 촌정부(村政府)건물이었다. 부엌이 딸려 있는 것으로 보아 가정집으로도
쓰고 있는 것 같았다. 그 곳에 있던 촌장(村長), 서기(書記)와 인사를 나누었
다. 서기는 마음씨 좋게 생긴 아주머니였다. 과일이며 해바라기 씨 등을 탁자
에 내어 놓고 차도 끓여 나왔다. 전기를 써도 좋으냐고 물어보니 쾌히 쓰라
고 한다. 캠코더 설치를 위하여 콘센트에 꽂아 보았으나 전기가 들어오지 않
았다. 촌장에게 말했더니 옆으로 가서 전원을 넣어 주었다.

그러는 사이에 미리 연락이 되어 있었던 듯 자료제공인들이 나타났다. 자
료제공인은 한수전(韓淑珍)(69세, 1934년생, 여), 창수펀(常淑芬)(68세, 1935
년생, 여) 두 분과 전직 교장 선생님이 나오셨다. 한수전 할머니는 서기의
모친이었으며 옛날에 가수였다고 하였다. 나는 기계를 다루고 이용성 박사
는 질문을 하고 판루신(范魯新) 대학원생이 통역하는 식으로 진행되었다. 이
분들은 중국 건국(1949년) 이래로 푸위 키르기스어를 쓰지 않았으므로 거의

잊어버린 상태였다. 단지 이전에 몇 차례 언어 조사 시에 말했던 기억이 있을 정도이다. 문장 수준의 발화는 거의 없고 단어도 제1인칭 소유어미가 붙은 단어를 말할 뿐이었다. 조금 조사해 가는 동안 전직 교장 선생님은 푸위 키르기스어를 거의 모르는 것으로 밝혀졌다. 중간 중간에 호기심으로 이 사람 저 사람이 들여다보곤 했는데 50대밖에 안 된 한 분이 꽤 잘 기억하고 있어서 마지막에는 교장 선생님 대신에 그 분을 앉혀서 조사를 하였다. 창위(常玉)라는 분인데 1951년 생으로 52세였다.

그런데 대접으로 내어놓은 해바라기 씨가 문제가 되었다. 자료제공인들로서는 앞에 있는 먹을 것에 손이 가지 않을 수 없다. 먹는 건 괜찮은데 소리가 문제이다. 옆 사람이 말할 때 바싹바싹 소리가 나니 녹음 후 들어 보면 무슨 소리인지 판명이 되지 않는 경우가 많이 있다. 그리하여 박련옥 선생에게 말하여 먹지 말아 달라고 부탁을 하기도 했다. 그러나 조금 지나면 또 슬그머니 손이 가니 어찌할 수 없었다. 우리의 경험으로는 테이블 위에 먹을 것이 없는 것이 제일 좋다. 그런데 그 쪽에서 귀한 손님이 왔다고 있는 것 다 내어 놓는 데야 말릴 수가 없지 않은가?

오전 조사라지만 11시에 끝을 내었다. 현(縣)으로 나가서 점심을 먹고 다시 치자쯔촌으로 가야 하기 때문이다. 내일 다시 오기로 약속하고 나중에 자료제공인으로 합류한 창위 씨도 꼭 오라고 부탁하였다. 만두를 점심으로 먹은 후 우징 씨는 치치하얼로 떠나고 판즈거 국장과 함께 치자쯔촌으로 향하였다. 12시 40분에 출발하여 1시 10분에 도착하였다.

치자쯔촌은 푸위에서 동쪽으로 약 20km 되는 거리에 있는 곳으로 푸위 목장(富裕牧場)으로 불리는 곳이다. 처음에는 목장의 기능만 있다가 촌(村) 행정단위가 설치되고 주민의 일부가 옮겨가서 생긴 마을인 것 같다. 마을 입구에 있는 푸위 목장 제9생산대 당지부(第九生產隊黨支部)라는 기둥 간판을 지나 마당에 차를 세우고 마을 표석 앞에서 사진을 찍으려고 나가다 보니 마을 안쪽에서 자료제공인들 네 분이 나오고 있었다. 인사를 한 후 나란히 여러 장의 사진을 찍었다.

[그림 2-5] 우자쯔촌의 푸위 키르기스어 자료제공인(왼쪽부터 창수펀, 창위, 한수전)

촌장인 창(常) 씨가 협조를 잘 해 주어서 조사장 준비는 잘 되어 있었다. 테이블 한 쪽에 자료제공인 네 분이 나란히 앉고 건너편에 우리가 앉아서 질문을 하고 녹화를 하고 하였다. 조사 시작 후 얼마 되지 않아서 두 분은 푸위 키르기스어를 거의 잊어버린 것으로 판명이 되었다. 그 중의 한 분은 어쩌다 한 번씩 대답을 하였는데 그것은 대부분이 몽골어여서 오히려 방해가 되기까지 했다. 나머지 두 분이 괜찮은 자료제공인이었는데 역시 50년간 쓰지 않은 언어를 기억해 내는 것은 힘든 일이었다. 두 분은 이름이 창수위앤(常淑元)(69세, 1934년생, 여), 우궈쉰(吳國勳)(69세, 1934년생, 남)이었는데 서로 상의해 가며 답을 해 주었고 어떤 경우는 모른다 하고 지나간 것을 뒤늦게 생각해 내어 갑자기 답을 해 주는 경우도 있었다.

쉬는 시간에 우자쯔촌에서는 누가 나왔느냐고 묻기에 누구누구가 나왔더라고 했더니 창수위앤 할머니가 50대의 창(常) 씨는 자기의 친동생인데 "그 애는 몽골어밖에 모른다."고 말하면서 웃었다. 이들 푸위 키르기스족의 언어 생활은 다음과 같은 것 같다. 1949년 중화인민공화국이 들어서기 전까지는 푸위 키르기스어를 위주로 하고 몽골어도 사용해 왔는데 중국 신정부가 들어선 이후에는 중국어와 몽골어를 사용하게 된 것이다. 창(常) 씨는 신정부 건국 후에 태어났으므로 푸위 키르기스어를 모르고 있다고 생각하는 것이 당연할 것이다. 그러나 중국 건국 이후라 할지라도 노인들은 여전히 푸위 키르기스어를 썼을 것이므로 그 때 배운 것이 아닌가 한다. 5시가 되어 치자쯔 촌에서 나왔다.

2003년 9월 24일(수)

오전에는 우자쯔촌, 오후는 치자쯔촌에서 조사하기로 하였다. 판즈거 국 장은 오늘은 바빠서 못 온다는 연락이 왔다. 8시 30분에 우자쯔촌에 도착하 여 바로 시작할 수 있었다. 오늘은 오디오테크니카 마이크를 창(常) 할머니에 게 걸어 드렸는데 어제 잘 기억해내던 한(韓) 할머니가 오히려 잘 대답을 못 하신다. 혹시 마이크 걸어 드리는 행동이 영향을 미쳤나 걱정이 되었다. 우리 가 조사하는데 젊은 촌장이 수첩과 볼펜을 들고 옆에 와서 따라 적고 있었다. 나는 그 사람에게 당신이 이 말을 배워야 한다고 격려해 주었다. 11시 20분 에 조사가 끝난 후 한(韓) 할머니에게 민가(民歌)를 불러 달라고 부탁을 드렸 더니 망설이다가 노래를 불러 주었다. 제목이 "고향을 생각하는 노래"와 "사 랑하는 말의 노래"라고 한다. 기가 막힌 솜씨였다. 이 연세에 이런 목소리가 가능하다는 것이 놀라웠다. 한수전 할머니는 젊어서 모택동 주석 앞에서 노 래를 부른 국가급 가수였다고 한다.

이들의 원거주지는 지금의 신장웨이우얼자치구에 있는 준가르 분지였다. 18세기 중기에 청(淸)과의 전투에서 패배한 후 포로로 이 지역에 끌려 왔는 데 현재의 푸위 키르기스인은 그 사람들의 후손이라 한다. 다시 와서 뵙겠다 는 인사를 하고 헤어졌다.

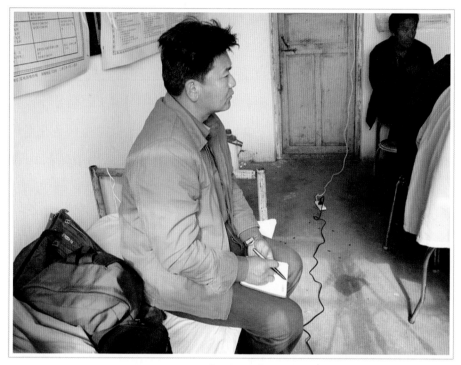

[그림 2-6] 푸위 키르기스어를 받아 적어 보는 청년

　다시 푸위현으로 나와서 점심을 먹은 후 치자쯔촌으로 향하였다. 촌각이
라도 아끼려고 식사를 한 후 12시 50분에 출발하여 1시 30분부터 조사를
시작할 수 있었다. 어제와 마찬가지로 네 분이 다 오셨고 두 분이 대답하는
방식으로 진행되었다. 어제보다는 조금 잘 기억이 나는 듯했다. 질문지에 어
휘 외에도 문법과 기초 회화가 있지만 그것을 질문하기란 불가능했기 때문
에 일찌감치 포기를 하고 기초 어휘만 반복해서 질문을 하였다. 50년 전부터
안 써 오던 말이라면 언어의 생명으로 말하자면 이미 절멸했다고 보아도 될
것이었다. 이들은 50년 전에 쓰던 말을 애써 기억해 내고 있는 것이다. 당연
히 잘못된 기억도 있을 것이다. 마지막으로 조사 기간 내내 한마디도 않던
할머니가 노래를 불러 주었다. 촌장은 자기네 말을 열심히 조사해 주어서 고
맙다는 말을 하고 그곳 노래인 '몽고인(蒙古人)'을 열창해 주었다.

　푸위현으로 돌아와서 저녁 식사를 한 후에 택시를 타고 2조가 있는 메이
리쓰로 향하였다. 소수민족 지구 특히 푸위 키르기스어 사용자가 있는 우자

쯔촌, 치자쯔촌은 유럽의 학자들도 비록 오래 머물지는 못하지만 자주 나타나는 편이어서 당국의 주목을 받는 곳이라고 한다. 우리는 나중에 다시 올 경우를 생각하더라도 저들이 원하는 대로 깨끗이 물러나는 것이 좋겠다고 판단하여 오늘 저녁을 이 지역에서 머무르지 않고 메이리쓰로 돌아가서 다른 조사팀들과 합류하기로 한 것이다. 맑은 날씨였는데 갑자기 폭우가 쏟아졌다. 택시를 불러서 7시 35분에 출발하여 8시 4분에 숙소인 구정부초대소(區政府招待所) 뤼저우호텔(綠洲大酒店)에 도착하였으니 30분도 채 걸리지 않았다.

[후기]

푸위현의 키르기스어는 우리가 알고 있는 키르기스스탄 및 그 인근 지역에서 쓰이는 키르기스어와는 이름만 같을 뿐 너무도 차이가 나는 튀르크어이다. 푸위현의 키르기스어는 남 시베리아의 하카스어와 매우 비슷한 것으로 알려져 있었는데 이 점은 이번 조사에서도 확인되었다(참고로, 하카스인 중에는 스스로를 키르기스라 부르는 사람들이 있다).

이 언어를 유창하게 구사하는 사람들은 이미 사망한 듯하다. 우리의 조사에 응한 사람들은 어렸을 때만 푸위 키르기스어를 사용했을 뿐 그 뒤로는 몽골어와 중국어만 사용했다. 그러므로 푸위현의 키르기스어는 이미 사어가 되었다고 할 수 있다. 우리가 만난 사람들이 이 언어를 조금이라도 아는 마지막 사람들이라 할 수 있다.

조사해 보니 첫날에는 푸위 키르기스어를 잘 생각해 내지 못하고 인칭어미도 거의 생략했지만, 둘째 날이 되니 푸위 키르기스어를 어느 정도 기억하고, 인칭어미도 제법 쓰는 등 상당한 발전이 있었다. 이 언어 자료로 지금까지 밝혀져 있는 것은 700여 개의 어휘 등이 있는데, 이번에 우리가 이틀 동안 찾아낸 어휘만 해도 300여 개가 된다. 이런 점을 볼 때 이틀을 더 조사했더라면 상당한 성과를 거둘 수 있었을 것으로 생각되었다.

그리하여 이듬해인 2004년 1월에 치자쯔촌을 다시 방문하여서 지난 번

자료제공인이었던 창수위앤(常淑元) 씨(여), 우궈쉰(吳國勳) 씨(남) 및 새로운 자료제공인인 한슈란(韓秀蘭) 씨(여)를 조사하였다. 2차 조사는 고동호 교수(총괄), 이용성 박사(전사), 박련옥 선생(통역, 질문)이 한 조가 되었다. 이번에도 유감스럽게도 이틀밖에 머물지 못하였으나 지난 번 조사에서 확실하지 못한 부분을 확인하였으며 새로운 단어도 더 찾아내는 성과를 올렸다.

위에서 예로 든 만주어와 푸위 키르기스어의 절멸 과정은 어느 한두 언어에 국한된 것이 아니다. 20세기는 강대국의 형성과 함께 세계의 소수민족의 언어가 유례없는 수난을 당한 세기였다. 다시 말하자면 미국, 소련, 중국 등의 다민족 국가가 생겨나면서 소수민족의 언어와 문화가 표면적으로는 국가의 정책에 의해 보호되는 듯 했지만 정치, 경제, 문화의 중심에 서 있는 언어의 흡인력에 이끌려 더 이상 존속하기 힘든 상태로 되었다. 중국의 예를 다시 들자면 중국은 한족과 55개의 소수민족으로 구성된 다민족 국가인데 인구 구성은 92대 8의 비율이며 이 중 인구 10만 명이 되지 않는 소수민족은 22개에 달한다. 이들 소수민족의 언어는 빠른 속도로 사라져 갈 것이다. 한 예를 더 들자면 중국의 허저어의 경우도 2000년에 모어 화자는 전체 인구의 10%에 달하는 400명 정도였다(자료에 따라서는 12명밖에 없다고 하는 연구도 있다). 그러나 이 언어도 이미 사회교제 언어로서의 기능은 없어졌고 가정 언어의 기능만 하고 있었다. 그나마 60대 이상의 노인층만 말을 할 수 있었고 40대와 50대는 들어서 이해할 수 있는 정도였으며 그 이하는 중국어밖에 모르는 상태로 되어 있었다. 산술적으로 보자면 60대가 사망하는 20년 뒤면 이 언어는 사라진다는 계산이 나온다. 거의 모든 만주퉁구스어파의 언어가 이러한 상황에 있다고 보면 틀림없을 것이다.

하나의 언어가 절멸한다는 것은 그 언어에 담겨 있는 그 민족의 경험, 세계관이 함께 절멸하는 것이며 아울러 인류의 소중한 문화의 창고 중의 하나가 없어져서 인류문화의 다양성에 손상이 가는 것이다. 바로 여기에 절멸 위기에 처한 언어들을 기록하고 보호하며 보존해야 할 필요성이 있다. 절멸 위

기에 처한 언어들의 상황과 보호 및 보존의 구체적인 노력에 대해서는 이
책의 [부록]을 참조하기 바란다.

2. 언어 절멸의 의미와 현황[*]

언어 다양성의 문제는 최근에 논의가 이루어졌던 생물 다양성의 개념에
서 출발한 것으로 볼 수 있다. 이 생물 다양성 협약은 1992년 6월에 브라질
의 리우데자네이루 회의에서 제정되어 158개국에 의해 채택되고 1993년 12
월부터 발효된 협약으로 전문의 내용을 발췌하면 다음과 같다.[**]

체결 당사국들은
생물 다양성이 가진 내재적 가치를 인식하고,
생물 다양성과 그 구성 요소들이 생태적, 유전적, 사회적, 경제적, 교육적, 과학적, 문
화적, 휴양적, 심미적 가치가 있음을 인식하며,
또한 생물 다양성이 생물권의 진화에 긴요하다는 것과 생물권 체계를 유지하는 생물
의 보전에 긴요하다는 것을 인식하며,
생물 다양성의 보전이 인류의 공통적인 관심사임을 확인하며, …
생물 다양성이 인간의 몇몇 활동에 의하여 현저하게 감소하고 있다는 것을 우려하며,
…
생물 다양성이 현저하게 감소하거나 소실되는 원천적인 요인을 예측하고 예방하며
대처하는 것이 절대적으로 필요하다는 것을 유념하며,
생물 다양성을 보전하고 그 구성요소들을 지속적으로 이용하기 위한 기존 국제 협정
을 강화하고 보완하기를 바라며,
현재 세대와 미래세대의 이익을 위하여 생물 다양성을 보전하고 지속적으로 이용할
것을 결의하면서,
다음과 같이 합의하였다.

[*] 이 절 내용의 일부는 유네스
코 한국위원회 홈페이지의
자료실(http://www. unesco.or.
kr/kor/ dataroom/ culdiv.html)
에 있는 "지구의 언어, 문화,
생물 다양성 이해하기"의 내
용을 요약한 것이다.

[**] 원문은 http://www.cbd.int/
convention/articles.shtml?a=
cbd-00에서 볼 수 있다. 참고
로 이 협약은 국제적인 구속
력을 가지는 것은 아니며, 유
전자원의 이용으로부터 나오
는 이익의 분배 문제 등으로
선진국과 개발도상국의 이해
차이가 엄연히 있다.

이 협약은 생물 다양성의 중요성을 인식하고 전 인류적인 차원에서 보전
할 필요성이 있음을 보인 데에 큰 의미가 있다고 할 수 있다. 인간을 둘러싼
환경에 관한 자각의 표현이라고 할 수 있는 위 협약에 이어서, 인간 자체에
대해서도 이와 유사한 생각을 갖게 된 결과, 문화·언어 다양성 선언이 생겨

난 것이다. 이러한 생각이 새삼스러운 것은 아니지만 역시 전 인류적 차원에서 논의된 점이 중요한 것이라고 할 수가 있다. 인간의 언어에는 그 언어를 쓰는 공동체의 독특한 세계관과 문화의 복합체를 반영되어 있다. 즉 공동체의 구성원들은 문제의 해결 방식과 세계의 이해 방식, 철학 체계를 자신들이 사용하는 언어에 담고 있다는 것이다. 이러한 언어가 사라지는 것은 그 어느 것으로도 대체할 수 없는 인간의 사고와 세계관, 지식, 이해의 단위를 영원히 잃어버리는 것이다.

언어학자들과 인류학자들은 언어로 전달되고 문화로 지속되어 온 사고의 다양성도 지구상의 인류와 생명의 생존에 필요하다고 지적한다. 이것은 마치 종과 생태계의 다양성이 지구상의 인류와 생명의 생존에 필요한 것과 같다는 것이다. 그 이유는 이러한 다양성이 생존 문제를 해결할 가능성이 높은 방법들을 제시해 주기 때문이다. 인류가 접근할 수 있는 지식의 '도서관'이 클수록 문제의 해결을 위한 통찰력을 제공할 수 있는 접근 방법을 발견해 낼 가능성 또한 커진다. 이러한 관점은 2001년 11월 2일, 제 31차 유네스코 총회(프랑스 파리)에서 채택된 유네스코 세계 문화 다양성 선언에 반영되어 있다.

> … 생물 다양성이 자연에 필요한 것처럼 문화 다양성은 인류에게 필요하다. 이러한 의미에서, 문화 다양성은 인류 공동의 유산이며 현재와 미래 세대를 위한 혜택으로서 인식되고 확인되어야 한다.

그러나 위에서 만주어를 예로 들어서 보였듯이 인류의 이 소중한 유산은 위기에 처해 있다. 언어 절멸의 위기가 우리의 눈앞 곳곳에서 일어나고 있기 때문에 세계의 문화·언어 다양성이 위협을 받고 있다. 특히 수적으로 적은 세계의 많은 문화와 언어들이 보다 지배적인 문화와 언어들에 압도당할 큰 위험에 처해 있다. 지난 수 세기에 걸쳐, 특히 유럽 식민주의 시대가 시작된 15세기 이래로, 이미 수 백여 종의 언어가 지구상에서 자취를 감추었다. 이러한 경향은 20세기에 들면서 거대 국가가 형성된 후에 국가적 동화 정책과 경제적 세계화에 따른 균질화 압력 아래 전 세계적으로 가속화되고 있다. 사실상 1,000명 이하가 사용하는 언어 모두가 이러한 위협을 받고 있으며, 그보다 광범위하게 사용되는 언어도 동일한 압력으로부터 자유롭지 못하다. 이 중 많은 언어가 노년층들만 사용하여 거의 절멸 상태에 도달해 있다.

언어에 따라서 처해있는 상태는 다양하다. 언어의 사용자 수와 양상에 따른 언어의 처지는 3단계로 나누기도 하고 6단계로 나누기도 한다. 먼저 Krauss(1992)는 다음과 같이 3단계로 비교적 간단하게 분류하였다. 지구상에 약 6,000개의 언어가 있다고 볼 때, 그가 추정한 언어의 상태와 비율을 함께 보이면 다음과 같다.

(1) 절멸 임박(moribund): 어린이가 더 이상 모국어로 배우지 않는 언어. 전체 언어의 20~50%
(2) 절멸 위기(endangered): 아직까지는 어린이가 배우는 언어이지만, 현재의 상태가 지속된다면 다음 세기 말에는 어린이가 더 이상 모국어로 배우지 않을 언어. 40~75%
(3) 안전(safe): 공식적으로 채택되어 사용되는 상태이고 많은 수의 화자가 있는 언어. 5~10%

한편 유네스코(UNESCO)에서 나온 글에서는 다음과 같은 6단계로 나누고 있다.[*]

(1) 절멸 언어(extinct languages)[**]: 사용자가 없는 언어
(2) 절멸 임박 언어(nearly extinct languages): 수십 명의 노년층만 사용하는 언어
(3) 심각한 절멸 위기의 언어(seriously endangered languages): 상당한 수의 사용자가 있지만 어린이는 쓰지 않는 언어
(4) 절멸 위기의 언어(endangered languages): 부분적으로는 어린이도 쓰지만 그 범위가 점점 줄어드는 언어
(5) 잠재적 절멸 위기의 언어(potentially endangered languages): 많은 수의 어린이가 쓰지만 공용어가 아니거나 열세의 언어
(6) 절멸 위기가 아닌 언어 즉 안전한 언어(not endangered languages): 안전하게 다음 세대로 전달되는 언어

[*] Salminen(1999)에서 인용.

[**] Janhunen and Salminen(2000)에서는 위의 (1)과 (2) 사이에 '절멸한 것으로 보는 언어' (possibly extinct languages, 남은 사용자에 대한 믿을만한 정보가 없는 언어) 범주를 하나 더 설정한다.

이 분류에 따르면 현재 사용되는 언어의 6~11%가 '절멸 임박(nearly extinct)' 언어로 분류된다. 구체적으로 보면 다음과 같다:

〈표 2-4〉 **절멸 위기의 알타이언어 목록**

	어파		
	튀르크	몽골	만주퉁구스
절멸			Ewen: Arman [※] Solon: Ongkor Udihe: Kyakala
절멸 임박	Fuyu Kirgiz Chulym Turkic Tofa	Oirat: Fuyu	Ewenki: Orochen Negidal Manchu Orochi Ulcha Udihe Uilta Nanai: Hejen Nanai: Kili
심각한 절멸 위기	Shor	Dagur: Sinkiang	Nanai proper
절멸 위기	Khakas Northern Altai Southern Altai	Mongol: Khamnigan Dagur	Ewen proper Ewenki proper Ewenki: Khamnigan Solon Sibe

특히 태평양 지역과 아메리카의 많은 언어가 절멸되었다. 오스트레일리아의 250종의 언어 가운데(600종의 방언 제외) 적어도 50종의 언어가 절멸되었고, 또 다른 100여 종의 언어가 절멸에 임박해 있다. 1990년대 초 현재, 9종의 언어만이 1,000명 이상의 화자가 있었다. 미국과 캐나다의 상황 역시 심각하다. 절멸 위기에 놓인 언어의 보존, 연구에 노력을 기울이고 있는 실 인터내셔널(SIL International)의 웹사이트인 에스놀로그(Ethnologue)는 2000년을 기준으로 하여 절멸 임박 언어 즉 몇몇 노년층만이 사용하는 언어 417종의 목록을 만들었는데, 그 중 161종은 아메리카 대륙(특히 미국), 157종은 태평양(주로 오스트레일리아), 55종은 아시아, 37종은 아프리카, 7종은 유럽

[※] "Even: Arman"는 "어원어의 아르만 방언"이라는 뜻이다. 이하도 마찬가지이다.

에 분포되어 있다. 아시아에 분포되어 있는 언어 55종 중 상당수는 알타이언 어에 속하는 것이다. Janhunen and Salminen(2000)에 의하면 '절멸' 단계로부터 '절멸 위기' 단계로 분류된 알타이언어는 <표 2-4>와 같다.

여기에서 보듯이 알타이언어의 상당수 특히 만주퉁구스어파에 속하는 모든 언어가 '절멸 임박' 또는 '절멸 위기'로 분류되고 있다. ▪

3. 절멸 위기의 언어를 보존하려는 세계 언어학계의 노력

"절멸 위기의 언어(Endangered Languages)"란 아직까지는 어린이가 배우는 언어이지만, 현재의 상태가 지속된다면 다음 세기 말에는 어린이가 더 이상 모국어로 배우지 않을 언어, 즉 사용자의 수가 적어서 수십 년 이내에 사라질 위기에 처해 있는 언어"를 말한다. 이러한 상황을 맞이하여 1990년대부터 세계의 유수한 대학이나 연구 기관에서는 절멸 위기의 언어에 대한 연구에 매진하고 있다.

위의 제1장 5.에서 언급한 1991년에 미국언어학회의 절멸 위기에 처한 언어에 대한 심포지엄에 이어서 이듬해인 1992년에 퀘벡시에서 열린 국제 언어학 회의(International Linguistics Congress)에서는 유네스코(UNESCO)에 절멸 위기의 언어를 보존할 언어학적 기관을 지원할 것을 촉구하였으며 유네스코는 이에 즉각 반응하여 1993년 11월의 총회에서 "절멸 위기 언어 프로젝트(Endangered Languages Project)"를 채택하였다. 뒤이어 1995년에는 일본의 도쿄 대학에서 "국제 절멸 위기 언어 정보센터(International Clearing House for Endangered Languages)"가 출범하였고, 미국에서는 "절멸 위기 언어 기금(Endangered Language Fund)"이 설립되었으며, 같은 해에 영국에서는 "절멸 위기 언어 재단(Foundation for Endangered Languages)"이 설립되는 등 여러 국가에서 앞 다투어 연구 기관을 설립하였다(Crystal 2000 참고).

▪ 한국인의 시각으로 볼 때 한국어의 "중앙 아시아 방언", 즉 "고려말"이 심각한 절멸 위기에 처해 있음을 지적해야 하겠다. 또한 이에 대한 우리의 관심은 알타이언어 못지않게 절실히 필요하다.

　　이들 기관에서 절멸 위기의 언어를 연구하는 것은 그들 연구 기관이나 국가의 이익을 위해서가 아니다. "각 민족의 언어는 그 민족의 문화의 가장 중요한 한 부분으로서 각기 고유의 가치를 가지며 유지 보존되어야 한다."▪는 관점에서 인문학도로서 절멸 위기에 있는 언어를 유지 보존하려고 노력하게 된 것이다. 세계의 여러 나라에서는 각각의 특성을 지니면서 절멸 위기의 언어를 연구 조사하고 있는데 그 몇몇만 소개하면 다음과 같다.

한국
(1) ASK REAL Project(Researches on the Endangered Altaic Languages, 서울대학교 언어학과와 한국알타이학회)

미국
(2) AILLA(The Archive of the Indigenous Languages of Latin America, 텍사스대학교(오스틴), 언어학과와 인류학과)
(3) AISRI(American Indian Studies Research Institute, 인디아나대학교)
(4) ANLC(Alaska Native Language Center, 페어뱅크스알래스카대학교)

영국
(5) HRELP(The Hans Rausing Endangered Languages Projects, 런던대학교)
(6) FEL(Foundation for Endangered Languages, 브리스톨대학교)

독일
(7) GBS(Gesellschaft für Bedrohte Sprachen, 쾰른대학교)

네덜란드
(8) DoBeS(Dokumentation der Bedrohten Sprachen = Documentation for Endangered Languages, 막스플랑크 심리언어학연구소, 네이메겐)

핀란드
(9) UHLCS(University of Helsinki Language Corpus Server, 헬싱키대학교 언어학과)

오스트레일리아
(10) ASEDA(Aboriginal Studies Electronic Data Archive)
(11) FATSIL(Federation of Aboriginal and Torres Strait Islander Languages)

일본
(12) ELPR(Endangered Languages of the Pacific Rim, 오사카가쿠인대학)
(13) ICHEL(International Clearing House of Endangered Languages, 도쿄대학)

▪ 이는 2에서 인용했던 생물 다양성 개념을 확대한 "생물 문화적 다양성(biocultural diversity)"이라고 부를 수 있을 것이다.

여기에 유네스코와 SIL 에스놀로그(Ethnologue)를 추가할 수 있을 것이다.

---

(14) 유네스코(UNESCO) Culture Sector(International)
(15) SIL 에스놀로그(Ethnologue)(미국)

여기에서 보아 알 수 있듯이 세계의 여러 기관에서 언어·문화 다양성 보존을 위해서 노력하고 있다. 이들 각 기관의 연구 활동에 대해서는 이 책의 [부록]을 참조하기 바란다. 이하에서는 한국의 REAL Project에 대해서 간략히 소개하기로 한다.

4. 한국알타이학회와 REAL 프로젝트 소개

4.1. 한국알타이학회(The Altaic Society of Korea 약칭 ASK)

한국알타이학회는 알타이 제민족의 언어, 문학, 역사, 민속 등 문화 전반에 관한 연구의 발전에 기여함을 목적으로 하여 1985년 10월 1일에 창립되었다. 한국은 예로부터 알타이 제민족과 부단한 접촉을 하였으며 그러한 가운데 언어, 문화, 관습 등에 있어서 많은 알타이적 요소를 가지고 있으며 그러한 것에 대한 학문적 연구 전통을 가지고 있다. 특히 아직까지 밝혀지지 않은 한국어의 계통에 대한 연구를 위시하여 알타이언어들의 상호 관계에 대해서 지금까지의 연구 성과를 재검토하고 새로운 방법론을 모색하여 연구하는 것이 중요한 목표 중의 하나이다. 이러한 것을 포함하여 현대 알타이 제민족의 언어 문화 전반에 대해서 연구를 함으로써 알타이학의 발전에 기여하고자 한다.

창립을 주도한 분은 한국의 대표적 알타이어 학자인 김방한(金芳漢, 초대 회장 역임), 이기문(李基文, 제2대 회장 역임), 성백인(成百仁, 제3대 회장 역

[그림 2-7] 한국알타이학회 영문 홈페이지

임), 김완진(金完鎭) 교수 등이다. 학회의 사무실은 서울의 서울대학교 언어학과에 있으며 인터넷 상의 홈페이지는 http://plaza.snu.ac.kr/~altai/이다. 학회의 회원 수는 모두 210여 명인데 그중 외국인 회원은 12개국의 90여 명으로 외국 학자와의 교류를 확대해 나가고 있다.

학회에서 발행하는 책으로는 정기적으로 발간하는 학회지 『알타이학보』(연간)와 비정기적으로 발행하는 『언어 문화 총서』가 있는데 2008년 현재 알타이학보 제18호가, 총서 제 1호로서 『알타이언어들을 찾아서』(1999년, 태학사)가 발간되었다. 『알타이학보』에는 독창적인 학술 논문을 엄격한 심사를 거쳐 실으며, 외국의 연구자들이 앞 다투어 투고하고 있으며 수록 논문의 절반 이상이 외국 저명학자의 논문이다. 『알타이학보』는 현재 한국학술진흥재단의 등재지이다. 『언어 문화 총서』 시리즈는 모노그래프 성격의 것으로서 분량이 많은 독창적인 논문, 언어 조사 보고서, 학술적 가치가 큰 자료, 그리고 답사기 등 알타이학에 관계된 것을 싣는다.

한국알타이학회에서는 매년 학술대회를 열어서 국내외의 알타이학 분야에 관한 연구 성과를 집약하고 있으며 그 중 국제학술회의(SIAC 즉 Seoul International Altaistic Conference)를 일곱 차례 열어 외국 학자들과의 연구 교류를 강화하였다. 1998년 이후로는 국제학술회의를 정기화하여 2년마다 한 번씩 개최한다. 지금까지 열린 국제학술회의와 주제는 다음과 같다:

제1차, 1985년 10월 7일~10일, 주제: 한국어의 비교 연구
제2차, 1989년 5월 23일~26일, 주제: 알타이제어 비교 연구의 현상과 과제
제3차, 1998년 10월 25일~27일, 주제: 알타이제어 언어 조사
제4차, 2000년 10월 23일~25일, 주제: 알타이학과 문헌
제5차, 2002년 10월 20일~22일, 주제: 알타이제어의 정보 처리
제6차, 2004년 9월 8일~11일, 주제: 절멸 위기의 알타이제어에 대한 연구
제7차, 2006년 9월 24일~27일, 주제: 절멸 위기의 만주퉁구스어파 연구와 전망

[그림 2-8] 제6차 국제학술회의(2004년) 참가자들

한국알타이학회는 앞으로 여러 가지 사업을 구상하고 있다. 한 예로 현재 한국알타이학회의 회원이 중심이 되어 중국 지역과 러시아 지역의 알타이언어를 현지 조사를 행하고 있는데 여기에서 얻은 자료를 가공하여 인터넷 상에서 각 연구자들에게 제공함으로써 세계 알타이학의 중심지가 되고자 한다. 그리고 외국의 학자들과의 교류를 강화하고 공동 연구를 추진하여 알타이 제민족의 언어와 문화를 더욱 완벽하게 종합적으로 연구하려고 한다. 한편으로는 한국 내에 있는 알타이학 관계 문헌과 문물에 관한 종합적인 연구를 체계적으로 행하려고 한다.

4.2. 연구 과제 소개

한국알타이학회가 비약적으로 발전하게 된 계기는 한국학술진흥재단에서 시행하는 기초학문 육성과제 연구 지원 대상에 선정되어 본격적으로 알타이언어들을 조사하고 가공하면서부터이다. 아래에서는 이 과제에 대해서 간단히 서술하려 한다.

> **과 제 명**: 한국어 계통 구명을 위한 알타이제어 현지 조사 연구 및 음성 영상 DB 구축(Fieldwork Studies of Altaic Languages for Genealogy of Korean)[*]
> **연구기간**: 2003년 9월 1일~2006년 8월 31일(3년)
> **연구내용**: 한편으로 한국어와 역사적으로 깊은 관련이 있으며, 다른 한편으로 절멸 위기에 처해 있는 알타이언어들을 기록하고 보존하기 위하여 현지 조사를 행하고 그 언어를 분석한다. 이렇게 함으로써 한국어의 계통 연구의 기반을 마련하고 세계의 언어학자들에게 주어진 새로운 임무인 절멸 위기의 언어를 기록하고 보존하며 교육하는 일을 한국의 언어학자를 대표하여 담당한다.

구체적으로는 알타이언어의 세 어파 중에서 각각 1년에 두 언어를 선정하여(즉 3년에 18개의 언어) 현지 조사한 후 이를 디지털화하고 가공하여 DB를 구축한다. 그리고 지금까지 한국어 계통 연구를 위해서 이루어진 어휘 비교 예를 DB로 작성하여 지금까지의 연구를 종합 검토하고 앞으로의 연구를

[*] 이 과제의 비공식 명칭은 ASK REAL Project이다. 즉 ASK (The Altaic Society of Korea 즉 한국알타이학회)의 REAL (Researches on the Endangered Altaic Languages 즉 절멸 위기에 처한 알타이언어 연구) 프로젝트이다. 현재 일부 자료를 서비스하는 홈페이지도 http://askreal.snu.ac.kr/로 동일한 명칭을 쓰고 있다.

위한 기초 자료로 제공하고자 한다. 지금까지 조사하고 연구한 언어에 대한 기술은 제6장과 제7장에서 자세히 다루기로 한다.

연구원 구성: 연구팀은 현지 조사팀과 음성 영상 DB팀 그리고 어휘 비교 DB팀으로 구성된다. 연구책임자와 공동연구원 그리고 자문 위원은 다음과 같다.

연구 책임자 김주원(서울대학교 언어학과 교수)

가. 현지 조사팀
권재일(서울대학교 언어학과 교수)
고동호(전북대학교 국어국문학과 교수)
신용권(인천시립대학교 중어중국학과 교수)
유원수(서울대학교 인문학연구원 연구원, 박사)
이용성(서울대학교 인문학연구원 연구원, 박사)
김건숙(서울대학교 인문학연구원 연구원, 박사)
최형원(서울대학교 인문학연구원 연구원, 박사)

나. 음성 영상 DB팀
이호영(서울대학교 언어학과 교수)
이동은(서울대학교 인문학연구원 연구원, 박사, 현 고려대학교)
최문정(서울대학교 인문학연구원 연구원, 박사)
김윤신(서울대학교 인문학연구원 연구원, 박사, 현 신라대학교 교수)
전순환(서울대학교 인문학연구원 연구원, 박사)
최운호(서울대학교 인문학연구원 연구원, 박사)

다. 연구보조원
서울대학교 학부 학생, 석사과정 및 박사과정 대학원생 다수
전북대학교 석사과정 및 박사과정 대학원생 다수

라. 자문 위원
성백인(서울대학교 명예교수, 전 한국알타이학회 회장)
정제문(순천대학교 국어교육과 교수, 현 한국알타이학회 회장)

알타이언어의 사용 지역과 인구

■ http://www.ethnologue.com/의 내용을 주로 참고하였다. 한편 튀르크어파의 경우, *The Turkic Languages*(1998)의 81~125쪽에 실린 Lars Johanson의 글과 http://en.wikipedia.org/wiki/Turkic_Languages의 내용을 주로 참고하였다. 러시아에서 사용되는 만주퉁구스어파 소속 언어에 대한 정보는 http://lingsib.unesco.ru/en/languages도 아울러 참고하였다. 한편 이 책에서는 구체적으로 참고문헌이 언급되지 않은 사용자 정보는 다음의 두 가지 출처를 이용하였다. 첫째, 러시아의 만주퉁구스어파 및 튀르크어파 소속 언어의 사용 인구는 http://www.perepis2002.ru에 수록된 2002년도 러시아 인구 조사 결과에 따랐다. 이 인구 조사의 질문지에는 "당신은 러시아어를 할 줄 압니까?"라는 항목과 "그 외에 당신은 무슨 언어를 할 줄 압니까?"라는 항목이 포함되어 있는데, 이 질문 항목에 대해 단순히 해당 언어를 말할 수만 있어도 "할 줄 안다."라고 대답하도록 되어 있다. 둘째, 중국 지역의 알타이언어 사용 소수민족의 인구는 國家統計局人口和社會科技統計司·國家民族事務委員會經濟發展司(2004)를 참고하였다.

알타이언어는 만주퉁구스, 몽골, 튀르크의 세 어파로 나뉘는데, 그 각각에는 11개, 10개, 34개의 언어가 있어 모두 55개의 언어가 포함된다. 그러나 이 언어의 숫자는 관점에 따라서 달라질 수 있는데 언어학의 본질적인 문제로 언어와 방언을 구별할 수 있는 기준이 명확하지 않다는 점을 지적할 수 있고, 다른 한편으로 전통적인 알타이어학에서 동일한 언어로 분류하던 것을 국가별로 분류하여 두 개 이상의 다른 언어로 보는 경우도 있다. 이러한 분류는 언어학적으로는 정확성이 떨어지지만 편리한 점도 있다. 이러한 분류를 취하는 에스놀로그(Ethnologue)에 의하면 알타이언어는 65개가 된다. 이하에서는 여러 연구 서적을 참고하고 그간의 조사 경험에 의거하여 알타이언어의 어파와 각 어파에 속하는 언어를 분류하여 제시하고자 한다.

Altaic(55)

만주퉁구스어파(11)
　북부어군(4)
　　Ewen(Russia)
　　Ewenki(Russia)(= Orochen, China)
　　Solon(Solon Ewenki)(China)
　　Negidal(Russia)
　남부어군(7)
　　동남부하위어군(5)
　　　나나이분파(3)
　　　　Nanai(Russia, China)
　　　　Uilta(Russia)
　　　　Ulchi(Russia)
　　　우디허분파(2)
　　　　Udihe(Russia)
　　　　Orochi(Russia)
　　서남부하위어군(2)
　　　Manchu(China)
　　　Sibe(China)

몽골어파(10)
　동부어군(9)
　　다고르하위어군(1)
　　　Dagur(China)

몽구오르하위어군(5)
       Monguor(China)
       Bonan(China)
       Kangjia(China)
       Dongxiang(China)
       East Yugur(China)
할하오이라트하위어군(3)
  할하부리야트분파(2)
       Buriat(Russia, China, Mongolia)
       Mongolian(Mongolia, China)
  오이라트분파(1)
       Kalmyk-Oirat(Russia, Mongolia, China)
서부어군(1)
       Moghol(Afghanistan)

튀르크어파(34)
불가르분파 Bulghar(1)
       Chuvash(Russia)
아르구분파 Arghu(1)
       Khalaj(Iran)
서남어군(= Oghuz)(9)
  서부하위어군(3)
       Turkish(Turkey)
       Gagauz(Moldova, Ukraine)
       Azerbaijani(Azerbaijan, Iran)
  동부하위어군(2)
       Turkmen(Turkmenistan)
       Khorasan Turkish(Iran)
  남부하위어군(3)
       Qashqa'i(Iran)
       Afshar(Afghanistan, Iran)
       Aynallu(Iran)
  고립어(1)
       Salar(China)
동남어군(= Chagatai, Karluk)(2)
       Uyghur(China)
       Uzbek(Uzbekistan, Afghanistan)
서북어군(= Kypchak)(11)
  서부하위어군(5)
       Crimean Tatar(Ukraine, Uzbekistan)
       Urum(Ukraine, Greece)
       Karaim(Lithuania)
       Karachai-Balkar(Russia)
       Kumyk(Russia)

```
        북부하위어군(= Volga-Ural)(2)
            Tatar(Russia)
            Bashkir(Russia)
        남부하위어군(Aralo-Caspian)(4)
            Kazakh(Kazakhstan, China)
            Karakalpak(Uzbekistan)
            Nogai(Russia)
            Kirghiz(Kyrgyzstan)
    동북어군 Northeastern(= Siberian)(10)
        남부하위어군(6)
            Altai(Russia)
            Khakas(Russia)
            Shor(Russia)
            Chulym Turkish(Russia)
            Tuvan(Russia, Mongol, China)
            Tofa(Russia)
        북부하위어군(2)
            Yakut(Russia)
            Dolgan(Russia)
        고립어(2)
            West Yugur(China)
            Fuyu Kirghiz(China)
```

이하에서는 이들 언어에 대하여 간략하게 설명하기로 한다.[■]

1. 만주퉁구스어파

1.1. 어원어 Ewen

인 구: 19,071명(2002년), 모어 사용자 7,168명(38%)

지 역: 러시아 사하(야쿠트) 공화국과 캄차트카(Kamchatka)반도, 오호츠크해 연안에 산재함

다른 명칭[■■]: Lamut, Even, Eben, Orich, Ilqan

방 언: Indigirka, Kamchatka, Kolyma-Omolon, Okhotsk, Ola, Tompon, Upper Kolyma, Sakkyryr, Lamunkhin, Arman(절멸)

■ 65쪽의 주석 참고.
■■ '다른 명칭'에는 '다른 표기'도 포함된다.

참 고: 모어 사용 최소 연령층은 30대이다.

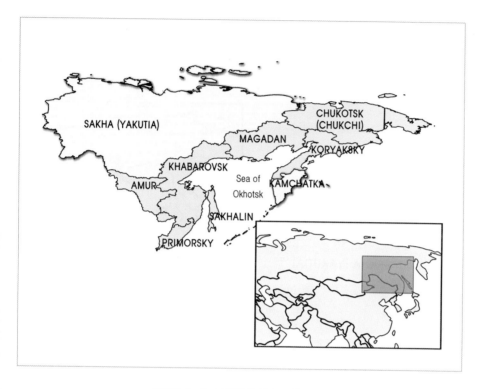

〈지도[■] 3-1〉 어원어의 주요 사용 지역

1.2. 어웡키어 Ewenki

인 구: 35,527명(2002년), 모어 사용자 7,584명(21%)

지 역: 러시아 시베리아 예니세이강으로부터 오호츠크해에 이르는 지역
과 사할린주

다른 명칭: Evenki, Tungus, Chapogir, Avanki, Avankil, Solon, Khamnigan

방 언: Yerbogocen, Nakanna, Ilimpeya, Tutoncana, Podkamennaya Tunguska,
Cemdalsk, Vanavara, Eaykit, Poligus, Uchama, Cis-Baikalia, Sym,
Tokmo, Upper Lena, Nepa, Lower Nepa, Tungir, Kalar, Tokko,
Aldan Timpton, Tommot, Jeltulak, Uchur, Ayan-Maya, Kur-Urmi,
Tuguro-Chumikan, Sakhalin, Zeya-Bureya

■ 이하의 지도는 최운호박사
가 그린 것이다. 이에 깊이 감
사드린다.

참 고: 일반적으로 알타이언어학 문헌에서 '퉁구스어'라고 하면 러시아에
        서 사용되는 어웡키어를 가리킨다. 몽골에 함니간(Khamnigan)이라
        고 불리는 어웡키인이 있는데 인구는 약 1,000명(Krauss 1992)이다.

〈지도 3-2〉 어웡키어의 주요 사용 지역

(중국 지역)

인 구: 8,923명(2000년) 중에서 모어 사용자 1,200명(Whaley 2000)

지 역: 중국 네이멍구(內蒙古)자치구 어룬춘(鄂倫春)자치기(2,050명), 중
        국 헤이룽장성 쉰커(遜克)현(991명), 후마(呼瑪)현(460명), 타허(塔
        河)현(470명) 등

다른 명칭: Oroqen, Orochon, Oronchon, Elunchun(鄂倫春)

참 고: 언어적으로는 러시아에서 사용되는 어웡키어와 유사하다.

1.3. 솔론어 Solon, 솔론 어윙키어 Solon Ewenki

인 구: 30,505명(2000년) 중 모어 사용자 19,000명(Krauss 1995/92)

지 역: 중국 네이멍구자치구 후룬베이얼(呼倫貝爾)시 어원커쭈(鄂溫克族)자치기, 모리다와다워얼쭈(莫力達瓦達斡爾族)자치기 등

다른 명칭: Ewenke(鄂溫克), Owenke, Khamnigan

방 언: Hailar, Aoluguya, Chenbarhu

〈지도 3-3〉 솔론어의 주요 사용 지역

참 고: 중국에는 '솔론' 어윙키족과 '퉁구스' 어윙키족, 그리고 '야쿠트'라 불리는 어윙키족이 있었다. 퉁구스라는 명칭은 이웃인 야쿠트인들이 이들을 부른 명칭이 굳어져서 된 것인데 주로 후룬베이얼시의 천바얼후(陳巴爾虎)기와 어원커쭈자치기 시니허동솜(錫尼河東蘇木)에 거주하고 있다. 부리야트인들은 이들을 함니간(卡木尼甘)이라고 부르기도 한다. 야쿠트 어윙키족은 튀르크계인 야쿠트인들과 같은 지역에 살면서 순록을 길렀기 때문에 붙여진 이름인데 순록어윙키(馴鹿鄂溫克)라고도 한다. 건허(根河)시 아우루구야

어원커례민(敖魯古雅鄂温克猎民)향에 거주하고 있다. 솔론 어웡키족은 어원커쭈자치기, 아룽(阿榮)기, 자란툰(扎蘭屯)시, 헤이룽장(黑龍江)성 넌장(嫩江)현, 너허(訥河)현 및 치치하얼(齊齊哈爾)시에 거주한다. 1957년에 이 세 집단을 어웡키족이라고 통칭하고 이들을 어웡키인이라고 부르고 있다.

솔론 어웡키족의 집거지는 네이멍구자치구의 어원커쭈자치기(9,733명), 모리다와다워얼쭈자치기(5,126명), 어룬춘자치기(3,155명), 아룽기(2,144명), 자란툰시(1,201명), 헤이룽장성 넌장현(678명), 너허현(778명) 등이다.

1.4. 네기달어 Negidal

인 구: 567명(2002년) 중에서 모어 사용자 100명 내지 170명(Krauss 1992)

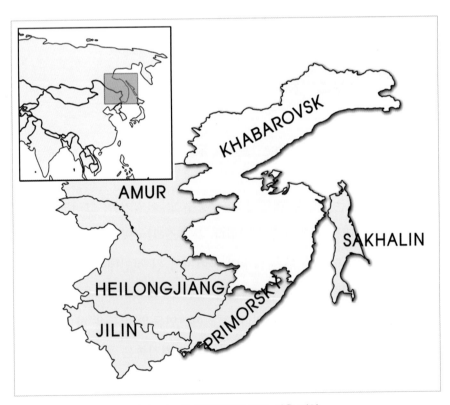

〈지도 3-4〉 네기달어의 주요 사용 지역

지　역: 아무르강 하구의 하바롭스크지방 카멘가(Kamenka)구와 폴리니

　　　　오시펜코(Poliny Osipenko)구

다른 명칭: Negidaly, Neghidal

방　언: Nizovsk, Verkhovsk

참　고: 노년층은 언어를 잘 구사하나, 장년층은 듣고 이해할 수만 있으며

　　　　어린 세대는 러시아어만 쓴다.

1.5. 나나이어 Nanai

인　구: 러시아는 12,160명 중 3,886명(40%)(2002년), 중국은 4,640명

　　　　(2000년) 중에서 모어 사용자는 약 30%로 추정됨(吳寶柱 2003)

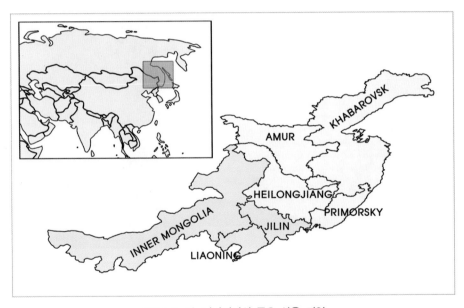

〈지도 3-5〉 나나이어의 주요 사용 지역

지　역: 아무르강(＝黑龍江)과 우수리강이 합류하는 지역의 양안

　　　　(러시아 지역) 하바롭스크지방의 나나이스크(Nanajsk), 아무르스크

　　　　(Amursk), 콤소몰스크(Komsomolsk), 솔네치니(Solnechny), 울치스

　　　　크(Ulchsk), 프리모르스크주(연해주)의 포자르스크(Pozharsk), 올긴

스크(Olginsk), 사할린주의 포로나이스크(Poronajsk) 등.

(중국 지역) 헤이룽장성 퉁장(同江)시(1,060명), 푸위안(撫遠)현(468명), 라오허(饒河)현(529명) 등

다른 명칭: Nanaj, Gold, Goldi, Hede Nai, Bira Guruni, Monai, Hezhen(赫眞), Hezhe(赫哲), Heche, Qileng (Kili, Kilen)

[그림 3-1] 중국 나나이인(허저)의 어피(魚皮)로 만든 옷

방 언: 나나이어의 방언 분류는 러시아와 중국이 다르다. 러시아에서도 학자에 따라 다른데, Sem(1976: 24)은 아무르강 상류 방언, 아무르강 중류 방언, 아무르강 하류 방언으로 대별하고 있다. 아무르강 상류 방언의 하위 방언으로 중국에 분포하는 아무르강 우안(右岸) 방언과 숭가리(Sunggari) 방언, 그리고 러시아에 분포하는 비킨

(Bikin)(= Ussuri(우수리)) 방언, 쿠르-우르미(Kur-Urmi) 방언이 있다. 아무르강 중류 방언의 하위 방언으로는 시카치-알랸(Sikachi-aljan) 방언, 나이힌(Najkhin) 방언, 주옌(Dzhuen) 방언이 있고, 아무르강 하류 방언의 하위 방언으로는 볼론(Bolon) 방언, 예콘(Ekon) 방언, 고린(Gorin) 방언이 있다. 한편 중국에서는 나나이어를 허저(赫哲)어라고 부르는데, 安俊(1986: 1)은 허저어의 방언으로 러시아에서 사용되는 허전(赫眞) 방언과 중국에서 사용되는 칠러언(奇勒恩) 방언을 설정하고 있다.

참 고: 러시아 거주 나나이족들의 언어 사용 최소 연령은 약간의 30대를 포함한 50대 이상이다. 중국 거주 허저족들의 언어 사용 연령은 70대 이상인 것으로 추정된다.

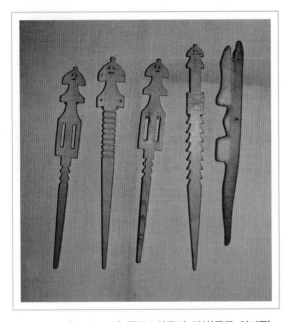

[그림 3-2] **퉁구스인들의 신상(중국 허저족)**

1.6. 윌타어 Uilta

인 구: 346명 중 64명(18.5%)(2002년). 그러나 실제로 이 언어를 비교적 자유로이 구사할 수 있는 사람은 10명 미만인 것으로 추정됨

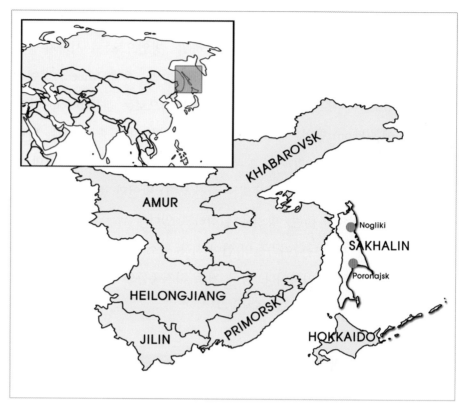

〈지도 3-6〉 월타어의 주요 사용 지역

지 역: 러시아 사할린주의 노글리키(Nogliki)구, 포로나이스크(Poronajsk) 시, 일본의 홋카이도(北海道)

다른 명칭: Orok, Oroc, Ulta

방 언: 남부의 Poronajsk 방언, 북부의 Nogliki-Val 방언

참 고: 일본의 홋카이도에 거주하는 월타족은 2차 세계대전 이후에 사할 린 섬에서 이주한 사람들이다. 현재 유창한 화자는 없다.

1.7. 울치어 Ulchi

인 구: 2,913명 중 732명(25%)(2002년)

지 역: 러시아 하바롭스크지방의 울치스키(Ulchskij)구, 중심지는 보고롯 코예(Bogorodskoe)

다른 명칭: Ulch, Ulcha, Ulych, Olch, Olcha, Olchis, Hoche, Holchih

참　고: 20대 이하는 이 언어를 쓰지 않는다.

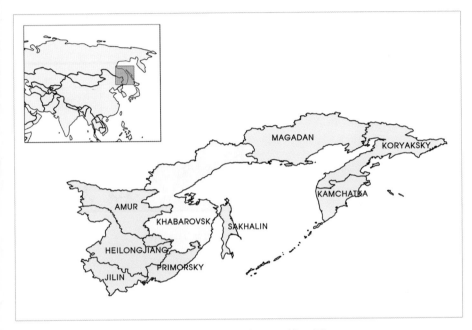

〈지도 3-7〉 울치어의 주요 사용 지역

1.8. 우디허어 Udihe

인　구: 1,657명 중 227명(14%)(2002년). 그러나 40명을 넘지 못한다는 주
장도 있음

지　역: 러시아 하바롭스크지방의 나나이스크(Nanajsk)구 소재 그바슈기
(Gvasjugi)와 프리모르스크지방의 포자르스키(Pozharskij)구 소재
크라스니 야르(Krasnyj Jar) 및 테르네이스키(Ternejskij)구 소재 악
주(Agzu)

다른 명칭: Udehe, Udege, Udige, Udekhe, Udegeis, Ude, Udie

방　언: Khor-Anjuskij, Bikin-Iman, Kjakela(Kjakar, Kekar)(절멸), Khungari
(절멸), Samargin Sikhota Alin(절멸)

참　고: 화자는 모두 50대 이상이다(Kibrik 1991).

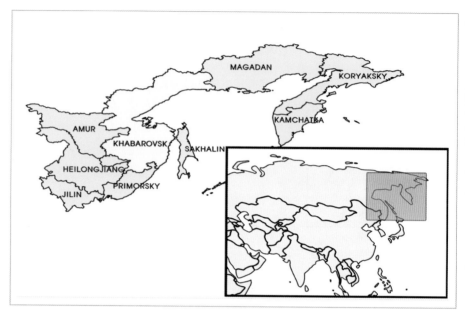

〈지도 3-8〉 우디허어의 주요 사용 지역

1.9. 오로치어 Orochi

인 구: 686명 중 257명(37%)(2002년)

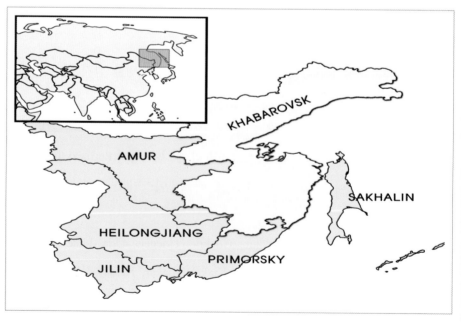

〈지도 3-9〉 오로치어의 주요 사용 지역

지 역: 러시아 하바롭스크지방의 소베트스카야 가반(Sovetskaja Gavan)과

바니노(Vanino) 및 콤소몰스크나아무례(Komsomolsk-na-Amure)

남쪽의 노보예 옴미(Novoje Ommi)

다른 명칭: Oroch

방 언: Khungari, Tumnin(절멸), Khadi(절멸)

참 고: 노년과 중년층만 사용한다.

1.10. 만주어 Manchu, 滿洲語

인 구: 10,682,262명(2000년) 중 모어 사용자 12명(赵阿平, 郭孟秀, 唐

戈 2002)

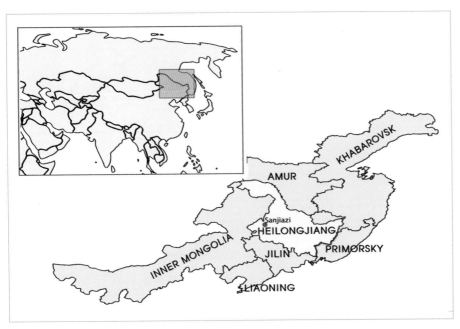

〈지도 3-10〉 만주어의 주요 사용 지역

지 역: 중국 헤이룽장성 아이후이(愛輝)와 푸위(富裕)

참 고: 만주어와 매우 가까웠던 언어로서 이것의 전신인 여진(女眞)어

(Jurchen, Nuzhen)가 있었다. 아래에서 제시하는 시버어도 만주어

와 매우 가까우며, 만주어의 한 방언일 가능성도 있다.

1.11. 시버어 Sibe, 錫伯語

인　구: 중국 전체의 시버족 인구는 188,824명(2000년)인데 이 중에서 시버어가 활발하게 사용되는 지역인 신장웨이우얼자치구에 34,566명(2000년)이 거주하는데, 그 중에서 약 24,000여 명이 시버어를 구사한다고 추정되고 있다(朝克 2006: 7).

〈지도 3-11〉 시버어의 주요 사용 지역

지　역: 중국 신장웨이우얼자치구 이리(伊犁) 지구 차부차얼시버(察布查爾錫伯, 찹찰시버)자치현(18,938명), 우루무치(乌鲁木齐)시(3,674명), 이닝(伊寧)시(3,011명), 훠청(霍城)현(2,585명), 궁류(鞏留)현(1,381명), 타청(塔城)시(1,214명) 등이다.

다른 명칭: Xibe, Xibo, Sibo

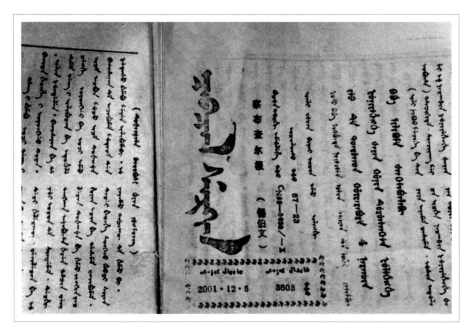

[그림 3-3] 시버문 신문(Cabcal Serkin, 察布査爾報)

참 고: 이들은 중국의 동북 지방에 거주하다가 18세기 중엽에 서북 지역
　　　　으로 파견된 군인과 그 가권들의 후손이다.

2. 몽골어파

2.1. 다고르어 Dagur, 達斡爾語

인 구: 132,394명(2000년) 중 모어 사용자 80%가량(에스놀로그 Ethnologue)

지 역: 네이멍구자치구 모리다와다워얼자치기, 헤이룽장성 치치하얼시
　　　　메이리쓰(梅里斯)다워얼쭈구, 신장웨이우얼자치구 타청시

다른 명칭: Daur, Daguor, Dawar, Dawo'er(達斡爾), Tahur, Tahuerh

방 언: Buteha(Bataxan), Haila'er(Hailar), Qiqiha'er(Qiqihar, Tsitsikhar)

참 고: 타청에 거주하는 다고르족은 18세기 중엽에 시버족과 함께 서북 변
　　　　방을 수비하기 위해 이주한 군인의 후손이다.

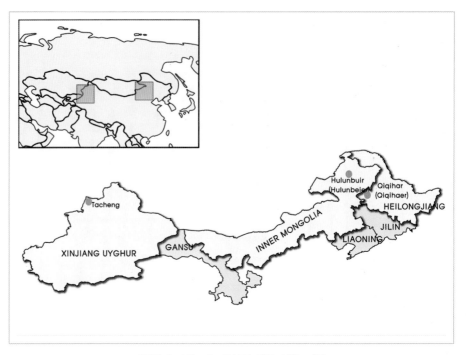

〈지도 3-12〉 다고르어의 주요 사용 지역

[그림 3-4] 다고르인의 매사냥상

2.2. 몽구오르어 Monguor, 토족어 Tu, 土族語

인 구: 241,198명(2000년) 중 모어 사용자 80% 가량(에스놀로그 Ethnologue)

지 역: 중국 칭하이(青海)성의 후주투쭈(互助土族)자치현, 민허후이쭈투
　　　쭈(民和回族土族)자치현

다른 명칭: Mongour, Mongor, Tu

방 언: Huzhu 互助(Mongghul, Halchighol, Naringhol), Minhe 民和(Mangghuer)

참 고: 방언 차이가 매우 커서 두 방언은 잘 통하지 않는다. 후주(互助)
　　　방언 화자의 수가 더 많다. 화자의 대부분이 한어를 안다.

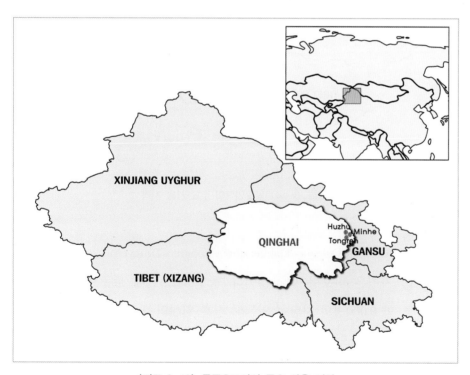

〈지도 3-13〉 **몽구오르어의 주요 사용 지역**

2.3. 보난어 Bonan, 保安語

인 구: 16,505명(2000년) 중 모어 사용자 10,000여 명

지 역: 간쑤(甘肅)성 린샤후이쭈(臨夏回族)자치주의 지스산(積石山) 바
　　　오안쭈둥샹쭈싸라쭈(保安族東鄉族撒拉族)자치현, 칭하이(青海)

성 퉁런(同仁)현

다른 명칭: Baoan, Boan, Paoan, Paongan, Baonan

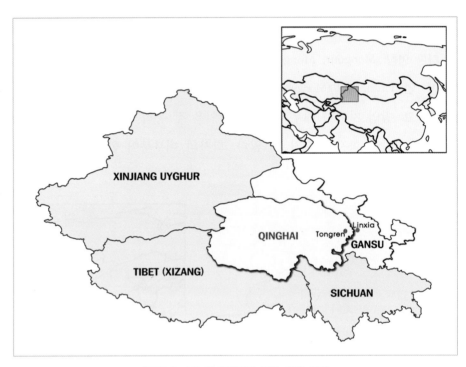

〈지도 3-14〉 바오안어의 주요 사용 지역

방　언: Jishishan(Dahejia, Dakheczjha), Tongren(Tungyen)

참　고: 자칭은 바오낭(Baonaŋ)이다. 퉁런(同仁)현에 토족으로 분류되는 약 8,000명의 사람이 있는데 실은 원래의 바오안성(保安城)사람들로서 바오안어를 말한다. 이들은 라마불교를 믿는다. 이에 비해서 지스산(積石山) 바오안족(保安族)은 이슬람교를 믿는다. 이들 대부분이 한어와 티베트어를 말할 수 있다.

2.4. 캉자어 Kangjia, 康家語

인　구: 캉자어를 아는 사람 487명 중 387명은 능통, 110명은 대략 통하는 수준(斯欽朝克圖 2002)

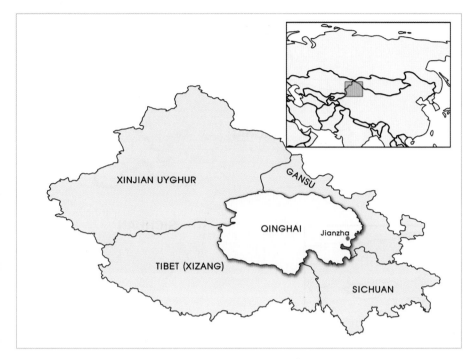

〈지도 3-15〉 **캉자어의 주요 사용 지역**

지　역: 중국 칭하이(靑海)성 황난짱쭈(黃南藏族)자치주 젠자(尖扎)현의
　　　　캉자(康家)촌

다른 명칭: Kangyang Hui(康楊 回)

참　고: 최근에 발견되었으며 보난어와 둥샹어의 중간 특성을 지니되 보
　　　　난어에 더 가까운 언어이다.

2.5. 둥샹어 Dongxiang, 東鄕語

인　구: 513,805명(2000년) 중 모어 사용자는 250,000명(에스놀로그
　　　　Ethnologue)이며 둥샹어만 말하는 인구는 80,000명

지　역: 중국 간쑤성의 남서부 주로 린샤후이쭈자치주의 둥샹쭈자치현, 신장
　　　　웨이얼자치구의 이닝(伊寧)현과 훠청(霍城)현

다른 명칭: Tunghsiang, Santa, Tung

방　언: Suonanba, Wangjiaji, Sijiaji

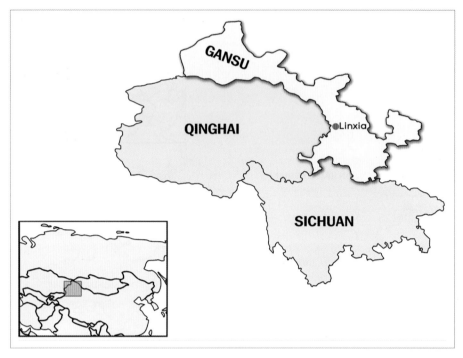

〈지도 3-16〉 둥샹어의 주요 사용 지역

참 고: 자칭은 둔샨(Dunɕian)이며 쒀난바(鎖南壩) 방언이 표준어이다. 이미 10 이상의 수사는 한어로 대체되었다.

2.6. 동부요구르어 East Yugur, 東部裕固語

인 구: 요고르족 13,719명(2000년) 중 동부요구르어 사용자 3,000명(에스놀로그 Ethnologue)

지 역: 중국 간쑤성 북서부 쑤난(肅南) 위구쭈자치현

다른 명칭: Enger, Shira Yugur, Shera Yogur, Eastern Yogor, Yogor, Yogur, Yugu, Yugar

참 고: 전체 요고르족이 13,719명(2000년)인데 그 중 쑤난위구쭈자치현 거주자 9,000여 명이고, 그 절반이 룽창허(隆暢河) 동쪽에 거주한다. 20대 이하의 젊은이들은 동부요구르어를 알아듣기만 한다. 나머지 절반은 룽창허 서쪽에 거주하는데, 이들이 사용하는 서부요

고르는 튀르크어파에 속한다.

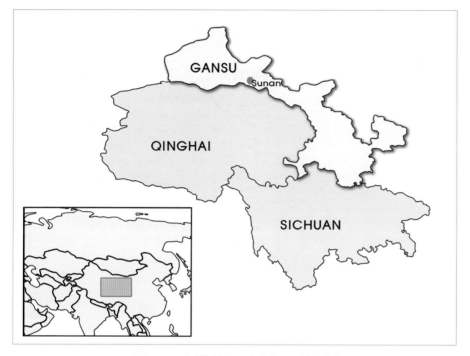

〈지도 3-17〉 **동부요구르어의 주요 사용 지역**

2.7. 부리야트어 Buriat, 布里亞特語

인 구: 전 세계의 부리야트족 590,000명(2004, http://www.hoodomg. com) 중
445,175명(2002년)이 러시아에 거주하고 그 중 부리야트어를 안
다고 대답한 사람은 368,807명(83%)

지 역: 러시아 부리야트공화국(중심지 울란우데), 이르쿠츠크주, 치타주

다른 명칭: Buryat, Buriat-Mongolian, Northern Mongolian

방 언: Ekhirit, Unga, Nizhne-Udinsk, Barguzin, Tunka, Oka, Alar, Bohaan
(Bokhan), Bulagat

참 고: 지역에 따라서는 거의 모든 연령층이 고루 부리야트어를 구사하
기도 하나 대체로 30대 이하는 알아듣기만 한다. 그러나 40대 이
상의 연령층에는 유창한 구사자가 많다.

〈지도 3-18〉 **부리야트어의 주요 사용 지역**

(몽골 지역)

인 구: 66,000명(2008년, http://www.hoodomg.com)으로 몽골 인구의 2.5%(1985년 추정)

지 역: 몽골 북동부 특히 러시아의 부리야트공화국 인접 지역

다른 명칭: Buryat, Buriat-Mongolian, Northern Mongolian, Mongolian Buriat

방 언: Khori, Aga

참 고: 몽골어 할하 방언의 영향을 많이 받았다.

(중국 지역)

인 구: 100,000명(2000년) 중 58,000여 명은 신(新)바르가 방언, 23,000여 명은 구(舊)바르가 방언 사용자로 추정되며, 15,000여 명은 부리야트 방언 사용자로 추정(2001, 1982년)

[그림 3-5] **부리야트인(중국)의 게르**

지　역: 네이멍구자치구의 후룬베이얼 지역

다른 명칭: Buryat, Buriat-Mongolian, Northern Mongolian, North-Eastern

　　　　　Mongolian, Bargu Buriat

방　언: Bargu(Old Bargu, New Bargu), Khori, Aga

참　고: 중국에서 공식적으로는 몽골어에 포함된다. 다른 언어들의 영향

　　　　으로 인해 몽골 및 러시아의 부리야트어와 차이가 있다.

2.8. 몽골어 Mongolian

인　구: 2,594,800명(2006년)

지　역: 몽골

다른 명칭: Halh, Khalkha Mongolian, Mongol, Central Mongolian

방　언: Halh(Khalkha), Dariganga, Khotogoit, Sartul, Tsongol, Darkhat

참　고: 자친(Zahchin, Dzakhachin, Jakhachin 24,700명, 전체의 1.3%), 민가

[그림 3-6] 몽골인들의 전통적인 코담배 교환 인사

트(Mingat 4,000명, 1984년), 바야트(Bayad, Bayit, Bait, 39,900명, 전체의 2.1%), 울드(Oold, Oolet, Olot, 11,400명, 전체의 0.6%)는 칼미크-오이라트어의 방언 사용자들이다.

(중국, 기타 지역)

인 구: 5,813,947명(2000년, 부리야트어, 칼미크-오이라트어, 튀르크어파 의 투바어 사용자 포함)[*]

지 역: 중국 네이멍구자치구, 신장 지역

다른 명칭: Mongol, Monggol, Menggu(蒙古), Southern-Eastern Mongolian, Inner Mongolian

방 언: Chahar(Chaha'er, Chakhar, Qahar), Ordos(E'erduosi), Tumut(Tumet), Shilingol(Ujumchin), Ulanchab(Urat, Mingan), Jo-Uda(Bairin, Balin, Naiman, Keshikten), Jostu(Ke'erqin, Kharchin, Kharachin, Kharchin-

[*] Bulaga(2005: 7)에 의하면 중국내 오이라트족의 인구는 2000년 현재 264,000명에 이른다. 그리고 1982년 통계에 따르면 방언별 사용자는 다음과 같다. Chakhar 299,000명, Bairin 317,000명, Khorchin 1,347,000명, Karachin 593,000명, Ordos 123,000명, Ejine 34,000명

Tumut, Eastern Tumut), Jirim(Kalaqin, Khorchin, Jalait, Gorlos), Ejine

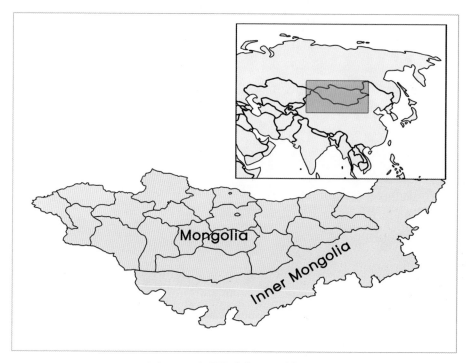

〈지도 3-19〉 **몽골어의 주요 사용 지역**

참　고: 할하 방언 사용자와 의사소통이 가능하다. 신장 지역에서는 Torgut, Ööld, Dörbet, Hoshut가 '오이라트(Oirat)의 네 부족'으로 일컬어진다.

2.9. 칼미크-오이라트어 Kalmyk-Oirat

인　구: 640,000여 명 중 칼미크공화국에 173,996명(2002년, 그중 칼미크 어를 안다고 대답한 사람은 88%) 거주

지　역: 러시아 칼미크공화국(중심지는 Elista), 돈강과 볼가강 하류 사이에 있는 스텝 지역, 카스피해 동부와 코카서스 북쪽(Dorbot와 Torgut), 중국, 키르기스스탄, 몽골 등

[그림 3-7] 몽골 오보

다른 명칭: Kalmuk, Kalmuck, Kalmack, Qalmaq, Kalmytskii Jazyk, Kha:Lmag, Oirat, Volga Oirat, European Oirat, Western Mongolian

방 언: Buzawa, Oirat, Torgut (Torguud, Torghud, Torghoud), Dörböt (Dörböd, Derbet), Sart Qalmaq

참 고: 러시아 거주 칼미크-오이라트인들을 헬리막[Xɛʎɯmaɢ] 또는 할리막[Xaʎɯmaɢ], 중국 거주 칼미크-오이라트인을 오이라트 또는 몽골, 몽골 거주 칼미크-오이라트인들을 오이라트라고 하기도 하고 울트, 토르고트, 두르브트, 자흐칭, 먕가트, 바이트, 호이트, 호쇼트 등으로 세분해 부르기도 한다. 러시아의 칼미크족은 1600년대 초 중가리아(Dzungaria)에서 볼가강 연안으로 이주한 오이라트족들이 1770년대 다시 중가리아로 돌아올 때 귀환하지 않고 그곳에

남은 자들의 후손이다.

(중국 지역)

언어 명칭: Kalmyk-Oirat

인 구: 264,000(Bulaga 2005)이며 그 중 161,000명이 신장 지역에 살고
있고, 모두 모어에 능통

지 역: 신장웨이우얼자치구의 바인궈렁멍구(巴音郭楞蒙古)자치주와 보
얼타라멍구(博爾塔拉蒙古)자치주, 허부커사이얼멍구(和布克賽爾
蒙古)자치현

다른 명칭: Oirat, Weilate, Xinjiang Mongolian, Western Mongol

방 언: Jakhachin, Bayit, Mingat, Olot(Oold, Elyut, Eleuth), Khoshut(Khoshuud)

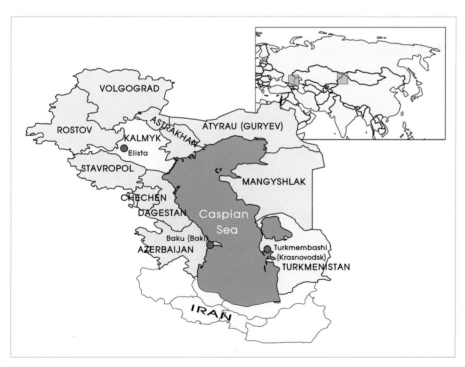

〈지도 3-20〉 칼미크-오이라트어의 주요 사용 지역

참 고: 보얼타라멍구자치주의 원촨(溫泉, 몽골명 아르샨)현의 차하르

를 비롯하여 오량하이, 할하 등 신장 지역 몽골인들은 모두 칼미크-오이라트어의 오이라트 방언의 해당 지역 방언을 사용한다. 신장 오이라트족은 모어 외에 한어, 카자흐어, 위구르어에 능통하다.

(몽골 지역)

언어 명칭: Kalmyk-Oirat

인 구: 205,500명(Oirat 139,000명, Dorbot 55,100명, Torgut 11,400명 포함)

다른 명칭: Oirat, Western Mongol

방 언: Jakhachin, Bayit, Mingat, Olot(Oold, Elyut, Eleuth), Khoshut(Khoshuud), Uriankhai, Khoton(Hoton)

참 고: Khoton(Hoton)은 원래 튀르크계였다(에스놀로그 Ethnologue).

2.10. 모골어 Moghol

인 구: 수천 명의 모골족 중 모어 사용자는 200명 이하(추정)

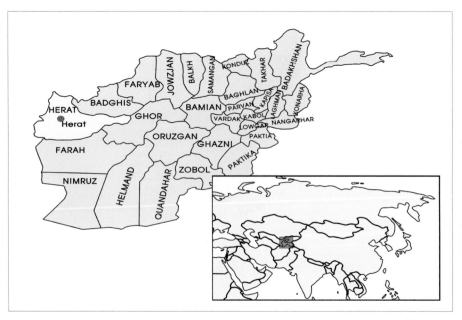

〈지도 3-21〉 모골어의 주요 사용 지역

지　역: 아프가니스탄 헤라트(Herat)주의 Kundur 마을과 Karez-i-Mulla 마을

다른 명칭: Mogholi, Mogul, Mogol, Mongul

방　언: Kundur, Karez-i-Mulla

참　고: 위의 두 마을의 주요 언어는 이란의 공용어인 파르시(Farsi)어이다.
아프가니스탄 북부의 모골족은 파르시어와 가까운 파시토(Pashto)
어를 사용한다.

3. 튀르크어파

3.1. 추바시어 Chuvash

인　구: 러시아 1,637,094명이며, 추바시어를 아는 사람은 1,325,382명
(2002년, 1989년 소련에서는 1,843,300명), 우크라이나 10,593명
중 모어 사용자 2,268명(2001년)

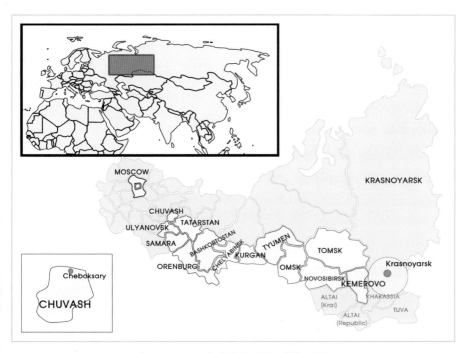

〈지도 3-22〉 추바시어의 주요 사용 지역

[그림 3-8] **4월의 볼가강(추바시공화국)**

지　역: 러시아의 추바시(Chuvashia)공화국(추바시족 인구의 절반 정도), 타타르스탄공화국, 바시코르토스탄공화국, 사마라주, 울랴노프스크주, 튜멘주, 케메로보주, 오렌부르크주, 우크라이나, 에스토니아, 카자흐스탄, 키르기스스탄, 우즈베키스탄

다른 명칭: Chǎvash, Chuwash, Chovash, Chavash

방　언: Anatri ‘Lower’(문어의 기초), Viryal ‘Upper’

참　고: 튀르크조어의 *z과 *š가 각각 r과 l로 나타나는 등 튀르크어파의 언어 중에서 가장 독특하다▪.

3.2. 할라지어 Khalaj

인　구: 에스놀로그(Ethnologue)에 따르면 42,107명(2000년, 1968년도 인구는 약 17,000명)

지　역: 이란의 콤(Qom)주와 마르카지(Markazi)주

▪ 이런 이유로 튀르크어파를 추바사튀르크어파로 부르는 학자도 있다.

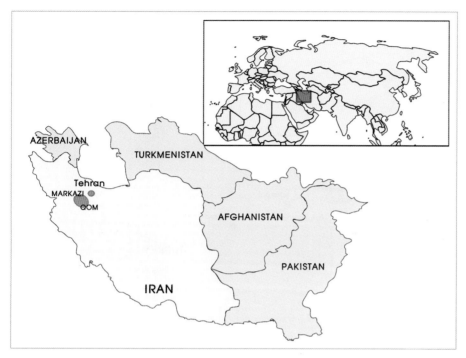

〈지도 3-23〉 할라지어의 주요 사용 지역

다른 명칭: Chaladsch(독일어형)

참　고: 대부분은 이란의 공용어인 파르시어도 병용한다. 이미 40년 전에
어린이는 파르시어만 말하고 있었다고 하므로 거의 절멸 상태에
있다고 볼 수 있다. 이른바 알타이조어의 어두음 *p의 발달로 여
겨지는 튀르크조어의 어두음 *h, 튀르크조어의 어중·어말의 *d,
튀르크조어의 1차 장모음을 체계적으로 유지하고 있다. 인도-이
란어파의 할라지어(Khalaj)와는 다른 언어이다.

3.3. 터키어 Turkish

인　구[*]: 터키 인구의 80% 정도인 약 6,000만 명(제2언어 사용자까지 포
함하면 약 7,500만 명). 불가리아에 745,700명(2001년, 전체 인구
의 9.4%), 자칭 북키프로스 튀르크공화국 주민 264,172명(2006년)
의 거의 대부분, 아제르바이잔 43,400명(1999년)

[*] 최근의 국외 이주자가 독일
에 약 2,500,000명, 프랑스에
약 400,000명, 네덜란드에 약
350,000명, 오스트리아에 약
250,000명, 벨기에와 영국에
각각 약 150,000명, 미국에 117,
575명, 오스트레일리아에 약
90,000명, 스위스에 약 80,000
명이 있다.

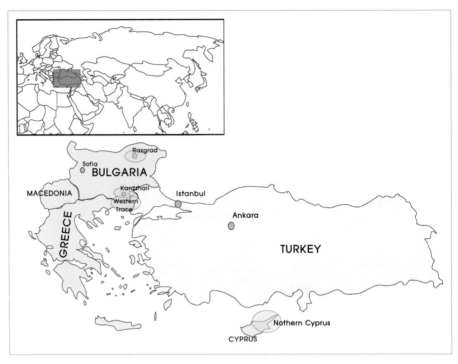

〈지도 3-24〉 터키어의 주요 사용 지역

지 역: 터키, 불가리아, 키프로스, 그리스(서(西)트라키아), 마케도니아, 코소
보, 루마니아, 아제르바이잔, 독일, 프랑스, 네덜란드, 오스트리아, 우
즈베키스탄, 미국, 벨기에, 스위스, 오스트레일리아 등 30여 개 국가

다른 명칭: Türkçe(터키어형), Türkisch(독일어형)

방 언: Danubian, Eskişehir, Razgrad, Dinler, Rumelian, Karamanli, Edirne,
Gaziantep, Urfa 등

참 고: 다뉴브(Danubian) 방언은 서부 방언이며 나머지는 동부 방언이다.
카라만르(Karamanli) 방언은 터키어를 말하는 그리스인의 방언이
다. 아나톨리아 동부의 방언들은 엄밀히 말하면 아제르바이잔어
의 방언들이다.

3.4. 가가우즈어 Gagauz

인 구: 약 250,000명(몰도바 147,500명(2004년), 우크라이나 31,923명 중

모어 사용자 22,822명(2001년), 터키 14,000명, 불가리아 약 12,000명

(1990년), 러시아 12,210명(2002년))

지　역: 몰도바(특히 가가우즈자치공화국에 집중 분포), 우크라이나, 터키,

　　　불가리아, 러시아, 기타 그리스, 루마니아, 카자흐스탄 등

다른 명칭: Gagauzi

방　언: Bulgar Gagauz, Maritime Gagauz

참　고: 자칭은 Gagauz Dili 또는 Gagauzça이다. 터키어와 가까운 언어로

　　　서, 터키어의 루멜리(Rumelian) 방언의 하나로 보는 학자들도 있

　　　다. 주위의 슬라브언어들의 영향으로 통사 구조가 변하였다. 가가

　　　우즈족은 그리스정교를 믿는다.

〈지도 3-25〉 **가가우즈어의 주요 사용 지역**

3.5. 아제르바이잔어 Azerbaijani

인　구: 25,000,000~32,000,000명(이란 16,000,000~23,000,000명, 아제르바

이잔공화국 7,205,500명(1999년), 터키 약 800,000명, 러시아 621,840명(2002년), 그루지야 284,761명(2002년), 카자흐스탄 78,295명(1999년), 우크라이나 45,176명(2001년))

지   역: 이란 서북부, 아제르바이잔공화국, 러시아의 다게스탄(Dagestan) 공화국, 그루지야 동남부, 터키 동부, 이라크 북부 등지

다른 명칭: Azeri, Azerbaydzhani

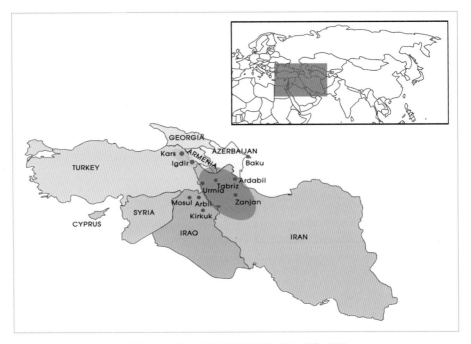

〈지도 3-26〉 아제르바이잔어의 주요 사용 지역

방   언: 크게 아제르바이잔공화국을 중심으로 하는 옛 소련 지역의 북아제르바이잔 대방언과 이란 지역의 남아제르바이잔 대방언으로 나눌 수 있다. 북아제르바이잔 대방언에는 Quba, Derbend, Baku, Shamakhi, Salyan, Lenkaran, Qazakh, Airym, Borcala, Terekeme, Qyzylbash, Nukha, Zaqatala(Mugaly), Qabala, Yerevan, Nakhchivan, Ordubad, Ganja, Shusha(Karabakh) 등의 방언이 있고, 남아제르바이잔 대방언에는 Tabriz, Shahsavani(Shahseven), Moqaddam,

Baharlu(Kamesh), Nafar, Qaragozlu, Pishagchi, Bayat, Qajar 등의 방언이 있다.

참　고: 아제르바이잔어의 방언으로 보기도 하는 아이날루어, 아프샤르어, 카시카이어는 서남어군 남부하위어군에 속하는 별개의 언어들이다. 흔히 터키어의 방언으로 분류되는 아나톨리아 동부의 방언들은 엄밀히 말하면 아제르바이잔어의 방언들이다. 아제르바이잔의 공식문자는 라틴 문자이지만 키릴 문자도 많이 사용된다. 아제르바이잔족의 대부분은 시아파 이슬람교도이다.

3.6. 투르크멘어 Turkmen

인　구: 약 6,000,000여 명(투르크메니스탄 인구 5,097,028명(2007년) 중의 85%(추정), 이란 2,000,000여 명(1997년), 아프가니스탄 500,000여 명(1995년), 러시아 33,053명(2002년), 타지키스탄 20,300명(2000년), 호라산 튀르크어 및 관련 방언 사용자 포함)

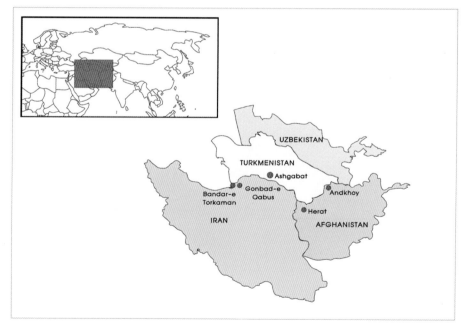

〈지도 3-27〉 **투르크멘어의 주요 사용 지역**

지 역: 투르크메니스탄, 이란(골레스탄(Golestan)주, 북(北)호라산(Khorasan)
　　　주), 아프가니스탄, 우즈베키스탄, 러시아, 타지키스탄

다른 명칭: Turkomans, Turkmenler, Turkmanian, Trukhmen, Trukhmeny,
　　　Turkmani

방 언: Teke (Tekke), Yomud, Goklen, Saryq, Salyr, Ersari

참 고: 엄밀히 말해서, 흔히 투르크멘어의 방언으로 일컬어지는 Nokhurli,
　　　Anauli, Khasarli, Eski, Kirach, Arabachi 등은 오구즈 우즈베크
　　　(Oghuz Uzbek)어 및 호라산 튀르크어 방언들과 함께 별도의 그룹
　　　을 이룬다. 요무드 방언을 토대로 현대 투르크멘 문어가 형성되었
　　　다. 투르크멘어는 튀르크조어의 1차 장모음을 체계적으로 유지하
　　　고 있다. 현재 투르크메니스탄에서는 터키와 상당히 다른 라틴 문
　　　자가 사용된다.

3.7. 호라산 튀르크어 Khorasan Turkish

인 구: 400,000명(Boeschoten 1998)

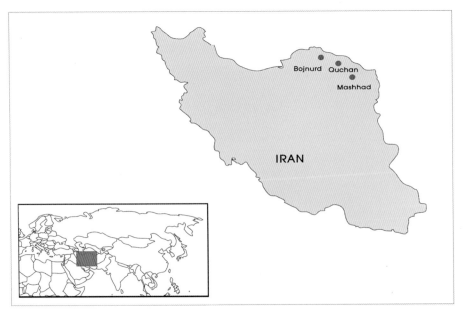

〈지도 3-28〉 호라산 튀르크어의 주요 사용 지역

지 역: 이란 동북부의 북 호라산(Khorasan)주, 라자비 호라산(Razavi
Khorasan)주

다른 명칭: Quchani, Khorasani Turkish, Khorasan Turkic

방 언: West Quchani(Northwest Quchani), North Quchani(Northeast Quchani),
South Quchani

참 고: 아제르바이잔어와 투르크멘어의 중간 언어이다. 흔히 투르크멘
방언으로 알려진 Nokhurli, Anauli, Khasarli, Eski, Kirach, Arabachi
등의 방언 및 오구즈 우즈베크어와 함께 별도의 그룹을 이룬다.
이들은 이란의 공용어인 파르시어도 병용한다.

3.8. 카시카이어 Qashqa'i

인 구: 1,500,000명(1997년)[※]

지 역: 이란 서남부의 파르스(Fars)주, 후제스탄(Khuzestan)주

다른 명칭: Qashqay, Qashqai, Kashkai, Ghashghai

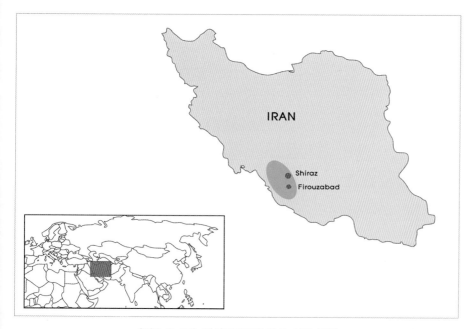

〈지도 3-29〉 카시카이어의 주요 사용 지역

[※] Boeschoten(1998)은 570,000
명으로 보고하고 있다.

참 고: 다수는 이란의 공용어인 파르시어도 쓰는 이중언어 사용자이다.
흔히 아제르바이잔어의 방언들로 보지만 이들은 아제르바이잔어
와는 다르다.

3.9. 아프샤르어 Afshar

인 구: 약 300,000명*(모어 사용자는 아프가니스탄 5,000명, 이란 29,000명)

지 역: 아프가니스탄(Kabul, Herat), 이란 동북부(케르만(Kerman)주, 라자
비 호라산(Razavi Khorasan)주, 남 호라산(Khorasan)주)

다른 명칭: Afshari, Afsar

참 고: 다수는 이란 또는 아프가니스탄의 공용어도 쓰는 이중언어 사용
자이다. 흔히 아제르바이잔어의 방언으로 보지만 이들은 아제르
바이잔어와는 다르다.

■ 이 수는 독일어판 위키피디아
(Wikipedia)에 따른 것이다. 영어,
체코어, 터키어, 아제르바이잔어
판 위키피디아(Wikipedia)는 600,
000명으로 제시한다. Boeschoten
(1998)은 아프가니스탄에 있
는 사용자 수를 45,000명으로
보고하고 있다. 그만큼 이 언
어 사용자에 대한 정확한 정
보가 없는 것이다.

〈지도 3-30〉 아프샤르어의 주요 사용 지역

3.10. 아이날루어 Aynallu

인 구: 약 7,000명(2001년)

지 역[*]: 이란의 마르카지(Markazi)주, 아르다빌(Ardabil)주, 잔잔(Zanjan)주

다른 명칭: Inallu, Inanlu

참 고: 다수는 이란 또는 아프가니스탄의 공용어도 쓰는 이중언어 사용
자이다. 절멸 위기에 있다.

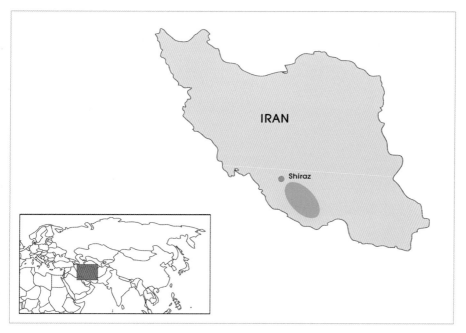

〈지도 3-31〉 **아이날루어의 주요 사용 지역**

3.11. 살라르어 Salar 撒拉語

인 구: 104,503명(2000년) 중 모어 사용자 35,000여 명

지 역: 중국 칭하이(靑海)성의 쉰화싸라쭈(循化撒拉族)자치현과 화룽후이
쭈(化隆回族)자치현, 간쑤성의 지스산바오안쭈·둥샹쭈·싸라쭈(積
石山保安族東鄕族撒拉族)자치현, 신장의 이리하사커(伊犁哈薩克)
자치주의 이닝(伊寧)

다른 명칭: Sala

[*] 아이날루어의 사용 지역으로
거론된 곳들은 좀 더 확인할 필
요가 있다. 왜냐하면 1959년에
발간된 Philologiae Turkicae
Fundamenta의 부록 지도에는
이란 남부 시라즈(Shiraz) 동
남쪽에서 아이날루어가 사용
되는 것으로 표시되어 있기
때문이다.

〈지도 3-32〉 **살라르어의 주요 사용 지역**

방 언: 칭하이, 이리

참 고: 14세기에 사마르칸트 지역에 있다가 현 지역으로 이주하여 티베트족, 한족, 회족과 통혼한 오구즈 튀르크어 사용자의 후손들이다. 칭하이 방언은 티베트어와 중국어, 이리 방언은 위구르어와 카자흐어의 영향을 크게 받았다. 살라르어는 흔히 위구르어 방언의 하나로 여겨지지만, 오구즈 그룹의 특징을 많이 지니고 있다. 위구르어, 한어도 쓰는 다중언어 사용자이다. 살라르족의 3분의 1만이 모어로 사용하므로 살라르어는 절멸할 가능성이 있다.

3.12. 위구르어, Uyghur, 維吾爾語

인 구: 10,000,000명 정도(중국 8,399,393명(2000년), 카자흐스탄 210,339명(1999년), 키르기스스탄 46,944명(1999년))

지 역: 중국 신장웨이우얼자치구, 그 외 카자흐스탄, 키르기스스탄, 몽골, 파키스탄, 타지키스탄, 터키, 우즈베키스탄 등

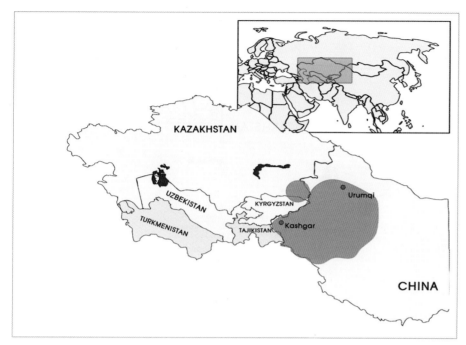

〈지도 3-33〉 **위구르어의 주요 사용 지역**

다른 명칭: Uighur, Uygur, Uigur, Uighuir, Uiguir, Weiwuer, Wiga

방 언: 크게 Central Uyghur, Khotan, Lop로 나누지만, Kashgar-Yarkand,
Yengi Hissar, Khotan-Kerya, Charchan, Aksu, Qarashahr, Kucha,
Turfan, Kumul, Ili(Kulja, Yining, Taranchi), Urumchi, Lopnor,
Dolan, Akto Türkmen 등으로 세분하기도 한다.

참 고: 중국의 5대 민족 가운데 하나이다. 라틴 문자로 표기를 하였으나
1987년 이래로 아랍 문자를 개량하여 쓴다.

3.13. 우즈베크어 Uzbek

인 구: 28,000,000명 정도(우즈베키스탄 약 22,220,000명, 아프가니스탄
약 2,870,000명, 타지키스탄 936,700명(2000년), 키르기스스탄
664,950명(1999년), 투르크메니스탄 약 450,000명, 카자흐스탄
370,663명(1999년), 러시아 122,916명(2002년), 파키스탄 약 80,000
명, 중국 약 12,370명(2000년), 우크라이나 12,353명 (2001년))

〈지도 3-34〉 우즈베크어의 주요 사용 지역

지 역: 우즈베키스탄, 키르기스스탄(오시(Osh)주), 아프가니스탄(파르얍
      (Faryab)주, 조우즈잔(Jowzjan)주, 발흐(Balkh)주), 타지키스탄(페르
      가나(Fergana) 계곡), 투르크메니스탄, 카자흐스탄, 러시아, 중국
      (신장웨이우얼자치구의 우루무치, 커시, 이닝)

다른 명칭: Özbek, Ouzbek, Uzbeki, Usbeki, Usbaki, Uzbak

방 언: Karluk(Qarluq), Kipchak(Kypchak), Oghuz

참 고: 엄밀히 말하면 오구즈 방언은 흔히 투르크멘어 방언으로 알려진
      Nokhurli, Anauli, Khasarli, Eski, Kirach, Arabachi 등의 방언 및 호
      라산 튀르크어와 함께 튀르크어파의 서남(또는 오구즈)어군에서
      별도의 그룹을 이룬다. 한편 큽차크 방언은 카자흐어, 카라칼파크
      어 등의 여러 언어처럼 튀르크어파의 서북(또는 큽차크)어군에 속
      한다. 우즈베키스탄에서는 현재 터키의 것과는 상당히 다른 라틴
      문자를 사용한다.

3.14. 크림 타타르어 Crimean Tatar

인 구: 약 500,000명(우크라이나 248,193명 중 모어 사용자는 228,373명
(2001년), 우즈베키스탄 약 200,000명, 루마니아 약 25,000명, 불
가리아 약 6,000명, 러시아 4,131명(2002년))

지 역: 우크라이나(크림 반도), 우즈베키스탄(페르가나(Fergana)계곡), 루마
니아(북도브루자(Dobruja)), 불가리아(남도브루자(Dobruja)), 러시아

다른 명칭: Crimean Turkish

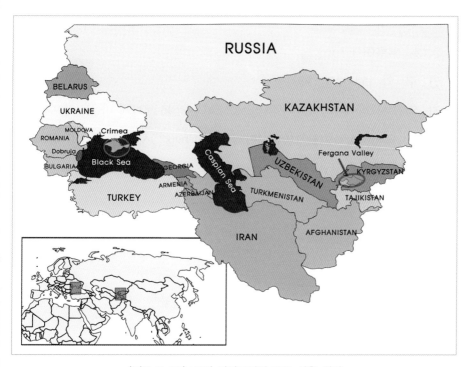

〈지도 3-35〉 크림 타타르어의 주요 사용 지역

방 언: Northern Crimean(Crimean Nogai, Steppe Crimean = Kypchak-Nogai),
Central Crimean(= Kypchak-Tatar), Southern Crimean(= Crimean-
Osman)

참 고: 크림 타타르어는 튀르크어파의 서북(또는 큽차크)어군에 속하지만
터키어의 영향을 많이 받았다. 남부 방언은 엄밀히 말하면 터키어

방언의 하나이다. 1944년에 크림 반도로부터 우즈베키스탄의 페르가나 계곡으로 강제 이주되어 1989년까지는 크림 타타르족의 90%가 이곳에 살았다. 터키와 거의 같은 라틴 문자를 사용한다.

한편 크림 반도에 사는 카라임족은 이미 오래 전에 자신들의 언어를 버리고 크림 타타르어를 받아들였다. 크림 타타르어의 특수한 방언을 사용하는 크림 반도의 유대인들을 크름차크(Krymchak)인이라고 부른다.[■] 우크라이나 동남부에서는 그리스계 주민들이 크림 타타르어와 아주 유사한 우룸어를 사용한다.

3.15. 우룸어 Urum

인 구: 약 45,000명(1989년)

지 역: 우크라이나의 동남부의 도네츠크(Donetsk)주(29개 마을), 자포리지아(Zaporizhia)주(1개 마을), 마리우폴(Mariupol')시, 도네츠크(Donetsk)시

다른 명칭: Urum Tyl'(자칭)

■ Judeo-Crimean Tatar, Judeo-Crimean Turkish 또는 Krimchak로도 불리는 크름차크 방언은 크림 타타르어의 중부 방언의 하위 방언으로서 히브리어와 아람어 차용어가 많다. 제2차 세계대전 때 나치의 대학살로 6,000명에 달했던 당시의 크름차크 인구 중 80% 정도가 희생되었다.

2000년에 2,500명의 크름차크인이 우크라이나, 그루지아, 러시아, 우즈베키스탄, 이스라엘에 흩어져 살고 있는 것으로 추정되었다. 1989년 인구조사에 따르면 당시 소련 지역에서는 1,448명의 크름차크인 중 604명이 크림 반도에 거주하였다. 우크라이나에서는 2001년 인구조사에 따르면 406명의 크름차크인 중 68명이 자신들의 언어, 263명이 러시아어, 41명이 우크라이나어를 모어라고 대답하였다. 러시아에서는 2002년 인구조사에 따르면 157명의 크름차크인 중 29명이 자신들의 언어를 안다고 대답하였다. 이들 인구조사에서 크름차크인을 유대인 및 크림 타타르인과 다른 항목에서 다룬 것을 보면 크름차크인이 별도의 민족으로 인식된다는 것을 알 수 있다.

위키피디아(Wikipedia)의 자료에 따르면 3명의 고령자만 크름차크어를 모어로 사용하고, 이 방언을 다소 아는 사람은 100명 미만이어서 크름차크어는 곧 절멸한다. 크름차크 사람들은 유대교를 믿는다.

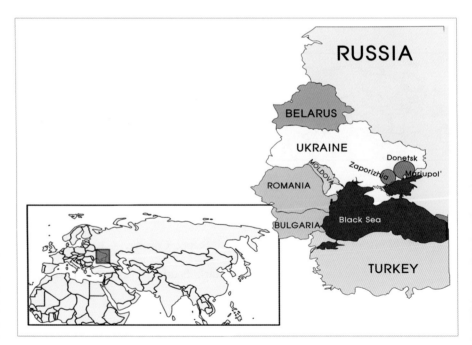

〈지도 3-36〉 **우룸어의 주요 사용 지역**

방　언: Kypchak(2개의 하위 방언: Kypchak-Polovets, Kypchak-Oghuz), Oghuz(2
　　　　개의 하위 방언: Oghuz-Kypchak, Oghuz)

참　고: 크림 반도의 그리스인들은 일부는 그리스어를 유지하고 일부는
　　　　크림 타타르어를 받아들였다. 이 두 집단은 모두 18세기 후반에
　　　　아조프해 북쪽으로 이주하였다. 이들은 우크라이나에서 공식적으
　　　　로는 모두 그리스인으로 분류된다. 두 집단 모두 러시아화 및 우
　　　　크라이나화가 급속히 진행되어 모어 사용자가 거의 없다.[*] 우룸어
　　　　는 크림 타타르어와 매우 유사하기 때문에 크림 타타르어의 방언
　　　　으로 보는 학자들도 있고, 별개의 언어로 보는 학자들도 있다.

3.16. 카라임어 Karaim

인　구[**]: 우크라이나 1,196명 중 모어 사용자 72명(2001년), 러시아 366명
　　　　중 모어를 아는 사람 88명(2002년), 리투아니아 258명(2001년), 폴란
　　　　드 45명(2002년), 터키 50명 등등

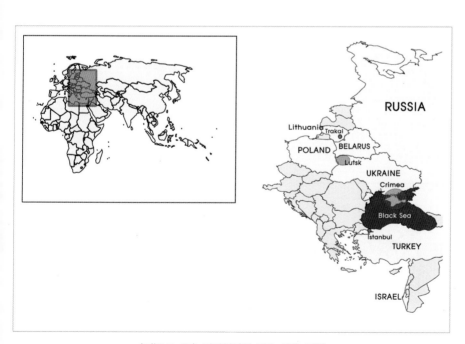

〈지도 3-37〉 **카라임어의 주요 사용 지역**

[*] 우크라이나의 2001년 인구 조사에 따르면 91,548명의 그리스인 중 5,829명이 자신들의 언어, 80,992명이 러시아어, 4,359명이 우크라이나어를 모어라고 대답하였다. 이 인구 조사에서 그리스인은 그리스어를 유지한 집단과 크림 타타르어를 받아들인 집단을 모두 가리키는 것임이 분명하다. 러시아의 2002년 인구 조사에 따르면 54명의 우룸인이 있었다.

[**] 옛 소련 지역에서 카라임족의 수는 5,900명(1959년)에서 2,602명(1989년)으로 크게 줄었는데, 이것은 동화와 이민 때문이다. 1979년에는 전체 인구 3,341명 중에서 16%인 535명이 모어로 사용하였다. 이스라엘, 프랑스, 미국, 캐나다에도 극소수가 살고 있다. Boeschoten(1998)에 의하면 1997년 카라임어 사용자가 리투아니아에 50명, 우크라이나에 6명, 폴란드에 약 20명이 있었지만 에스놀로그(Ethnologue)의 2006년도 자료를 보면 카라임어는 우크라이나와 이스라엘에서는 이미 사멸했다. 우크라이나와 러시아의 통계에서 말하는 모어 사용자 또는 모어를 아는 사람의 대부분은 크림 타타르어 사용자를 뜻하는 것임이 분명하다. 리투아니아 통계에서는 종교 항목에서 카라임 사람들에 대한 정보가 드러난다.

지　역: 리투아니아, 백러시아, 우크라이나(주로 크림 반도), 러시아, 폴란
드, 이스라엘, 터키(이스탄불)

다른 명칭: Karaite

방　언: Troki(＝ Trakai), Halicz-Lutsk(절멸), Crimean(절멸)

참　고: 크림 방언은 19세기에 크림 타타르어(중부 방언)에 흡수되었다.
카라차이-발카르어(Karachai-Balkar)와 쿠므크어(Kumyk)와 가깝
다. 카라임족은 유대교를 믿는다.

3.17. 카라차이-발카르어 Karachai-Balkar

인　구: 러시아 300,608명(카라차이족 192,182명, 발카르족 108,426명), 카
라차이-발카르어를 아는 사람 302,748명(2002년), 터키 약 10,000명
(에스키셰히르(Eskişehir) 일대)

지　역: 러시아의 카라차이-체르케시아(Karachai-Cherkessia)와 카바르디노-

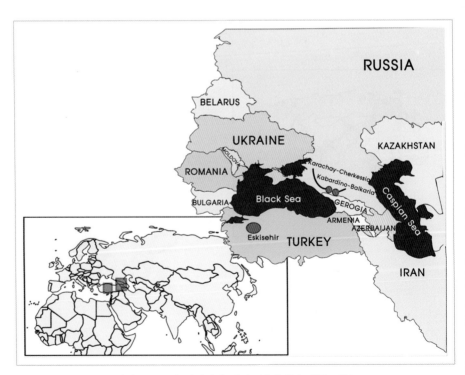

〈지도 3-38〉 카라차이-발카르어의 주요 사용 지역

발카리아(Kabardino-Balkaria), 아르메니아, 아제르바이잔, 터키(에

스키셰히르(Eskişehir) 일대) 등

다른 명칭: Karachay, Karachai, Karachayla, Karachaitsy, Karacaylar, Malkar

방 언: Balkar, Karachai

참 고: 발카르(Balkar) 방언과 카라차이(Karachai) 방언은 매우 유사하다.

3.18. 쿠므크어 Kumyk

인 구: 422,409명, 쿠므크어를 아는 사람은 458,121명(2002년)

지 역: 러시아 다게스탄공화국, 카자흐스탄, 터키 토카트(Tokat)주의 위치

괴젠/쿠쇼투라으(Üçgözen/Kuşoturağı),   시바스(Sivas)주의   야부

(Yavu), 차낙칼레(Çanakkale)주의 비가(Biga)

다른 명칭: Qumuq, Kumuk, Kumuklar, Kumyki

방 언: Khasavyurt, Buinak, Kaitak

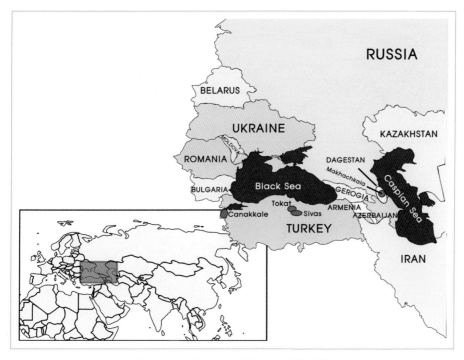

〈지도 3-39〉 **쿠므크어의 주요 사용 지역**

참 고: 방언 간의 차이가 크다. 북부 코카서스의 여러 민족이 공용어로
　　　　사용하였다. 아제르바이잔어의 영향을 크게 받았다.

3.19. 타타르어 Tatar

인 구[*]: 5,554,601명, 타타르어를 아는 사람은 5,347,706명(2002년, 1989
　　　　년 당시 인구 6,645,588명 중 모어 사용자는 5,715,000명), 바시키
　　　　르족 중 타타르어 사용자 370,000명, 카자흐스탄 248,952명(1999
　　　　년), 키르기스스탄 45,438명(1999년), 아제르바이잔 30,000명(1999
　　　　년), 타지키스탄 19,000명(2000년)

지 역: 러시아 타타르스탄(Tatarstan)공화국, 바시코르토스탄공화국과 인
　　　　근 지역, 카자흐스탄, 키르기스스탄

다른 명칭: Tartar

방 언: Middle Tatar(Kazan), Western Tatar(Misher), Eastern Tatar(Siberian

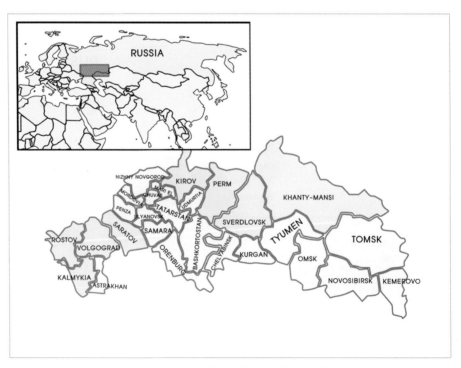

[*] 2008년 현재 위키피디아
(Wikipedia)에 따르면 전 세계
타타르족 인구는 10,000,000
여명이라고 한다.

〈지도 3-40〉 **타타르어의 주요 사용 지역(1)**

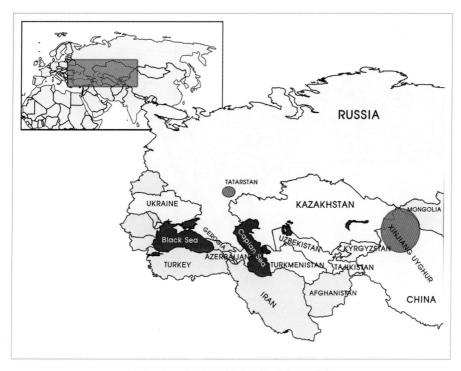

〈지도 3-41〉 타타르어의 주요 사용 지역(2)

방　언: Middle Tatar(Kazan), Western Tatar(Misher), Eastern Tatar(Siberian Tatar), 시베리아 타타르 방언에는 Tobol-Irtysh, Baraba, Tom이 있고, 그 중에서 Tobol-Irtysh 방언의 하위 방언들로는 Tyumen, Tobol, Zabolotny, Tevriz, Tara (Tumasheva)가 있다.

참　고: 카잔 방언을 기초로 하여 타타르 문어가 형성되었다. 크림 타타르 어와 다른 언어이다.

3.20. 바시키르어 Bashkir

인　구: 러시아 1,673,389명, 바시키르어를 아는 사람은 1,379,727명(2002 년), 카자흐스탄 23,224명(1999년)

지　역: 러시아 바시코르토스탄공화국과 타타르스탄공화국 및 인근 지역, 카자흐스탄, 우즈베키스탄

다른 명칭: Bashqort, Bashkort

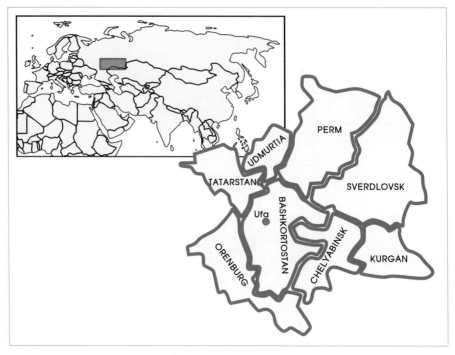

〈지도 3-42〉 바시키르어의 주요 사용 지역

방　언: Kuvakan(Mountain Bashkir), Yurmaty(Steppe Bashkir), Burzhan(Western Bashkir)

참　고: 타타르어와 매우 유사하다. 튀르크어파의 다른 언어들과 비교할 때 바시키르 문어에서는 다음과 같은 음운 변화가 있다.

　　[s] ＞ [h] (낱말과 접미사/어미의 어두에서)

　　[s] ＞ [θ] (어중과 어말에서)

　　[z] ＞ [ð], [č] ＞ [s], [o] ＞ [u], [ö] ＞ [ü] 등등

3.22. 카자흐어 Kazakh, 哈薩克語

인　구[*]: 카자흐스탄 인구 15,284,929명 중 53.4%(2007년, 1999년에는 7,985,039명), 중국 1,250,458명(2000년), 러시아 653,962명, 카자흐어를 아는 사람 563,749명(2002년), 키르기스스탄 42,657명(1999년)

[*] 위키피디아(Wikipedia)에 따르면 전 세계에는 약 12,000,000명의 카자흐어 사용자가 있다고 한다.

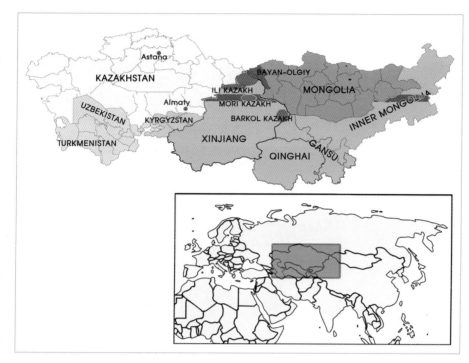

〈지도 3-43〉 카자흐어의 주요 사용 지역

지　역: 카자흐스탄, 우즈베키스탄, 중국(신장웨이우얼자치구, 특히 북부
　　　　의 이리하사커자치주), 러시아, 몽골(바얀 울기이(Bayan-Ölgii) 아
　　　　이막), 투르크메니스탄, 아프가니스탄, 키르기스스탄, 터키 등등

다른 명칭: Kazak, Kaisak, Kosach, Qazaq, Hasake

방　언: Northeastern Kazakh, Southern Kazakh, Western Kazakh

참　고: 방언 차이가 크지 않다. 러시아어나 우즈베크어를 제2의 언어로
　　　　쓴다. 카자흐스탄과 몽골에서는 키릴 문자, 중국에서는 아랍 문자
　　　　를 쓴다.

3.22. 카라칼파크어 Karakalpak

인　구: 424,000명 중 모어 사용자는 94%인 398,573명(1989년)▪

지　역: 우즈베키스탄의 카라칼파크스탄(Karakalpakstan)자치공화국

다른 명칭: Karaklobuk, Tchorny, Klobouki

▪ 영어판 위키피디아(Wikipedia)
에 따르면 전 세계에는 약
550,000명의 카라칼파크족이
있다고 한다.

〈지도 3-44〉 **카라칼파크어의 주요 사용 지역**

방 언: Northeastern Karakalpak, Southeastern Karakalpak

참 고: 카자흐어의 방언으로 보기도 한다. 어휘와 문법은 우즈베크어의 영향을 받았다. 대다수의 카라칼파크어 사용자들은 우즈베크어나 러시아어를 함께 사용한다.

3.23. 노가이어 Nogai

인 구: 러시아 90,666명, 노가이어를 아는 사람은 90,020명(2002년)[*]

지 역: 러시아 연방의 북부 코카서스의 카라차이-체르케시아(Karachai-Cherkessia), 스타브로폴(Stavropol'), 다게스탄공화국, 카자흐스탄, 우즈베키스탄

다른 명칭: Nogay, Noghay, Noghai, Noghaylar, Nogaitsy, Nogalar

방 언: Aq-Nogai(= White Nogai, Western Nogai), Qara-Nogai(= Black Nogai, Northern Nogai), Orta-Nogai(= Central Nogai, Nogai Proper)

[*] 위키피디아(Wikipedia)에 따르면 노가이족이 터키에 90,000명이 있다고 한다.

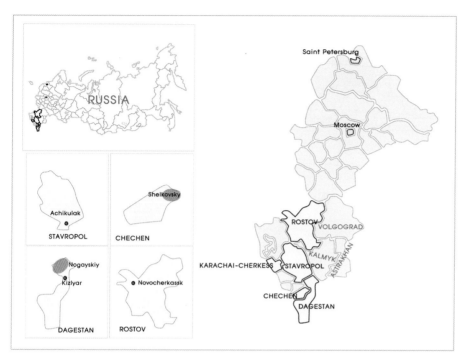

〈지도 3-45〉 노가이어의 주요 사용 지역

참 고: 방언 차이가 크지 않다. 대다수 노가이어 사용자는 러시아어 이중
언어 사용자이다. Qara-Nogai 방언은 다게스탄, Orta-Nogai 방언
은 Stavropol', Aq-Nogai 방언은 Kuban강 유역에서 사용된다.

3.24. 키르기스어 Kirghiz

인 구[*]: 키르기스스탄 3,128,147명(1999년), 중국 160,823명(2000년), 타
지키스탄 65,500명(2000년), 러시아 31,808명(2002년), 카자흐스
탄 10,896명(1999년)

지 역: 키르기스스탄, 우즈베키스탄, 중국 신장웨이우얼자치구 커쯔러쑤
커얼커쯔(克孜勒蘇柯爾克孜)자치주의 아커타오(阿克陶)현, 아허
치(阿合奇)현, 우차(烏恰)현, 이리하사커자치주의 자오쑤(昭蘇)현,
터커쓰(特克斯)현, 아커쑤(阿克蘇) 지구의 바이청(拜城)현, 우스
(烏什)현, 타지키스탄, 카자흐스탄, 러시아, 아프가니스탄 바다흐

[*] 위키피디아(Wikipedia)의 자료에 따르면 키르기스어 사용자는 약 4,000,000~5,000,000명이다.

〈지도 3-46〉 키르기스어의 주요 사용 지역

산(Badakhshan)주의 와한(Wakhan) 지방

다른 명칭: Kara-Kirgiz, Kirgiz, Kyrgyz

방　언: Northern Kirgiz, Southern Kirgiz

참　고: 키르기스어는 기원적으로 남부 시베리아의 알타이어의 남부 방언들과 밀접한 관계에 있지만, 후에 상당한 변화를 겪어 카자흐어와 가깝게 되었으므로 흔히 서북(또는 큽차크)어군에 속하는 언어로 분류된다. 그렇지만 고대 튀르크어의 Taɣlïɣ '산이 있는'이 키르기스어에서는 Tōlū, 서북(또는 큽차크)어군의 언어들에서는 Tawlï로 발전하는 등 서로 상당히 다르다.

3.25. 알타이어 Altai

인　구: 77,822명, 알타이어를 아는 사람은 69,445명(2002년)[*]

지　역: 러시아 알타이공화국, 알타이 지방; 케메로보(Kemerovo)주(벨로보(Belovo)구, 구레프스크(Gur'evsk)구, 노보쿠즈네츠크(Novokuznetsk)구)

[*] 민족별로 보면 알타이족(Altai Proper) 인구는 67,239명, 알타이 방언(Altai Proper)을 아는 사람은 65,534명, 텔렝기트(Telengit)족 인구는 2,399명, 텔레우트(Teleut)족 인구는 2,650명, 텔레우트 방언을 아는 사람은 1,892명, 투바(Tuba)족 인구는 1,565명, 투바 방언을 아는 사람은 436명, 쿠만드(Kumandy)족 인구는 3,114명, 쿠만드 방언을 아는 사람은 1,044명, 찰칸(Chalkan)족 인구는 855명, 찰칸 방언을 아는 사람은 539명이다. 텔렝기트 방언 사용자에 대한 정보는 없다.

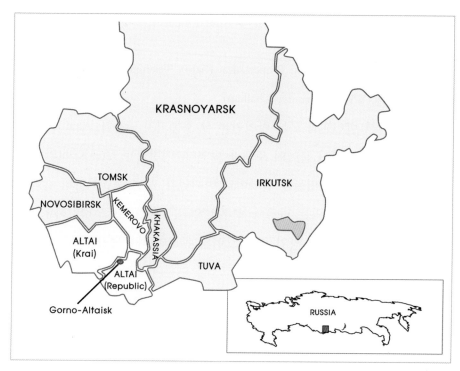

〈지도 3-47〉 알타이어의 주요 사용 지역

[그림 3-9] 알타이공화국 입구

다른 명칭: Oirot, Oyrot, Altai(모두 Altai Proper의 별칭), Kuu, Lebedin(모두 Chalkan의 별칭)

방 언: 남부 방언권(Altai Proper(Altai-Kizhi), Telengit, Teleut), 북부 방언권(Tuba, Kumandy, Chalkan)

참 고: 남부 방언권과 북부 방언권은 잘 소통되지 않는다. Altai-Kizhi 방언이 알타이 문어의 토대가 되었다. 이전에는 Altai-Kizhi의 명칭이 오이로트였는데 알타이로 바뀌었다. 물론 몽골어파의 칼미크-오이라트어와는 다르다. 북부 방언권은 출름 튀르크어의 하류 출름(Lower Chulym) 방언 및 쇼르어의 콘도마-하류 톰(Kondoma-Lower Tom) 방언과 함께 별도의 그룹을 이룬다고 보기도 한다.

3.26. 하카스어 Khakas

인 구: 75,622명, 하카스어를 아는 사람은 52,217명(2002년)

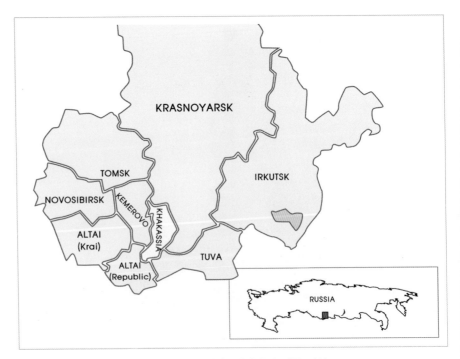

〈지도 3-48〉 하카스어의 주요 사용 지역

지　역: 러시아 알타이산맥 북부의 하카시아(Khakassia)이며 중심지는 아
바칸(Abakan)이다.

다른 명칭: Khakass, Khakhas, Khakhass, Abakan Tatar, Yenisei Tatar

방　언: Sagai-Beltir, Kacha-Koibal-Kyzyl, Shor

참　고: 사가이(Sagai) 방언과 카차(Kacha) 방언이 문장어의 토대가 되었다.
벨티르(Beltir) 방언은 사가이 방언에, 코이발(Koibal) 방언은 카차
방언에 흡수되었다.

에스놀로그(Ethnologue)에서는 푸위 키르기스어를 하카스어에 포
함시켜 기술하였으나 우리는 독립된 언어로 기술한다.

하카시아는 중앙아시아 키르기스족의 조상이 살던 땅이다. 중국
당(唐)나라의 문헌에서는 이 키르기스족을 한자로 黠戛斯라고 부
정확하게 기록하였는데, 이 중국어 명칭은 하카스로 읽혀서 소련
성립 이후 통합된 이 지역의 여러 종족의 공통 명칭이 되었다. 대
부분이 러시아어를 병용한다.

3.27. 쇼르어 Shor

인　구: 13,975명, 쇼르어를 아는 사람은 6,210명(2002년)[*]

지　역: 케메로보주의 므스키(Myski), 메지두레첸스크(Mezhdurechensk), 타시타골
(Tashtagol)구

다른 명칭: Shortsy, Aba, Kondoma Tatar, Mras Tatar, Kuznets Tatar,
Tom-Kuznets Tatar

방　언: Mras-Upper Tom, Kondoma-Lower Tom

참　고: 하카스어(Khakas)의 쇼르(Shor) 방언과는 다른 것이다. 쇼르 문어
의 토대가 된 므라스-상류 톰 방언은 이른바 azaq 그룹에 속한다.
따라서 이 방언은 하카스어, 출름 튀르크어의 중류 출름 방언, 서
부요구르어, 푸위 키르기스어 등과 비슷하다. 한편 이른바 ayaq 그
룹에 속하는 콘도마-하류 톰 방언은 알타이어의 북부 방언들 및

[*] 구 소련에서는 16,000명의
쇼르족 중에서 모어 사용자가
61%인 9,760명(1979년)이었
다.

출름 튀르크어의 하류 출름 방언과 매우 비슷하다.

〈지도 3-49〉 쇼르어의 주요 사용 지역

3.28. 출름 튀르크어 Chulym Turkish

인 구: 656명, 출름 튀르크어를 아는 사람은 270명(2002년)

지 역: 러시아 톰스크(Tomsk)주의 테굴데트(Tegul'det)구, 크라스노야르스크
(Krasnojarsk) 지방 튜흐테트(Tjukhtet)구의 파세치노예(Pasechnoje//Pasechnoe)
마을과 친다트(Chindat) 마을

다른 명칭: Chulym Tatar, Chulym-Turkish, Chulim, Melets Tatar

방 언: Lower Chulym, Middle Chulym

참 고: 쇼르어와 매우 가까워서 이 두 언어를 같은 언어로 보는 학자들
도 있다. 중류 출름 방언은 하카스어, 쇼르어의 므라스-상류 톰
방언, 서부요구르어, 푸위 키르기스어처럼 이른바 azaq 그룹에 속
한다. 한편 이른바 ayaq 그룹에 속하는 하류 출름 방언은 알타이

어의 북부 방언들 및 쇼르어의 콘도마-하류 톰 방언과 공통의 특
징이 있다. 출름 튀르크족은 러시아어 이중언어 사용자이다. 하
류 출름 방언은 이미 절멸한 듯하고 중류 출름 방언도 절멸 위기
에 있다.

〈지도 3-50〉 출름 튀르크어의 주요 사용 지역

3.29. 투바어 Tuvan

인 구: 러시아 243,442명, 투바어를 아는 사람은 242,754명(2002년)[*], 몽
골 27,000명, 중국 2,600명

지 역: 러시아 투바공화국 및 부리야트공화국의 오카(Oka) 지구, 몽골의
홉스굴(Khövsgöl) 아이막, 홉드(Khovd) 아이막, 바얀 울기이
(Bayan-Ölgii) 아이막의 쳉겔솜(Tsengel Sum), 중국 신장웨이우얼
자치구 이리하사커자치주 아얼타이지구 내의 부얼진(布爾津)현,
하바허(哈巴河), 푸윈(富蘊)현

[*] 2002년의 통계에서는 토자
(Todzha)족 4,442명, 소요트
(Soyot)족 2,769명이 별도로
제시되어 있다.

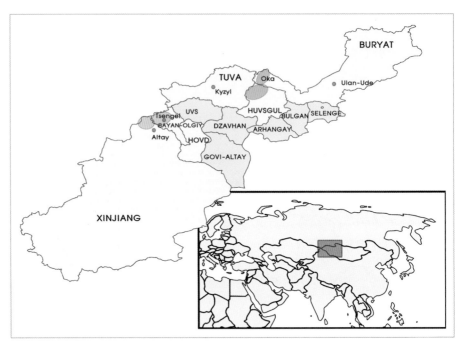

〈지도 3-51〉 투바어의 주요 사용 지역

[그림 3-10] 차아탕(Tsaatan)인의 순록(몽골 훕스굴 지역)

다른 명칭: Tuva, Tuvin, Tuvia, Tyva, Tofa, Tokha, Soyot, Soyon, Soyod, Tannu-Tuva, Tuba, Tuvinian, Uriankhai, Uriankhai- Monchak, Uryankhai, Diba, Kök Monchak, Tuwa(圖瓦)

방 언: Central Tuvan, Western Tuvan, Northeastern Tuvan(Todzha), Southeastern Tuvan(이상은 투바 공화국 안에서), Kök Monchak, Soyot, Tsaatan(= Dukha), Uriankhai, Tsengel Tuvan

참 고: 중앙 방언이 문장어의 토대가 되었다. 투바어는 할라지어처럼 튀르크 조어의 어중·어말의 [d]를 체계적으로 유지하고 있다. 몽골어의 영향 을 크게 받았다. 몽골인들처럼 불교(라마교)를 믿는다. 몽골 흡스골 지역의 투바인들은 차아탕으로도 불린다. 방언 간의 차이가 크다.

[그림 3-11] 천막을 세우고 있는 차아탕인(몽골 흡스골 지역)

3.31. 토파어 Tofa

인 구: 837명, 토파어를 아는 사람은 378(2002년)[*]

지 역: 러시아 이르쿠츠크(Irkutsk)주 니지네우딘스크(Nizhneudinsk)구의 알록제르(Alygdzher) 마을, 베르흐냐야 구타라(Verkhnjaja Gutara) 마을 및 네르하(Nerkha) 마을

다른 명칭: Tofalar, Karagas

참 고: 1986년에 문장어가 되었다. 사얀 산맥의 북쪽 기슭 3개 마을에 거주하는 토파족의 모어인데 절멸 직전이다. 인구는 꾸준히 증가하고 있지만, 이것은 어디까지나 혼혈에 의한 것일 뿐이다. 토파족은 모두 러시아어를 병용한다. 과거에는 카라가스(Karagas)라 불렸으며, 튀르크화한 사모예드족으로 추정된다. 토팔라르에서 '-lar'는 복수형 어미이기 때문에 종족명에 붙이는 것은 적절하지 않다. 투바어와 매우 유사하여, 투바어의 방언으로 볼 수도 있다.

〈지도 3-52〉 **토파어의 주요 사용 지역**

[*] 토파족의 인구는 417명(1926년), 586명(1959년), 620명(1970년), 722명(1989년)이었다. 에스놀로그(Ethnologue)의 자료에 따르면 2001년에 25~30명의 모어 사용자가 있었다고 한다.

3.32. 야쿠트어 Yakut

인 구: 443,852명, 야쿠트어를 아는 사람은 456,288명(2002년)

지 역: 러시아 사하(야쿠트) 공화국(주 거주지), 인근의 마가단(Magadan) 주, 이르쿠츠크주, 하바롭스크 지방, 크라스노야르스크 지방의 어 웡키 자치구 및 타이미르 자치구

다른 명칭: Sakha, Yakut-Sakha

방 언: Nam-Aldan, Kangal-Viljuj, Dolgan

참 고: 야쿠트어는 할라지어 및 투르크멘어와 더불어 튀르크 조어의 일 차 장모음을 체계적으로 유지하고 있다. 튀르크 조어의 어중·어말 의 [d]가 [t]로 변하는 등 야쿠트어는 공통 튀르크어의 다른 언어 들과는 아주 다르다. 이 언어는 주위의 어웡키, 어원, 유카기르 (Yukaghir)인들이 공용어로 사용한다. 몽골어와 퉁구스어의 영향 을 많이 받았다. 돌간 방언은 별개의 문어로 발전했다.

〈지도 3-53〉 야쿠트어의 주요 사용 지역

[그림 3-12] 야쿠트대학 동양어학과 학생들(야쿠트인)

3.33. 돌간어 Dolgan

인 구: 7,261명, 돌간어를 아는 사람은 4,865(2002년)

〈지도 3-54〉 돌간어의 주요 사용 지역

지　역: 러시아 크라스노야르스크 지방(특히 타이미르 반도)[*]

참　고: 야쿠트어 방언에서 문어로 발전한 언어인데 여전히 야쿠트어의 방언으로 볼 수도 있다. 돌간족은 레나(Lena)강 서쪽에서 살다가 야쿠트어를 받아들이고 타이미르 반도로 이동하여 그곳의 토착 응아나산족(Nganasan)을 밀어낸 어웡키족(Ewenki)의 4 씨족과 야쿠트족의 후손이다.

3.34. 서부요구르어 West Yugur, 西部裕固語

인　구: 13,719명(2000년)[**]

지　역: 중국 간쑤성 서북부의 쑤난위구쭈(肅南裕固族)자치현

다른 명칭: Sarygh Uygur, Sarig, Ya Lu, Yellow Uighur, Sari Yogur, Yuku(裕固), Yugu(裕固), Sary-Uighur, Xibu Yugu(西部裕固)

[그림 3-13] **전통 복장을 한 서부요구르인**

[*] 2002년 인구 조사에 따르면 타이미르 반도에 5,517명의 돌간족이 살았다.
[**] 위키피디아(Wikipedia)의 자료에 따르면 요구르족 중에서 4,600명은 서부요구르어, 2,800명은 동부요구르어, 나머지는 한어, 극소수는 티베트어를 사용한다.

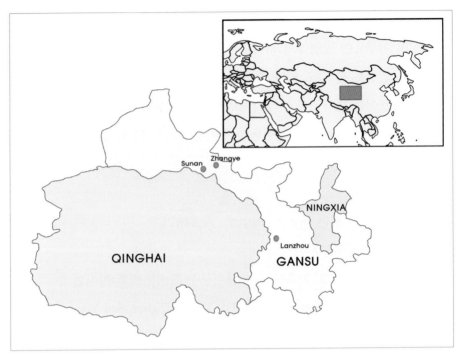

〈지도 3-55〉 서부요구르어의 주요 사용 지역

참 고: 요구르족의 3분의 1은 중국어를 제1언어로 쓴다. 동부요구르어는
몽골어계이다. 서부요구르어는 하카스어, 쇼르어의 므라스-상류
톰 방언, 출름 튀르크어의 중류 출름 방언, 푸위 키르기스어 등과
함께 튀르크어파의 이른바 azaq 그룹에 속한다. 다른 튀르크어들
이 모두 21과 같은 수는 '20 1'로 읽는 데 비해 서부요구르어는
11~29의 수를 아직도 고대 튀르크어에서처럼 '1 30'과 같은 방식
으로 읽는다.

3.35. 푸위 키르기스어 Fuyu Kirghiz

인 구: 875명 중 사용자 10명(1982년)

지 역: 중국 헤이룽장성 치치하얼시 푸위현 우자쯔촌과 치자쯔촌

참 고: 이들은 1761년 알타이산맥 부근 준가르 지역으로부터 현재의 거
주지로 강제 이주되었다. 1982년 중국의 통계에서는 키르기스인

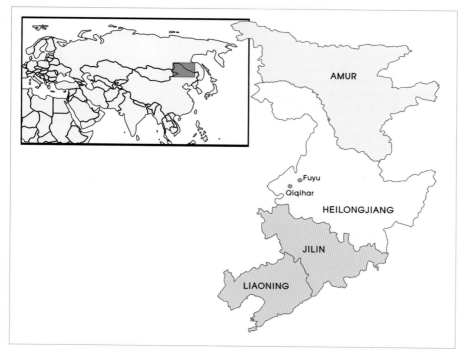

〈지도 3-56〉 **푸위 키르기스어의 주요 사용 지역**

으로 간주되지만, 키르기스어와는 언어적으로 큰 차이가 있다. 언어상의 여러 특징이 하카스와 매우 비슷하여 에스놀로그 (Ethnologue)에서는 하카스어 항목에서 다루었다. 이미 절멸 상태여서 노인 몇 사람만 조금 기억하고 있을 뿐 젊은 세대는 한어만 사용한다.

| 제4장 |

알타이언어 현지 조사의 방법과 과정

우리는 최고 수준의 장비로, 모든 알타이언어를 현지 조사하여, 디지털화하고, 언어 체계를 분석하며, 또한 웹에 올려 관심 있는 학자들이 접근할 수 있게 하는 것을 목표로 삼고 있다. 이렇게 하는 것은 절멸 위기의 알타이언어를 기록 보존하고 장래에 교육이 가능하도록 하기 위해서이다.

제4장에서는 현지 조사의 방법과 과정을 "준비―현지 조사―녹음과 녹화―조사 내용과 질문지"의 네 단계로 나누어 서술하고자 한다.

1. 준비

준비 단계에서는 다음과 같은 것들이 필요하다.

1.1. 조사 대상 언어 결정

조사할 언어를 결정하기 위해서는 여러 가지 고려가 필요하다. 주된 것으로 언어의 위기 상태가 어느 단계에 도달해 있나 하는 점을 고려하는데 당연히 절멸 위기에 처해 있는 언어를 먼저 조사하게 된다. 아울러 조사 가능성도 고려하여야 한다. 우리 조사팀의 여건상 약 일주일에서 열흘 사이에 조사를 마쳐야 하므로 해당 언어 사용자에 접근이 용이해야 한다. 일부의 언어는 가장 가까운 곳까지 기차나 버스 등의 공공 교통을 이용해서 접근한 후 헬리콥터를 타고 들어가야 하는 곳도 있으나, 해당 언어의 위기 상태와 조사원의 안전 등을 고려하여 조사하지 않은 곳도 있다.

1.2. 질문지 제작, 수정

질문지의 제작 과정이나 됨됨이는 아래(4.)에서 상세히 서술하기로 한다. 질문지는 그 특성상 현지 조사를 함으로써 그 문제점이나 개선점이 발견되는 경우가 많다. 따라서 조사 현장에서 발견된 문제점을 정리하여 다음 조사할 질문지에 반영을 한다. 그러나 여러 차례 언어 조사를 하게 되므로 균질한 자료를 수집하기 위해서는 가능한 한 큰 변화를 주지 않도록 유의하였다.

1.3. 장비 준비

장비는 약 1개월 전부터 엑셀 파일에 정리하면서 준비를 한다(<표 4-1> 참고). 캠코더 녹음기와 같은 기본 장비는 물론이지만 해당 기계의 입출력 단자와 맞는 마이크를 준비해야 하며 해외 현지 전압의 차이 즉 100볼트인지 220볼트인지를 고려해야 하고 거기에 맞는 콘센트 어댑터와 보조 전선 등을 준비해야 한다. 현지의 전기 공급 사정을 감안하여 충전지(배터리)나 건전지를 충분히 준비하며, 비상 의약품도 준비해야 한다. 장비 목록이 완성되면 필요한 것은 구입을 하고 짐을 골고루 나누기 위하여 분담자를 정한다. 기본 장비에 대해서는 아래(3.)에서 상세히 기술하기로 한다.

〈표 4-1〉 현지 조사 장비 목록의 예 (2005년 6월 조사 2조의 경우)

현지조사 장비목록 (2005년 6월)					
장비	상표/모델명	세부장비	수량	2조 주의사항	짐분담
캠코더	Sony DSR-PDX10	본체(스트랩포함)	1	촬영전 렌즈 닦기	
	NP-QM91D	배터리	3	매일 밤 충전	
	AC-L10A	전원 어댑터	1		
		전원 코드	1		
		플러그(러시아용)	2		
		이어폰	1		
		가방	1		
		렌즈닦이	1		
삼각대	Sony VCT-D680RM	본체 및 가방	1	고정판 필히 확인	
디지털 레코더	Marantz PMD670	본체	1		
		가죽케이스	2		
		I/O 케이블	1		
		CF card 4G	1		
		CF card 2G	1		
DAT	Sony TCD-D100	본체	1	예비용	
		가죽케이스	1		

		리모콘 및 이어폰	1	
마이크	AKG C420	헤드셋	1	
		어댑터	1	사용전 점등 확인
		XLR 라인	1	
	AT 핀마이크	마이크 및 어댑터	1	사용전 배터리 교체
		XLR 라인	1	
노트북		본체(삼보)	1	
		전원 어댑터	1	
		전원 코드	1	
		마우스	1	
		가방	1	
건전지		AA	40조	
		6LR61	1조	
DV tape		60분	50	테이프를 이틀에 걸쳐 사용하지 않음
DAT tape		120분	20	
질문지			7권	
배경스크린			1장	

1.4. 현지 섭외

현지 사정을 미리 알아둘 필요가 있다. 최소한 3개월 전부터 조사 대상 언어의 사용 상황과 교통 정보를 잘 파악하고 있는 해당 지역의 대학 또는 연구소, 연구자 등과 사전에 접촉을 해야 한다. 언어 조사 목적을 충분히 이해시킨 뒤에 적절한 조사 시기와 장소, 자료제공인 등을 미리 결정하는 것이 좋다. 우리의 경우 현지 또는 그 지역에 가까운 곳에 있는 대학이나 언어 관련 연구소의 교수나 연구원에게 연락하여 협조를 구하였다. 대체로 이미 친분이 있는 연구자를 통해서 소개를 받아서 접촉을 시도하였다. 특히 러시아의 경우에는 대학이나 연구소에서 조사자에게 편의를 제공하기 위해서는 공식적인 초청이 필요한데 이 경우 비자를 발급받기 위해서는 최소한 2개월 정도 소요되므로 충분한 여유를 두고 조사 방문을 논의해야 한다. 절멸 위기의 언어를 조사한다는 목적을 잘 이해하고 있으므로 대부분 적극적으로 도와주었다.

2. 현지 조사

2.1. 현지 조사원의 구성

현지 조사원은 기본적으로 네 명으로 구성된다. 조사팀을 지휘하고 조사 진행을 총괄할 팀장 1명(교수)과 해당 언어 또는 해당 어파 언어 전공자 1명(박사, 연구원), 그리고 녹음, 녹화를 담당할 대학원생 1명, 그리고 현지 언어를 능숙히 구사하는 통역자 1명이 그것이다. 이들의 역할은 중복될 수가 있으며 경우에 따라서 사람의 수가 한두 명 늘거나 줄 수도 있다. 그리고 장비를 다루는 대학원생은 이 연구프로젝트의 연구보조원 가운데에서 선발되며 조사에 참여하여 단순히 기계 조작을 하는 데 그치는 것이 아니라 학문 후속 세대로서 앞으로 이러한 연구 작업을 계속하기 위한 조사 경험을 쌓는 것이다.

2.2. 자료제공인(Consultant)

현지에 도착한 후 협력 기관 또는 협력인의 도움을 받아서 자료제공인을 정한다. 해당 언어의 자료제공인이 교통 접근이 쉽지 않은 지역에 거주할 경우에는, 조사팀이 무리하게 찾아가는 것보다 날짜와 장소를 약속하여 미리 나올 수 있도록 하는 것이 더 좋은 때도 있다. 물론 해당 언어가 사용되는 현장에 가서 조사를 하는 것이 가장 좋을 것이나, 현장에 숙박 시설이 없는 경우도 있고 현장 조사만 고집하다가는 오고 가는 데에 시간과 경비를 낭비하게 되는 경우가 있기 때문이다. 자료제공인이 조사 현장으로 나오는 데 하루나 이틀이 걸리는 지역에 거주하고 있는 경우도 있다. 이러한 경우에는 자료제공인을 미리 섭외하여 조사하되, 한 번 정해진 자료제공인은 바꾸기가 어려우므로, 협력자에게 취지를 잘 설명하여 좋은 자료제공인을 선정할 수 있도록 하여야 한다.

좋은 자료제공인의 조건은 그다지 까다롭지는 않다. 즉 자신의 언어를 일상 언어로 쓰며 자신의 언어를 능숙히 구사할 수 있는 사람으로서 60세 전후의 건강한 사람이면 된다. 일상 언어라고 하는 것은 사회에서도 가정에서도 자신의 언어로 말하는 것이다. 이러한 조건에 맞아 들어가는 자료제공인은 많이 있을 것 같지만 그렇지도 않다. 우리가 조사하는 언어는 대개 절멸 위기의 언어이므로, 사회에서의 교제 수단으로서는 쓰이는 경우가 별로 없고, 가정에서 본인과 배우자 그리고 그보다 나이가 많은 사람들 간에만 사용되며, 자식들과의 대화에서는 주 언어(예를 들어 러시아어나 중국어)가 쓰이는 경우가 대부분이기 때문이다. 이런 경우에는 가정 언어만을 그것도 한정된 환경에서 구사하는 자료제공인이 되는 셈이다. 이보다 더 제한된 환경의 자료제공인도 있을 수 있다. 경우에 따라서는 어렸을 때만 썼고 성장한 후에 쓰지 않아서 기억을 되살려서 겨우 말할 수 있는 경우도 있다.▪ 이러한 상황에서는 한 명의 자료제공인으로는 불충분하고 여러 명이 토론하여 기억해 내야 하는 경우도 있다. 이러한 환경의 언어일수록 절멸이 임박해 있기 때문에 조사와 보존이 시급하며 자료로서의 가치 또한 높아진다.

　일반적인 언어 조사에는 두 사람의 자료제공인이 있는 것이 좋다. 두 사람이 있으면 휴식 시간에 서로 이야기함으로써 조사 때의 긴장을 풀 수가 있어서 정서적으로 안정이 된다. 그리고 분야에 따라서 단어의 기억이나 언어의 구사 능력에서 두 사람의 차이가 있을 경우 서로서로 보충해 줄 수가 있으며 또 혹시 한 사람이 바빠서 참석하지 못할 경우에 공백 없이 계속 조사할 수가 있다. 한편 두 사람의 언어 즉 방언이 같다고 전제하지만 실제로 조사에서 방언 상의 차이를 발견하는 경우가 있다. 이때에는 두 자료제공인의 언어적 배경을 살핌으로써 방언 차이의 배경을 이해할 수 있다. 그러나 두 사람이 자료제공인일 경우에 단점이 있을 수도 있다. 두 사람의 방언에 차이가 있을 때에 사회적 지위나 연령층 등의 높고 낮음에 의해서 한 사람의 언어만 올바른 것으로 인정되고 다른 편은 일방적으로 따라가며 자신의 언어를 더 이상 내세우지 않는 경우가 있다. 이 때 우위에 있는 자료제공인이 잘못된 제보를 하는 경우에 고쳐지지 못할 가능성이 커지는 것이다. 한편 위에서 보인 특수한 경우를 제외하고는 세 사람 이상의 자료제공인은 바람직하지 않다. 특히 세 사람인 경우 의견이 2대 1로 나뉠 경우에 소수인 자료제공인은

▪ 아래의 푸위 키르키스어의 경우가 그러하다.

위축되어 자기 의견을 제대로 내어 놓지 않는 경우가 많다.

이러한 점들을 고려하면 한 명 또는 두 명의 자료제공인이 가장 바람직하다. 조사를 시작하기 전에, 한 명의 자료제공인인 경우에는 반드시, 미리 조사 기간을 말해 주고 그동안 조사에 임하겠다는 확약을 받고 시작하는 것이 안전하다. 우리의 질문지를 조사하기 위해서는 최소한 3일이 필요하다. 우리의 경우 조사 초기에는 한 사람의 자료제공인만을 대상으로 할 수밖에 없었다. 최상의 녹음을 위해서는 헤드세트로 된 마이크를 사용하였는데 대부분의 녹음기는 녹음 입력 단자가 하나뿐이었다. 한편 일반 마이크를 사용한다고 하더라도 두 사람 또는 그 이상의 자료제공인의 입 앞에 일일이 가져다 대지 않는 한 좋은 음질의 녹음이 되지 않는다.■ 조사 현장에서는 이렇게 하기가 힘든 경우가 대부분이다. 최근에는 마이크 입력 단자가 두 개여서 두 명의 목소리를 입력할 수 있는 휴대용 디지털 녹음기가 개발되었으므로 문제가 없다(아래의 4. 참조). 따라서 두 명의 자료제공인을 구할 수 있다면 주자료제공인은 헤드세트 마이크를 사용하고 부자료제공인과 질문자는 핀 마이크나 일반 마이크를 사용하는 것이 좋을 것이다. 한편 이 녹음기는 자료제공인이 1명인 상황에서 사용할 때 질문자의 목소리도 녹음할 수 있다는 장점도 있다.

그리고 여성보다는 남성 자료제공인을 선호하는데 그 이유는 녹음 자료를 스펙트로그램으로 분석할 때 남성의 음성이 더 뚜렷한 특징을 보이기 때문이다.

마지막으로 자료제공인에게는 반드시 사례를 하여야 하는데 대체로 그 지역의 임금 수준 또는 일당을 고려하여 그것보다는 더 많이 책정하여 자료제공인이 제공한 시간을 보상할 수 있게 하였다. 대개 자료제공인들은 사라져가는 자신들의 언어를 조사하기 위해서 외국에서 온 것만으로도 감사한데 웬 사례비를 주느냐고 하면서 받지 않으려는 경우가 많으나 반드시 사례를 하는 것을 원칙으로 하였다. 어떤 경우에는 자료제공인이 돈을 받지 않으려고 해서 시장에 가서 물건을 사서 드린 경우도 있었다. 주의할 일은 자료제

■ 여기에서 말하는 '최상의 녹음' 또는 '좋은 음질'이란 음성 분석 도구로 양질의 스펙트로그램을 얻을 수 있는 정도의 음질을 말한다.

공인의 협조와 성의에 감사하여 책정된 금액보다 더 많은 사례비를 드리고 싶은 경우도 있지만 형평성의 원칙과 다음에 조사 올 때를 고려하여 사례비는 올려서 드리지 않는 것이 좋다.

2.3. 조사 장소

좋은 조사 장소는 경우에 따라서 달라진다. 자료제공인의 집이 제1후보가 될 수 있다. 그러나 자료제공인이 꺼리거나, 조사 현지의 가옥 구조상 실내에 닭이나 병아리가 돌아다니거나 개가 계속 짖어대는 경우도 있으므로 이러한 점을 고려하여 결정해야 한다. 또 의자나 책상 같은 것이 없는 집은 장시간 조사하기가 힘들다. 한편 시골이라서 외국인이 모처럼 왔다고 동네 사람들이 모여 드는 경우도 있어서 좋지 않은 경우가 많다. 그러나 조사 상황상

[그림 4-1] 야외 조사(몽골 훕스굴 지역 투바어 차아팅 방언 조사 장면)

어쩔 수 없이 야외에서 조사해야 하는 경우도 있다. 이때에는 주위의 소음에 특히 조심하여 녹음하여야 하며 헤드세트 마이크가 필수적이다.

　중국의 경우 정부 기관인 인민정부 건물에서 조사할 수 있는데 의자, 책상 등이 갖추어져 있어서 편리하다. 또는 협력자가 소속되어 있는 연구소에서 조사할 수도 있다. 그러나 자료제공인이 동의한다면 호텔에서 조사하는 것이 가장 무난하다. 조용할 뿐만 아니라, 자료제공인이 집안일 등에서 떠나 있기 때문에 자유롭게 조사에 응할 수 있으며 휴식 시간에 조사자 측에서 차, 담배, 다과를 제공할 수 있고 점심 식사도 호텔 내부에서 할 수 있으므로 시간도 절약된다. 경우에 따라서는 자료제공인에게 빈 방을 제공하여 낮잠을 자게 하거나 충분히 쉬게 할 수도 있다.

3. 녹음과 녹화

3.1. 녹음기

　현지 조사에서 가장 중요한 것의 하나는 최상의 음질의 녹음 자료를 획득하는 것이다. 이 녹음 자료는 반복해서 들으며 전사를 하기 위한 것이기도 하지만, 컴퓨터의 음성 분석 소프트웨어를 이용하여 분석하고 기술하기 위한 것이기도 하므로 방음 장치가 된 녹음실 수준의 환경을 필요로 한다. 그러나 현장에서 이런 시설을 갖추는 것은 불가능하므로 최상의 장비를 구비하여 수차례의 테스트를 거쳐서 최상의 녹음 방법을 확정하는 것이 필요하다. 우리는 많은 시행착오와 실험을 거쳐서 사용법을 통일하게 되었다.

3.1.1. DAT TCD-100

　DAT(Digital Audio Tape Recorder)로 약칭되는 디지털 녹음기인 SONY사의 DAT TCD-100은 디지털 녹음이 가능할 뿐만 아니라 휴대용으로 개발된 것이어서 좋은 음질의 녹음 자료를 얻을 수 있다. 44.1kHz, 스테레오 16bit의 녹음을 지원하므로 녹음된 음성을 실험용으로 쓰는 데에도 손색이 없다. 우리는 표본 추출률(Sampling Rate)을 44.1kHz로 하고 스테레오, 16bit로 양자화(量子化, quantization)하였다. 녹음기가 제공하는 최고 품질의 사양으로 녹음한 다음 녹음 자료를 wave 파일로 디지털화 하고, 음향 분석을 할 때 11,025Hz나 22,050Hz로 다운샘플링해서 사용하는 것이 가장 좋은 방법이기 때문이다. 녹음은 수동 모드에 맞추었으며 녹음 레벨은 12 전후를 가리키는 정도에서 조정하였다. 녹음용 테이프는 120분용을 사용하였으며 전원은 건전지를 사용하되 60분마다 교체하였다. 건전지를 사용한 이유는 조사 현장이 중소 도시 이하여서 전기 사정이 좋지 않아 전압이 같은 정도로 유지되지 않는 경우가 많이 있고 심지어는 발전기를 돌려서 전력을 얻어야 하는 경우도 있기 때문이다. 그리고 녹음을 하면서 이어폰으로 녹음에 이상이 없는지 모니터링을 하였다.

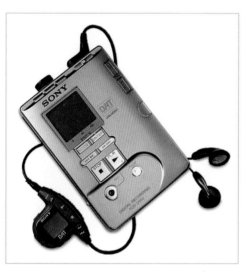

[그림 4-2] SONY DAT TCD-100

그런데 이 모델을 사용하면 마이크 입력 단자가 한 개밖에 없으므로 당연히 연결할 수 있는 마이크는 한 개뿐이다. 우리가 조사에서 쓴 마이크는 단일지향성 마이크인데 이렇게 되면 자료제공인의 음성 이외에는 제대로 녹음되지 않는다. 가령 정확한 전사와 분석을 위해서는 질문자를 비롯한 다른 현지 조사자들의 음성이 매우 큰 도움이 되는데 대개는 자료제공인의 건너편에서 말을 하기 때문에 제대로 녹음이 되지 않는다. 또 자료제공인이 둘일 경우에는 한 사람의 음성만 녹음될 수밖에 없는 단점이 있다.

3.1.2. 마란츠(Marantz) PMD670

SONY사의 TCD D-100에는 이러한 단점이 있었기 때문에 우리는 다른 모델의 녹음 장비를 물색하여 우리의 조사 환경에 적합한 녹음 장비를 찾아내었다. Marantz PMD670 디지털 녹음기가 그것이다([그림 4-3] 참조). 이것을 구입하여 성능 테스트를 거쳐 2005년 4월 현지 조사에서부터 사용하기 시작하였다.

Marantz PMD670 디지털 레코더의 가장 큰 특징은 기존의 DAT와 달리 두 개의 마이크 입력을 지원한다는 점이다. 또 하나의 획기적인 장점이 있는데 저장 매체가 테이프가 아니라 Compact Flash(CF) 카드라는 점이다.[■] 따라서 소리를 음성 파일(WAV, MP3 형식 등 지원)로 직접 녹음하기 때문에 음성 소프트웨어를 사용하여 디지털 변환을 거쳐야 하는 번거로움을 줄일 수 있다. 단 조사 시간이 길어질 경우에 CF의 용량에 한계가 있으므로 노트북 컴퓨터나 휴대용 하드 디스크에 주기적으로 저장해 줄 필요가 있다.

[그림 4-3] Marantz Professional PMD670

Marantz PMD670로 녹음을 할 때에는 기본 파일 형식을 PCM(.wav) 44.1kHz로 하여 현재 디지털 변환 후 생성되는 파일과 동일한 형식과 음질을 갖도록 하였다. 입력 채널 및 녹음 설정은 스테레오 방식으로 하되, 좌측 입력 단자를 통해 자료제공인의 음성을 녹음하고 우측 입력 단자를 통해 질문자의 음성을 녹음하거나 자료제공인이 둘일 경우에는 각각의 자료제공인의 음성을 녹음하였다. 스테레오 방식은 파일 용량이 커지므로 4GB의 메모리 카드를 추가 구입하여 1일 조사 분량(약 6시간)을 녹음하고, 녹음된 파일을 노트북 컴퓨터로 옮겼다. 그리고 예비용으로 2GB의 메모리 카드도 준비하였다. 또한 현행 녹음 표준 장비인 DAT 녹음기를 예비로 가지고 가서, Marantz 기기를 이용하는 데에 문제가 생길 때를 대비하고 있다.

3.1.3. 사운드 디바이스(Sound Devices) 722

Marantz PMD670은 매우 사용하기 편리하고 성능이 뛰어난 녹음기이기는 하지만 몇 가지 문제점이 있었다. 가장 큰 문제점은 CF 카드에 녹음한

■ Microdrive storage formats 도 지원한다.

음성 파일을 노트북 컴퓨터나 외장 하드로 이동할 때 파일 에러가 생기는 일이 간혹 일어나 1~2 시간 동안 힘들게 녹음한 자료가 깨져 새로 녹음해야 하는 일이 발생했다. 또 하나의 문제점은 4GB 용량의 CF 카드를 가지고 스테레오 녹음을 하면 2시간 간격으로 녹음을 중단하고 저장된 녹음 자료를 노트북 컴퓨터에 옮기는 작업을 해야 하는데, 이 작업에 시간에 제법 걸려 녹음 작업을 하다가 중간에 오래 끊기는 문제가 있었다. 또 건전지를 사용하기 때문에 며칠 분의 건전지를 가지고 외국 현지 조사를 나갈 때 공항에서 자주 문제가 되었다.

[그림 4-4] Sound Devices 722

이와 같은 문제점을 해결할 수 있는 새로운 녹음기의 출현을 갈망하던 중 Sound Devices 722라는 탁월한 성능의 녹음기가 2005년에 출시되었다. 이 녹음기는 40기가 하드드라이브를 내장하고 있어 노트북 컴퓨터로 음성 자료를 이동할 때 파일 에러가 생기지 않으며, 하루에 한 번만 음성 자료를 이동하면 된다. 그리고 SONY 캠코더에 사용하는 배터리를 사용하기 때문에 건전지를 많이 들고 다닐 필요도 없다. 뿐만 아니라 녹음기에 내장된 마이크 프리앰프가 최상급 수준인데다 24비트 양자화, 192KHz 표본 추출률을 지원하기 때문에 최상 품질의 녹음을 할 수 있다. 크기도 Marantz PMD670보다 작아서 휴대하기에도 편리하다.

이상과 같은 장점 때문에 이 제품이 출시되기 전부터 주문 예약을 해 놓았는데, 제품이 소량 생산되는데다가 인기가 높아 출시 후 6개월 만에 구입할 수 있었다. 그리고 현지 조사에서는 2007년 여름부터 사용하고 있다.

Sound Devices 722는 2채널 녹음만 지원하는데, 현지 조사를 하다 보면 불가피하게 자료제공인 2~3명을 한 자리에 놓고 녹음을 하는 일이 가끔 발생한다. 이 경우를 대비해 4채널 녹음을 지원하는 Sound Devices 744T를 추가 구입해서 2008년 조사부터 사용할 계획이다.

3.2. 녹화기

음성 녹음뿐만 아니라 영상 녹화도 필요하다. 그 이유는 여러 가지인데 첫째는 정확한 음성 기술에 필요한 입과 입술 모양을 보기 위해서, 둘째는 자료제공인의 얼굴을 담기 위해서, 셋째는 만일에 녹음기에 의한 녹음이 잘 되지 않았을 때 보조 자료로 쓰기 위해서, 넷째는 웹 서비스를 할 때 음성과 동영상을 함께 제공하기 위해서이다. 녹화 기기 즉 캠코더는 다음과 같은 것을 사용하였다.

[그림 4-5] SONY DSR-PDX10

3.2.1. SONY DSR-PDX10, SONY DCR-TRV940

이 두 기종은 6mm 테이프를 사용하는 디지털 캠코더이다. 화질이 선명하고 내장된 마이크의 성능이 우수하다는 설명을 보고 구입하였는데, 테스트해 본 결과 일반 캠코더보다는 녹음 음질이 좋았으나 음성 분석용 녹음에는 부적합하였다. 따라서 고품질의 녹음을 위해 외장 마이크를 이용하였다. 전원은 일반 전기를 사용하였으나 만일에 대비하여 약 4시간 녹화가 가능한 충전지를 준비하였다. 녹음 음성의 표본 추출률을 48kHz로 설정하였다.

[그림 4-6] SONY DCR-TRV940

3.2.2. SONY HDR-FX1

우리가 수집하는 자료는 단기적으로는 현재의 상태에서 분석하기 위한 목적도 있지만 장기적으로는 미래에 이 자료를 이용하여 여러 가지 목적으로 사용할 수 있게 해야 한다. 따라서 현재에 나온 최고의 장비로 녹음하고 녹화할 필요가 있다. 그리하여 우리는 위에서 설명한 녹화 표준 장비에 더하여 2차년도 중반부터 SONY HDR-FX1 캠코더를 구입하여 사용하고 있다.

[그림 4-7] SONY HDR-FX1

HDR-FX1은 가정용 캠코더에 쓰이는 mini DV(Digital Video) 테이프에 HD(고밀도)로 촬영하여 MPEG2로 압축하여 기록하는 방식을 취하는 HDV 캠코더이다. 즉 방송용 화질에 가까운 영상 자료를 얻을 수가 있다. 또한 광학식 손떨림 보정, 오디오 레벨링 등의 수동 기능을 지원한다. 그리하여 현지 조사 시 자료제공인의 발화 장면 이외에 민속, 자연 환경과 건축물 등의 촬영에서 좀 더 나은 화질을 제공할 수 있다. 이 기종 역시 외장 마이크를 사용해서 음성을 녹음하였다. 단 1차년도부터 녹화 표준 장비로 사용해 온 DV 캠코더(DSR-PDX10, DCR-TRV940)에 비해 휴대성이 떨어지고 수동 기능이 매우 복잡하다는 점은 때로 단점으로 작용하기도 하였다. 따라서 현지 조사 인원에 따라 DV 캠코더를 택할 것인지 HDV 캠코더를 택할 것인지 결정할 필요가 있었다. 그러나 자료제공인에 대한 촬영은 캠코더 기종과 상관없이 DV SP 모드로 통일하였다.

3.2.3. SONY HDR-SR8

위에서 언급한 캠코더들은 화질이 매우 뛰어나고 녹음된 음성의 질도 우수하지만 DV 테이프를 사용하기 때문에 1시간 간격으로 테이프를 교체해 주어야 하고, DV 테이프에 녹화된 음성과 영상을 컴퓨터로 진송하려면 녹화된 시간만큼의 시간이 걸리는 단점이 있다. 그리고 현지 조사 기간 동안 여러 개의 테이프를 사용해서 녹화하게 되는데, DV 테이프가 매우 작기 때문에 분실의 위험이 있어서 보관에 신경을 많이

[그림 4-8] SONY HDR-SR8

써야 한다. 최근 들어 DV 테이프 대신 내장된 하드디스크에 녹화를 할 수 있는 캠코더가 보급되어 우리들의 부담을 많이 덜어줄 수 있게 되었다. 하드디스크 캠코더들 중에서 SONY HDR-SR8은 100 기가바이트의 대용량 하드

디스크가 내장되어 있어 현지 조사 기간이 짧을 경우 노트북 컴퓨터나 외장형 하드디스크에 파일을 옮기는 수고를 하지 않아도 된다. 하드디스크에 녹화를 하면 매우 짧은 시간에 녹화된 영상을 컴퓨터로 이동할 수 있는 큰 장점이 있다. 뿐만 아니라 이 캠코더는 고화질 HD 촬영이 가능하며, 크기도 매우 작아 휴대성이 뛰어난 장점이 있다. 이와 같은 탁월한 기능 때문에 SONY HDR-SR8을 새로 구입해서 2008년 조사부터 사용할 계획이다.

3.3. 마이크

좋은 녹음을 위해서는 마이크를 잘 선택해야 하는데 우리는 두 종류의 마이크를 사용하였다. 그것은 헤드세트 마이크인 Audiotechnica사의 ATM75와 AKG C420와 일반 마이크인 Shure사의 SM58이다. 두 마이크 모두 단일방향지향성(unidirectional)이며 전자는 콘덴서 방식이고 후자는 다이내믹 방식이다.

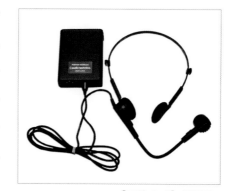

[그림 4-9] ATM75

헤드폰처럼 머리에 쓰는 ATM75와 AKG C420은 자료제공인의 입과 마이크와의 거리를 일정하게 유지할 수 있고 녹음시 Gain값(외부음압을 마이크가 받아들이는 정도)이 높다는 장점이 있으나, 숨소리, 옷과의 마찰 등 불필

[그림 4-10] AKG C420

요한 잡음이 많이 들어간다는 단점이 있다. 이 마이크를 채택하면서 조사할 때에 자료제공인에게 씌우면 거부감이 생기거나 불필요하게 긴장하리라는 우려를 하였으나 실제 사용해 본 결과 자료제공인은 조사에 열중하여 이 마

이크를 쓴 사실을 곧 잊어 버리게 되어 아무런 문제가 없었다. 숨소리를 최소화하기 위해서는 이어폰으로 들으면서 마이크와 입의 방향과 거리를 항상 조정하였으며 자료제공인이 움직일 때 생겨나는 옷과의 마찰음을 없애기 위해서 마이크 핀에 면으로 만든 손수건을 받쳐 주었다.

Shure SM58은 다이내믹 마이크라서 마이크의 Gain값이 부족하다는 단점이 있으나 뛰어난 음질의 녹음이 가능하다는 장점을 가지고 있다. 그러나 마이크 지지대를 세워서 상단에 부착하여야 하며 자료제공인과의 거리를 일정하게 유지하기 위하여 늘 움직여 줘야 하는 단점이 있다. 또 단일지향성 마이크인 만큼 뚜렷한 방향성을 가지고 있어서 방향을 잘 맞추지 못하는 경우 원음이 매우 작게 녹음되는 경우도 있었다.

[그림 4-11] Shure SM58

우리는 마이크들의 특성을 고려하여 현지 조사 초기에는 DAT녹음기에 헤드세트 마이크인 Audio Technica ATM75나 AKG C420을 연결하였고 비디오 카메라에는 Shure SM58이나 Audio Technica ATM75를 연결하여 녹음하였다. 그러나 여러 차례 현지 조사를 다녀오면서 Shure SM58은 뛰어난 음질의 녹음을 가능하게 해 주지만 자료제공인이 끊임없이 움직이기 때문에 입과 마이크의 간격을 조절하는 것이 불가능하고 마이크 스탠드도 함께 들고 다녀야 하기 때문에 휴대성이 떨어지는 단점이 부각되어 사용을 포기하게 되었다. 그리고 Audio Technica ATM75보다 AKG C420의 성능이 더 우수한 것으로 판명되어 AKG C420을 주 마이크로 사용했다.

현지 조사에서는 녹음기와 캠코더에 모두 마이크를 장착하여 음성을 녹음하는데, 두 개의 헤드세트 마이크를 함께 사용할 수 없어 초기에는 Shure SM58를 비디오 카메라에 연결해서 녹음했는데, Shure SM58은 위에서 언급한 단점 외에도 녹화할 때 마이크가 화면에 종종 잡히는 단점이 있었다. 이

와 같은 문제 때문에 우리는 옷깃에 꽂는
고성능 핀 마이크를 찾았고, 그 결과 Audio
Technica AT831b를 선택했다. 이 마이크
는 단일지향성으로 흡음 능력이 우수하며,
마이크를 옷깃에 달기 때문에 헤드세트 마
이크와 함께 사용하기에 아무런 문제도 없
었다.

AKG C420을 주 마이크로 확정하고 Audio
Technica AT831b를 보조 마이크로 확정하
고 난 뒤에는 녹음기에 스테레오로 녹음을

[그림 4-12] AT831b

할 때 주자료제공인에게는 헤드세트 마이크를 연결하였고 부자료제공인 또
는 조사자에게는 핀 마이크인 Audiotechnica AT831b를 연결하였다. 그리고
캠코더에도 Audio Technica AT831b를 연결해서 음성을 녹음하였다.

4. 조사 내용과 질문지

질문지는 언어 조사를 통해 수집되는 내용을 결정하는 가장 중요한 수단
이며 또한 조사 결과물의 주요한 형식이 되기도 한다. 아래에서 우리의 현지
조사에 사용된 질문지의 목적과 의의, 개요, 어휘, 기초 회화, 문법의 세 부
분에 관한 구체적인 구성과 내용, 종합 파일의 작성과 관리, 그리고 질문지
어휘 항목 사진 자료 수집에 대해서 자세히 살펴보도록 하겠다.

4.1. 질문지의 목적과 의의

언어 조사에서 조사할 항목을 미리 정하는 것은 매우 중요한 일이다. 아무
리 조사에 익숙해진 사람이라고 할지라도 사전에 준비하지 않으면 실제로

제한된 시간 내에 이루어지는 언어 조사의 현장에서 꼭 필요한 항목을 조사하지 못할 수 있다. 또는 여러 번의 조사를 수행한 결과로 나타나는 항목들이 각기 다르거나 조사자의 관심을 반영하는 특정한 항목에 치우칠 수 있어서 여러 번의 조사 결과를 서로 비교하지 못하게 될 수도 있다. 이렇게 되면 언어 조사를 통해 얻은 언어 자료를 기반으로 각 언어의 특징이나 그 상관관계를 제대로 고찰할 수 없게 된다. 따라서 여러 지역으로부터 균질한 언어 자료를 수집하는 것은 언어 간의 계통이나 친족 관계를 연구하는 역사언어학의 분야나 언어 간의 공통점과 차이점을 발견하여 그 유형을 분류하는 언어유형론의 분야뿐만 아니라 언어의 보편 문법을 추구하는 생성문법의 분야에서도 매우 중요한 기초 작업이라고 할 수 있다.

이와 같이 여러 지역에서 균질적인 언어 자료를 수집하기 위하여 반드시 필요한 수단이 바로 '질문지(questionnaire)'인 것이다. 질문지는 언어 조사를 통해 수집되는 내용을 결정하는 가장 중요한 수단이며 또한 조사 결과물의 주요한 형식이 되기도 한다.

우리는 2000년부터 중국, 러시아, 몽골 등지의 알타이언어 현지 조사를 위하여 언어 조사 질문지를 마련하여 사용해왔다. 우리의 질문지도 균질한 언어 자료를 수집하고, 조사 언어의 언어 체계를 파악하는 것을 주요한 목적으로 한다. 특히 설별위기의 알타이언어를 현지 소사를 통해 자료를 수집하여 기록을 남기는 우리의 작업에서는 짧은 기간에 가능한 한 많은 양의 자료를 효율적으로 수집하기 위하여 더욱 치밀한 준비가 필요하다. 그 준비 작업 가운데 중요한 것이 기술적인 장비의 준비와 함께 현지 조사의 출발점이 되는 질문지를 세심한 주의를 기울여 정확하게 작성하는 것이다. 이렇게 작성된 질문지는 향후 다른 국내외 연구자들의 현지 조사에서 널리 활용될 수 있을 것이다. 또한, 우리의 논의와 같은 질문지의 작성 방법에 대한 연구는 언어 조사 방법론의 연구에 기여할 수 있을 것으로 기대된다.

4.2. 질문지 개요

4.2.1. 질문지의 구성

현재의 질문지는 여러 번의 수정을 거쳐 작성되었다. 2000년에 중국의 ≪鄂溫克語簡志≫를 참고하여 중국 지역용 질문지를 처음 만든 이후 현재까지 여러 차례 현지 조사를 하면서 발견된 오류를 수정하고 질문 과정에서 드러난 어려움을 고려하여 가장 합리적인 방향으로 거듭하여 수정하였다.

질문지는 어휘, 기초 회화와 문법의 세 부분으로 이루어져있다. 일반적으로 많은 언어 조사 질문지들이 음운, 어휘, 문법으로 구성되어 있으나 우리는 음운 부분을 따로 두지 않고 있다. 그것은 우리가 조사하는 언어의 음운 구조가 제대로 기술되어 있지 않은 경우가 많아서 음운 부분을 따로 조사하는 것이 불가능하기 때문이다. 우리는 어휘 조사를 통하여 수집한 언어 자료를 토대로 해당 언어의 음운 구조를 기술하고자 한다.

어휘의 경우에는 현지의 사용 빈도를 고려하여 4개의 중요도 등급을 부여하였고, 24개의 의미 부류를 설정하여 항목을 분류하였다. 기초 회화는 17개의 상황별로 문장 형태의 항목으로 구성하였으며, 문법은 7개 문법 범주별로 조사 항목을 만들었다. 2000년 이후 질문지를 수정해 가는 과정에서 조사 항목도 조금씩 확장하였고, 어휘의 중요도 등급이나 의미 부류, 기초 회화의 상황, 문법 범주의 설정도 개선하였다. 질문지의 분량은 하루 동안 6시간을 조사하는 것을 기준으로 하여 3일 내지 4일 동안 조사할 수 있는 정도의 분량으로 구성하였다. 어휘는 2,700 여 항목, 기초 회화는 340 항목, 문법은 380 항목으로 되어 있다.

조사 항목수의 측면에서 우리의 질문지는 다소 많은 편이다. 이익섭(1984)에서는 영국과 프랑스, 미국 등의 방언 조사 질문지의 항목수를 참조하여 방언 조사 질문지의 경우 조사 항목의 수는 대체로 1,000개 내외가 좋다고 하였다. 또한 조사 항목의 내용은 음운, 문법, 어휘 세 분야로 이루어져 있으며 어휘가 가장 중요한 비중을 차지한다고 하였다. 또한 일본 동경외국어대학

아시아아프리카 언어문화연구소(アジア・アフリカ言語文化研究所)의 『アジア・アフリカ言語調査票 下』(1979)는 항목수가 2000개인 어휘 항목만 두고 있다. 이와 같이 다른 질문지에 비하여 우리 질문지의 항목수가 많은 것은 현재 절멸 위기 상황에 처한 알타이언어 자료를 보다 많이 수집하고자 하는 의지의 반영이라고 할 수 있다.

인쇄된 질문지에는 현장에서 바로 전사할 수 있도록 빈 칸을 만들어 놓았다. 페이지 수는 2006년판의 경우 B5 크기의 양면으로 인쇄하여 210여 쪽이다.

4.2.2. 매개 언어와 질문지의 형식

대부분의 알타이언어가 러시아, 중국 그리고 몽골에서 사용되므로 이 세 언어를 매개 언어(meta language)로 사용하는 질문지를 만들었다.[*] 2003년에 이전에 만들어진 중국 지역용 질문지(중국어)와 내용이 같은 러시아 지역용 질문지(러시아어)를 만들었으며 2005년에는 몽골 지역용 질문지(몽골어)를 만들었다.

물론 이 매개 언어를 모르는 화자들이 가장 이상적인 자료제공인들이라는 것은 분명하다. 그러나 현지의 공식 언어들의 영향력이 크기 때문에 순수한 모어 화자들을 찾기도 어려울 뿐만 아니라, 존재한다고 해도 현실적으로 그 언어를 조사할 수 있는 사람들은 극소수로 한정되어 있다는 문제가 있다. 더욱이 우리는 아직까지 그러한 화자가 존재한다는 말을 듣지 못했다. 다시 말해, 우리가 만났던 알타이언어 화자들은 모두 이 세 언어 중의 한 언어와 알타이언어인 자신들의 고유 언어의 이중언어 사용자들이었다.

세 언어로 표제어가 작성된 질문지는 약식 질문지(informal questionnaire)의 형식으로 되어있다. 이와 같이 약식 질문지의 형식으로 작성한 이유는 다음과 같다. 첫째, 실제 현지 조사는 조사팀의 통역자가 질문지의 항목을 읽고 현장의 상황에 알맞게 설명하는 과정으로 진행되므로 질문의 내용을 일일이 문장으로 고정시켜 놓은 격식 질문지(formal questionnaire)로 만들 필요가 없

[*] 일본 동경외국어대학의 ≪アジア・アフリカ言語調査票≫(1979)에서는 영어, 불어, 아랍어, 중국어, 독일어, 힌디어, 인도네시아어(말레이어), 스페인어, 페르시아어, 러시아어, 스와힐리어 등의 언어를 매개 언어로 하였다. 이는 조사를 위해 사용하는 언어를 늘려서 보다 보편적으로 사용하게 하려는 의도였으리라고 판단된다.

다. 둘째, 격식 질문지의 작성에서 질문문을 만드는 과정이 매우 복잡하고 어렵기 때문이다.

4.2.3. 질문지의 발간 현황

이와 같은 과정을 거쳐서 발간한 질문지는 2000년부터 2006년 6월까지 작성되어 발간된 질문지는 모두 22권이며 그 목록은 다음과 같다.

〈표 4-2〉 **질문지 발간 목록**

발간연월일	판형	지역	조사 지역	조사 언어	판 쇄
2000.07.17.	A4-107	중국	네이멍구자치구 다워얼자치기	다고르어, 어웡키어	제1쇄
2000.08.30.	A4-114	중국	네이멍구자치구 하이라얼, 헤이룽장성 퉁장	어웡키어, 허저어	제1쇄 수정판
2002.01.05.	B5-166	중국			제1쇄 수정2판
2003.09.15.	B5-111	중국	헤이룽장성 헤이허시, 헤이룽장성 치치하얼시	오로챈어, 다고르어, 푸위 키르기스어	제1판 수정3쇄
2003.10.05.	B5-167	중국	신장웨이우얼자치구 우루무치	시버어	제1판 수정4쇄
2004.01.02.	B5-175	중국	헤이룽장성 치치하얼시 푸위현	푸위 키르기스어	제1판 수정4쇄
2004.02. .	B5-185	러시아	노보시비르스크	알타이어, 하카스어	제1판
2004.04.15.	B5-194	러시아	울란우데, 므스키	부리야트어, 어웡키어, 쇼루어	제2판
2004.06.22.	B5-40	몽골	몽골아르항가이	오이라트어	제1판
2004.10.15.	B5-172	중국	신장웨이우얼자치구 타청, 악카바	시버어, 다오르어, 투바어	제1판 수정5쇄
2005.01.03.	B5-209	러시아	카자흐스탄 알마티	카자흐어	제3판
2005.02.01.	B5-209	러시아	야쿠츠크	어웡키어, 야쿠트어	제3판 수정1쇄
2005.02.01.	B5-212	중국	네이멍구자치구 하이라얼	바르가 부리야트어	제4판
2005.04.15.	B5-210	러시아	체복사르	추바시어	제3판 수정2쇄
2005.04.20.	B5-214	중국	신장웨이우얼자치구 카나스-악카바, 헤이룽장성 치치하얼시 푸위현	투바어, 만주어	제4판 수정2쇄

2005.06.20.	B5-211	몽골	홉스굴	다르하트어, 투바어(차아탕 방언)	제2판
2005.10.15.	B5-210	러시아	하바롭스크	나나이어	제3판 수정3쇄
2005.10.15.	B5-214	중국	간쑤성	동부요구르어, 서부요구르어	제4판 수정3쇄
2006.02.01.	B5-210	러시아	하바롭스크, 우크라이나 키예프, 마리우폴, 심페로 폴, 예프파토리야	우디허어, 어윈어, 어웡키 어, 가가우즈어, 우룸어, 크름차크 방언, 카라임어	제3판 수정4쇄
2006. 02. 01.	B5-211	중국	헤이룽장성 치치하얼	만주어	제4판 수정4쇄
2006. 04. 04.	B5-210	러시아	칼미크공화국 엘리 스타, 톰스크	칼미크어, 출름 튀르크어, 바라바 타 타르어	제3판 수정5쇄
2006. 06. 22.	B5-211	몽골	홉스굴	몽골어(아릭 오량하이 방 언), 투바어(우린 오량하 이 방언)	제3판

4.3. 자료제공인 정보란

질문지의 맨 앞부분에는 자료제공인 정보란을 넣어서 자료제공인에 대한 신상 정보를 수집할 수 있도록 하였다. 자료제공인의 신상 정보에는 성명, 연령, 성별, 민족명, 가족 사항, 언어사용 상황, 거주 경력(출생지 포함), 조사 지역의 특징 등을 적어 넣는다.[*] 같은 쪽의 윗부분에는 조사 일시, 조사 지역, 조사 징소, 조사자, 자료제공인 등의 조시관련 내용을 함께 기록하도록 한다. 자료제공인 정보란은 <표 4-3>과 같다

4.4. 어휘

어휘의 조사는 언어 조사에서 가장 기본적인 음운과 형태소 정보를 제공하는 중요한 조사이다. 또한 이전의 많은 언어 조사에서도 항상 어휘 부분의 항목은 질문지의 다른 항목과 비교하여 수가 가장 많고 가장 주된 조사 내용에 속해 왔다. 따라서 어휘 부분의 질문지의 작성 또한 가장 큰 비중을 차지한다.

[*] 이 내용은 지극히 개인적인 영역의 것이 많아서 자료제공인이 공개하는 것을 꺼리는 경우가 있으므로 실제 조사 과정에서는 한꺼번에 묻지 않고 친숙해진 뒤에 물어서 기입하는 등의 요령이 필요하다.

〈표 4-3〉 질문지의 자료제공인 정보란

조사일시:	년 월 일 ~ 월 일
조사지역:	
조사장소:	
조 사 자:	
자료제공인:	

성 명					
연 령		세	년 월생		남 / 여
민 족		족 직업			
가족사항	남 여	손 인	배우자		족
주 소			전화		
언어사용 상 황	직장				
	가정				
	기타				
거주경력	출생지:				
특 징					

4.4.1. 조사 항목의 선정

어휘 항목의 선정은 언어 조사 질문지에서 가장 중요한 부분이다. 이익섭 (1984)에서는 언어 조사 항목의 선정에 대해서 다음과 같은 원칙을 제시하고 있다.

① 조사 항목은 가능한 한 확고한 의미를 쉽게 파악할 수 있는 것을 선택 해야 한다.
② 확고한 의미를 손쉽게 잡아내기 어려운 것들은 적절한 예를 활용해야

한다.

③ 조사의 목적에 맞는 항목을 선택해야 한다. 일반적으로 전통적인 것을 선택하는 경향이 있으나 음운 현상을 반영 등을 고려할 때는 차용어를 선택할 수도 있다.

Nida (1947)에서도 조사 항목에 대해서 언급하고 있는데 그 내용은 다음과 같다.

① 지시할 수 있는 대상을 선택해야 한다.
② 어휘 관계를 파악할 수 있도록 선택해야 한다.
③ 음운적 동화의 여부를 알아보기 위해서는 차용어도 선택할 수 있다.

일본 동경외국어대학의 『アジア·アフリカ言語調査票 下』는 服部四郎 (1957)의 『基礎言語調査表』 등을 비롯한 언어조사표와 기초어휘표, 그리고 사전 등 22종의 자료를 바탕으로 빈도수와 주관적인 중요도를 기준으로 2,000개의 항목을 선정하였다.

이와 같은 기존의 논의나 질문지에서 제시된 어휘 조사 항목의 선정 기준을 살펴보면 다음과 같은 항목은 반드시 포함해야 한다.

① 기초적이고 명확한 항목
② 조사의 목적에 부합하는 항목

따라서 우리의 현지 조사에서 사용한 질문지도 다른 언어 조사 질문지와 마찬가지로 '기초 어휘'를 중심으로 작성하였다. 예를 들어 '태양, 달' 등과 같은 천문에 대한 어휘나 '할아버지, 할머니, 아버지, 어머니' 등과 같은 가족 관계, '머리, 손, 발' 등과 같은 신체 부위 명칭 등에 대한 어휘들이 대표적인 기초 어휘로서 우선적으로 선택되었다. 아울러 알타이언어를 사용하는 조사 지역의 특성을 고려하여 유목과 목축에 관련된 어휘와 지역의 자연적, 문화적 특징을 반영하는 어휘들을 중요한 어휘 항목으로 가능한 한 많이 포함시키도록 어휘 항목을 선정하였다.

그런데 앞에서 밝힌 바와 같이 우리의 질문지는 2000년에 만들어서 계속 사용하던 중국 지역용 질문지를 토대로 항목이 같은 러시아 지역용 질문지를 2003년에 만들고, 2005년에는 이를 토대로 몽골 지역용 질문지를 만드는 과정을 거쳤다. 중국 지역용을 기준으로 정확하고 효율적인 러시아 및 몽골용 지역용 질문지를 만들기 위하여 다음과 같은 원칙을 마련하였다. 이러한 과정에서 특히 어휘 항목의 경우에는 해당 지역의 자연적, 문화적 특징뿐만 아니라 언어적 특징도 많이 반영되었다.

① 한 항목에 해당 지역 언어(러시아/몽골)의 어휘는 한 개만 대응시킨다. 만약 완전한 동의어가 아닌 경우에는 대표적인 항목만 남겨둔다.
② 하나의 해당 지역 언어(러시아/몽골)의 어휘가 여러 항목에 중복되지 않도록 한다.
③ 다의어나 동음이의어, 그리고 전치사, 소사는 해당 지역 언어에서 적합한 예시를 덧붙인다.
　예) 마라(-지) → 먹지 마라 － Не ешь.

　　　뒤 → 집 뒤－ за домом

　　　-기 위하여 → 토끼를 잡기 위하여 － для того чтобы поймать зайца
④ 통합: 중국어로는 구별되지만 해당 지역 언어(러시아/몽골)로는 구분이 거의 불가능한 경우, 하나의 항목으로 통합한다.
　예) 땅/토지, 이전/종전에, 사내아이/소년, 가족/가정, 산꼭대기/산봉우리
⑤ 해당 지역의 현지 상황에 맞추어 항목을 추가하거나 삭제한다.
　예) 러시아/몽골 지역용: '자두' 항목 삭제

　　　러시아 지역용: 자작나무 버섯 － подберёзовик

　　　몽골 지역용: 노인(남)

⑥ 해당 지역 언어(러시아/몽골)의 특성에 따라서 항목을 만든다.

　　예) 러시아 지역용: 동사는 불완료상을 입력하는 것을 원칙으로 하며 이동동사의 경우 정태를 입력하는 것을 원칙으로 한다.

중국 지역용 질문지의 항목을 러시아어나 몽골어의 등가의 항목으로 번역하는 것 자체가 어려울 뿐만 아니라 실제 현장에서 등가의 대역어로 된 질문지로는 조사가 매우 어려울 것이다. 조사의 효율성을 위하여 실제로 조사 지역에 존재하지 않는 항목들은 삭제하거나 조사 지역에 특수하게 존재하는 항목들은 따로 추가하도록 하였으며 기초 회화와 문법의 번역도 이와 동일한 방식으로 조정하였다.

4.4.2. 의미 부류

각각의 어휘를 그 어휘가 속한 의미 부류별로 분류하였다. 이기갑(1990)은 이러한 의미 영역에 따른 분류가 어휘 조사에서 질문의 편의를 도모할 수 있을 뿐만 아니라 한 지역의 어휘 체계를 체계적으로 보여 줄 수 있다고 하였다. 질문의 편의를 도모한다는 것은 바로 자료제공인이 비슷한 의미 부류, 즉 의미 영역에 속하는 항목들을 연달아 대답하게 되면 그 연상 작용에 따라 답을 하기가 더 쉬워진다는 것을 의미한다. 이렇게 되면 조사의 편의뿐만 아니라 조사의 정확도도 높일 수 있을 것이다.

이러한 취지에서 우리가 설정한 의미 부류는 모두 24개로 '천문/지리, 기상, 시간/기간/계절, 관계/직업, 정치/경제/문화, 군사/교통, 인체, 질병, 거주/용구, 의복, 음식/식기, 동물/수렵, 가축/사육, 조류, 어류, 곤충류, 식물, 금속/보석, 방위, 수량, 대명사, 성질/상태, 동작/행위, 기타' 등이다. 이러한 방식은 이전의 언어 조사 질문지에서 많이 이용하던 전통적인 방식의 '유해류' 분류와 유사하다.

한국정신문화연구원의 『한국방언조사질문지』(1980)나 국립국어원의 『지역어 조사 질문지』(2006)는 큰 범주의 의미 부류 아래에 작은 범주의 하위

의미 부류를 같이 두고 있다. 그러나 우리는 24개의 의미 부류만 설정하고 하위 의미 부류는 두지 않았다. 왜냐하면 하위 부류의 설정이 복잡할 뿐만 아니라 조사의 취지와 효율성 면에서도 크게 도움이 되지 못하기 때문이다. 일본 동경외국어대학의『アジア・アフリカ言語調査票 下』는 의미 부류를 별도로 제시하지 않고 있다.

4.4.3. 중요도

초기의 질문지에서는 중요도에 따라서 1급, 2급, 3급으로 나누었었는데 최근의 질문지에서는 여러 차례의 조사 경험을 토대로 하여 각 단어의 등급을 재조정하고 3급은 다시 3급과 4급으로 나누었다. 일본 동경외국어대학의『アジア・アフリカ言語調査票 下』에는 A, B, C, D 등급의 중요도가 부여되어 있다. 이것은 10만 여개의 어휘에 사용 빈도수와 연구자들의 주관적인 중요도 판단에 따라서 공통된 의견을 반영하여 부여한 것이다. 우리의 질문지 항목의 중요도 등급 부여의 경우도 이와 다르지 않다. 다만 빈도수를 계량적으로 측정하지 않고 연구자들의 추측과 판단에 의존했다는 점이 문제가 될 수 있다. 그러나 여러 차례의 조사 경험을 통해서 체감할 수 있었던 빈도수와 현지의 자연적, 문화적 특징을 반영한 것은 중요도 등급 설정의 근거가 충분히 될 수 있을 것이다.

실제 현지 조사에서 시간이 부족하거나 자료제공인이 어휘를 잘 기억하지 못하는 경우에는 1급과 2급을 조사하거나 경우에 따라서는 1급만 조사하도록 하였다. 그리고 3급의 어휘를 잘 알 경우에는 4급 어휘도 조사하는 것으로 하였다. 요약하자면 활발히 사용되는 언어는 4급까지 조사하고, 절멸에 임박한 언어는 1급(또는 2급까지)만이라도 조사하도록 하여 자료제공인의 능력과 시간을 고려하여 효율적인 조사를 할 수 있도록 질문지를 구성한 것이다. 등급 조정의 구체적인 예를 들어보면 다음과 같다.

① 총칭류 어휘는 3등급이나 4등급으로 조정한다.

예) 동물: 3등급, 식물: 4등급, 생물: 4등급

② 유사한 의미의 단어는 한 항목만 남기고 나머지는 등급을 낮추어 조정한다.

예) 일어서다: 1등급, 기립하다: 4등급

③ 문화어는 4등급으로 조정한다.

예) 신문, 방송, 정치, 경제, 문화 등: 4등급

④ '-하다'형의 동사나 형용사와 그 어근이 같은 등급일 경우에는 동사나 형용사는 그대로 두고, 어근의 등급을 낮게 조정한다.

예) 대답하다: 2등급, 대답: 3등급

⑤ 일상적으로 사용빈도가 높고 답이 잘 나왔던 항목은 등급을 올려 조정한다.

예) 자작나무, 소나무: 1등급

이와 같은 방식으로 등급을 조정한 결과, 각 등급의 어휘 항목 수는 <표 4-4>와 같다.

〈표 4-4〉 등급 조정 결과

	중국 지역용 제4판 수정4쇄	러시아 지역용 제3판 수정5쇄	몽골 지역용 제3판
1등급	253	252	251
2등급	560	556	547
1+2	813	808	808
3등급	1,323	1,319	1,311
4등급	652	630	630
총 계	2,788	2,757	2,749

2006년 현재의 각 지역용 질문지에는 1급 어휘가 251~253개, 2급 어휘가 547~560개로서 합하여 808~813개이며 3급 어휘는 1,311~1,323개, 4급 어휘는 630~652개 정도로서 모두 합하여 2,700여 개의 어휘로 구성되어 있다.

4.4.4. 항목의 배열

언어 조사 질문지의 항목 배열 방식은 조사의 순서와 밀접한 관련이 있기 때문에 질문지의 구성에서 매우 중요한 요소이다. 자료제공인이 얼마나 잘 대답을 하는가에 따라 제한된 시간 내에 효율적으로 조사를 할 수 있도록 하기 위해서는 의미 부류와 중요도 등급이라는 두 가지 기준 중에서 일단 중요도 등급이 우선적이 기준이 되어야 한다. 그리고 자료제공인이 대답을 보다 쉽게 하도록 하기 위해서는 동일한 의미 부류의 어휘를 연달아 질문하는 것이 효율적이므로 의미 부류별 배열도 중요하다. 우리 질문지에서는 어휘 항목을 중요도 등급별로 배열하고, 각 등급 내의 어휘들을 의미 부류별로 배열하였다. 중요도 등급 1급과 2급의 어휘들은 중요도 구분 없이 한데 모아 의미 부류별로 배열하였는데, 조사 경험상 1급 어휘만 조사할 수 있는 경우보다 1급과 2급 어휘를 같이 조사할 수 있는 경우가 많았기 때문이다.

중국 지역용 질문지의 제1쪽을 보이면 위의 <표 4-5>와 같다. 대체로 어휘 부분은 130쪽 내외이다.

〈표 4-5〉 **질문지의 어휘 부분**

			어　휘			
번호		중국어	병음	한국어		전사
1	va001	太阳	tai4 yang2	해(太陽)	1	
2	va006	月亮	yue4 liang	달	1	
3	va009	星星	xing1 xing	별	1	
4	va011	天(天空的＋)	tian1 (tian1 kong1 de ＋)	하늘	1	
5	va013	光(太阳光的＋)	guang1 (tai4 yang2 guang1 de ＋)	빛	2	
6	va014	地(天地的＋)	di4	땅	1	
7	va015	土(泥土的＋)	tu3 (ni2 tu3 de ＋)	흙	1	
8	va017	田(几亩田的＋)	tian2 (ji3 mu3 tian2 de ＋)	밭/들	2	
9	va018	沙子(盖房子用的＋)	sha1 zi (gai4 fang2 zi yong4 de ＋)	모래	2	
10	va031	林子(长满树的＋)	lin2 zi (zhang3 man3 shu4 de ＋)	숲	1	

11	va033	牧場	mu4 chang3	목장	2
12	va034	山(上山的＋)	shan1 (shang4 shan1 de ＋)	산	1
13	va047	江(江河的＋)	jiang1 (jiang1 he2 de ＋)	강	1
14	va048	小河	xiao3 he2	시내/내	2
15	va051	海(大海的＋)	hai3 (da4 hai3 de ＋)	바다	2
16	va052	湖(湖水的＋)	hu2 (hu2 shui3 de ＋)	호수	2
17	va055	冰(结冰的＋)	bing1 (jie2 bing1 de ＋)	얼음	2
18	va056	水(喝水的＋)	shui3 (he1 shui3 de ＋)	물	1
19	va057	井(水井的＋)	jing3 (shui3 jing3 de ＋)	우물	2

4.5. 기초 회화

기초 회화 질문지를 작성하면서 유의한 점은 다음 두 가지이다. 첫째, 일상 생활에서 흔히 접할 수 있는 상황을 설정하여 그 언어가 비록 절멸 위기에 처해 있더라도 대답이 가능한 대화체의 쉬운 문장들로 구성한다. 둘째, 어휘 항목의 조사에서는 단어 수준의 어휘를 얻을 수가 있는데 이 단어를 제대로 이해하고 전사하기 위해서는 문장 내에서 쓰이는 것을 보아야 한다. 다시 말해, 기초 회화를 통해서 문장 수준의 자료를 얻는다.

일상 생활에서 흔히 접할 수 있는 상황은 '첫 만남, 방문, 수렵, 휴식, 기상/출발, 날씨, 음식, 수렵물 분배, 치료, 상점, 사과, 계절, 기쁨, 이별, 솜씨, 기호1(차 마실 때), 기호2(좋아하는 활동)' 등 17개이며 하나의 항목에 한 문장을 할당하여 340여 개의 문장으로 구성되어 있으며 33쪽에 걸쳐 배열되어 있다. '첫 만남, 방문, 계절, 기쁨, 이별, 솜씨, 기호1, 기호2' 상황에서는 주로 인사말과 가족 관계, 그리고 일상적인 질문과 대답에 대한 언어 표현이 포함되어 있다. '치료, 상점'의 상황에서는 현대 알타이언어 사용자들의 일상 언어에 대한 고찰이 가능하며 '상점'의 상황에서는 특히 색깔과 숫자의 사용에 대하여 알아 볼 수 있다. '사과'의 상황은 어휘 항목에서 조사하기 어려운 '미안합니다'에 관한 표현을 알기 위해서 설정하였다. '수렵, 휴식, 기상/출발,

〈표 4-6〉 질문지의 기초 회화 부분

	cm000	见面	jian4 mian4	첫 만남
1	cm001	你好。	ni3 hao3.	안녕하세요.
2	cm002	很高兴认识您。很高兴见到您。)	hen3 gao1 xing4 ren4 shi nin2.(hen3 gao1 xing4 jian4 dao4 nin2.)	처음 뵙겠습니다.
3	cm003	你好。	ni3 hao3.	안녕하세요.
4	cm004	我也很高兴认识您。(我也很高兴见到您。)	wo3 ye3 hen3 gao1 xing4 ren4 shi ni2.(wo3 ye3 hen3 gao1 xing4 jian4 dao4 nin2.)	저도 처음 뵙겠습니다.
5	cm005	我的名字叫○○。(人名)	wo3 de ming2 zi jiao4 ○○.	제 이름은 ○○라고 합니다. (인명)
6	cm007	你叫什么名字?	ni3 jiao4 shen2 me ming2 zi ?	당신의 이름은 무엇입니까?
7	cm008	我的名字叫○○。(人名)	wo3 de ming2 zi jiao4 ○○.	제 이름은 ○○라고 합니다. (인명)
8	cm010	您的家乡在哪儿?	nin2 de jia1 xiang1 zai4 na3 r.	고향이 어디세요?
9	cm011	我的家乡在○○。(地名)	wo3 de jia1 xiang1 zai4 ○○.	제 고향은 ○○입니다.(지명)
10	cm013	我第一次来这儿。	wo3 di4 yi2 ci4 lai2 zhe4 r.	저는 이곳에 처음입니다.

날씨, 음식, 수렵물 분배'의 상황은 알타이언어 사용자들에게 이전의 전통이 얼마나 유지되고 있느냐에 대한 척도가 되기도 한다. 실제로 도시 지역에 주로 거주한 자료제공인들의 경우에는 이 상황에 대해서 말하기 어려워하는 경우가 많다.

　어휘와 마찬가지로 기초 회화의 경우에도 문화적 차이를 반영할 필요가 있는 경우가 있다. 특히 '방문'의 장면에서 개를 잡아 달라고 손님이 말하는 것이 그 대표적인 예이다. 또한 어휘 부분과 마찬가지로 기초 회화 부분도 중국 지역용 질문지를 바탕으로 러시아 지역용 질문지를 번역하여 만들고, 또 이를 바탕으로 몽골 지역용 질문지를 만들었다. 이러한 과정에서 다음 예와 같이 매개 언어에서의 표현상 특성을 반영해야 하는 경우가 있었다.

예) 반갑습니다.
  가. 중국 지역용: 很高興認識您。(很高興見到您。)
  나. 러시아 지역용: Рад с вами познакомиться.
  다. 몽골 지역용: 처음 뵙겠습니다.
    → Мал сүрэг тань тарган сайхан зусч байна уу?
    (당신의 가축은 여름을 잘 나고 있습니까?)

〈표 4-7〉 인명 지명 대체표

	빈항목	05_ru_추바시_한국어	05_ru_추바시_노어	05_ru_야쿠트_한국어	05_ru_야쿠트_노어	05_ru_카자흐_한국어	05_ru_카자흐_노어	05_ch_한국어	05_ch_중국어
cm009	제 이름은 [ ]라고 합니다.	타냐	Таня	타냐	Таня	타냐	Таня	바인	巴音
cm012	제 고향은 [ ]입니다.	찌빌스크	из Цивильска	알단	из Алдана	카라간다	из Караганды	만주리	滿洲里
cm016	저는 지금 [ ]에 살고 있습니다.	체복사리	в Чебоксарах	야쿠츠크	в Якутске	알마티	в Алматы	하일라르	海拉爾
cv019	[ ]에서 [ ]를 거쳐 왔습니다.	알라티리, 카나시	из Алатыри через Канаш	알단, 포크로프스크	из Алдана через Покровск	페트로파블로프스크, 코크셰타우	из Петропавловска через Кокшетау	만주리, 하일라르	滿洲里, 海拉爾
cv022	[ ]로 갑니다.	코즐로프카	в Козловку	산가르	в Сангар	아스타나	в Астану	잘란툰	扎蘭屯
cv042	[ ]에 가본 적이 있습니까?	알리코보	в Аликово	순타르	в Сунтаре	알마티	в Алматы	후흐호트	呼和浩特
cv047	[ ]은 면적이 어느 정도입니까?	추바시 공화국	Чувашской Республики	사하(야쿠트)공화국	Республики Саха (Якутия)	카자흐스탄	Казахстана	내몽고자치구	內蒙股自治區
cv049	[ ] 평방미터입니다.	1만 8천	18 тыс.	300만	3 млн.	270만	2,7 млн.	123만	一百二十三萬
cv051	[ ]은 언제 생겼습니까?	체복사리시	город Чебоксары	사하(야쿠트)공화국	Республика Саха (Якутия)	카자흐스탄 공화국	Республика Казахстан	내몽고자치구	內蒙股自治區
cv053	[ ]년에 생겼습니다.	1469	1469	1922	1922	1991	1991	1947	1947
cv056	[ ]에 있습니다.	체복사리	в Чебоксарах	야쿠츠크	в Якутске	아스타나	в Астане	후흐호트	呼和浩特
cv058	현재 [ ]에 [ ]인은 얼마나 있습니까?	그 공화국, 추바시	якутов, в той Республике	그 공화국, 야쿠트	якутов, в той Республике	그 공화국, 카자흐인	казахов, в той Республике	그 공화국, 바르가	巴爾虎
cv060	약 [ ]명이 있습니다.	90만	900 тыс.	43만	430 тыс.	8백만	8 млн.	십만	十萬
cl017	[ ]로 가는 길입니다.	볼가 강	к реке Волга	레나 강	к реке Лена	침켄트	в Чимкент	하일라르	海拉爾
cl025	저 산은 [ ]다.	알하나이 산	гора Алханай	포베다 산	гора Победа	한텡그리 산	гора Хантенгри	아르산	阿爾

한편 기초 회화의 문장에 쓰이는 고유 명사(인명/지명)를 언어별, 지역별 특성에 맞도록 선별하여 목록을 작성한 후, 지역에 따라 선택할 수 있도록 대체표를 작성하였다(<표 4-7> 참조). 한 예를 들면 기초 회화의 "제 고향은 (   )입니다."를 조사할 경우에 조사 지역에 알맞은 지명을 미리 써 넣어서 자료제공인이 쉽게 답할 수 있도록 하였다.▪ 이는 자료제공인들에게 좀 더 익숙한 인명이나 지명을 제시함으로써 조사를 효율적으로 이끌어가기 위한 것이다.

기초 회화는 쉬운 문장들로 구성되어 있기 때문에, 자료제공인이 어휘 조사에서 어려움을 느껴서 심적으로 위축되는 것 같아 보일 경우 자신감을 심어 주기 위하여 기초 회화를 먼저 조사하기도 한다. 실제로 유창한 화자일 경우에는 기초 회화를 말하는 속도가 매우 빠르다.

4.6. 문법

문법 부분은 기초적인 문법 체계를 파악할 목적으로 작성되었다. '체언과 격표지, 활용어미, 파생접사, 계사, 보조용언, 부정문, 의문문, 인용문 구성 방법, 특수 구문' 등의 7개 범주로 이루어져 있다. 조사 예문은 380여 개이며 43쪽에 걸쳐 배열되어 있다. 이 문법 부분 역시 쉬운 문장으로 구성하였으며 문장 수준의 자료를 얻어서 어휘를 이해하는 데에 도움이 되도록 하였으며 어휘가 어려울 경우 이 부분을 먼저 조사하는 경우도 있다. 항목을 보이면 다음과 같다.

---

1. **체언과 격표지**
   1.1. 인칭대명사의 성격
   1.2. 단수와 복수
   1.3. 격과 격표지
      주격(nominative), 속격(genitive) 대격(accusative), 조격(instrumental), 여격(dative), 처격(locative), 방위격, 방위종격(elative), 탈격(ablative)
   1.4. 소유인칭표지
   1.5. 후치사

▪ 이런 질문과 같이 제1인칭 '나'가 주어인 경우에는 질문지에 나와 있는 지명으로 먼저 답하게 한 후에 자료제공인의 실제 고향 지명을 넣어서 답하도록 유도하기도 하였다.

2. 용언의 문법표지 (1): 활용어미
2.1. 직설법
　　현재시제, 과거시제, 미래시제
2.2. 의도법
2.3. 명령법
2.4. 동명사어미
2.5. 접속어미
　　2.5.1. 동시 관계/ 2.5.2. 계기 관계/ 2.5.3. 조건 관계/ 2.5.4. 기회 관계/ 2.5.5. 양보 관계/ 2.5.6. 인과 관계/ 2.5.7. 선택 관계

3. 용언의 문법표지 (2): 파생접사
3.1. 사동태
3.2. 피동태
3.3. 재귀태
3.4. 상호태
3.5. 공동태
3.6. 진행상
3.7. 반복상
3.8. 추측 양태
3.9. 목적 양태

4. 계사
4.1. 현재형
4.2. 과거형

5. 보조용언 구문의 문법
5.1. '있다/이다'
5.2. '되다'
5.3. '받다'
5.4. '주다'
5.5. '보다'
5.6. '할 수 있다'
5.7. '해야(하-어야) 한다'

6. 부정문과 의문문 구성
6.1. 명사 부정문
6.2. 형용사 부정문
6.3. 동사 부정문
6.4. 부정 명령문
6.5. 의문문의 형성
6.6. 부정극어
6.7. 인용문 구성

7. 특수구문

〈표 4-8〉 질문지의 문법 부분

문 법		
1. 체언과 격표지		

1.1.	인칭대명사의 성격		
(1)	1인칭 복수(배제형/포함형)		
1	我们从河上过去，你们走山路吧。	wo3 men cong2 he2 shang guo4 qu, ni3 men zou3 shan1 lu4 ba.	우리는 강으로 갈 테니, 너희는 산으로 가거라.
2	咱们一起去草原吧。	zan2 men yi4 qi3 qu4 cao3 yuan2 ba.	우리 함께 숲으로 가자.
(2)	인칭대명사 단수		
3	他和我一起离开了。	ta1 he2 wo3 yi4 qi3 li2 kai1 le.	그는 나와 함께 떠났다.
4	我给了他这本书。	wo3 gei3 le ta1 zhe4 ben3 shu1.	나는 그에게 이 책을 주었다.
5	他给了我这本书。	ta1 gei3 le wo3 zhe4 ben3 shu1.	그는 나에게 이 책을 주었다.
6	我喜欢你。	wo3 xi3 huan ni3.	나는 너를 좋아한다.
7	你更喜欢他。	ni3 geng4 xi3 huan ta1.	너는 그를 더 좋아한다.
8	他和你一起离开了。	ta1 he2 ni3 yi4 qi3 li2 kai1 le.	그는 너와 함께 떠났다.

4.7. 질문지 종합 파일 작성 및 관리

4.7.1. 목적

질문지가 중국, 러시아, 몽골의 세 언어지역용으로 나뉘고 또 지역적인 특성상 서로 달라지는 부분이 있다. 따라서 가능한 모든 경우를 한데 모아놓고 하나의 종합파일에서 통일적으로 관리하면서, 해당 지역용 질문지를 만들 때마다 필요한 항목을 그때그때 편집하여 질문지 인쇄용 파일을 제작할 수 있도록 하는 시스템이 필요해졌다. 그리하여 어휘, 기초 회화, 문법 종합 파일을 각각 작성한 후 모두를 가다듬어 전체 종합파일을 완성하였다.

4.7.2. 종합 파일의 형식과 구성

2000년에 최초로 만들어진 질문지는 흔글 파일로 작성되었으나 질문지의 효율적인 관리와 가공을 위해 2003년 마이크로소프트사의 엑셀(Excel) 파일로 바꾸어 작성하였다. 이와 더불어 한국어 표제어에 대한 영어, 중국어, 러시아어, 몽골어 대역이 있는 하나의 종합 파일을 만들어서 관리하면서 필요에 따라 각 지역별 언어를 추출, 편집하여 인쇄할 수 있도록 시스템을 갖추었다. 그리고 러시아 지역용을 기준으로 질문지를 DB상에 코드화하여 모든 질문지가 연동되도록 하였다.

〈표 4-9〉 질문지 종합 파일(일부)

일련번호	분류번호	한국어	의미부류	중요도	중국어	병음	러시아어	몽골어	영어
1	va001	태양	천문/지리	1	太陽	tai4 yang2	солнце	нар	sun
2	va002	뜨다(해가+)	천문/지리	3	出(日+)	chu1	восходит солнце	(нар) гарах	sun rises
3	va003	지다(해가+)	천문/지리	3	落(日+)	luo4	заходит солнце	(нар) шингэх	sun sets
4	va004	일출	천문/지리	4	日出	ri4 chu1	восход солнца	нарны мандалт	sunrise
5	va005	일몰	천문/지리	4	日落	ri4 luo4	заход солнца	нарны жаргалт	sunset
6	va006	달	천문/지리	1	月亮	yue4 liang	луна	сар	moon
7	va007	초승달	천문/지리	4	月牙兒	yue4 ya2r	молодой месяц	хавирган сар	new moon, crescent moon
8	va008	보름달	천문/지리	3	圓月	yuan2 yue4	полная луна	тэргэл сар	full moon
9	va009	별	천문/지리	1	星星	xing1 xing	звезда	од	star
10	va010	북두칠성	천문/지리	3	北斗七星	bei3 dou3 qi1 xing1	Большая Медведица	долоон өвгөн	the Great Bear
11	va011	하늘	천문/지리	1	天(天空的+)	tian1 (tian1 kong1 de +)	небо	тэнгэр	sky
12	va012	지구	천문/지리	4	地球	di4 qiu2	Земля	дэлхий	earth
13	va013	빛	천문/지리	2	光(太陽光的+)	guang1 (tal4 yang2 guang1 de +)	свет	гэрэл	light
14	va014	땅	천문/지리	1	地(天地的+)	di4	земля	газар	land
15	va015	흙	천문/지리	1	土(泥土的+)	tu3 (ni2 tu3 de +)	почва	шороо	soil
16	va016	논밭/경작지	천문/지리	4	田地(种田地的+)	tian2 di4 (zhong4 tian2 di4 de +)	пашня	тариалан	cultivated land
17	va017	밭/들	천문/지리	2	田(几田的+)	tian2 (ji3 mu3 tian2 de +)	поле	тариалангийн	field
18	va018	모래	천문/지리	2	沙子(盖房子用的+)	sha1 zi (gai4 fang2 zi yong4 de +)	песок	элс	sand

종합 파일은 일련 번호, 분류 번호, 한국어, 의미 부류, 중요도, 중국어, 병음, 러시아어, 몽골어, 영어로 이루어져 있고(<표 4-9> 참조), 이 그림에는 보이지 않는 오른쪽 부분에 ch_only, ru_only, mo_only라는 열을 두어 중국, 러시아, 몽골 지역용 질문지에서 각각 달라지는 항목을 표시할 수 있도록 하였다. 분류 번호는 어휘와 기초 회화 항목에 붙여 자료를 관리하기 위한 번

호이다. 분류 번호 앞부분의 영문 코드는 어휘의 경우 의미부류 코드, 기초
회화의 경우 상황 코드를 의미하며 그 목록은 아래의 <표 4-10>, <표
4-11>과 같다.

〈표 4-10〉 **어휘의 의미 부류 코드**

의미 부류	코드	의미 부류	코드
천문/지리	va	가축/사육	vk
기상	vw	조류	vo
시간/기간/계절	vy	어류	vi
관계/직업	vr	곤충류	ve
정치/경제/문화	vc	식물	vv
군사/교통	vt	금속/보석	vj
인체	vb	방위	vd
질병	vz	수량	vq
거주/용구	vl	대명사	vp
의복	vg	성질/상태	vn
음식/식기	vf	동작/행위	vm
동물/수렵	vh	기타	vs

〈표 4-11〉 **기초 회화의 상황 코드**

상황	코드	상황	코드
첫 만남	cm	사과	ce
방문	cv	치료	ci
수렵	ch	계절	cs
휴식	cr	기쁨	cj
첫 만남	cm	이별	cg
방문	cv	솜씨	ct
수렵	ch	기호1(차마실 때)	cb
휴식	cr	기호(여가활동)	ca
상점	cp		

4.7.3. 종합 파일의 관리

현지 조사 지역의 특수성에 맞추어 해당 지역 언어에만 해당하는 항목은

ch_only, ru_only, mo_only열에 각각 ch, ru, mo로 표시하여 필요한 항목만 선택하여 편집할 수 있도록 체계를 갖추었다. 예를 들어 '남매'라는 항목에 대해 몽골어는 '남매(오빠와 여동생)'인 경우와 '남매(누나와 남동생)'인 경우가 각기 다른 어휘로 표현되므로 mo_only란에 mo라고 표시하여 몽골 지역용 질문지에만 각기 다른 어휘로 포함시키고, 중국 지역용과 러시아 지역용에는 '남매'를 선택했다. 또한 '가족'과 '가정'이 중국어와 몽골어에서는 구분이 되나 러시아어에서는 같은 어휘로 표현되므로 러시아 지역용 질문지에서만 '가족/가정'을 하나의 항목으로 취급할 수 있도록 처리했다. 또한 '종합 파일 관리 지침'을 만들어 통합 관리상 혼선이 생기지 않도록 하였다.

4.7.4. 질문지 편집 매뉴얼 작성

현지 조사에서 발견된 질문지의 오류는 매번 현지 조사가 끝날 때마다 회의를 통해 재검토하고, 수정이 필요한 항목을 종합 파일에서 수정하는 과정을 거쳐, 인쇄본을 작성할 때에는 해당 매개 언어 항목만 뽑아서 편집하는 시스템을 갖추었다. 이에 종합 파일에서 인쇄용 파일을 편집하는 데 필요한 모든 사항, 예를 들면 문자 모양, 여백 주기 등을 설정하여 매뉴얼을 작성하였다. 기초 회화와 문법 질문지의 편집에는 엑셀 매크로를 사용하였고, 특히 문법 질문지의 편집에는 AWK 프로그램으로 작성한 스크립트 프로그램을 사용하였다.

4.8. 질문지 어휘 항목 사진 자료 수집

어휘 항목을 조사하는 과정에서 자료제공인이 해당 항목을 좀 더 쉽게 이해하고 알타이언어로 쉽게 떠올릴 수 있도록 하는 데 사용하기 위하여 사진 자료를 수집하였다. 이는 특히 메타언어인 중국어, 러시아어나 몽골어가 해당 알타이언어와 의미상의 차이를 보이는 경우나, 자료제공인이 메타언어를 완벽하게 이해하지 못하는 경우에 실물 자료의 사진을 보여 줌으로써 좀

더 쉽고 분명하게 의미를 전달할 수 있다. 이러한 사진 자료의 수집은 결과
적으로 자료제공인이 해당 알타이언어의 어휘를 쉽게 떠올릴 수 있도록 하
여 효율적인 언어 조사를 돕기 위한 것이다.

사진 자료를 수집하고 가공하여 저장한 방법은 다음과 같다.

① 어휘 항목의 분류: 총 24가지의 의미 부류로 나뉘어 있는 질문지의 어
　휘 부분을, 아래와 같이 크게 사진 및 그림으로 표현 가능한 부류와
　표현이 매우 제한적인 부류, 표현이 불가능한 부류로 나누었다.

　가. 표현 가능한 부류(13) - 천문/지리, 군사/교통, 인체, 거주/용구, 의
　　복, 음식/식기, 동물/수렵, 가축/사육, 조류, 어류, 곤충류, 식물, 금
　　속/보석

　나. 표현이 매우 제한적인 부류(7) - 기상, 관계/직업, 정치/경제/문화,
　　질병, 방위, 성질/상태, 동작/행위

　다. 표현이 불가능한 부류(4) - 시간/기간/계절, 수량, 대명사, 기타

② 사진 자료의 수집: 우선 표현이 가능한 부류에 대하여 공개된 도감,
　클립아트, 그리고 인터넷 이미지 검색을 통해 저작권이 문제되지 않는
　범위 내에서 수집하였다.

③ 사진 자료의 가공과 저장: 그림으로 보아서는 무엇을 묻는 것인지 분
　명하지 않은 경우, 화살표를 이용하여 묻는 의미를 구체적으로 제시하
　였다. 예를 들어 '손가락', '손바닥', '손등'과 같은 항목은 그림에 화살
　표를 사용하여 특정 부위를 지시하였다. 자료의 용량을 줄이기 위해
　.bmp 파일은 .jpg 파일로 변환하였다.

이러한 방법을 통하여 표현 가능한 13개 부류의 어휘 1,012개 중에서 792
종(78.3%)에 해당하는 사진 875장을 수집하였으며, 표현이 제한적인 부류는
20~30%를 수집하였다.

수집된 자료는 현지 조사에 활용되는 노트북 컴퓨터에 '사진 그림 자료'

라는 이름으로 저장되어 있으며, 그 내부의 의미 부류별 폴더 안에 어휘의 고유 번호순으로 저장되어 있어, 현지 조사 시 신속하게 활용할 수 있다. 또한 앞으로 제한적인 부류에 대한 사진 수집을 계속하되, '동작/행위'와 같이 사진만으로는 표현이 어려운 경우, 동영상 자료의 도입도 검토하고 있다.

알타이언어 현지 조사 자료의 가공

이 장에서는 자료 가공과 관련하여 "자료의 디지털화—자료의 전사—자료의 가공과 웹 서비스—자료의 보관 및 관리"의 네 단계를 나누어 서술하고자 한다.

1. 자료의 디지털화 — 파일 변환과 마킹

1.1. 음성 및 영상 파일 처리 개요

음성 및 영상 작업을 위해서는 컴퓨터 조작 및 음성, 영상 데이터에 대한 상당한 공학적 지식을 필요로 한다. 이 부분의 작업은 박사급 연구원에게는 어려운 일이어서 컴퓨터에 대한 이해와 응용이 빠른 석사, 박사 과정 대학원생으로 이루어진 연구보조원들이 담당하였으며, 연구보조원을 역할 분담에 따라서 음성 DB팀과 영상 DB팀으로 나누어서 작업을 하였다.

컴퓨터의 각종 장비에 대한 이해와 조작 방법 습득은 이를 담당한 음성 영상 DB팀의 부수적인 작업이 아니라 연구 활동을 위해 필수적인 부분이었다. 특히 이런 성격은 영상 DB팀의 경우에 더 두드러지게 나타나는데, 이는 영상 작업이 현재까지도 일반 PC상에서 구현되기에는 하드웨어적으로 높은 수준을 요구하는 작업이고 아직은 일반 PC 사용자에게 대중화되지 않아서 관련 정보를 구하기가 쉽지 않았고, 또한 그 기초적인 개념의 이해를 위해서 소화해야 될 관련 지식의 양이 매우 방대하였기 때문이다.

따라서 이러한 지식의 습득을 위하여 음성 영상 DB팀 전원이 참여하여 방학 중에는 매주, 학기 중에는 2~3주에 한 번씩 모여서 장비, 프로그램, 기초 개념 등을 정리, 발표하는 세미나를 개최한 바 있다. 기초적인 이해를 바탕으로 하여 Sound Forge 7.0(2007년 9월 현재 9.0 사용) 및 기타 음성 분석 프로그램(Praat, Pitchworks 등)의 기초와 고급 사용법에 대한 세미나를 열었으며, 이들 세미나의 결과물을 파일로 모아 두고 사용자 매뉴얼을 작성하였다. 매뉴얼은 'Windows Movie Maker', 'Honestech Easy Video Editor', 'Honestech MPEG encoder', 'All Video Converter'의 사용법과 어휘별로 절단된 동영상의 파일명을 입력하는 방법, 가공 처리된 파일들의 정리 및 저장 방법 등 영상 자료 가공의 전 과정을 포괄하고 있어 누구나 큰 어려움이 없 이 이러한 도구들을 사용할 수 있게 하였다.

　현지 조사에서 녹음 및 촬영을 통해서 입수한 음성 및 영상 파일의 처리 는 개념적으로 3단계의 처리 과정을 거치는데, 이 과정은 변환(디지털화, digitalization), 마킹 및 절단(marking & segmentation), 전사(transcription)이다.

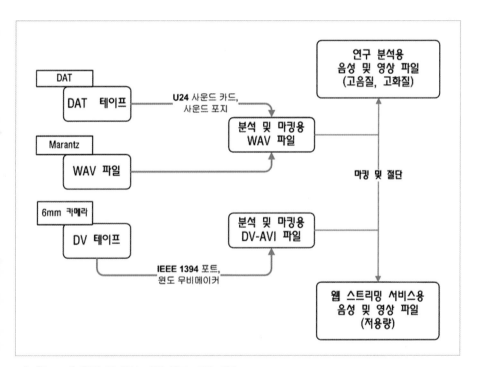

[그림 5-1] 음성 및 영상 파일 처리 과정 개요

　위의 [그림 5-1]은 음성 및 영상 파일 처리 과정의 개요를 간략히 도식화 한 것이다. 현지에서 조사한 음성 자료는 초기에는 DAT 테이프로 녹음이 되었는데, 이 테이프는 디지털화를 거쳐서 음성 분석 및 마킹용 웨이브 (WAV) 파일로 변환이 된다. 현재는 현지 조사 과정에서 음성 녹음을 디지털 녹음기인 마란츠(Marantz PMD670)를 이용하여 녹음하기 때문에 디지털 변 환 과정을 거치지 않고 직접 웨이브 파일로 저장해서 바로 활용하고 있다.

영상 자료는 6mm 카메라를 이용해서 촬영을 하며 이 영상 자료는 DV-AVI 파일로 디지털화하여서 연구용 자료로 활용한다. 연구 분석용 음성 및 영상 파일은 고음질, 고화질로 변환되어 있기 때문에 웹 서비스용으로는 적합하지 않다. 이를 위해서 마킹 및 절단 과정을 거치면서 웹 서비스에 적합한 저용량 스트리밍 전용 파일로 변환을 거쳐서 따로 활용하고 있다.

1.2. 음성 파일의 변환 및 디지털 녹음

현지에서 조사해 온 자료는 오디오 자료는 DAT 테이프에 저장하다가 2005년부터는 현지 조사 과정에서 바로 디지털 녹음을 하게 됨으로써 디지털 변환 과정에 걸리는 시간을 절약하게 되었다. 그 이전까지는 테이프에 저장된 자료를 디지털 파일로 변환하여야 했는데, 이 작업을 디지털화 (digitalization)라고 한다.

1.2.1. 사운드카드

컴퓨터를 이용한 오디오 자료의 디지털 변환을 위해서는 녹음기와 컴퓨터를 연결할 사운드카드와 음성 소프트웨어가 있어야 한다. 우리가 사용한 사운드카드는 Egosystem Waveterminal U24로서, 휴대용이며 기기의 연결 및 탈착이 쉽고 어떤 환경에서도 손쉽게 사용할 수 있다. 가격도 20만 원대로 비교적 저렴한 편이며 48kHz, 44.1kHz, 32kHz 등으로의 변환과 디지털 입출력이 가능하여 DAT 녹음시의 표본 추출률(sampling rate)을 정확하게 지원하므로 음의 왜곡이 없다. 그리고 광입출력, 동축(coaxial) 입출력을 동시에 지원

[그림 5-2] 사운드카드 Waveterminal U24

한다. 컴퓨터에 연결할 때마다 드라이버를 재설치해야 하고 신호가 약해서

녹음용으로는 부적절하다는 단점이 있지만, 디지털 변환용으로는 최적이라 판단하여 변환 표준 장비로 사용하였다.

1.2.2. 소프트웨어

음성 자료의 디지털 변환 작업용 소프트웨어로는 소니 사운드 포지(Sony Sound Forge) 7.0과 어도비 오디션(Adobe Audition) 1.0을 사용하였는데, 이들 소프트웨어는 파일의 변환, 단어별 구역 설정(marking), 불필요한 잡음 제거, 분석용 샘플링 변환, 웹 서비스를 위한 파일 형식 변환 등에 사용되었다. 사운드 포지는 현재 사운드 관련 작업자들의 표준적인 프로그램이라고 할 수 있고 음성 자료 가공 중 필수 과정인 마킹 작업에 편리한 사용 환경을 제공하므로 주된 작업용 소프트웨어로 사용하며, 어도비 오디션은 파일 형식을 wav에서 wma로 일괄 변환하는 데에 사용하였다.

2007년부터는 소니 사운드 포지 9.0(아카데미버전)을 사용하기 시작하면서, 기존의 모든 음성 변환 및 마킹 작업과 고음질 웨이브 파일을 스트리밍용 WMA로 일괄변환하는 작업까지 사운드 포지로 하게 됨으로써 어도비 오디션은 더 이상 사용하지 않게 되었다.

1.2.3. 음성 변환 표준 환경 설정

변환 작업은 컴퓨터에 U24와 사운드 포지를 설치한 후 거기에 DAT를 연결하여 녹음해 온 테이프를 넣고 재생하여 사운드 포지에 녹음하여 wav 파일로 저장한다. 이때의 저장 방식은 22kHz 모노로 변환하여 자료 가공용 또는 분석용으로 사용하였다. 초기에는 44.1kHz 스테레오로 변환하여 분석하였으나 용량이 커서 디지털화된 자료를 보관, 운반, 재변환여할 때 문제가 있었다. 이후 수차례의 음성 분석 실험을 거친 결과 녹음된 원 자료를 44.1kHz 스테레오로 변환을 거치지 않고 22kHz 모노로 바로 변환하는 것에 아무런 문제가 없다는 점을 확인한 후 22kHz, 모노로의 변환을 표준으로 삼게 되었다. 이렇게 변환된 파일은 하드디스크나 CD 또는 DVD에 저장하여 마킹 작업을 하게 된다.

2005년부터는 디지털 녹음을 하면서 22kHz로 모노로 변환하지 않고, 44.1kHz 스테레오로 녹음을 하게 되었다. 또한, 자료제공인과 질문자의 목소리를 서로 다른 채널로 녹음하는 방식으로 자료제공인의 목소리만 별도의 채널에 고음질로 녹음하게 되었다.

1.2.4. 디지털 녹음

DAT 녹음은 테이프를 디지털화하는 과정을 거치게 됨으로써 변환 과정에서 많은 시간이 걸리는 문제점이 있다. 이러한 문제점을 해결하기 위해서 2005년부터 현지 조사 과정에서 디지털 녹음을 할 수 있는 방안을 모색하다가, 마란츠의 디지털 녹음기를 실험하게 되었다.

기존에 사용하던 소니 DAT 녹음기(Sony DAT TCD D-100)를 대체하기 위한 녹음 장비로 마란츠의 디지털 녹음기를 연구실 환경에서 실험해 본 결과 현지 조사에서 활용 가능한 것으로 판별되어서 현지 조사 과정에서 최적의 음성자료를 얻기 위한 표준화된 설정을 확인하였다. 마란츠 디지털 녹음기는 CF(Compact Flash) 카드 또는 마이크로 드라이브 저장 형식(Microdrive storage formats)을 지원하는데, 현재는 CF 표준 매체로 사용하기로 결정하였으며 마이크로 드라이브 서장 방식은 차후 대용량 저장을 위한 장치로 사용 여부를 결정할 것이다.

마란츠 디지털 녹음기는 MP3(MPEG Layer III), MP2(MPEG Layer II), PCM(Pulse Code Modulation) 등 다양한 인코딩 방식을 지원하는데, 고음질 녹음을 위해서 PCM WAV 형식으로 녹음함으로써 기존에 DAT 테이프를 디지털 파일로 변환하는 과정에 걸리는 시간을 절약하게 되었다. 실험 결과 다음과 같은 설정이 현지 조사 녹음에서 최적의 환경이라는 결론을 내리게 되었다.

① 기본 파일 형식: PCM WAV 44.1kHz

② MIC 입력 수준: -20db

③입력 방식: Stereo

기본 파일 형식을 PCM WAV 44.1kHz로 설정하게 되면, DAT로 녹음한 자료를 변환한 것과 동일한 고음질의 파일을 얻을 수 있다. 마이크 입력 수준은, 잡음이 있는 환경에서 특히 -20db로 설정을 권장한다. 입력 방식은 질문자와 자료제공인을 각각 다른 채널로 마이크를 설정하여서 서로 다른 채널에 스테레오 방식으로 녹음을 하고, 연구용으로 자료제공인의 목소리만을 분석하는 경우 자료제공인 채널을 분리해서 사용할 수 있게 한다.

1.2.5. 음성 파일의 마킹과 추출

디지털화된 파일을 사운드 포지 프로그램을 이용하여 단어 혹은 문장 단위로 일일이 구간 표시를 하는 것을 마킹(marking)이라고 한다. 마킹은, 녹음된 음성 자료에 어떤 구간이 질문지의 어떤 항목에 해당하는지를 표시하여서 이후에 활용을 쉽게 하기 위한 목적과 표시된 구간을 자동으로 절단하여 저장 및 재활용하기 위한 목적으로 이루어지는 과정이다.

위의 그림은 음성 자료를 사운드 포지 프로그램을 이용해서 열어 본 결과이다. 이 파일에 구간별로 표시를 해서 마킹을 하면 아래 그림과 같은 모양의 파일을 얻게 된다.

마킹 결과는 마킹 목록으로 따로 저장되는데, 아래 그림은 하나의 음성 파일에 마킹된 결과를 목록만 따로 열어 보도록 한 것이다. 각 항목별로 마킹 구간이 시작되는 시간과 끝나는 시간이 지정되고 각 마킹에 사용된 명칭이 이 시간 정보와 함께 저장된다. 마킹에 사용된 명칭은 절단을 할 때 자동으로 절단된 파일 이름으로 지정된다.

마킹 작업이 끝나면, 마킹을 한 단위, 즉 단어 혹은 문장별로 끊어서 각각을 하나의 파일로 저장한다. 따라서 마킹을 한 단위의 숫자만큼의 새로운 파일이 생기게 되는 셈이다. 다음의 두 그림은 실제 마킹과 하나의 마킹 단위를 하나의 파일로 따로 저장한 예이다.

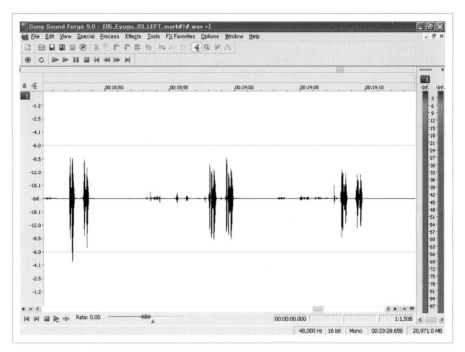

[그림 5-3] 원본 파일의 일부

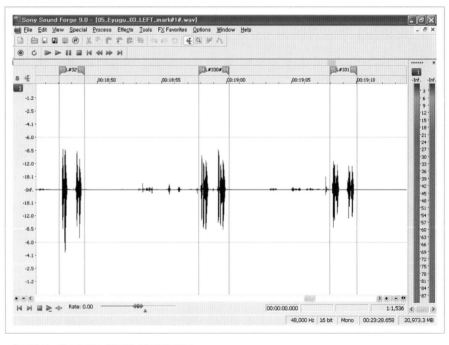

[그림 5-4] 마킹이 완료된 파일의 일부

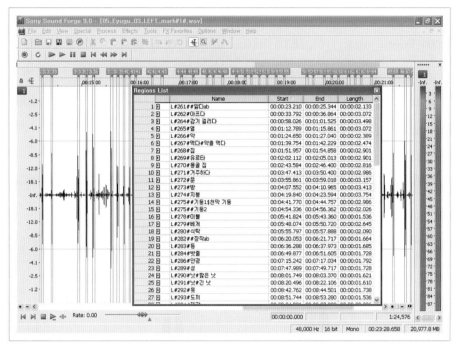

[그림 5-5] **마킹 목록 확인 화면의 일부**

마킹 작업을 통일하기 위하여 다음과 같은 규약을 만들었다. 즉 우리의 질문지가 어휘(Lexicon), 기초 회화(Conversation), 문법(Grammar)으로 구성되어 있으므로 각각의 영문 첫 자를 따서 "분류#번호#한국어표제어#추가설명"의 방식으로 마킹 작업을 하는 것이다. 예를 들면 질문지 어휘 부분의 1번 항목 '해(=太陽)'을 물어 본 것에 대한 대답이라면 "L#1#해", 문법 부분의 123번 항목인 방위격을 묻는 질문이라면 "G#123#말들이 숲에서 돌아왔다"처럼 마킹하는 것이다.

이렇게 마킹된 각 구역을 개별적인 음성 파일로 만들어 주는 작업을 추출(extraction)이라고 한다. 사운드 포지에서는 추출 작업을 명령어 하나의 실행으로 가능하게 하는 배치 파일 기능이 있어서 매우 편리하다. 마킹된 파일을 추출하기 위해서는 미리 추출용 파일 폴더를 만들어 두어야 하며 접두어를 붙여서 어떤 언어 파일에서 추출했는지를 구분해 주어야 한다. 예를 들면 추출용 파일 폴더는 어휘, 기초 회화, 문법 각각에 대하여 각각 [조사년도_조사언어

_mark_1(제1자료제공인)_L(어휘)]과 같은 폴더를 만든다. 즉 [2004_Ewenki_mark_1_L], [2004_Ewenki_mark_1_C], [2004_Ewenki_mark_1_G]과 같다. 그리고 각각의 마킹 파일은 위에서 본 것과 마찬가지로 "조사년도_조사언어_테이프번호 _mark##"를 접두어로 하여 추출되게 한다. 한 예를 들면 "04_Ewenki_ 01_mark##L#274#어머니"처럼 한다.

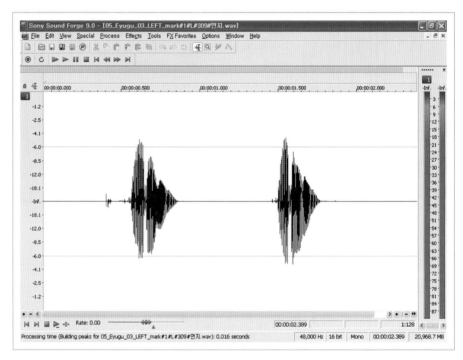

[그림 5-6] 단어별 파일의 예

이렇게 마킹·추출된 음성 파일은 질문 내용이 마킹된 자료제공인의 음성 파일이므로 연구자가 음성 전사용으로 사용할 수 있으며 또한 웹 서비스용으로 쓸 수도 있다. 웹 서비스를 하기 위하여 각각의 wav 파일을 용량이 작은 wma 파일로 변환하게 된다. 현재 저용량 파일로의 변환 과정은 Adobe Audition 1.0을 이용하여 일괄 작업으로 이루어지고 있는데, 사운드 포지 7.0 까지는 WAV를 WMA로 저장하는 변환 필터가 없기 때문에 Audition 프로그램을 사용하였다. 2007년부터는 사운드 포지 9.0을 사용하게 되면서 변환 작업도 사운드 포지를 이용하게 될 것이다.

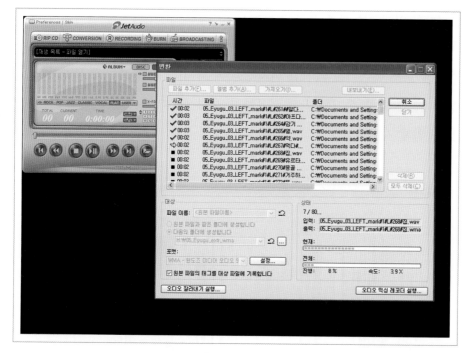

[그림 5-7] wav 파일을 wma 파일로 변환하는 과정

1.2.6. 손상된 파일의 복구

현지 조사를 나가서 자료제공인의 음성을 녹음할 때는 최상의 음질로 녹음하기 위해서 많은 노력을 기울인다. 녹음의 품질이 떨어지면 자료로서의 가치도 떨어지기 때문이다.

녹음의 품질 저하보다 더 우려되는 것은 녹음 자료의 일부가 손상되는 것이다. 녹음 자료가 손상되면 다시 같은 지역으로 현지 조사를 나가서 보충 조사 하는 것이 쉽지 않기 때문이다. 다행스럽게도 지난 몇 년간 알타이언어 현지 조사를 진행하면서 녹음 자료가 손상된 적이 거의 없었으나 2006년 몽골에서 실시한 오량하이어의 조사에서 일부 녹음 자료가 손상된 경험이 있다.

다음의 [그림 5-8]은 오량하이어의 스테레오 음성 파일을 사운드 포지에서 연 것인데, 그림의 위 부분은 자료제공인의 음성을 보여 주고 아래 부분은 질문자의 음성을 보여 준다. 이 그림을 보면 자료제공인과 질문자의 음성 모두 일부가 손상된 것을 확인할 수 있다. 한 번 손상된 음성 파일은 복구할 수 없다. 이때에는 보조 녹음 자료에서 손상된 부분의 음성을 복사해서 대치해 주어야 한다. 우리는 현지 조사 기간 중 주 녹음기에 문제가 생길 경우에 대비해 보조 녹음기를 가지고 현지 조사에 나서며, 주 녹음기에 문제가 없을 경우에는 보조 녹음기를 함께 사용하지 않고 캠코더를 영상 기록과 보조 녹음을 위해 사용한다.

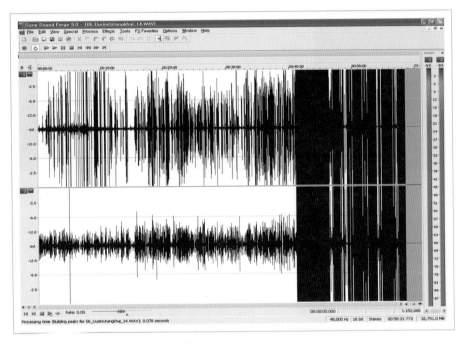

[그림 5-8] 일부가 손상된 음성 파일

다음의 [그림 5-9]는 사운드 포지에서 캠코더로 녹화된 영상과 음성을 불러온 것이다. 이 그림에서 보듯이 영상 신호와 음성 신호는 분리되어 나타나는데, 음성 신호만을 따로 저장할 수 있다. [그림 5-8]의 그림에 나오는 스테레오 음성 파일에서도 자료제공인의 음성과 질문자의 음성을 따로 분리해서 저장할 수 있는데, 자료제공인 음성 파일에서 손상된 부분을 캠코더로 녹음된 음성 신호에서 따와서 대치해 주면 [그림 5-10]과 같이 된다. 캠코더로 녹음한 음성 자료는 디지털 녹음기로 녹음한 음성 자료보다는 음질이 다소 떨어지기는 하지만 음성 분석을 하는 데 별 문제를 초래하지 않는다.

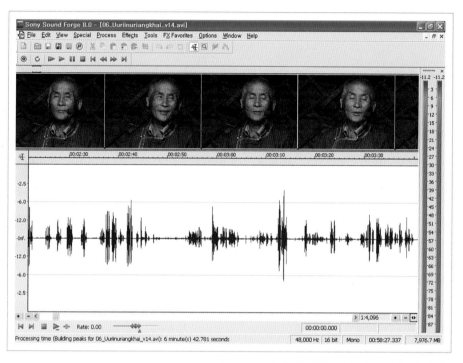

[그림 5-9] 사운드 포지로 연 캠코더 녹화 파일

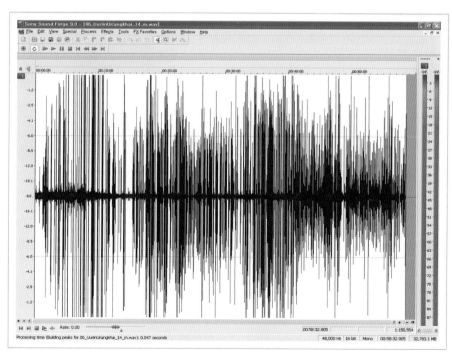

[그림 5-10] 복구한 자료제공인 음성 파일

1.3. 영상 파일의 변환과 마킹 및 추출

1.3.1. 영상 자료의 디지털화

현장에서 녹화해 온 영상은 6mm 비디오테이프에 저장되어 있다. 이들 자료는 위에서 본 음성 파일과 마찬가지로 컴퓨터를 이용하여 디지털 파일로 변환한다. 좋은 화질과 음성을 확보하기 위하여 캠코더와 컴퓨터의 IEEE1394 포트(Firewire)를 직접 연결하여 변환하는 방식과 캠코더와 컴퓨터를 영상 캡처 보드로 간접 연결하는 방식을 테스트한 결과 IEEE1394 포트를 이용한 직접 연결 방식이 더 좋다는 결론을 내리고 이 방법으로 디지털 변환 작업을 하기로 결정하였다. 변환에서 사용되는 소프트웨어는 윈도 무비 메이커(Windows Movie Maker)이다.

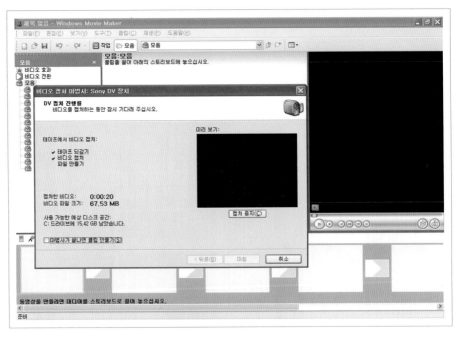

[그림 5-11] Windows Moviemaker를 이용한 작업 모습

원본 테이프의 화질 손상이 없이 디지털화하기 위해서 DV 테이프의 내용을 DV-AVI 형식의 디지털 파일로 변환하였으며, 이때 한 시간 분량의 영상

자료는 약 13기가바이트의 용량이 되었다. MPEG이나 WMV 파일 형식과 달리 비압축 형식의 DV-AVI를 선택한 이유는 분석용으로 고화질의 동영상이 요구될 수도 있기 때문이다. 파일 용량이 방대해지므로 하드디스크 공간을 충분히 확보하여야 하며 작업의 편이를 위해 조사 언어별로 하드디스크를 구분하여 저장하는 것이 바람직하다.

1.3.2. 절단

이렇게 변환된 파일을 음성 파일과 마찬가지로 어휘별, 문장별로 마킹을 하고 추출해야 한다. 이 작업은 음성 자료를 가공할 때 사운드 포지를 이용하여 어휘별, 문장별로 구역을 마킹하는 것에 대응한다. 그러나 동영상 파일의 경우는 음성 파일과 달리 파일 자체에 구역을 설정하고 각 구역에 주석을 달거나 구역별로 추출하여 파일을 일괄 생성하는 등의 작업을 수행해 주는 소프트웨어가 없다. 따라서 작업 방식을 달리 하여, 먼저 디지털 파일에서 필요한 구역을 절단하여 개별 파일로 저장한 후에 파일명을 각각 입력하는 순서를 취한다. 이 작업을 위하여 Honestech Easy Video Editor라는 소프트웨어를 사용한다. 매우 단순화된 사용자 인터페이스가 특징인 이 소프트웨어는 사용 방법을 익히기가 쉽고 사용 환경이 단순하고 안정적이어서 비전문가의 작업에 유리하다. 파일 형식은 DV-AVI의 타입 1, 해상도 NTSC 720*480, 오디오샘플링 48kHz로 한다.

1.3.3. 파일명 입력

어휘별로 절단된 파일은 필요할 때 원래의 절단 위치를 찾기 쉽게 하기 위해서 Honestech Easy Video Editor의 파일 저장 기본 옵션인 "(원본 파일명)+(프레임 정보)"로 저장하게 된다. 이렇게 저장된 파일은, 음성 자료로 유추하여 설명하면, 구역만 있고 마킹은 되지 않은 상태라고 할 수 있다. 절단된 파일들을 분류하고 웹 서비스가 가능하도록 가공하기 위해서는 해당 파일이 질문지 항목 중 몇 번에 대한 자료제공인의 답인지를 파일명에 입력하여야 한다. 파일명 입력은 다음과 같은 규약을 따른다.

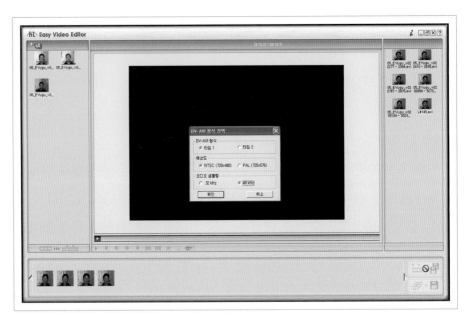

[그림 5-12] Honestech Easy Video Editor를 이용한 작업 모습

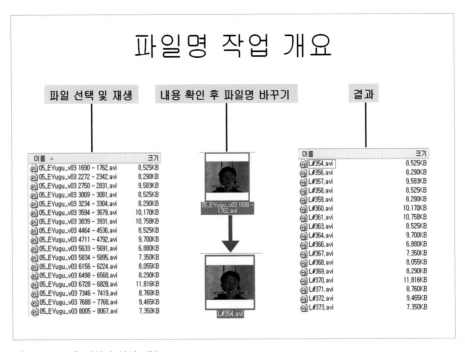

[그림 5-13] 파일명 입력 개요

예) 1234#가다#집으로 가다

→1234##(권장)(질문지 번호)#(질문지 표제어)#(주석)

파일명이 입력이 된 후에는 질문지의 세 가지 구성 내용인 어휘, 기초 회화, 문법에 따라 파일을 분류하고 각각의 파일명에 구분 기호를 추가하였다. "(질문지번호)#(질문지표제어)#(주석)"의 형식으로 이루어진 파일명으로는 일부 파일들의 내용이 혼동될 여지가 있기 때문이다. 예를 들면, "123##"과 같은 파일명의 파일의 경우, 어휘의 123번 항목인지 회화 또는 문법의 123번 항목인지 알 수가 없다. 따라서 웹 서비스용으로 변환하기 전에 먼저 다음과 같이 파일명을 보완하였다.

① 어휘: L#1234##

② 회화: C#123##

③ 문법: G#123##

1.3.4. 웹 서비스를 위한 파일 압축

웹 서비스를 위해서는 파일을 스트리밍(streaming)용 파일로 변환하여야 한다. 파일명 입력이 완료된 DV-AVI 형식의 파일들은 All Video Converter라는 소프트웨어를 이용하여 스트리밍 파일로 변환하였다. 여기서는 항상 전송률을 고려해야 하는데, 세계의 여러 연구자들이 이 자료를 접하게 되는 인터넷 환경이 매우 다양하므로 어떤 환경에서도 안정적인 화상을 볼 수 있도록 할 필요가 있다. 전송률이 높을수록 고화질의 화상을 제공할 수 있으나 그러한 전송률을 지원하지 않는 환경에서는 화상이 끊어지는 경우가 있다. 스트리밍용 파일은 DV-AVI형식의 파일을 wmv/asf 형식으로 바꾸는데, 전송 속도에 따라 다양한 옵션이 있다. 현재 채택하고 있는 전송률은 어느 환경에서도 안정적인 화상을 볼 수 있도록 "Video for LAN, Cable Modem, or xDSL(100kbps)"을 선택하여 변환하고 있다.

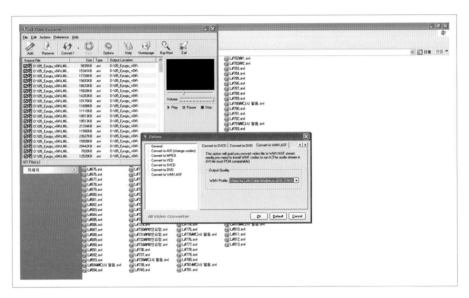

[그림 5-14] All Video Converter를 이용한 작업 모습

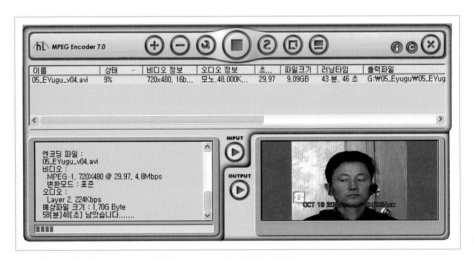

[그림 5-15] Honestech MPEG encoder를 이용한 작업 모습

1.3.5. 원본 파일의 압축과 보관

1시간 분량의 원본 파일은 그 용량이 약 13기가바이트 내외로 고가의 하드디스크를 다량 소모한다는 점에서 그대로 보관하기에는 무리가 있다. 따라서 이를 CD 한 장 용량에 해당하는 MPEG 파일로 변환하여 저장하도록 하였다. 이 작업을 위해서는 Honestech MPEG encoder를 이용하였다.

그리고 웹 서비스용으로 변환하였던 .asf 파일들은 자료 백업을 위해 DVD
로 기록하여 보관하고 있다.

2. 자료의 전사

2.1. 전사

해당 언어 연구자가 추출된 음성 파일을 반복해서 들으면서 전사를 한다.
전사는 국제음성문자 즉 IPA를 쓰는데 이후에 데이터베이스화할 것을 고려

〈표 5-1〉 IPA 입력을 위한 자음의 대체문자표

單字		#		~		*		%		^		&		_	
음가	기호	음가	기호	음가	기호	음가	기호	음가	기호	음가	기호	음가	기호	음가	기호
b	b					ɓ	b*								
ß	B	ʙ	B#												
c	c														
ç	C														
d	d					ɖ	d*					ɗ	d&		
ð	D														
f	f														
	F														
g	g	ɣ	g#			g̊	g*								
ɢ	G					ɠ	G*								
h	h	ɦ	h#					ɥ	h%			ħ	h_		
H	H														
j	j	ɪ	j#					ʲ	j^			ɟ	J_		
	J											ɉ	J_		
k	k														
	K														
l	l	ɬ	l#			ɭ	l*			ˡ	l^	ɺ	l&		
ʟ	L														
m	m					ɱ	m*			ᵐ	m^				
ɱ	M														
n	n	ɲ	n#			ɳ	n*			ⁿ	n^				
N	N	ŋ	N#			ɴ	N*								

하여 엑셀 파일로 입력을 한다. 그런데 엑셀에 IPA를 입력하기가 쉽지 않으므로 우리는 대체 기호를 이용하여 입력하고 나중에 일괄 변환하는 방식을 택하고 있다. 전사를 정확하게 하기 위하여 영상 파일을 참고한다. 다음의 <표 5-1>은 IPA 입력을 위한 대체문자표의 일부이며, <표 5-2>는 음성전사를 위한 IPA이다. 그리고 <표 5-3>은 대체문자표에 따라서 전사 내용을 입력한 예이다.

〈표 5-2〉 음성 전사를 위한 IPA

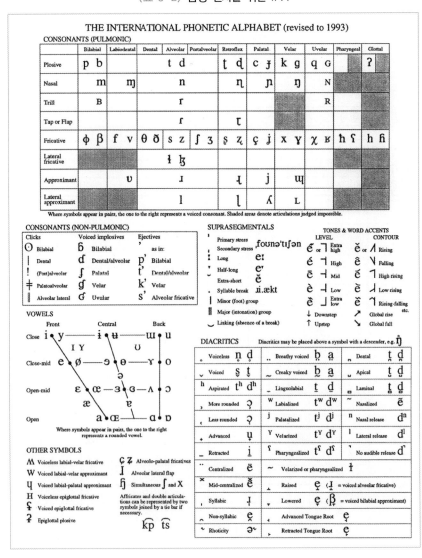

〈표 5-3〉 엑셀 파일에 대체문자를 이용하여 IPA를 입력한 예

1아래의 〈표 5-4〉는 대체문자를 이용하여 입력한 전사 내용을 AWK를 이용하여 IPA로 변환한 예이다.

〈표 5-4〉 전사 파일 대체문자의 IPA 변환 예

번호	분류번호	중국어	병 음	한국어		전사 (변환전)	전사 (변환후)	비 고
1	va001	太阳	tai4 yang2	태양	1	nar	nar	
2	va002	出(日+)	chu1	뜨다(해가+)	3	gar	gar	
3	va003	落(日+)	luo4	지다(해가+)	3	wan	wan	
4	va004	日出	ri4 chu1	일출	3	nar gar#Bjˆe	nar garbʲe	
5	va005	日落	ri4 luo4	일몰	3	nar wanBjˆe	nar wanbʲe	
6	va006	月亮	yue4 liang	달	1	saro:l	saro:l	
7	va007	月牙儿	yue4 ya2 r	초승달	3	go:khˆlin sarol	goɡkʰlin sarol	
8	va008	圆月	yuan2 yue4	보름달	2	gure:khˆi_n sarol, saro:l	gureɡkʰin sarol, saro:l ɡurekʰe	
9	va009	星星	xing1 xing	별	1	xothˆ	xotʰ	
10	va010	北斗星	bei3 dou3 xing1	북두칠성	3	dolo xothˆ	dolo xotʰ	
11	va011	天(天空的+)	tian1(kong1 de +)	하늘	1	thˆ0N#g0r	tʰeŋger	
12	va012	地球	di4 qiu2	지구	3	paN#g0l gadZir,	paŋgel gadzir, tʰeŋger gadzir	
13	va013	光	guang1	빛	2	ila:, ila	ila:, ila	
14	va014	地(天地的+)	di4	땅	1	qadZir	qadzir	
15	va015	土	tu3	흙	1	balag#a	balaɣa#	

2.2. 청취 전사 회의

음성을 정확하게 전사하는 것은 쉽지 않다. 특히 연구자들의 연구 분야가 음성, 음운론이 아닌 다른 분야이라면 더욱 쉽지 않다. 다른 한편 전사자들의 개인차가 있기 때문에 균질한 전사를 위하여 모여서 청취하고 토론하고 전사하는 과정이 필요하다. 그리하여 우리는 한 달에 두 번 이상의 청취 전사 회의를 하였다. 이 회의를 위하여 각 연구원은 본인이 전사 작업을 하는 언어의 음성 파일 중에서 전사하기 힘든 단어를 10개 정도 골라서 전사한 용지와 함께 제출하며, 음성학을 전공한 교수가 주재하여 해당 음성에 대한 분석과 전사를 하였다. 청취 분석으로는 판단하기 어려운 말소리의 특성을 스펙트로그램 분석을 통해 명확하게 밝히기 위해 청취 전사 회의에서는 Praat를 이용해 청취 분석과 음향 분석을 동시에 실시하였다.

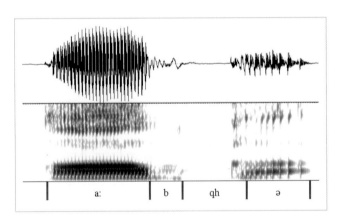

[그림 5-16] 만주어의 '하늘'

위의 [그림 5-16]은 만주어에서 '하늘'을 의미하는 단어로 담당 연구원이 [apqʰa]로 전사한 단어이다. 이 단어는 문어 만주어에서 'abka'로 표기되었는데, 담당 연구원이 자음군의 첫 자음을 무성음으로 인지하고 [p]로 표기했다. 그런데 전사 회의에서 스펙트로그램을 함께 분석한 결과 자음군의 첫 자음 부분에서 명백한 울림선(voice bar)을 관찰할 수 있었다. 그리고 첫 모음이 장모음인 것으로 의견이 모아졌다. 둘째 자음의 기가 매우 약하게 실현되었지만 유기음 표기를 유지하기로 했다. 따라서 이 단어는 [aːbqʰə]로 수정해서 전사하기로 하였다.

다음의 [그림 5-17]은 오로챈어에서 '비'를 의미하는 단어인데, 담당 연구원이 [tʰiktə]로 전사했다. 모음 사이에서 두 개의 자음이 모두 유성화 되는 일은 매우 드물어서 담당 연구원은 자음군의 두 자음을 모두 무성음으로 전사한 것이다. 그러나 전사 회의에서 스펙트로그램을 함께 분석한 결과 두 자음 모두 완벽하게 유성음으로 실현된 것을 확인할 수 있었다. 따라서 이 단어는 [tʰigdə]로 수정해서 전사하기로 결정하였다.

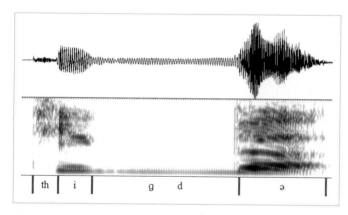

[그림 5-17] **오로챈어 '비'**

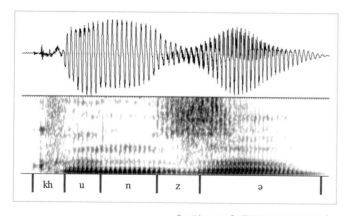

[그림 5-18] **동부요구르어의 '짐'**

마지막으로 위의 [그림 5-18]은 동부요구르어에서 '짐'을 의미하는 단어인데, 담당 연구원이 [kʰundzə]로 전사했다. 전사 회의에서 스펙트로그램을 확인한 결과 파찰음 [ʣ]로 전사된 자음에서 파찰음의 특성인 마찰 소음 앞 무성구간이 전혀 관찰되지 않았고 전형적인 마찰음의 특성만 관찰되었다. 그리고 이 마찰음이 치조경구개음이 아니고 치조음인 것으로 판단되었다. 따라서 이 단어는 [kʰunzə]로 전사하기로 결정하였다.

2.3. 전사 회의 결과 정리

전사 회의가 끝나면 언어별 분석 책임자는 회의 결과를 반영하여 다음과 같은 표를 만든다.

청취 전사 회의

날 짜: 2005년 2월 28일
장 소: 2-320
작성자: 유원수

언 어	제 보 자	조 사 시 기	조 사 장 소	비 고
다고르어 아실 방언	쟈:즈	2004. 10. 18 - 10. 21	신장타청지구호텔	

〈표 5-5〉 **청취 전사 회의 결과지**

번호	질문지 번호	한국어 의미	전 사	설 명	수 정	비 고
1	1594	쇠	kʰazuwə	kʰazwɔ, kʰazuə	qʰazwə	메|xaso:/kʰaso: 텅kaso:
2	1566	느릅나무	xailt			메|xaɾxailsə/xaɾxailə 텅kails
3	364	조상	utʰa:tɕʰi			메|utʰa:tɕʰi 텅uta:ʃ
4	291	언니	əkʰɕi, əkʰiɕi	-i 없다는 것이 중론. -i 가 있으나 무성음화 된 것으로 표시하는 가능성	əkʰɕ, əkʰiɕ	메|əkʰiitɕʰi 텅əkʃ
5	353	아이	utɕʰikʰər			메|itɕʰikərə/ itɕʰixərə 텅uʃikər, uʃkər
6	1852	작다	utɕʰikʰə̃			메|itɕʰigən/itɕʰigə 텅uʃkən
7	614	학교	tʰatɕʰokʰo, tʰatɕʰok	kʰ가 목젖 소리 (고). -tɕ-에 aspiration 없음 (이).	tʰɛtɕʰokʰ o, tʰɛtɕʰok	메|tʰaɕikʰ 텅taʃkʷ

3. 자료의 가공과 웹 서비스

3.1. 음성 영상 DB 웹 서비스 구축

음성 자료와 동영상 자료는 실험음성학적인 분석 작업에도 사용되지만 이 분야에 관심이 있는 언어학 이외 분야의 연구자들과 알타이언어에 관심이 있는 일반 대중에게도 시범적으로 자료로 제공하기 위해서 웹 서버를 구축하고 있다. 2004년 5월에 그 동안 가공한 영상 및 음성 자료들을 웹상에서 서비스하기 위해 웹 서버를 구축하고 독립된 도메인 네임(ASK REAL, http://altaireal.snu.ac.kr)을 배정받아 서비스를 시작하였다. 여기에 접속하여 음성 영상 DB 서비스를 받을 수 있다.

현재 한국어로 구성된 페이지를 통하여 서비스되고 있다. 앞으로 자료의 확충과 함께 영문으로도 서비스를 하여 해외에서도 손쉽게 자료에 접근할 수 있게 하고 이와는 별도로 어휘별로 다국어(즉 한국어, 중국어, 러시아어, 영어) 서비스 및 검색이 가능하게 하며 트리뷰 형태의 계층적인 사용자 인터페이스를 제공하려고 준비하고 있다.

현재 구성된 웹 페이지는 모두 UTF-8로 작성되어 있어서 언어권에 상관 없이 표준적인 웹 브라우저와 다국어 폰트가 제공되는 곳에서는 웹 서비스를 무리 없이 접속해서 이용할 수 있으며, 데이터베이스로 구성된 자료들도 UTF-16으로 작성되어 있고, 질문지 데이터베이스를 구축하는 대로 주석(annotation)의 다국어 자료를 동시에 제공할 계획이다.

현재는 2003년에 조사한 오로챈어, 다고르어, 푸위 키르기스어의 500개의 어휘를 시범적으로 서비스하고 있는데, 각 어휘 부분의 하이퍼링크를 실행시키면 음성 또는 영상이 스트리밍 형식으로 실현된다. 2008년부터는 순차적으로 그동안 조사된 음성 및 영상 자료를 체계적으로 공개할 예정이다.

3.2. 스트리밍 서비스 방식

원본 자료는 파일 크기가 커서 웹 서비스용으로는 충분하지 못하다. 따라서 웹 서비스용으로 기존 자료들의 파일 크기를 줄이면서도 음질, 화질에 손실이 적은 스트리밍용 압축 파일 형태로 재변환해야 하는데, 윈도우 상에서 가장 일반적으로 사용되고 있는 윈도우 미디어 파일 포맷(.wma .wmv .asf 형식)으로 변환 작업을 거친 후 서비스하고 있다. 기본적인 구조는 다음의 [그림 5-19]와 같다.

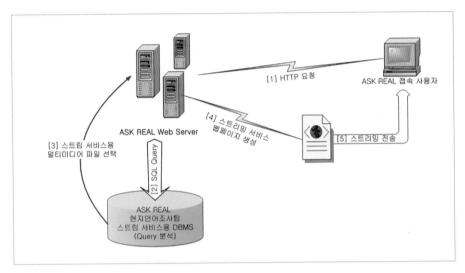

[그림 5-19] **스트리밍 서비스 개요**

서비스가 진행되는 흐름은 다음과 같다.

① HTTP 요청 : ASK REAL 웹 사이트 접속 사용자가 언어에 따라서 또는, 스트리밍 종류(오디오/비디오)에 따라서 확인하고자 하는 항목을 선택하면 ASK REAL 웹 서버로 HTTP 요청이 전송된다. 현재는 기본적인 스트링 검색 수준까지 서비스하고 있지만, 자료 구축이 진행되면 어휘 수준별, 언어별, 의미 부류별로 다양한 계층적 뷰어(viewer)를 구성할 계획이다.

② SQL 쿼리 : ASK REAL 웹 서버에서는 접속 사용자의 요구에 따라 SQL 쿼리를 구성해서 현지 조사팀이 구축한 데이터베이스에 질의어를 전송한다. 데이터베이스에 전송된 질의어를 이용하여 현재 접속 사용자에게 서

비스할 파일에 대한 정보를 데이터베이스에 구축된 자료에서 가져온다.

③ 스트림 서비스용 멀티미디어 파일 선택 : ② 단계에서 추출된 파일 정보를 이용하여 스트리밍 서비스를 할 파일에 대한 정보를 ASK REAL 웹서버로 전송한다.

④ 스트리밍 서비스 웹페이지 생성 : ③ 단계에서 전송받은 정보를 이용해서 멀티미디어 파일을 접속 사용자에게 보여주기 위한 웹 페이지를 생성한다.

⑤ 스트리밍 전송 : ④ 단계에서 생성된 웹페이지를 통해 멀티미디어 파일을 접속 사용자에게 스트리밍 전송한다.

3.3. DB 구축 방식

현지 조사팀에서 녹음, 녹화해 온 멀티미디어 파일은 웹 서비스를 위해 각각의 언어 단위별로 연구원들이 주석을 첨부하며, 일괄 변환 및 파일 분리 (segmentation) 작업을 통해 개개의 멀티미디어 파일로 만들어진다.

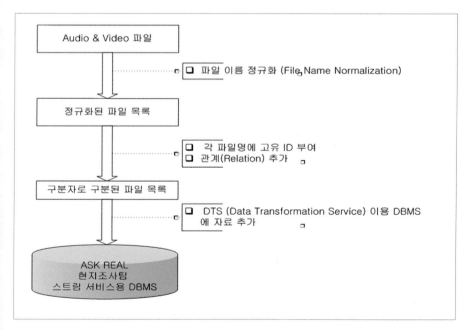

[그림 5-20] DB 구축 방식

DB 구축 단계에서는 주석이 첨가되고 세그먼트 과정을 거친 각각의 파일 정보를 데이터베이스로 구축하며, 이렇게 구축된 데이터베이스를 이용해서 파일 관리 및 웹 서비스를 하게 된다.

〈표 5-6〉 각 파일에 일련번호 부여

```
04_Buryat_01_mark##1#태양.wma
04_Buryat_01_mark##100#날씨.wma
04_Buryat_01_mark##1004#부엌.wma
04_Buryat_01_mark##1006#성.wma
04_Buryat_01_mark##101#비.wma
04_Buryat_01_mark##1012#우리#우리1$가축의.wma
04_Buryat_01_mark##1012#우리#우리2$가축의.wma
04_Buryat_01_mark##1020#낫#짧은.wma
04_Buryat_01_mark##1021#낫#긴.wma
04_Buryat_01_mark##1023#못.wma
04_Buryat_01_mark##1025#도끼.wma
```

먼저 각각의 파일 목록은 동일한 양식의 파일 이름으로 변환하는 정규화 과정을 거치며 정규화 과정과 함께 각 파일명에 고유 ID를 부여하여 파일명 변환을 한다. 변환된 파일명 목록을 이용해서 각 파일에는 언어별, 어휘 등급별, 언어 조사 분야(어휘, 기초 회화, 문법) 및 각 어휘의 의미 부류에 대한 정보를 부여받으며 각각의 정보는 관계(relation)에 의해 상호 참조되고 연결된다. 각각의 정보를 부여하고 변환된 텍스트 파일은 MS SQL Server의 DTS(Data Transformation Service)를 이용해서 데이터베이스 관리 시스템에 첨가된다. 주석이 첨가된 멀티미디어 파일은 아래와 같이 생성된다. 이렇게 생성된 파일들은 목록화 과정을 거쳐서 질문지의 번호 체계에 따른 일련 번호를 부여받게 된다.

언어 코드는 초기에 ISO 639-1, ISO 639-2의 Alpha-3 코드 양식을 참조하여 부여하려고 하였으나, 이 연구에서 조사하는 언어가 소수 민족의 언어이고 국제 표준에 등록이 안 되어 있는 방언들이 대부분이어서 일단 '에스놀로

번호	새번호	구번호	한국어	의미영역	종요도	한어	한어병음	영어	러시아어	AA	비고
1	1	1	태양	천문/지리		太阳	tai4 yang2	sun	солнце	0159	
2			뜨다(해가)	천문/지리	3			sun rises	восход солнце		
3			지다(해가)	천문/지리	3			sun sets	заходит солнце		
4	2	2	일출	천문/지리	3	日出	ri4 chu1	sunrise	восход солнца		
5	3	3	일몰	천문/지리	3	日落	ri4 luo4	sunset	заход солнца		
6	4	4	달	천문/지리	1	月亮	yue4 liang	moon	луна	0160	
7	2536	1950	초승달	천문/지리	3	月牙儿	yue4 ya2 r	new moon, crescent moon	молодой месяц	1538	
8	2537	1951	보름달	천문/지리	2	圆月	yuan2 yue4	full moon	полная луна	1539	
9	5	5	별	천문/지리	1	星星	xing1 xing	star	звезда	0162	
10	50	50	북두칠성	천문/지리	3	北斗星	bei3 dou3 xing1	the Great Bear	Большая Медведица		
11	6	6	하늘	천문/지리	1	天	tian1	sky	небо	0157	
12	2538	1952	지구	천문/지리	3	地球	di4 qiu2	earth	Земля	1540	
13	54	54	빛	천문/지리	2	光	guang1	light	свет	0476	
14	7	7	땅	천문/지리	1	地	di4	land	земля	0146	
15	15	15	흙	천문/지리	1	土	tu3	soil	почва		
16	8	8	논밭/경작지	천문/지리	3	田地	tian2 di4	cultivated land	пашня	0129	
17	59	59	밭/들	천문/지리	2	田	tian2	field	поле		
18	9	9	모래	천문/지리	3	沙子	sha1 zi	sand	песок	0147	
19	10	10	모래땅	천문/지리	3	沙地	sha1 di4	sandy ground/soil	песчаная почва		
20	11	11	진흙땅	천문/지리	3	泥地	ni2 di4	muddy/marsh ground	илистый грунт	1522	
21	12	12	마른 땅	천문/지리	3			dry gound	сухая почва		
22	2519	1933	자갈	천문/지리	3	石子儿	shi2 zi3 r	gravel	гравий	1519	
23	2521	1935	찰흙	천문/지리	3	黏土	nian2 tu3	clay	глина	1521	
24	61	61	진흙	천문/지리	3	泥土	ni2 tu3	mud	грязь (размякшая от воды почва)		
25	2546	1960	늪	천문/지리	2	沼泽	zhao3 ze2	swamp/marsh	болото	1553	
26	13	13	늪지	천문/지리	3	沼泽地	zhao3 ze2 di4	marsh land	болотистая местность		
27	16	16	육지	천문/지리	3	陆地/陆	lu4 di4 / lu4	land	суша		
28	17	17	초원	천문/지리	2	草原	cao3 yuan2	steppe	степь		
29	60	60	평원	천문/지리	3	平原	ping2 yuan2	plain	равнина	0138	
30	18	18	광야	천문/지리	3	旷野	kuang4 ye3	wild field	просторы (напр. степные)		
31	1683	1374	숲	천문/지리	1	林子	lin2 zi	wood	лес	0130	
32	19	19	삼림	천문/지리	3	森林	sen1 lin2	forest	лес (густой)		
33	20	20	목장	천문/지리	3	牧场	mu4 chang3	stock farm	пастбище	1503	
34	21	21	산	천문/지리	1	山	shan1	mountain	гора	0136	
35	22	22	산꼭대기/산봉우리	천문/지리	3	山顶/山峰/山岭	shan1 ding3	mountaintop	вершина горы		
36	25	25	산등성이	천문/지리	3	山岗	shan1 gang3	mountain ridge	гребень горы		
37	2540	1954	산비탈	천문/지리	3	山坡	shan1 po1	slope	склон горы	1544	
38	27	27	산골짜기/계곡	천문/지리	2	山谷/山沟	shan1 gu3 / shan1 gou1	valley	долина		
39	26	26	절벽	천문/지리	3	山崖	shan1 ya2	cliff/precipice	обрыв	1546	
40			소용돌이	천문/지리	3			whirlpool	водоворот		
41	2543	1957	급류	천문/지리	3	急流	ji2 liu2	rapid stream	быстрое течение	1548	
42	2544	1958	오아시스	천문/지리	3	绿州	lv4 zhou1	oasis	оазис	1550	
43	2545	1959	폭포	천문/지리	3	瀑布	pu4 bu4	waterfall	водопад	1551	

[그림 5-21] 현지 조사 질문지의 예

그 그룹(Ethnologue Group)'의 코드 중 유사한 코드를 부여하여 관리하였다. 2007년 2월 5일, 기존의 ISO 639-1 및 ISO 639-2를 포괄하는 상위 집합으로, 모든 자연 언어의 부류를 포괄하고자 하는 언어 분류 코드가 제정되어서 이를 수용하여서 우리 연구의 언어 분류 명칭과 대응하여서 사용하기로 하였다. 우리 연구에서 분류한 55개 언어와 ISO 639-3의 대응 관계를 정리한 언어 목록을 따로 제시하기로 한다.

3.4. 데이터베이스 구조

초기에 설계한 데이터베이스는 분절될 음성 및 영상 파일 단위로 관리하

```
<ie:TreeNode type="Root" ExpandedImageUrl="./images/bookopen.gif" ImageUrl="./images/book.gif" Text="언어조사 실분지">↵
  <ie:TreeNode ExpandedImageUrl="./images/bookopen.gif" ImageUrl="./images/book.gif" Text="어휘" >↵
    <ie:TreeNode Text="전체 보기" target="fr200404_right" NavigateURL="./fr200404_list_lex_all.asp?pageNo=1" />↵
    <ie:TreeNode ExpandedImageUrl="./images/bookopen.gif" ImageUrl="./images/book.gif" Text="중요도별 보기">↵
      <ie:TreeNode Text="1급 어휘" target="fr200404_right" NavigateURL="./fr200404_list_lex_weight.asp?weight=1&pageNo=1"/>↵
      <ie:TreeNode Text="2급 어휘" target="fr200404_right" NavigateURL="./fr200404_list_lex_weight.asp?weight=2&pageNo=1"/>↵
      <ie:TreeNode Text="3급 어휘" target="fr200404_right" NavigateURL="./fr200404_list_lex_weight.asp?weight=3&pageNo=1"/>↵
    </ie:TreeNode>↵
    <ie:TreeNode ExpandedImageUrl="./images/bookopen.gif" ImageUrl="./images/book.gif" Text="의미분류로 보기">↵
      <ie:TreeNode Text="가축/사육" target="fr200404_right" NavigateURL="./fr200404_list_lex_semclass.asp?semcode=18&pageNo=1"/>↵
      <ie:TreeNode Text="거주/용구" target="fr200404_right" NavigateURL="./fr200404_list_lex_semclass.asp?semcode=22&pageNo=1"/>↵
      <ie:TreeNode Text="곤충류" target="fr200404_right" NavigateURL="./fr200404_list_lex_semclass.asp?semcode=1&pageNo=1"/>↵
      <ie:TreeNode Text="관계/직업" target="fr200404_right" NavigateURL="./fr200404_list_lex_semclass.asp?semcode=11&pageNo=1"/>↵
      <ie:TreeNode Text="군사/교통" target="fr200404_right" NavigateURL="./fr200404_list_lex_semclass.asp?semcode=23&pageNo=1"/>↵
      <ie:TreeNode Text="금속/보석" target="fr200404_right" NavigateURL="./fr200404_list_lex_semclass.asp?semcode=8&pageNo=1"/>↵
      <ie:TreeNode Text="기상" target="fr200404_right" NavigateURL="./fr200404_list_lex_semclass.asp?semcode=9&pageNo=1"/>↵
      <ie:TreeNode Text="기타" target="fr200404_right" NavigateURL="./fr200404_list_lex_semclass.asp?semcode=14&pageNo=1"/>↵
      <ie:TreeNode Text="대명사" target="fr200404_right" NavigateURL="./fr200404_list_lex_semclass.asp?semcode=21&pageNo=1"/>↵
      <ie:TreeNode Text="동물/수렵" target="fr200404_right" NavigateURL="./fr200404_list_lex_semclass.asp?semcode=24&pageNo=1"/>↵
      <ie:TreeNode Text="동작행위" target="fr200404_right" NavigateURL="./fr200404_list_lex_semclass.asp?semcode=20&pageNo=1"/>↵
      <ie:TreeNode Text="방위" target="fr200404_right" NavigateURL="./fr200404_list_lex_semclass.asp?semcode=12&pageNo=1"/>↵
      <ie:TreeNode Text="성질/상태" target="fr200404_right" NavigateURL="./fr200404_list_lex_semclass.asp?semcode=4&pageNo=1"/>↵
      <ie:TreeNode Text="수량" target="fr200404_right" NavigateURL="./fr200404_list_lex_semclass.asp?semcode=5&pageNo=1"/>↵
      <ie:TreeNode Text="시간/기간/계절" target="fr200404_right" NavigateURL="./fr200404_list_lex_semclass.asp?semcode=13&pageNo=1"/>↵
      <ie:TreeNode Text="식물" target="fr200404_right" NavigateURL="./fr200404_list_lex_semclass.asp?semcode=7&pageNo=1"/>↵
      <ie:TreeNode Text="어류" target="fr200404_right" NavigateURL="./fr200404_list_lex_semclass.asp?semcode=6&pageNo=1"/>↵
      <ie:TreeNode Text="음식/식기" target="fr200404_right" NavigateURL="./fr200404_list_lex_semclass.asp?semcode=16&pageNo=1"/>↵
      <ie:TreeNode Text="의복" target="fr200404_right" NavigateURL="./fr200404_list_lex_semclass.asp?semcode=3&pageNo=1"/>↵
      <ie:TreeNode Text="인체" target="fr200404_right" NavigateURL="./fr200404_list_lex_semclass.asp?semcode=15&pageNo=1"/>↵
      <ie:TreeNode Text="정치/경제/문화" target="fr200404_right" NavigateURL="./fr200404_list_lex_semclass.asp?semcode=2&pageNo=1"/>↵
      <ie:TreeNode Text="조류" target="fr200404_right" NavigateURL="./fr200404_list_lex_semclass.asp?semcode=19&pageNo=1"/>↵
      <ie:TreeNode Text="질병" target="fr200404_right" NavigateURL="./fr200404_list_lex_semclass.asp?semcode=10&pageNo=1"/>↵
      <ie:TreeNode Text="천문/지리" target="fr200404_right" NavigateURL="./fr200404_list_lex_semclass.asp?semcode=17&pageNo=1"/>↵
    </ie:TreeNode>↵
  </ie:TreeNode>↵
```

[그림 5-22] **질문지 어휘부 XML 파일의 예**

는 것으로 현지 조사 결과 구축된 멀티미디어 자료를 체계적으로 관리하는 데 문제점이 발견되었고, 질문지와의 상호 연동이 불가능했다. 이러한 단점을 보완하기 위해서 현재에는 데이터베이스의 논리적, 물리적 구조를 재설계하여서 질문지 조사 항목을 중심으로 한 관리 체계를 구축하였다. 그 결과 질문지의 통합 관리와 언어별 차이점을 질문지를 중심으로 일관되게 관리하고 웹을 통해서 서비스할 수 있도록 DB를 구성하였다.

질문지는 위의 그림 [5-22]와 같은 형식으로 엑셀 파일로 작성되는데, 이러한 질문지를 데이터베이스로 구축하고 질문지의 계층적인 관계를 웹에 접속하는 사용자가 참조하여 볼 수 있도록 하였다.

위의 질문지는 나무 모양으로 제공하기 위하여서 데이터베이스에 저장된 뒤 XML 파일로 자동 생성한다. XML로 생성된 어휘부의 예는 위와 같다.

3.5. 웹 서비스

웹 페이지는 현재 모두 UTF-8으로 작성되어 있어서 언어권에 상관없이 표준적인 웹 브라우저와 다국어 폰트가 제공되는 곳에서는 현재 구성된 웹 서비스를 문제없이 접속해서 볼 수 있으며, 데이터베이스로 구성된 자료들은 UTF-16으로 작성되어 있다. 현재 시범적으로 운영 중인 현지 조사팀의 음성 영상 데이터는 간략한 소개와 함께 위와 같은 페이지 구성을 갖추고 있다.

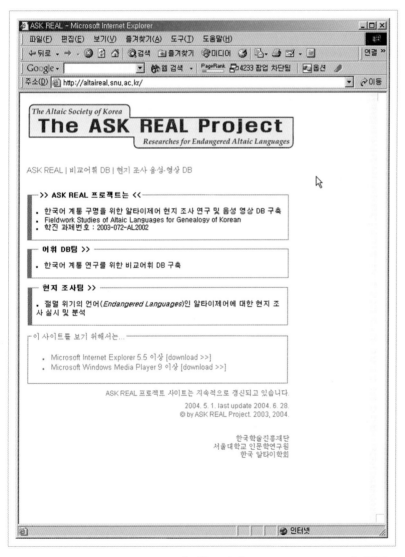

[그림 5-23] ASK REAL Project 홈페이지

현재까지 조사된 자료들을 질문지와 대응시켜서 볼 수 있도록, 그리고 검색이 가능하도록 웹 서비스를 편성하고 있는데, 아래 그림처럼 계층적인 수형도 구조(tree-view)로 구성되어 있으며, 동일한 항목을 의미 부류별로 찾아볼 수도 있고, 중요도, 즉 등급(1급, 2급, 3급)별로 찾아볼 수도 있다. 아래 그림은 의미 부류 중에서 '가축/사육' 부류에 대한 어휘 조사 항목을 보여주는 서비스 화면이다. 동일한 조사 대상 어휘 항목에 대해서 복수의 조사 결과가 존재하는 경우 모든 결과를 다 보여 주고 있다.

[그림 5-24] ASK REAL의 어휘 부분 페이지

현재 웹 서비스를 통한 음성 영상 자료의 시범 공개는 어느 정도 안정화 단계에 들어섰으며, 앞으로 추가되는 자료에 대한 통합 및 검색 서비스를 확

장해야 할 필요성이 있다. 지금까지는 추가된 자료가 한정되어 있어서 검색
의 필요성이 요구되지는 않았지만, 자료가 확충되고 안정되면서 질문지별
보기 형식에 통합적인 검색 기능을 추가할 계획이다. 현재 우선 추가될 자료
는 2006년 7월 이후 조사된 자료들이다.

[그림 5-25] **작업 게시판**

3.6. 정보 공유를 위한 작업 게시판과 FTP

이러한 모든 작업을 하기 위하여서는 원활한 의사소통이 무엇보다도 필
요해진다. 즉 공동연구원과 연구보조원이 각자 맡은 부분을 처리하고 나면

그 결과를 가지고 다른 팀에서 작업을 해야 하므로 이러한 연결이 원활히 되지 않으면 연구 작업이 제대로 진행될 수가 없다. 그리하여 작업의 진행과 정을 한 눈에 파악할 수 있게 하고 다음 작업으로 빨리 진행할 수 있게 하기 위하여 인터넷상에 게시판을 만들어서 이용하였다. 이로써 능률적으로 의사 소통이 되고 문제점이 생기면 바로 해결할 수 있게 되었다. 아래의 [그림 5-26]은 작업 게시판 중에서 한 페이지를 보인 것이다.

그리고 매월 현지 조사 보고를 비롯한 연구의 진행 상황을 보고 및 평가 회의를 열었는데 용량이 큰 회의 자료를 원활히 주고받고 그 내용을 연구자 전원이 공유하기 위하여 FTP 사이트를 운영하였다. 다음은 FTP 사이트를 보인 것이다.

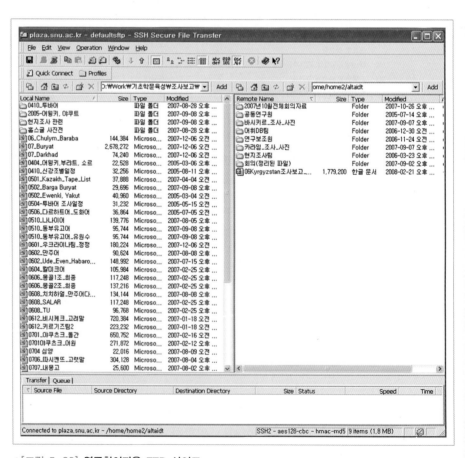

[그림 5-26] **연구참여자용 FTP 사이트**

3.7. ISO 639-3과의 대응 관계

ISO 639-3 언어 분류 코드는 기존에 사용하던 ISO 693-1 및 639-2의 문제점을 극복하기 위해서 제안된 것으로 SIL이 제안하고 2007년 2월 5일 ISO에 의해서 표준안으로 공개되었다. ISO 639-3은 지금까지 분류되지 않았던 거의 모든 언어들의 목록을 나열하는 것이 목적이기 때문에 대부분의 언어가 포함되었지만 우리 연구에서 분류한 알타이언어의 체계와는 부합되지 않는 부분도 존재한다. 그렇지만, 국제 표준이라는 특성이 있기 때문에 우리 연구에서 분류한 55개의 분류 체계에 ISO 639-3의 분류 코드와 SIL 에스놀로그 (Ethnologue)에서 사용하는 별칭들을 대응시켜서 데이터베이스로 관리하기로 하였다. 이는, 국제 표준안에서 분류해 놓은 것들과의 연동을 통해서 우리가 구축하는 자료가 국제 표준안과 호환되도록 하기 위해서이다.

[001] 어원어 Ewen
　　　ISO 639-3: eve
[002] 어윙키어 Ewenki
　　　ISO 639-3: evn
[003] 솔론어 Solon
　　　Iso 639-3: Evn
[004] 네기달어 Negidal
　　　ISO 639-3: neg
[005] 나나이어 Nanai
　　　ISO 639-3: gld
[006] 윌타어 Uilta
　　　ISO 639-3: oaa
[007] 울치어 Ulchi
　　　ISO 639-3: ulc
[008] 우디허어 Udihe
　　　ISO 639-3: ude
[009] 오로치어 Orochi
　　　ISO 639-3: uac
[010] 만주어 Manchu, 滿洲語
　　　ISO 639-3: mnc
[011] 시버어 Sibe, 錫伯語
　　　ISO 639-3: sjo
[012] 다고르어 Dagur, 達斡爾語
　　　ISO 639-3: dta

[013] 몽구오르어 Monguor
    ISO 639-3: mjg
[014] 보난어 Bonan, 保安語
    ISO 639-3: peh
[015] 캉자어 Kangjia, 康家語
    ISO 639-3: kxs
[016] 둥샹어 Dongxiang, 東鄉語
    ISO 639-3: sce
[017] 동부요구르어 East Yugur, 東部裕固語
    ISO 639-3: yuy
[018] 부리야트어 Buriat, 布里亞特語
    ISO 639-3: bxr
    ISO 639-3: bxm
    ISO 639-3: bxu
[019] 몽골어 Mongolian, 蒙古語
    ISO 639-3: khk
    ISO 639-3: mvf
[020] 칼미크-오이라트어 Kalmyk-Oirat
    ISO 639-3: xal
[021] 모골어 Moghol
    ISO 639-3: mhj
[022] 추바시어 Chuvash
    ISO 639-3: chv
[023] 할라지어 Khalaj
    ISO 639-3: klj
[024] 터키어 Turkish
    ISO 639-3: tur
[025] 가가우즈어 Gagauz
    ISO 639-3: gag
[026] 아제르바이잔어 Azerbaijani
    ISO 639-3: azb
    ISO 639-3: azj
[027] 투르크멘어 Turkmen
    ISO 639-3: tuk
[028] 호라산 튀르크어 Khorasan Turkish
    ISO 639-3: kmz
[029] 카시카이어 Qashqa'i
    ISO 639-3: qxq
[030] 아프샤르어 Afshar
    ISO 639-3: azb
[031] 아이날루어 Aynallu
    ISO 639-3: azb
[032] 살라르어 Salar, 撒拉語
    ISO 639-3: slr

[033] 위구르어 Uyghur, 維吾爾語
    ISO 639-3: uig
[034] 우즈베크어 Uzbek
    ISO 639-3: uzn
    ISO 639-3: uzs
[035] 크림 타타르어 Crimean Tatar
    ISO 639-3: crh
[036] 우룸어 Urum
    ISO 639-3: uum
[037] 카라임어 Karaim
    ISO 639-3: kdr
[038] 카라차이 발카르어 Karachai-Balkar
    ISO 639-3: krc
[039] 쿠므크어 Kumyk
    ISO 639-3: kum
[040] 타타르어 Tatar
    ISO 639-3: tat
[041] 바시키르어 Bashkir
    ISO 639-3: bak
[042] 카자흐어 Kazakh
    ISO 639-3: kaz
[043] 카라칼파크어 Karakalpak
    ISO 639-3: kaa
[044] 노가이어 Nogai
    ISO 639-3: nog
[045] 키르기스어 Kirghiz
    ISO 639-3: kir
[046] 알타이어 Altai
    ISO 639-3: alt
    ISO 639-3: atv
[047] 하카스어 Khakas
    ISO 639-3: kjh
[048] 쇼르어 Shor
    ISO 639-3: cjs
[049] 출름 튀르크어 Chulym Turkish
    ISO 639-3: clw
[050] 투바어 Tuvan
    ISO 639-3: tyv
[051] 토파어 Tofa
    ISO 639-3: kim
[052] 야쿠트어 Yakut
    ISO 639-3: sah
[053] 돌간어 Dolgan
    ISO 639-3: dlg

[054] 서부요구르어 West Yugur, 西部裕固語
   ISO 639-3: ybe
[055] 푸위 키르기스어 Fuyu Kirghiz
   ISO 639-3: kjh

4. 자료 보관 및 관리 – 스토리지 서버 시스템

3차년도부터는 스토리지 시스템을 구축하여 그간 수집하고 가공한 자료를 체계적으로 관리할 수 있게 되었다. 여기에서는 이에 대해 자세한 설명을 하고자 한다.

현지 조사를 통해 수집된 자료의 용량이 늘어나면서, 그에 따라 자료의 관리 문제가 심각하게 대두되었다. 한 차례의 조사를 영상 자료의 경우 DV 테이프를 파일로 바꾸면 12~13Gb의 크기가 되고, 마란츠 녹음기 도입 이후의 표준 포맷인 16bit 48KHz 스테레오로 음성을 기록할 때에는 시간당 660Mb의 용량이 필요하다. 한 차례의 현지 조사에서 최고 25시간 분량을 기록할 수 있다고 할 경우, 영상 300Gb 이상, 음성 16Gb의 용량이 필요하다. 여기에 자료의 편집을 위해서 영상 60Gb(실제 발화 자료 추출과 전체 압축 용량을 포함), 음성 16Gb(원본의 사본에 마킹 작업이 이루어짐)를 더하면 400Gb 용량의 하드디스크마저도 한 차례의 조사 자료를 다 보관할 수 없다. (하드디스크의 용량 표시는 정확한 수학적 크기를 반영하지 않는 상업적인 관행을 따르기 때문에 400Gb로 불리는 하드디스크의 실제 용량은 약 370Gb에 불과하다.) 물론 실제 조사에서 이렇게 많은 기록이 이루어지는 경우는 드물기 때문에 대부분 400Gb 용량의 하드디스크로 한 차례 한 곳의 조사로 얻은 자료는 보관이 가능하다.

문제는, 400Gb 이상의 용량을 가진 하드디스크는 출시 자체가 최근에야 이루어졌고 아직도 현재의 가장 가격 대비 용량이 높은 모델(2006년 4월 현재, 250Gb)들에 비해서 가격이 훨씬 비싸기 때문에, 어쩔 수 없이 한 지역의 자료를 여러 하드디스크에 분산을 해야 되는 상황이었다. 어쨌든, 이런 과정에서 다수의 하드디스크가 요구되었다. 이 하드디스크들은 내장 하드랙이나 외장 저장 장치 등을 통해서 작업용 컴퓨터 본체와 연결되었는데, 자료가 늘면서 자료 저장용 하드디스크의 숫자도 늘어갔고, 여러 사람이 동시에 여러 개의 하드디스크를 이쪽저쪽으로 이동하면서 작업하는 과정에서 하드디스크 수납 공간의 필요성, 분실과 고장의 위험이 점점 심각하게 대두되었다. 프로젝트 초기에는 120Gb의 용량이 가장 일반적이었고 200Gb 이상의 용량은 시중에서 구하기 힘들었기 때문에 1차년도가 마무리될 때부터 이미 저장과 관련한 문제가 발생하기 시작했음도 밝혀 둔다.

[그림 5-27] 케이스 외부 섀시의 모습: 일반 데스크톱 컴퓨터보다 길이가 훨씬 길고, 안에 서버전용 메인보드가 들어간다.

[그림 5-28] 듀얼 Xeon 기반 서버시스템: 데스크톱 컴퓨터와 유사한 형태

이런 문제점을 해결하기 위해서는 결국 대용량 자료를 저장하고 관리할 수 있는 스토리지 서버 시스템이 필요했다. 그러나 대형 서버 시스템은 비용도 비용이려니와, 공간 확보 문제 및 인문학도가 주축인 연구팀에서 관리할 수 있는 인력을 확보하기가 쉽지 않다는 기술적인 문제가 있었다. 결국 해결책은 저렴하면서도 다루기 쉬운 서버, 최대한 데스크톱 컴퓨터를 닮은 서버여야 했다. 선택은 듀얼 Xeon CPU를 기반으로 멀티미디어 작업과 파일 관리를 동시에 할 수 있는 워크스테이션 겸용 스토리지 서버 시스템, 그리고

1394b 기반의 외장형 JBOD(Just A Bunch Of Disks) 저장 장치였다.

듀얼 Xeon CPU 기반 서버 시스템은 스토리지 관리용 이외에도 영상작업용으로 동시에 쓰이고 있다. 컴퓨터로 이루어지는 여러 작업 중에서 가장 고사양이 요구되는 작업이 바로 동영상 관련 작업이라고 할 수 있으며, 영상 DB 팀의 주된 작업이 동영상 작업일 뿐 아니라, 스토리지 서버의 필요성 자체가 영상 작업을 통해 얻어진 자료를 저장하기 위한 것이었으므로 스토리지 서버와 동영상 작업용 워크스테이션의 기능을 동시에 갖추는 것이 여러모로 유리했기 때문이다. 현재 관련 업계에서는 X86기반 범용 서버/워크스테이션 솔루션에서는 적어도 동영상 작업용으로는 인텔의 듀얼 Xeon 이상의 시스템을 추천하고 있다. 다른 성능에서는 Xeon을 능가하는 부분이 많고 훨씬 조용하기까지 한 AMD Opteron 기반 시스템은 프로젝트의 특수성상 부득이하게 선택의 대상에서 제외되었다.

대용량 파일의 저장과 이동이 빈번한 프로젝트 작업에서는 기존의 외장형 규격인 USB 2.0이나 1394a 방식의 전송 속도도 상당히 부족하였다. Firelynx 8RAID II와 4RAID II 는 1394b 규격을 통해 컴퓨터와 연결되는데, 기존의 외장형 규격에 비해 2배 가까이 빠른 속도를 제공하여 내장형과 거의 차이가 없을 정도의 전송 속도를 보여 준다. 내부에 250Gb 하드디스크로 채워져 있는 2대의 Firelynx 8RAID II와 1대의 4RAID II를 구입한 후 기존에 따로 분산하여 보관하였던 하드디스크의 자료들을 저장 장치로 옮겨서 그간 불안했던 분실 우려와 저장 공간의 문제점을 상당 부분 해결할 수 있었다. 동일한 용량을 구성하는 대형 스토리지 시스템이 몇 년 전만 하더라도 랙마운트 케이스를 가득 채울 정도의 공간과 엄청난 비용이 요구되었던 것을 생각하면, 관련 기술의 눈부신 발전에 감탄하지 않을 수 없었다.

그러나 여전히 문제는 남아 있었는데, 그 중 가장 큰 문제가 시스템의 소음이었다. 서버 시스템은 주로 별도의 서버실에 놓이는 것이 보통이라서 기본적으로 소음이나 발열에 대해서는 그다지 관심을 두지 않게 설계된다. 우리가 구성한 시스템은 일반적인 서버 시스템이 아니라 직접 시스템 앞에서 멀티미디어 작업을 하면서 그에 대한 저장과 관리가 동시에 이루어지는, 워크스테이션의 기능을 겸한 스토리지 시스템이었기 때문에 동영상 작업을 하는 연구보조원들이 데스크톱 컴퓨터와는 비교할 수 없는 심한 소음에 시달렸다. 이에 대해 업체 등에 여러 경로로 문의해 보았으나, 실은 우리의 시스템이 현재 기술로 Xeon CPU 기반에서 구현할 수 있는 가장 조용한 시스템이었다. 현재까지도 동영상 변환 작업을 작업자에게 정신적, 육체적 스트레스를 크게 주지 않으면서 불필요한 시간 소모 없이 빨리 작업할 수 있는 환경은 아직 갖추어지지 않은 상태이며, 관련 기술의 발전 단계상 적어도 1~2년은 지나야 이런 환경이 개선될 것으로 보인다.

[그림 5-29] Firelynx 8RAID II: 8개의 하드디스크 장착이 가능하다. 영상 DB 팀용

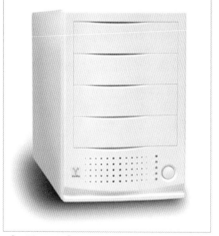

[그림 5-30] Firelynx 4RAID II: 4개의 하드디스크 장착이 가능하다. 음성 DB 팀용

　결론적으로 말하자면, 우리는 원활한 작업 수행과 자료 저장을 위해 현재 이용 가능한 거의 모든 범용 기술과 장비들을 테스트하고 적용해 보았으며, 아울러 그 한계와 문제점에 대해서도 파악하고 있다. 음성 관련 장비와 기술들은 현지 조사용 녹음기에 약간의 개선이 필요하다는 점을 제외하면 현재

나와 있는 일반적인 범용 장비들을 통해서 충분히 안정적으로 작업이 가능한 수준이지만, 동영상 관련으로는 아직 범용 장비와 기술이 프로젝트에서 요구되는 수준에 못 미치는 부분이 많다. 그러나 이러한 문제에 대해서는 2년 이내에는 하드웨어와 소프트웨어에서 동시에 상당히 진전된 해결책이 있을 것으로 전망된다. 단, 이것은 HD 관련 차세대 기술을 기준으로 한 것이 아니라 현재의 DV, DVD 정도의 수준을 기준으로 전망한 것이다.

　여기에서 한 가지 지적하고 싶은 것이 있다. 우리 프로젝트의 특수성상 현지 조사 및 자료 처리 등에서 강력한 컴퓨터가 필요하다는 것이 아무리 강조되어도 지나치지 않다는 것이다. 현재 디지털 자료들의 저장 및 변환이 모두 컴퓨터와 연동되어 있는 이상, 멀티미디어 기능이 강력한 컴퓨터와 관련 멀티미디어 주변 기기들은 프로젝트에서 반드시 필요한 필수적 기자재라고 할 수 있다. 그러나 현 규정에서 컴퓨터 관련 장비들은 프로젝트에서 비용 지출이 불가능하게 되어 있다. 현장에서의 자료 분석과 자료 저장, 혹은 청취 전사 회의 등에 대단히 필요한 노트북 컴퓨터라든지 영상/음성 작업의 효율성을 높이기 위한 여러 주변 기기들이 반드시 필요함에도 불구하고 지출 관련 규정으로 인해 이용에 많은 어려움을 겪은 것은 그간의 아쉬움으로 남는다.

이 장에서는 지금까지 실행한 현지 조사를 통하여 수집하고 분석한 자료를 표로 정리하여 보이기로 한다.

1. 제1차년도(2003년 9월~2004년 8월)

조사한 일시와 지역 및 언어는 다음과 같다.

〈표 6-1〉 제1차년도 현지 조사 언어 목록

일시	조사 지역	조사 언어	비고
03.09.21.~09.28.	중국 헤이룽장성 헤이허시	오로챈어	
	중국 헤이룽장성 메이리쓰다워얼쭈구	다고르어	
	중국 헤이룽장성 푸위현 우자쯔촌/치자쯔촌	푸위 키르기스어	
03.10.12.~10.17.	중국 신장웨이우얼자치구 우루무치시	시버어	
04.01.13.~01.18.	중국 헤이룽장성 푸위현 치자쯔촌	푸위 키르기스어	
04.02.17.~02.19.	러시아 노보시비르스크시	알타이어	예비 조사
	러시아 노보시비르스크시	하카스어	예비 조사
04.04.19.~04.26.	러시아 울란우데시	어웡키어	
	러시아 울란우데시	부리야트어	
04.04.18.~04.24.	러시아 므스키시	쇼르어	
04.05.12.~05.17.	투르크메니스탄 아시하바드시	아무다랴 방언	
04.06.23.~06.30.	몽골 아르항가이아이막	몽골어 오이라트 방언	예비 조사
04.08.15.~08.21.	러시아 노보시비르스크시	알타이어	

조사한 자료의 테이프의 개수와 그것을 각각 디지털화한 자료의 양은 다음과 같다. 분석 작업을 하지 않은 자료는 아래의 표에서 제외하였다.

〈표 6-2〉 테이프의 개수와 디지털화한 자료의 양(1차년도)

조사 언어		음성 자료		영상 자료	
		DAT (20 분용) 개)	자료량 (Gb)	DV (60 분용) 개)	자료량 (Gb)
만주퉁구스어파	오로챈어	4	1.28	10	130
	어웡키어	7	2.24	13	169
	시버어	11	3.52	20	260
몽골어파	다고르어	27	8.64	52	676
	부리야트어	4	1.28	9	117
튀르크어파	푸위 키르기스어	14	4.48	19	247
	쇼르어	8	2.56	20	260
	하카스어	1	0.32	1	13
	알타이어	2	0.64	4	52
합 계		78	24.96	148	1,924

전사한 내용을 언어별, 그리고 어휘 및 문장의 수를 요약하면 〈표 6-3〉
과 같다.

이 표를 보면 언어마다 조사 어휘의 수가 다르다는 것을 알 수 있다. 이러
한 차이가 나타난 원인은 두 가지이다. 첫째는 2차 조사 때와 그 이전의 조사
때 질문지에 수록된 질문 항목에 차이가 있었기 때문이고, 둘째는 언어마다
자료제공인들의 능숙한 정도가 다르기 때문이다. 이 중에서 둘째 원인이 더
크게 작용했던 것으로 보인다. 우리는 해당 언어에 가장 능숙한 자료제공인
을 추천 받아서 조사를 했지만, 실제 조사 과정에서는 "모른다"거나 "생각이
잘 나지 않는다"는 답변을 듣는 경우가 많았다.

이러한 사실은 우리가 진행하고 있는 현재의 과제가 그만큼 가치가 있다
는 것을 보여 주는 것으로 판단된다. 만약 지금 조사해 놓지 않고 몇 년 후에
조사하러 가면, 지금보다는 응답 항목이 훨씬 줄어들 것이다. 가장 대표적인
예가 우리가 조사한 푸위 키르기스어이다. 제1차 조사 때 이미 거의 사멸

과정에 있다는 것을 짐작할 수 있었다. 그러나 워낙 조사 기간이 짧아서 그
럴지도 모른다고 생각하여 보충 조사를 실시했지만 결과는 거의 대동소이했
던 것이다. 물론 전혀 소득이 없었던 것은 아니다. 지금까지 전혀 보고된 적
이 없었던 어휘를 채록하는 성과를 올릴 수 있었다.

〈표 6-3〉 언어별로 전사한 어휘 및 문장의 개수(1차년도)

조사 언어		어휘	문장	
			기초 회화	문법
만주퉁구스어파	오로챈어	1,663	220	170
	어웡키어	664	269	193
몽골어파	다고르어	1,162	219	178
	부리야트어	1,325	276	266
튀르크어파	푸위 키르기스어(우자쯔)	216	22	0
	푸위 키르기스어(치자쯔)	305	32	0
	푸위 키르기스어(치자쯔)	363	43	0
	쇼르어	2,700	274	275

2. 제2차년도(2004년 9월~2005년 8월)

조사한 일시와 지역 및 언어는 다음과 같다.

〈표 6-4〉 제2차년도 현지 조사 언어 목록

일시	조사 지역	조사 언어	비고
04.10.16~10.23.	중국 신장웨이우얼자치구 타청시	시버어	
	중국 신장웨이우얼자치구 타청시	아시러 다고르어	
	중국 신장웨이우얼자치구 하바허(哈巴河)현 아커하바(阿克哈巴)촌	투바어 (쾨크 몬차크 방언)	
05.01.04~01.07.	카자흐스탄 알마티시	카자흐어	

05.02.13~02.23	러시아 사하공화국 야쿠츠크시	어웡키어	
	러시아 사하공화국 야쿠츠크시	야쿠트어	
05.04.17~04.24.	러시아 추바시공화국 체복사르시	추바시어	
05.02.15~02.22.	중국 네이멍구자치구 하이라얼시	바르가 부리야트어	
05.04.26~05.08.	중국 신장웨이우얼자치구 부얼친현 카나스/하바허현(哈巴河縣) 아커하바(阿克哈巴)촌	투바어 (쾨크 몬차크 방언)	
05.05.03~05.08.	중국 헤이룽장성 푸위현 싼자쯔촌	만주어	
05.06.20~07.01.	몽골 홉스굴아이막	몽골어 (다르하트 방언)	
	몽골 홉스굴아이막	투바어 (차아탕 방언)	

조사한 자료의 테이프의 개수와 그것을 각각 디지털화한 자료의 양을 어파별로 구분하여 보이면 다음과 같다. 분석 작업을 하지 않은 자료는 아래의 표에서 제외하였다. 아래의 도표에서 시간으로 나타난 것은 저장 매체가 컴팩트 플래시카드(CF Card)인 새로운 녹음기로 녹음한 것인데 그 저장 시간의 양을 표시한 것이다.

조사한 내용을 언어별로 어휘 및 문장의 수를 요약하면 다음과 같다.

〈표 6-5〉 테이프의 개수와 디지털화한 자료의 양(2차년도)

조사 언어		음성 자료		영상 자료	
		DAT (120분용)(개)	자료량 (Gb)	DV (60분용)(개)	자료량 (Gb)
만주퉁구스어파	시버어	13	5.91	25	286
	만주어	*11시간 52분	7.68	11	143
	어웡키어	8	1.98	12	145
몽골어파	아시러 다고르어	12	5.99	18	195
	부리야트어 (호친바르가 방언)	15	3.00	20	230

튀르크어파	투바어(아커하바)	8	4.62	9	107
	카자흐어	11	2.50	16	208
	야쿠트어	6	1.33	10	130
	추바시어	*12시간 13분	20.50	13	156
	투바어 (카나스/아커하바)	*23시간 16분	80.80	38	505
합 계		73 *47시간 21분	134.31	172	2,105

〈표 6-6〉 언어별로 전사한 어휘 및 문장의 개수(2차년도)

조사 언어		어휘	문장	
			기초 회화	문법
만주퉁구스어파	시버어	816	342	284
	만주어	800	340	100
	어웡키어	2,722	342	381
몽골어파	다고르어(타청 방언)	2,651	342	283
	부리야트어(호친바르가 방언)	2,747	343	380
튀르크어파	투바어(아커하바)	1,187	340	284
	카자흐어	2,730	344	382
	야쿠트어	2,672	344	381
	추바시어	2,721 (제1자료제공인) 813 (제2자료제공인)	344 (제1자료제공인) 0 (제2자료제공인)	380 (제1자료제공인) 0 (제2자료제공인)
	투바어(카나스) 투바어(아커하바)	1,860 (제1자료제공인) 2,715 (제2자료제공인)	344 (제1자료제공인) 344 (제2자료제공인)	374 (제1자료제공인) 374 (제2자료제공인)

3. 제3차년도(2005년 9월~2006년 8월)

조사한 일시와 지역 및 언어는 다음과 같다.

〈표 6-7〉 제3차년도 현지 조사 언어 목록

일시	조사 지역	조사 언어	비고
05.08.31.~09.03.	중국 헤이룽장성 치치하얼	다고르어	
05.10.16.~10.23.	중국 간쑤성 쑤난	동부요구르어	
	중국 간쑤성 쑤난	서부요구르어	
05.10.19.~10.26.	러시아 하바롭스크	나나이어	
06.02.07.~02.14.	중국 헤이룽장성 치치하얼	만주어	
06.02.04.~02.19.	우크라이나 키예프	가가우즈어	
	우크라이나 마리우폴	우룸어	
	우크라이나 심페로폴	크림 타타르어 (크름차크 방언)	
	우크라이나 예프파토리야	카라임어	
06.02.06.~02.11.	러시아 하바롭스크	우디허어	
	러시아 하바롭스크	어윈어	
	러시아 하바롭스크	어웡키어	
06.04.16.~04.24.	러시아 칼미크공화국 엘리스타	칼미크-오이라트어	
06.05.13.~05.22.	러시아 톰스크	출름 튀르크어	
	러시아 톰스크	바라바 타타르어	
06.06.24.~07.07.	몽골 홉스굴아이막 찬드만-운두르솜	몽골어 (아릭 오량하이 방언)	
	몽골 홉스굴아이막 차강-우우르솜	투바어 (우린 오량하이 방언)	

〈표 6-8〉 테이프의 개수와 디지털화한 자료의 양(3차년도)

조사 언어		녹음 시간	자료량(Gb)
만주퉁구스어파	나나이어	18시간	11.80
	만주어	22시간	14.20
	우디허어	20시간 45분	13.30
	어윈어	11시간	7.12

몽골어파	어웡키어	4시간	2.76
	만주어	41시간	26.40
	동부요구르어	17시간 20분	11.10
	칼미크-오이라트어	19시간 16분	12.40
튀르크어파	몽골어 (아릭 오량하이방언)	23시간 12분	14.90
	서부요구르어	20시간 11분	12.90
	우룸어	약 20시간	12.90
	크림 타타르어 (크름차크 방언)	약 7시간	4.52
	카라임어	3시간 44분	2.40
	가가우즈어	4시간 14분	2.72
	출름튀르크어	24시간 12분	15.50
	투바어 (우린 오량하이 방언)	25시간 24분	16.30
합 계		약 281시간 18분	181.22

〈표 6-9〉 언어별로 전사한 어휘 및 문장의 개수(3차년도)

조사 언어		어휘	문장	
			기초 회화	문법
만주퉁구스어파	나나이어	2,236	160	68
	만주어	2,003	344	377
	우디허어	786	344	283
	어원어	798	344	379
	어웡키어	722	0	0
몽골어파	동부요구르어	2,521	344	379
	칼미크-오이라트어	2,682	344	380
	몽골어 (아릭 오량하이방언)	2,694	345	384
튀르크어파	서부요구르어	1,995	344	380
	우룸어	2,153 (제1자료제공인) 275 (제2자료제공인) 118 (제3자료제공인)	344 (제1자료제공인)	380 (제1자료제공인) 104 (제3자료제공인)

크림 타타르어 (크름차크 방언)	538		377
카라임어	151	79	116
가가우즈어	972		
출름튀르크어	493 (제1자료제공인) 428 (제2자료제공인)	344 (제1자료제공인)	239 (제1자료제공인)
바라바 타타르어	713		
투바어 (우린 오량하이방언)	2,466	345	384

알타이언어 현지 조사의 실제

이 장에서는 알타이언어가 사용되는 현장에 가서 조사한 내용을 바탕으로 하여 그 언어의 사용 실태와 언어 조사 상황을 구체적으로 기술하기로 한다.

1. 만주퉁구스어파

1.1. 어웡키어(Evenki)

1.1.1. 언어 개관

어웡키어는 북퉁구스어군에 속하며 러시아와 중국 지역에 분포한다. 일반적으로 '퉁구스어'라 할 때 좁은 의미로 이 어웡키어를 가리킨다. 중국 지역에서 사용되는 오로챈어가 이 언어에 가깝다. 주의해야 할 사실은 중국에서 어웡키족으로 불리는 사람들의 언어는 전통 알타이어학에서 말하는 솔론어를 말하는 것이라는 점이다. 그러나 중국의 어웡키족들도 그 구성 요소가 다양하여 언어의 분류 측면에서 정밀하게 연구될 필요가 있다.

러시아의 어웡키족은 대체적으로 보아서 서쪽으로는 동경 80도 예니세이 강으로부터 동경 130도 오호츠크 해안 지역과 캄차트카 반도 및 사할린섬에까지 분포하며, 위도로는 북위 50도 지역에서 북위 70도에 미치는 지역에까지 분포되어 있다.

넓은 분포 지역에 비하여 볼 때 어웡키어 사용자는 극소수에 불과하여 '절멸 위기의 언어'로 분류되어 있다. 1926년 통계로 인구는 39,000명이었고, 1970년에는 25,149명에 어웡키어 사용자는 51.3%인 12,899명이었다. 1979년에는 약 28,000명 중에 불과 10,000여명만이 어웡키어를 사용하는 것으로 집계되었으며 2002년 조사에서는 35,527명 중 모어 사용자는 7,584명으로 집계되었다. 이는 이 언어의 러시아어화가 급속히 진행되고 있음을 보여 주는 것이라고 할 수 있다. 이들의 언어를 표기하는 수단으로 1930년부터 1937

년까지는 라틴 문자를 사용하였으나 1938년 이래 현재까지 키릴 문자를 사
용하고 있다. 1953년 이전까지는 남부 방언인 네파 방언의 언어를 표준어로
표기하였으나 1953년에 역시 남부 방언인 폴리구스(어윙키 민족구의 중심
지) 방언을 표준어로 채택하였다.

어윙키어는 크게 남부 방언, 동부 방언, 북부 방언으로 나뉘는데 방언을
분류하는 대표적 기준은 어두 또는 어중의 [s]의 [h]로의 변화 여부이다. 예
를 들어 남부 방언에서 [sulaki] '여우', [asi] '부인'은 북부 방언에서 [hulaki],
[ahi]로 실현된다. 동부 방언의 경우 어중에서는 [h], 어두에서는 [s] 또는 [h]
의 상태를 보여 준다.

1.1.2. 현지 조사 개황

가. 어윙키어(1)

□ **조사 기간**: 2004년 4월 19일~24일

□ **조사 장소**: 러시아 부리야트공화국 울란우데시, 러시아과학아카데미 시베리
 아지부 몽골-불교-티베트연구소와 부리야트 호텔

□ **현지 협조 기관**: 러시아과학아카데미 시베리아지부 몽골-불교-티베트연구소

□ **조사 참가자**: 김주원(총괄, 전사), 최문정(통역), 김윤신(녹음), 최형원(녹화)

□ **자료제공인(Consultant)**

 (1) 담딘 스테파노비치 베렐투예프(Damdin Stepanovich Bereltujev, 75세, 1929
  년생, 남)

  - 민족: 어윙키족

  - 출생지: 쿠루만(Kuruman)지구 예르디(Jerdy)

  - 직업: 연금 생활자(전에는 목민(牧民))

  - 가족 사항: 배우자 부리야트족(사망)

  - 언어 사용 상황: 아주 어렸을 때만 어윙키어를 사용하였고, 어려서부
   터 부리야트어를 러시아어와 혼용한다.

[그림 7-1] 어윙키인 담딘 베렐투예프 씨

(2) 지나이다 로마노브나 델보노바(Zinajda Romanovna Delbonova, 66세, 1938
년생, 여)

- 민족: 어윙키족

- 출생지: 쿠루만(Kuruman)지구 타지(Tazy)

- 직업: 부리야트 국영 방송국 어윙키 라디오 프로그램(BIRAKAN) 에디터

- 가족 사항: 배우자 부리야트족

- 언어 사용 상황: 12세까지는 어윙키어를 사용했으며, 집에서는 부리
야트어와 러시아어를 혼용한다.

(3) 나탈랴 발렌티노브나 몬고(Natalja Valentinovna Mongo, 27세, 1977년
생, 여)

- 민족: 어윙키족

- 출생지: 이르쿠츠크(Irkutsk)주 카탄가(Katanga)지구 예르보가촌(Jerbogachon)

- 직업: 부리야트 국립대학 어윙키어 강사

- 언어 사용 상황: 12세까지 어윙키어 사용. 현재 이혼 상태(전배우자 반

어웡키족). 부모와 지인들이 모두 어웡키족으로 어려서부터 어웡키어를 사용한다.

□ **조사 내용 및 특기 사항:** 자료제공인(1)은 질문 내용을 잘 알아듣지 못해서 어휘를 조사하는데 힘이 들었으나, 기초 회화를 조사할 때는 자연스럽고 유창하게 대답하였다. 자료제공인(2)는 어웡키어를 많이 잊어버린 상태였으며 자료제공인(3)은 그 전날 부리야트국립대학을 방문할 때 알게 된 사람으로 본인이 자료제공인으로 자원을 해 왔다. 어웡키어 강사이어서 유창한 화자일 것으로 생각되었으나 막상 시작해보니 자료제공인(2) 정도의 수준이었다. 젊은 사람이어서 자신의 언어를 제대로 구사하지 못하는 것으로 판단된다. 전체적으로 보아서 이 지역은 러시아어 이외에도 부리야트어가 우세 언어이므로 유창한 어웡키어 화자는 없는 것으로 보인다. 전체적으로 어휘 664개, 기초회화 269개, 문법 193개 항목을 조사하였다.

나. 어웡키어(2)

□ **조사 기간:** 2005년 2월 16일~20일

□ **조사 장소:** 러시아 사하(야쿠트)공화국 야쿠츠크시, 야쿠트농업경제대학 요양숙사

□ **현지 협조 기관:** 러시아과학아카데미 시베리아지부 북방소수민족연구소

□ **조사 참가자:** 김주원(총괄, 전사), 최문정(통역), 고성익(녹음), 유현조(녹화)

□ **자료제공인:** 안나 니콜라예브나 미레예바(Anna Nikolaevna Myrejeva, 74세, 여)

- 민족: 어웡키족

- 직업: 연구원(러시아과학아카데미 시베리아지부 북방소수민족연구소)

- 가족 사항: 1남 1녀, 배우자 사하(야쿠트)족

- 언어 사용 상황: 러시아어(직장), 야쿠트어(가정)

- 저서: 『어웡키어-러시아어 사전』(3만 어휘, 2004) 외

- 거주 경력: 알단강과 암가강 사이의 지류의 사슴 유목민의 가정에서 출생하였다. 8살에 학교 입학하기 전까지는 집에서 어웡키어를 사용

했다. 12살 때부터는 직접 사냥을 한 경험도 있고, 1949년에 고향을 떠나서 1957년에 야쿠츠크로 이주하였다.

[그림 7-2] 어윙키인 안나 미레예바 씨

□ 조사 내용

- 어휘(2,700여 항목), 기초 회화(342항목), 문법(284항목) 등 질문지의 모든 내용
- 어윙키어 회화책(30분 분량) 녹음

□ 언어의 특성

- 음운론적인 특징: 어두 파열음이 유성 대 무성의 대립을 이룬다. 다른 방언의 자음 [s]가 [h]로 실현된다. 중국의 오로챈어에서 볼 수 없는 /v/ 음소가 발달(어말에서는 [f]로 실현됨)되었다. 자음 연쇄 n-ŋ이 상호 동화되지 않고 실현된다. 남부 방언 등에서 [e]로 실현되는 모음이 이 방언에서는 [ə]로 실현된다.
- 문법: 소유인칭어미와 동사인칭어미가 실현된다.

- 어휘: 눈(雪)을 지칭하는 어휘가 30개, 사슴(순록 포함)과 관련된 어휘
  가 500개 이상이다.

▫ **참고**: 어웡키어 사전을 집필한 탓인지 일부 어휘의 경우 여러 방언형을 뒤
  섞어서 대답하는 경향이 있다.

다. 어웡키어 아우루구야(敖魯古雅) 방언

어웡키어(鄂溫克語) 아우르구야 방언은 건허(根河)시 아우루구야어원커
례민(敖魯古雅鄂溫克猎民)향에서 극소수의 인구가 사용하는 어웡키어이다.
이들은 원래 러시아 지역에 거주하고 있었으나 중국 지역으로 온 후 1911년
러시아 혁명 이후에 원거주지로 돌아가지 못한 사람들이다. 이들은 주위 사
람들에 의해 '야쿠트'로 불렸으나 야쿠트족과 같이 살았을 뿐이지 어웡키어
를 모어로 구사하는 사람들이다. 이들의 주요 생업은 사냥과 순록을 기르는
것이었으나 이제는 거의 전통 생활을 하지 않는다. 자료제공인은 언어와 생
활 방식을 비롯한 전통이 소멸되고 있다는 점을 지적하면서 아우르구야 어
웡키족의 장래에 대한 비관적 견해를 여러 차례 밝혔다.

▫ **조사 성격**: 바르가 몽골어 조사 과정 중 자료제공인이 확보되어 진행한 계획
  외의 부가적 조사
▫ **조사 기간**: 2005년 2월 21일 09:30~11:40(약 2시간)
▫ **조사 장소**: 중국 네이멍구(內蒙古)자치구 후룬베이얼시 하이라얼구 후룬베
  이얼호텔 서관 416호
▫ **조사 참가자**: 고동호(총괄, 녹음), 유원수(전사), 조문우(질문, 통역, 주무), 이
  형미(녹화)
▫ **자료제공인**: 마니(瑪尼 51세, 여)
  - 민족: 어웡키족
  - 직업: 반퇴직(半退) 간부
  - 가족 사항: 하이라얼 시내에서 남편(한족)과 거주

- 1998년 퉁구스어 언어 조사(조사자는 김주원, 고동호 교수)를 왔을 때 자료제공인이었다. 조부 때 러시아령에서 일족이 집단 이주하였으며, 그 이주 및 정착 과정에서 자료제공인의 조부가 일정한 역할을 한 듯하다. 현재 아우로구야의 어웡키인들이 삶이 순탄치 못한 것은 그들에게 샤먼이 없기 때문이라고 생각한다.

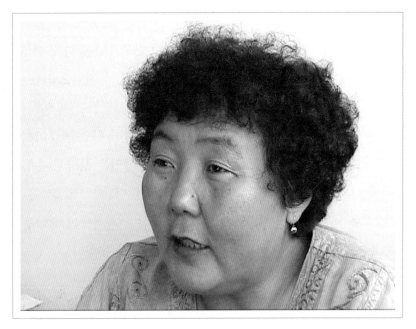

[그림 7-3] 어웡키인(아우르구야) 마니 씨

□ **조사 내용**: 기초 회화(344항목), 문법(56항목)
□ **언어의 특성**: 야쿠트 어웡키어와 솔론 어웡키어의 구별: 바르가 몽골어 자료 제공인의 부인이며 어웡키족인 서버거메드 씨가 마니 씨의 언어를 '야쿠트 어웡키어'('솔론 어웡키어'인 어웡키어와 구별되는)로 규정하고, 자신의 언어를 솔론 어웡키어로 규정할 만큼 토박이화자나 조사자가 인식할 수 있을 만한 뚜렷한 차이가 있다. 그 이유는 이들은 이곳 토박이가 아니라 러시아 로부터 넘어 왔기 때문이며 그 시기도 멀지 않기 때문이다.

첫째, 중국의 다른 어웡키어와는 달리 자음 음소의 대립 자질이 유기 대

무기가 아니라 유성 대 무성에 가깝다.

둘째, 문법에 있어서 인칭어미가 현저히 발달되어 있다.

셋째, 어휘에는 러시아어 차용어가 많이 들어 있다.

라. 오로챈어

오로챈어는 중국의 여러 소수민족의 하나인 오로챈(鄂倫春 Elunchun)족의 언어로서 Orochon~Oroqen으로 표기되기도 한다. 러시아에서는 어웡키라고 불린다.[*] 오로챈족의 주거지는 중국의 네이멍구자치구 후룬베이얼시의 간허(甘河) 유역의 어룬춘자치기, 부트하기, 모리다와 다고르자치기 그리고 헤이룽장성의 후마(呼瑪), 쉰커(遜克), 아이후이현(愛輝縣) 등지이다. 오로챈어는 어원어(Ewen), 솔론어(Solon) 그리고 네기달어(Negidal) 등과 함께 알타이어족의 만주퉁구스어파의 북퉁구스어군을 구성한다.

오로챈족의 인구는 1982년 조사에서 4,132명으로 그리고 1991년 조사에서는 약 5,000명으로 집계되었다. 그러나 인구의 증가가 곧 오로챈어 사용자가 늘었다는 것을 의미하지 않는다. 오로챈어 사용자는 오히려 감소하였다. 유네스코의 보고(1992년)에 따르면 오로챈족 내에서 그들의 언어를 구사할 줄 아는 어린이는 거의 없고, 구사할 줄 아는 사람의 최소 연령대는 20세에서 40대 사이를 오락가락 한다. 오로챈족의 성별의 분포에 대해서 알려진 바는 없으나 남녀 모두 다른 민족과의 혼인이 일상적으로 이루어진다.

2000년의 인구는 8,923명이었지만 그 중 그들의 언어를 구사할 줄 아는 오로챈족의 수는 1,200명을 넘지 못할 것으로 추측한다. 모어 구사 능력도 천차만별이어서 극히 초보 수준에서 유창한 수준까지 다양하다. 이전에 초등학교에서 국제음성부호(IPA)를 사용하여 오로챈어를 가르쳤으나 실효를 거두지 못하였다. 오로챈족끼리 결혼하여 가족을 이루고 사는 경우에도 가정에서 한어가 일상 언어로 자리 잡고 있다.

□ **조사 기간**: 2003년 9월 23일~26일

[*] 참고로 중국에서의 어웡키어는 전통적인 알타이어학에서 말하는 솔론어(Solon)이다.

□**조사 장소**: 중국 헤이룽장성 헤이허시 아이후이호텔(璦琿賓館)

□**조사 참가자**: 이호영(총괄, 전사), 신용권(통역), 최형원(녹음), 강희조(녹화)

□**자료제공인**: 모귀뤼(莫桂茹, 58세, 여), 멍수전(孟淑珍, 57세, 여)

  - 민족: 오로챈족

  - 직업: 전직 공무원

[그림 7-4] **오로챈인 모귀뤼 씨**

□**조사 내용**: 1,663개의 어휘와 220개의 기초 회화 구문, 170개의 문법 조사 문형을 녹음 및 녹화하였다.

□**언어의 특성**

  (1) 유기음과 무기음의 대립이 있다.

  (2) [r]과 [l]의 대립이 있다.

  (3) 마찰음이 [s], [h] 두 가지밖에 없다.

  (4) 원순 전설 고모음 [y]가 있다.

  (5) [o]와 [ɔ]의 대립이 있다.

(6) 모음 사이에서 연구개 무기 파열음의 약화된다.

$[k] \rightarrow [x],$　　　$[g] \rightarrow [ɣ]$

$s \rightarrow \varphi/ \underline{\hspace{2cm}} \{i, e, E\}$

1.2. 시버어(錫伯語, Sibe)

1.2.1. 언어 개관

시버어는 중국의 신장웨이우얼자치구에 거주하고 있는 시버(錫伯)족이 사용하고 있는 언어이다. 시버족들은 본래 원나라 초기부터 몽골족의 지배를 받았으며 그 절대 다수는 호르친 몽골족의 통치를 받았다.[■] 1636년~1648년에 호르친 몽골족이 팔기(八旗)로 편성됨에 따라 시버족들은 몽고 팔기에 속하게 되었고, 1692년에 이르러서야 만주 팔기에 편성되어 몽골족의 직접 지배에서 벗어났다.

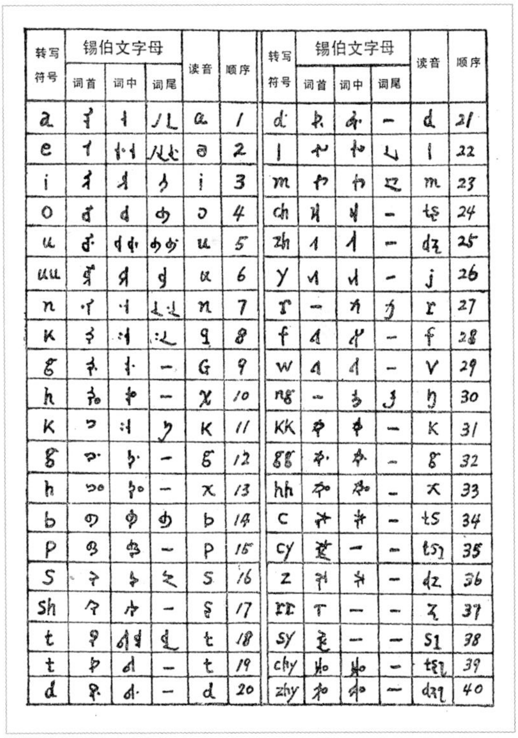

1764년(건륭 29년) 청나라 정부는 이리(伊犁)지구의 수비 강화를 위해 시버족 병사와 그 가권들을 파견했는데, 현재 신장웨이우얼자치구에 거주하고 있는 시버족들은 이들의 후손들이다. 이들은 두 차례에 걸쳐 4월 10일과 4월 19일에 성징(盛京, 지금의 선양(沈陽))을 출발하였는데, 제1차 출발 인원은 1,675명이었고, 제2차 출발 인원은 1,600명이었다. 그러나 이동 도중에 350여명의 아이가 태어났고 405명이 스스로 합류하는 등 인원의 변동이 있었다. 이들은 각각 1764년 8월 24일과 8월 25일에 '우리야쑤타이(烏里雅蘇台)'에 도착하여 겨울을 보내고, 이듬해 3월에 다시 출발하여 7월 20일과 22일 무렵에 현재의 휘청(霍城)현에 도착했다.

[그림 7-5] **시버 문자표**(李樹蘭·仲謙 1986: 141)

[■] 아래에서 언급할 시버족의 "서천(西遷)"을 포함한 시버족의 역사는 錫伯族簡史 編寫組(1986: 34, 45-47)에 따른다.

2000년에 시행된 인구 조사 결과에 따르면 신장웨이우얼자치구에 거주하고 있는 시버족은 34,566여명이다. 이 자치구에서 시버족이 가장 많이 거주하고 있는 곳은 차부차얼(察布查爾, 찹찰)시버자치현으로 18,938명이 거주하고 있으며, 그 외에 우루무치(乌鲁木齐/烏魯木齊)시에 3,674명, 이닝(伊宁)시에 3,011명, 훠청(霍城)현에 2,585명, 궁류(鞏留)현에 1,381명, 타청(塔城)시에 1,214명이 거주하고 있다. 중국 전체의 시버족 인구는 188,824명이지만, 이 자치구를 제외하고는 시버어가 사용되지 않는다. 이처럼 이 자치구에서 시버어가 여전히 사용되고 있는 이유는 이 지역이 중국의 서북쪽 끝에 위치하고 있어서 한족(漢族) 문화의 영향을 비교적 적게 받았기 때문이다.

신장웨이우얼자치구의 시버족은 한어는 물론, 대부분이 위구르어, 카자흐어도 구사하며, 1947년에 원래 사용하던 만주 문자를 개혁한 시버 문자를 사용하고 있다. 구어와 문어는 상당히 다른데 만주어 문어만 알면 시버어 문어를 거의 다 읽을 수 있을 정도이나 구어는 이것과는 거리가 있다. 한편 차부차얼(찹찰)시버자치현에서는 일부 초등학교에서 3년~6년에 걸쳐 시버어 교육도 이루어지고 있다.

시버어는 중국 학계에서 독립된 언어로 간주되고 있다. 그러나 중국 학계를 제외하고는 시버어가 일반적으로 만주어의 한 방언으로 간주되기도 할 만큼, 만주어와 아주 가까운 언어이다. 만주어를 구사하는 헤이룽장성 푸위현 싼자쯔촌 사람에 따르면, 시버족이 이 마을을 방문했을 때, 서로 의사소통이 가능했다고 한다. 따라서 시버어도 만주어와 마찬가지로 남퉁구스어군으로 분류된다. 시버어 안의 방언적 차이에 대해서는 지금까지 보고된 바가 없으나, 차부차얼(찹찰)시버자치현 내에 기존의 군대 조직인 니루(牛彔)별로 마을이 형성되어 있다는 점과 차부차얼(찹찰)시버자치현을 제외한 시버족 집거지들의 거리가 상당하다는 점, 일반적으로 시버족들은 5니루 시버족들의 말이 문어와 비슷하다고 말한다는 점 등을 고려하면 방언 차이가 존재할 가능성이 크다.

1.2.2. 현지 조사 개황

가. 시버어(5니루)

□ **조사 기간:** 2003년 10월 13일~17일(총 20시간)

□ **조사 장소:** 중국 신장웨이우얼자치구 우루무치시 신눙호텔(新農大廈). 우루무치는 신장웨이우얼자치구의 중심 도시이며, 베이징에서 항공기로 2시간 걸리는 곳에 위치하고 있으며, 현지 시간은 중국의 표준 시간보다 2시간이 늦다. 2000년 중국 인구 조사 결과에 따르면 당시 우루무치시 인구는 2,081,834명이었다. 우루무치는 실크로드 북로에 위치해 있어서 유라시아 대륙의 무역과 문화 교류의 통로였다.

□ **조사 참가자:** 고동호(총괄, 전사), 배성우(녹화), 김양진(녹음), 윤경애(통역)

□ **자료제공인:** 허원친(何文勤, 68세, 남)

   - 민족: 시버족 (5니루)

   - 직업: 신장(新疆)교육출판사 근무 후 퇴직

   - 언어 사용 상황: 시버어, 한어(고등학교 입학 후 습득), 위구르어

   - 가족: 부인은 시버족 8니루 출신

□ **협조자:** 융즈젠(永志堅, 신장소수민족고적판공실 부주임)

□ **조사 내용:** 기초 어휘(221개 수준 + 279개 수준), 기초 회화, 문법, 일반 어휘(1,156개 수준), 이 중에서 67개 정도의 어휘는 조사가 불가능하였다.

나. 시버어 타청 방언

□ **조사 기간:** 2004년 10월 16일~23일(실제 조사 기간: 4일)

□ **조사 장소:** 중국 신장웨이우얼자치구 타청시 타청지구호텔(塔城地區賓館). 타청은 우루무치로부터 직선 거리로 450여km 떨어져 있다.

□ **조사 참가자:** 고동호(총괄, 전사), 김윤신(전사, 녹음), 자오원위(趙文宇, 통역), 도정업(녹화)

□ **자료제공인**

(1) 퉁푸창(佟富昌, 시버어 이름: Usəri, 70세, 남) — 주자료제공인

- 민족: 시버족

- 직업 및 학력: 농업, 초등학교 졸업

- 언어 사용 상황: 한어와 카자흐어, 시버어를 구사한다. 시버어는 시버족들과 이야기할 때만 사용한다.

(2) 춘융창(春永昌, 58세, 남) — 부자료제공인

- 민족: 시버족

- 언어 사용 상황: 자식들과는 한어로 이야기하고, 동년배들과는 카자흐어로 이야기하며, 시버족 노년층들과는 시버어로 이야기한다. 그 외에 위구르어도 구사 가능하다.

[그림 7-6] 시버인 허원친 씨 부부

□ 조사 내용

- 주자료제공인: 어휘(1, 2급), 기초 회화, 문법 모든 항목(3.5일 조사)

- 부자료제공인: 어휘(1, 2급-150개)(4시간 조사)

□ **언어의 특성**: 시버어 찹찰 방언와 비교해 볼 때, 타청 시버어의 특징은 다음과 같다.

(1) 분명한 권설 파찰음이 존재한다(예: dẓafm '잡다').

(2) 어말 유성 연구개음이 존재한다(예: boɣ '사슴').

(3) 유성음 사이의 치조 마찰음이 유성음화되지 않는다(예: gisurəm '말하다').

(4) 어휘적으로 차이가 나는 경우도 있다(예: gulun '항상, 언제나' cf. 찹찰 시버어: darɣo).

(5) 어순에서 차이가 나는 경우도 있다(예: mint madʐi bajt bi ɕin iɣəndiri føndʐir. '남편에게 물어볼 말이 있다'. cf. 찹찰 시버어: bi ɕin iɣint madʐi føndʐir bajt bi.)

[그림 7-7] 시버어 타청 방언 조사

다. 시버어(3니루 지역)

□ 조사 기간: 2005년 8월 4일~6일(조사 기간: 3일)

□ 조사 장소: 중국 신장웨이우얼자치구 우루무치시 유하오호텔(友好大酒店)

□ 조사 참가자: 김동소(총괄, 녹음), 최희수(崔羲秀, 통역)

□ 자료제공인

(1) 치처산(奇車山, 56세, 1949년생, 남)

 - 민족: 시버족

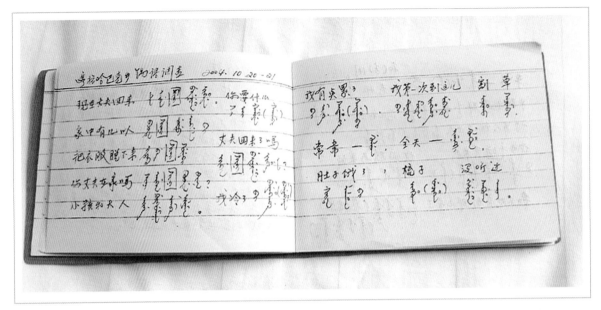

[그림 7-8] 시버어 자료제공인이 쓴 시버문(만주문)

- 출생지: 신장 이리 차부차얼시버(新疆伊犁察布查爾錫伯)자치현 3니루(依拉齊牛泉)촌
- 직업: 신장어문위 어문공작(新疆語文委 語文工作) 부연구원
- 언어사용 상황: 한어(漢語)와 카자흐어, 시버어를 구사한다.
- 가족: 4남 1녀, 손자 2인, 부인은 시버족

1.3. 만주어(Manchu)

1.3.1. 언어 개관

만주어는 남퉁구스어군의 하나로서, 중국의 만주족은 1,000만 명을 상회하지만, 중국 전체를 통해 보아도 언어 사용자의 수는 두어 마을의 100여명을 넘지 못한다. 만주어는 퉁구스어파에 속하는 언어들 중에서 문자로 기록된 역사가 가장 오래되었다는 점에서 대단히 중요하다. 만주어는 1599년에 창제된 무권점자로 1607년부터 기록되기 시작했으며, 1632년부터는 동그라미와 점이 있는 유권점자로 기록되기 시작했다. 이러한 연대는, 몽골어파나

튀르크어파에 비해 오래되지 않았지만, 퉁구스어
파에 속하는 다른 언어들보다 훨씬 앞서 있는 것
이다.

그러나 문어 만주어는 유권점자의 사용 이후
에는 표기법의 변화가 거의 없어서 만주어 구어
에서 일어났던 변화의 전모를 쉽게 파악할 수는
없다. 더구나 만주족들은 입관(入關) 이후 급속히
한족(漢族) 문화에 동화되어 만주어를 사용하지
않게 되었다. 이러한 상황 때문에 만주어 구어에
대한 기록은 단편적으로만 존재하며, 20세기 후
반기 이후에 이루어진 연구로는 중국에서 나온
두세 편의 보고밖에 없는 실정이다.

우리의 조사 지역이었던 싼자쯔촌은 행정구역
상 헤이룽장성 푸위현 유이향(友誼鄉)에 속한다.
촌명은 만주어의 Ilan Bo(三家)를 한어로 번역한

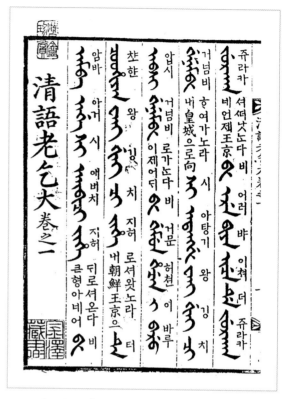

[그림 7-9] 조선조의 만주어 학습서 『청어노걸대』

것으로 보이는데, 이곳은 헤이룽장성의 하얼빈시에서 서북쪽으로 직선거리
로 350여 km 떨어진 곳에 위치하고 있고, 치치하얼시에서는 약 50km 정도
떨어져 있다.

이 마을에 거주하고 있는 만주족들은 원래 장백산 일대에 거주하고 있다
가 17세기 초에 수군으로 넌 강 일대에 파견된 군인들의 후손이다. 이 마을
의 명칭은 만주족들이 멍(孟) 씨, 타오(陶) 씨, 지(計) 씨의 세 성(姓)이 주를
이루는 데에서 유래하였다. 현재 이 마을의 인구는 1,000여 명인데 그 중에
서 600여 명이 만주족이며, 이전에는 농업이 이 마을 거주민들의 주요 생업
이었는데, 최근에는 정부의 지도에 따라 목축업도 하고 있다. 이 싼자쯔 만주
어에 대한 조사는 1961년에 실시된 바 있고, 그 결과가 내몽고대학에서 1983
년과 1993년에 두 차례 보고된 바 있다. 따라서 우리의 조사는 44년 만에
실시된 것이다.

1.3.2. 현지 조사 개황

□ 조사 기간: 2005년 5월 3일~8일

□ 조사 장소: 중국 헤이룽장성 푸위현 유이향

□ 조사 참가자: 권재일(총괄), 김주원(전사, 녹화), 고동호(전사, 녹음), 자오원위(趙文宇, 통역)

□ 자료제공인

(1) 멍셴샤오(孟憲孝, 74세, 남)

  - 민족: 만주족

  - 직업: 전직 당 간부

(2) 자오펑란(趙鳳蘭, 80세, 여), 우허윈(吳何雲, 77세, 여), 타오좐란(陶專蘭, 60세, 여), 스쥔광(石君光, 30세, 남)

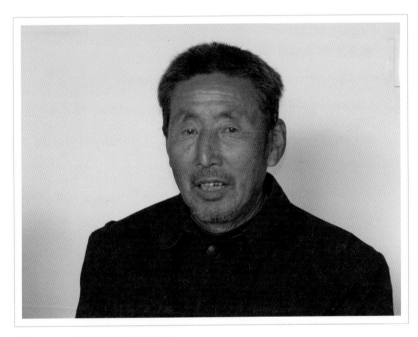

[그림 7-10] 만주인 멍셴샤오 씨

□ 조사 내용: 어휘(1, 2급 800여 개), 기초 회화, 문법의 일부

□ 언어의 특성: 주자료제공인인 멍셴샤오(孟憲孝) 옹은 언어 감각이 매우 뛰

어난 분이었으나 아쉽게도 어렸을 때는 아주 간단한 대화만을 만주어로 하다가 12세 무렵부터 19세까지 노인들에게 만주어를 배우기 시작한 분이었다. 즉 그의 언어는 한어를 모어로 하는 사람의 만주어라고 보아도 괜찮을 정도였다. 자오펑란(趙鳳蘭) 할머니는 어릴 때부터 쓰던 만주어형을 구사하고 있었으나 건강이 좋지 않아서 주자료제공인으로 조사하기 힘들었다. 특기할 만한 것은 30대 연령의 스쥔광(石君廣) 씨였다. 그는 자신의 언어인 만주어를 살리기 위해서 그의 할머니로부터 만주어를 배우고 있었으며 싼자쯔에 있는 소학교에서 만주어 교사를 하고 있는 분이다. 그의 할머니의 이름은 멍수징(孟淑靜, 80세)이며 멍셴샤오(孟憲孝) 옹의 친누나이다. 그러나 성장한 후에 배운 만주어라는 점에서 언어 구사 능력의 한계는 뚜렷하였다.

(1) 권설음 [ṣ], [ḍʐ], [ṭʂ] 등이 분명히 존재하고 있는데, 이들은 후설모음 앞에 나타나는 것으로 보인다.

(2) [z], [ɣ, ʁ] 등의 유성 마찰음이 나타나는데, 이들은 유성음 사이에서만 나타난다는 점이나 문어 만주어의 [s]와 [h]에 대응된다는 점에서 유성음화를 경험한 것이다.

(3) 문어 만주어의 alin(산)에 해당하는 어형이 [ajlin]으로 나타나는 것으로 보아서, Umlaut가 일어났다고 할 수 있다.

(4) 문어 만주어에서는 분명하게 구별되는 [l], [r]의 혼동되어 문어 만주어의 /l/이 [r]과 대응되기도 하고, 문어 만주어의 /r/이 [l]과 대응되기도 한다.

1.4. 나나이어(Nanai)

1.4.1. 언어 개관

나나이어는 중국과 러시아의 국경을 이루는 위치인 쑹화강(松花江) 하류, 우수리강 유역, 아무르강(중국의 흑룡강)의 중류, 하류에서 사용된다. 중국에서는 허저어(赫哲語, Hezhe)라고 하며 러시아에서는 과거에 골디어(Goldi)라고 불렀으나 지금은 나나이어로 불린다. 이들의 자칭은 사는 곳에 따라 다른데 대표적인 것으로 허저늭('하류 거주인'의 뜻), 나나이('땅+사람') 등이 있다. 러시아에 12,160명(2002년)의 인구가 거주하고, 중국에 4,640명(2000년)의 인구가 거주한다. 이 가운데 러시아 지역에서는 약 40%에 해당하는 3,886명이 사용하고 중국에서는 단지 12명(1999년)만이 허저어를 사용하고 있다. 이로 미루어 현재 허저어는 절멸 위기에 있음이 확실하며 현지에서 유창한 나나이어 모어 화자를 찾기가 몹시 어렵다. 현지에서 얻은 정보로는 현재 50대 이상의 연령층만이 허저어를 구사할 수 있고, 30대와 40대는 이해는 할 수 있으나 거의 구사할 수 없으며 20대 이하의 젊은이들은 허저어를 이해하고 구사하는 것이 불가능하다고 한다.

모어 화자의 수가 점점 줄어가고 있는 나나이어의 현지 조사는 우리 연구 과제에서 시급하게 이루어져야 할 작업 가운데 하나였다. 2005년 10월에 이루어진 나나이어 현지 조사의 내용은 다음과 같다.

1.4.2. 현지 조사 개황

□ **조사 기간**: 2005년 10월 19일~26일

□ **조사 장소**: 러시아 하바롭스크시 자랴호텔

□ **조사 참가자**: 고동호(총괄, 녹음), 김윤신(전사), 김건숙(통역), 강희조(녹화)

□ **자료제공인**

(1) 발렌틴 루키치 사마르 (Valentin Lukich Samar)(60세, 1945년생, 남)

  - 민족: 나나이족

  - 배우자: 전 부인은 러시아인이었으나 현재 부인은 나나이족이다.

  - 직업: 예술가(민속공예) 겸 박물관 직원

  - 출신지: 니즈니예 할븨(Nizhnije Khalby)

  - 언어 사용 상황: 고린(Gorin) 방언 화자이며 1·2급 어휘의 20% 정도 구사하였다. 러시아어를 실제로 더 많이 사용하는 것으로 추정된다.

(2) 안토니나 세르게예브나 킬레(Antonina Sergeevna Kile)(76세, 1929년생, 여)

- 민족: 나나이족
- 직업: 교사(러시아어, 나나이어 문학)로 활동하다가 1973년부터 84년 까지 하바롭스크기술대학 부총장을 역임한 후 은퇴하였다. 1991년부 터 하바롭스크사범대학(현 극동인문대학교)에서 나나이어를 가르치고 있다.
- 출신지: 하바롭스크(Khavarovsk)주 나나이(Nanaj)지구 나이힌(Najkhin)
- 배우자: 니브흐(Nivkh, Giljak)족
- 언어 사용 상황: 나나이어의 표준 방언인 나이힌 방언 화자이며 전체 어휘의 80% 이상 구사하였다. 어휘, 회화 및 문법 등에 대한 전반적인 언어 구사력이 매우 뛰어났다. 특히 기초 회화와 문법 부문에서는 모어 화자임을 증명하는 유창성을 보여 주었다.

[그림 7-11] **나나이인 안토니나 킬레 씨**

☐협조자: 다랴 무하나예브나 베렐투바 (Dar'ja Mukhanaevna Bereltueva, 국립 극동인문대학교 북방민족학부장), 일랴 블라디미로비치 세르기엔코(Il'ja

Vladimirovich Sergienko, 하바롭스크주 주정부 천연자원부 북방토착소수민

족과 과장)

□ **조사 내용**(총 18시간, 11.8Gbytes)

(1) 고린(Gorin) 방언(4시간 30분 조사): 어휘 800여개, 기초 회화 65개

(2) 나이힌(Najkhin) 방언(14시간 조사): 어휘 2500여개(미완료, 2006년 2월

에 나머지 완료), 기초 회화 344개 및 문법 380개(완료)

□ **조사 지역의 지리적 특징:** 조사 지역인 하바롭스크는 아무르강이 도심을 가

로지르는 러시아 극동 지역의 최대 도시이다. 러시아 연방의 하바롭스크의

행정 중심지로서 서울에서 하바롭스크는 1416.2 km 떨어져 있으며 이동 시

간은 비행기로 3시간이다. 시차는 우리나라보다 2시간이 빠르다(3월 말부

터 10월 말까지 서머 타임을 적용하면 1시간이 빠르다). 10월 하순의 날씨

는 한국의 초겨울 정도에 해당하며 최고 영하 10도 정도까지 기온이 내려간

다. 원래 하바롭스크는 나나이족을 비롯하여 어원족, 어윙키족, 우디허족,

울치족, 네기달족, 오로치족 등의 만주퉁구스어파에 속하는 언어를 사용하

는 민족들의 주요 거주지였으나 현재는 러시아인들도 많이 거주하고 있다.

나나이족은 과거에 수렵과 어로를 주요한 생업으로 하였으며 현재에는 관

광업 등에 주로 종사하고 있다. 나나이족의 신앙은 곰 토템과 샤머니즘으로

기념품 등에 곰을 조각한 것이 매우 많다. 또한 나나이족의 독특한 문화로

는 어피로 만든 의복과 자수를 들 수 있다.

1.5. 어원어(Ewen)

1.5.1. 언어 개관

어원어는 라무트어(Lamut)라고도 한다. 울치어 및 오로치어와 의사소통이

가능할 정도로 매우 가깝다. 어원족은 전반적으로 시베리아 지역에서 어윙

키어 사용인들의 동북 방향 쪽의 넓은 지역에 흩어져 있다. 따라서 퉁구스족

가운데에서 최북단에 거주하는 셈이 된다. 집중적으로 거주하는 지역으로는

러시아의 사하공화국의 동부, 러시아의 마가단주, 하바롭스크지방 오호츠키
구, 캄차트카지방 등을 들 수 있다.

2002년 인구 조사 결과에 따르면 19,071명의 어원족 인구 중에서 모어
사용자는 7,168명으로 38% 정도의 비율을 보이고 있는데, 이 비율은 계속해
서 하락할 것으로 보인다. 왜냐하면 모어 사용자 비율이 1989년에는 44%였
고, 1979년에는 56%였으며, 1956년에는 81%였기 때문이다. 즉 어원족은 나
이가 적을수록 자민족이 사용하는 언어를 알지 못하는 비율이 점점 높아지
고 있는 것이다. 예컨대 1995년의 조사 결과에 따르면 오호츠키구의 모국어
구사율은 20.1%에 불과하다고 한다. 그나마 한 가닥 희망을 가질 수 있는
것은 어원어의 동부 방언권의 중심 방언인 올라(Ola) 방언이 1939년부터 문
자를 갖추고 있었다는 점이다.

어원어는 워낙 넓은 지역에서 사용되고 있기 때문에 크고 작은 10여 개의
방언이 있다고 알려져 있다. 그러나 음운적인 특징에 따라 동부 방언, 서부
방언, 중부 방언으로 대별하는 것이 일반적이다.[*] 동부 방언의 하위 방언으로
는 올라(Ola) 방언, 오호츠크(Okhotsk) 방언, 캄차트카(Kamchatka) 방언, 오몰
론(Omolon) 방언, 베료좁카(Berjozovka) 방언 등이 있으며, 서부 방언의 하위
방언으로는 라문킨(Lamunkin) 방언과 튜갸시르(Tjugjasir) 방언이 있다. 한편
중부 방언의 하위 방언으로는 알라이하(Allaikha) 방언, 톰포(Tompo) 방언, 모
마(Moma) 방언 등이 있다. 또한 이미 절멸한 방언으로 아르만(Arman) 방언이
있다.

1.5.2. 현지 조사 개황

□ **조사 기간**: 2006년 2월 6일~8일

□ **조사 지역**: 러시아 하바롭스크시 인투어리스트 호텔

□ **조사 참가자**: 고동호(총괄, 전사), 자리빠(통역), 도정업(녹화), 백은아(녹음)

□ **협조자**: 다랴 무하나예브나 베렐투예바 (Dar'ja Mukhanaevna Bereltueva, 국립극동
　　인문대학교 북방민족학부장)

[*] 이하 방언에 대한 기술은
Malchukov (1995: 5)에 따른다.

[그림 7-12] **어원인 엘레나 발듀 씨**

□ **자료제공인**: 엘레나 세묘노브나 발듀(Elena Semjonovna Valdju, 여, 1940년생, 마가단(Magadan)주 아나디르(Anadyr)지구 출신)

□ **조사 내용**: 어휘 1~2급, 기초 회화, 문법

1.6. 우디허어(Udihe)

1.6.1. 언어 개관

우디허어는 우데어(Ude), 우데헤어(Udehe), 우데게어(Udege) 등으로 부르기도 한다. 조선왕조실록에 '우디거(兀狄哈)' 등으로 표기되어 있는데 조선시대 전반기에 이들과 잦은 접촉을 한 기록이 있다. 우디허 민족이 집중적으로 거주하는 지역은[■] 러시아의 프리모르스키(Primorskij)지방 비킨(Bikin)강 유역의 크라스늬 야르(Krasnyj Jar)(400명), 사마르가(Samarga)강 유역의 아그즈(Agzu)(144명), 하바롭스크주 호르(Khor)강 유역의 그바슈기(Gvasjugi)(160명), 아뉴이(Anjuj)강 유역의 아르세녜보(Arsen'jevo)(50명) 등이다.

러시아에서 사용되는 만주퉁구스어파 가운데, 거의 절멸 상태에 이르렀

■ 津曲敏郎(2002: i)에서 재인용. 숫자는 1989년도 통계이다.

다고 판단되는 윌타어와 오로치어를 제외하면, 우디허어는 네기달어와 함께 가장 심각한 위기 상태에 있다고 판단되는 언어이다. 우리 조사에서 자료제공인이었던 분의 말에 따르면, 자신이 거주하고 있는 그바슈기에서 주로 우디허어로 대화하는 사람은 할머니 한 분과 수렵업자인 남성 한 분밖에 없다고 한다. 1979년의 통계만 해도 우디허어의 모어 화자는 우디허족의 전체 인구 1,600여 명 중에서 500여 명 정도라고 보고된 바 있는데, 1991년 통계에서는 우디허어의 모어 화자는 우디허족의 전체 인구 1,600여 명 중에서 100여명 정도에 불과하다고 보고되었다. 그러나 2002년의 러시아 인구 조사에서는 특이하게도 1,657명 중 227명(14%)이 모어 화자라고 답변했다.

종래 우디허어의 방언으로 알려져 있던 캬켈라 방언, 쿵가리 방언, 사마르긴 시호타 알린 방언 등은 모두 절멸했으며 현재 상태에서 확인할 수 있는 것은 그바슈기(Gvasjugi) 지방에서 사용되는 호르-아뉴스키(Khor-Anjuyuskij) 방언과 크라스니 야르(Krasnyj Jar) 지방에서 사용되는 비킨-이만(Bikin-Iman) 방언 정도인 것으로 보인다. 이 중에서 비킨-이만 방언은 한어 차용어가 많이 있다는 점에서 호르-아뉴스키 방언과 구별되는 것으로 알려져 있다. 한편 1930년대 초에 호르-아뉴스키 방언을 기초로 하여 라틴 문자를 이용한 문어가 시도되었으나, 러시아어가 널리 보급됨에 따라 실패로 끝난 바 있다.

1.6.2. 현지 조사 개황

□ **조사 기간**: 2006년 2월 2일~5일

□ **조사 장소**: 러시아 하바롭스크시 인투어리스트 호텔

□ **조사 참가자**: 고동호(총괄, 전사), 자리빠(통역), 도정업(녹화), 백은아(녹음)

□ **협조자**: 다랴 무하나예브나 베렐투예바 (Dar'ja Mukhanaevna Bereltueva, 국립극동인문대학교 북방민족학부장)

□ **자료제공인**: 발렌티나 툰샤노브나 캴룬주가 (Valentina Tunsjanovna Kjalundzjuga,

여, 1936년생, 그바슈기 출신)

□조사 내용: 어휘 1~2급, 기초 회화, 문법

[그림 7-13] 우디허인 발렌티나 칼룬주가 씨

2. 몽골어파

2.1. 다고르어(Daɣur/Daɣor/Da'or xusuɣ/uzuɣ)

2.1.1. 언어 개관

다고르족은 중국의 네이멍구자치구(7만명), 헤이룽장성(5만여명), 신장웨이우얼자치구(7천명)에 산다. 1990년 인구 조사에서 중국 전체의 다고르족 인구가 121,357명이었고 2000년에 132,394명이었으므로 현재 14만 명가량 될 것으로 보인다. 한편 Joshua Project에서는 다고르인을 182,000명, 서부 다고르인 즉 신강 다고르인을 6,900명으로 파악하였다.

중국 네이멍구자치구에서 다고르족이 가장 많이 사는 지역은 후룬베이얼 시 모리다와다워얼쭈자치기이고, 같은 시의 하이라얼구가 두 번째로 많이 사는 고장이다. 헤이룽장성에서는 치치하얼시, 그 중에서도 메이리쓰다워얼 쭈구와 그 인근 지역이 다고르족의 중심 지역이다. 신장웨이우얼자치구에서 는 타청지구, 특히 타청시와 그 인근 지역이 다고르족의 중심지이다.

다고르어에는 ① 모리다와다워얼쭈자치기와 인근 지역 방언을 일컫는 부 터하(布特哈, 다고르어로 바타칸) 방언 ② 하이라얼 방언 ③ 치치하얼 방언 ④ 타청 방언의 4대 방언이 있다. 한국알타이학회 현지 조사팀의 몽골어조는 이 가운데 헤이룽장성 치치하얼시의 메이리쓰다워얼쭈구에서 치치하얼 방 언을, 신장웨이우얼자치구 타청지구 타청시 아시러(아시르~아실)다워얼민 쭈향에서 타청 방언을 조사한 일이 있다.

거의 모든 다고르 방언들은 심각한 절멸 위기의 상황에 처해 있다. 다고르 사람들은 자신들의 이름을 딴 자치 지역에서조차 소수이어서 학교에서, 일 터에서, 시장에서 한어나 카자흐어(타청의 경우)를 사용해야 하고, 그러다보 니 점차 다고르어를 잊게 되고, 다고르 사람들끼리도 한어나 카자흐어로 의 사소통을 하게 되었기 때문이다.

예를 들어, 2000년 기준으로 메이리쓰다워얼쭈구는 다고르인이 가장 밀 집한 지역 가운데 하나임에도 구 전체 인구 170,923명 가운데 다고르인은 7.26%에 불과한 12,368명이었고, 이 지역 다고르인의 "제1 교제용어(第一交 際用語)", 즉 사회생활에서 가장 주가 되는 언어는 4진(鎭) 4향(鄕) 가운데 워뉴투진(臥牛吐鎭) 망거투향(莽格吐鄕, Maŋgətʰu aːl)을 제외하고는 모두 한어이다.

조사팀이 받은 인상은 구청 소재지인 메이리쓰향(梅里斯鄕), 일명 메이리 쓰본구(梅里斯本區)에서는 다고르인들 간에 간단한 다고르어 인사말이 오고 간 뒤에는 바로 한어로 전환되는 것이 통례였다는 것이다. 그것은 거리에서 도, 상점에서도, 노인들이 모이는 공원에서도, 노천 시장(大集)에서도, 버스

터미널에서도 마찬가지였다.

다고르어에는 확립된 표기법과 문자가 없고, 따라서 다고르어로 쓰인 책이나 문학 작품도 없다. 학교에서 교수 용어로 사용되지 않는다. 그래서 50대 이하 세대에서는 다고르어 실력에 큰 개인적 편차가 있다. 메이리쓰 다고르어는 진정한 의미의 모어 사용자가 일부 농촌 지역을 제외하고는 거의 없는 셈인 것이다. 사실은 이런 지역조차 안전하지는 못하다. 그러다보니 도시화된 지역에 사는 다고르 청소년들은 자신들의 모어인 다고르어를 자연스러운 환경에서 습득할 수도 없고, 체계적인 방법으로 교육 받을 방법도 없다.

2.1.2. 현지 조사 개황

가. 다고르어 메이리쓰 방언 1차 조사

자료제공인들은 자신들의 모어를 다구르/다고르/다우구르(tagur/tagor/taugur) 말(xusuɣi/xusuɣə) 등으로 발음하였고 자신들의 고장을 미슬 고장(miːsil gadʐir/gadʐar)이라고 발음하였다.

□ **기간**: 2003년 9월 21일~28일
□ **장소**: 중국 네이멍구자치구 메이리쓰다워얼쭈구 뤼저우호텔(綠洲大酒店)
□ **참가자**: 성백인(총괄, 제3, 제4 자료제공인 조사, 다고르인 집단면담), 유원수(전사, 제1, 제2 자료제공인 조사), 이동은(녹화), 장향실(질문, 통역), 고성익(녹음)
□ **자료제공인**

(1) 더슈슈(德岫秀, 69, 남성)

- 자신의 다고르어 소개 및 한자 표기에 의하면 더둘 할 두송 모쿤(tədul xal tusən mokʰun, 德都勒哈拉 都松莫昆) 더슈슈(德岫秀)[təsɯɛu], 대략 더둘姓 두송氏의 더스슈. 제2 자료제공인과는 내외종간이며 사범학교 시절에 몽골어를 학습하였다.

- 민족: 다고르족

- 직업: 전직 교사(교장으로 정년퇴임)

- 출생 및 성장: 메이리쓰다워얼쭈구의 야얼스진(雅爾塞鎭), 즉 야르스
  진에서 출생, 성장

- 언어 사용 상황: 가정에서 부인과 다고르어로 대화한다.

(2) 둬잔성(多占勝, 54, 남성)

- 자신의 다고르어 소개 및 한자 표기에 의하면 아올 할 도진 모쿤(Aol
  xal todzin mokʰun, 敖拉哈拉 多金莫昆) 둬잔성(多占勝, todzanɡən),
  대략 아올姓 도진氏의 둬잔성. 더슈슈 씨와 내외종이다.

- 민족: 다고르족

- 직업: 교사(區 敎師進修學校 副校長)

- 출생 및 성장: 메이리쓰다워얼쭈구의 루이딩향(Ruiting aːl, 瑞定鄕),
  다고르어로 루이팅 알에서 출생 성장

- 언어 사용 상황: 가정에서 부인과 다고르어를 사용한다. 더슈슈 씨의
  아내와 같은 방언을 사용한다. 가정에서 부인과 다고르어를 사용한다.
  다고르어에 사용되는 어휘 가운데 일부에 대해서는 몽골어 차용어로
  여긴다. 자신의 고향 루이딩에 사는 아우들과 조카들은 모두 다고르어
  가 유창하다고 한다.

(3) 우잉쥔(吳英俊, 74, 남성)

- 울러스 할 쿠르간 모쿤(烏勒斯哈拉 庫尒坎莫昆)

- 민족: 다고르족

- 직업: 전직 메이리쓰다워얼쭈구의 공무원

- 언어 사용 상황: 가정에서 부인, 마을에서 다고르어를 사용한다.

- 출생 및 성장: 정보 없음

(4) 왕진(王金, 59, 남성)

- 할, 모쿤에 대한 정보 제공하지 않음

- 민족: 다고르족

- 다고르 민요와 민담을 잘 알고 있다. 뛰어난 다고르 무용가로서 헤이룽장성 다고르족 행사에서 공연하였다.
- 직업: 농민
- 출생 및 성장: 다고르어가 제1 교제언어인 메이리쓰다워얼쭈구 망거투향 망거투촌에서 출생하여, 성장하였다.
- 언어 사용 상황: 가정과 마을에서 모두 다고르어를 사용한다.

□ **조사 내용**: 제1, 제2 자료제공인으로부터 1162개의 어휘, 219개의 회화 표현, 178개의 문법 문형을 녹음하고, 제3, 제4 자료제공인으로부터 동경외국어대학 아시아아프리카연구소의 질문지로 1,000개의 항목을 조사, 녹음하였다. (アジア·アフリカ言語調査票(1979, 東京外國語大學 アジア·アフリカ), No. 1~1000. 또한 제4 자료제공인의 민담과 민요 수종을 녹음하였다.

□ **언어의 특성**: 이 언어에 대해서는 몇 가지 언급해 둘 사항이 있다. 그 중 하나는 자료제공인들의 발음상의 현격한 차이이다. 우리의 현지 조사 중, 그리고 우리가 수집한 자료를 서울에 돌아와 정리하는 과정에서 30km 밖에 떨어지지 않은 곳에서 태어난, 내외종간인 두 자료제공인들의 발음에 무시할 수 없는 차이가 있다는 것을 알 수 있었다. 이 차이가 두 자료제공인 사이에서만 발견된다면 우리는 이 현상을 그저 방언 간의 차이나 개인적 차이로 돌려버릴 수도 있겠지만 문제는 같은 어휘에 대한 같은 사람의 발음조차도 일정하지 않다는 점이다. 예를 들어, 자료제공인들은 어머니의 어머니, 즉 외할머니라는 어휘를 다음과 같이 다섯 가지 형태로 발음하였다.

예)

	더슈슈 씨 (제1 자료제공인)	둬잔성 씨 (제2 자료제공인)
제1발화	naː#ʤə#lə ətʰə#u	naː#ʤi#r ətʰə#u
제2발화	naː#ʤə#r ətʰə#ɣu	naː#ʨi#r ətʰə#u
제3발화	naː#ʤəl əte#ɣu	———————

자신들의 모어에 토박이화자의 능력을 갖고 있고, 내외종간이기도 한 제1, 제
2 자료제공인이 자신들끼리 한어로 대화한다는 점도 언급해 두어야 하겠다. 두
사람이 다고르어로 대화를 시작하였어도 곧 한어로 전환되었다. 아마 두 사람 모
두 한어에도 토박이화자의 능력을 갖고 있고, 대화 중에 나오는 많은 어휘가 다고
르어에서는 쉽게 찾기 힘들 정도로 사회, 문화적으로도 한화되었기 때문이 아닐
까 한다.

나. 다고르어 메이리쓰 방언 2차 조사

□기간: 2005년 8월 31일~9월 3일

□장소: 중국 헤이룽장성 치치하얼시 백두산여관(白头山旅館)

□참가자: 성백인(총괄, 질문), 고동호(녹음)

□자료제공인

  (1) 산진구이(單金貴, 50, 남성)

   - 민족: 다고르족

   - 직업: 농민

   - 출생 및 성장: 중국 헤이룽장성 치치하얼시 메이리쓰다워얼쭈구 워뉴
     투진 허시(河西)촌에서 출생하여 성장한 후 현재까지 거주하고 있다.

   - 언어 사용 상황: 가정과 마을에서 다고르어로 대화

  (2) 왕진(王金, 59, 남성)

   - 민족: 다고르족

   - 다고르 민요와 민담에 해박하며, 다고르 민속무용 기능을 보유하고 있다.

   - 직업: 농민

   - 출생 및 성장: 중국 헤이룽장성 치치하얼시 메이리쓰다워얼쭈구 망거
     투향 망거투촌에서 출생하여 성장한 후 현재까지 거주하고 있다.

   - 언어 사용 상황: 가정과 마을에서 다고르어로 대화한다.

□조사 내용: 동경외국어대학 아시아·아프리카연구소의 질문지로 1,000개의
  항목을 조사, 녹음하였다. (アジア·アフリカ言語調査票 (1979, 東京外國語

大學 アジア·アフリカ), No. 1001~2000.

□ **언어의 특성:** 다고르어 메이리쓰 방언, 나아가 전체 다고르어에 대해 소생의 희망을 포기하지 않을 필요가 있을 듯하다. 왜냐하면 모든 마을 사람, 즉 다고르 남녀노소는 물론 한족이나 몽골족까지 다고르어로 생활하는 고장이 아직 남아 있기 때문이다. 가장 좋은 예는 아이들이 초등학교에 입학한 뒤에 비로소 한어를 배우기 시작한다는, 그래서 교사가 다고르어로 한어를 가르칠 수밖에 없다는 워뉴투와 망거투가 되겠다. 두 자료제공인 사이는 물론, 1차 조사의 다른 자료제공인들과도 어휘적 차이까지는 아니더라도 음운론적으로는 다음 보기에서도 확인할 수 있듯이 분명한 차이가 있다.

예)

어휘	우잉쥔(정보없음)	왕진(망거투)
속눈썹	'sar'məltə̆/'sar'məttə	'sar'mət
수염	'sa'ɣɯlɯ	'sa'ɣɯl
목구멍	'kø:lɯ	'xo:l
간	'xə'lɯɣə̆	'xəlɣə̆
고기	'mjaɣ	'mjax
양	'xoni	xønɪ/'xonɪ
염소	'ni'ma:	'i'ma:
모래	'ʃil'tar	'ʃir'tar

다. 다고르어 타청 방언 조사

이 방언은 신장웨이우얼자치구의 타청지구, 특히 타청시와 그 인근에서 사용된다. 이 지역 토박이화자들은 자신들의 언어와 자신들을 각각 다고르어(taɣor uzu2), 다고르 사람(taɣor xu:)이라고 부른다. 다고르어 4대 방언의 하나이지만 언중이 7천에 불과하고 신장 북부에 있는 관계로 학자들의 접근도 쉽지 않아서인지 그간 큰 주목을 받지 못하였다. 이 방언 사용자가 가장 집중된 곳은 타청시 아시러(阿西勒, aɕir~aɕil)다워얼민쭈향이다. 그러나 다고르 인구는 이 향 전체의 4분의 1을 조금 넘는 2,000여명에 불과하다.

　타청 다고르인들은 1763년 흑룡강 장군 휘하의 부터하 총관 관할을 출발하여 1765년부터 이리(伊犁)와 휘얼궈쓰(霍爾果斯) 지역에 배치된 다고르 관병의 후예들이다. 이들은 1872년까지 어웡키 관병들과 함께 주둔하다가 다시 시버(錫伯) 및 어웡키 관병들과 타얼바하타이(塔爾巴哈台)에 주둔하였다. 중화민국이 건국되면서 팔기제가 폐지되자 1913년~1916년 사이에 아시러(아시르~아실), 아부둘라(阿布都拉), 차샤(恰夏), 윈건치커(溫根齊克), 더르쩌자푸커(德日則加甫克), 류성디(六升地), 싼궁(三公) 등 타청 및 주변 지역으로 흩어져 농경과 목축에 종사하였다.

[그림 7-14] 워뉴투·망거투 다고르인(왕진 씨와 산진구이 씨)

　이 지역 대부분의 다고르인은 카자흐 말과 글에 능통하다. 일상에서는 카자흐어와 한어를 사용하며 다고르어는 50대 이상과 30~40대 일부가 지극히 비공식적인 환경에서만 사용한다. 다고르어가 언론 매체에서 사용되지 않고 공인된 문자도 없기 때문에 청소년들이 조상의 언어인 다고르어를 배우고 말할 기회가 없다. 이 방언은 심각한 절멸의 위험에 처해 있긴 하지만 50대 이상에는 우리의 자료제공인과 같은 유창한 토박이화자들이 남아 있으므로 소생의 희망을 절대로 버려서는 안 될 것이다.

□ 기간: 2004년 10월 16일~23일

□ 장소: 신장 타청지구 호텔

□ 참가자: 이호영(총괄, 녹음), 유원수(전사), 장향실(질문), 국경아(녹화)

□ 자료제공인: 자쯔(甲孜, 57, 남성)

　　- 민족: 다고르족

　　- 출생 및 성장: 아시러다워얼민쭈향 커첸 마을(克淺村, Keqian ail)에서 출생, 성장

　　- 직업: 아시러다워얼민쭈향 문화관 관장. 민속 음악가와 무용가로서 신장에서 유명하다. 중국 CCTV(中央電視台)에도 꾸준히 출현하여 내몽골에서도 알아보는 사람이 있었다(호친 바르가 자료제공인).

　　- 언어 사용 상황: 카자흐어와 한어의 토박이화자의 수준이다. 시버어, 러시아어, 북강 지역 몽골어 방언을 포함 6~7개 언어 구사한다. 젊어서는 몽골어가 유창하였으며, 직장에서는 한어와 카자흐어를 사용하고, 집에서 다고르어를 사용한다.

□ 조사 내용

　　- 2,651 항목의 어휘, 342 항목의 회화 표현, 284 항목의 문법 문형을 녹음

　　- 자료제공인의 자기 소개, 자료제공인이 부른 4곡의 다고르 민요, 다고르 예절과 풍속에 관한 설명 녹음

　　- 아시러다워얼민쭈향의 쿠얼튀볘 마을(庫爾托別村, Kurdbiye ail)을 방문하여(2005년 10월 21일 오후) 아영화르 할머니(Ayenghwar, 77)와 자녀들, 이웃의 다고르인 7명과 그들의 출생 및 성장, 마을 사정에 대해 환담하고 짧은 민담을 녹음하였다.

□ 언어의 특성: 비어두위치에서 아시르의 [z]와 다른 지역 다고르 방언의 [s]이 대응한다. 중세 몽골어의 어두의 [h-]에 해당하는 자음이 타청 방언에서는

나타나지 않는다. 타청 방언의 어두의 [x-]는 다른 지역 다고르 방언에서 발견되지 않는다. 어두에서 메이리쓰 방언의 [x]에 대응하는 [qʰ-], 그리고 메이리쓰 방언의 [kʰ-]에 대응하는 [x-]가 있다.

자료제공인은 메이리쓰 다고르 화자들이 갖고 있지 않은 다음과 같은 러시아어 어휘를 갖고 있었다.

예)

어휘	타청	메이리쓰	텅커[■]	중세 몽골어
언어	uzuɣ	xusuɣə	usuɣʷ	---
소	ukʰur	xukʰur	xukur	hüker
높다	xundur	undur	xundur	ündür
우물	qʰodir	xɔdirə	kodir	qudu[ɣ]
혀	xil	kʰəl	x̌əx	kele(n)

예) nol/nøl (< ноль '영'), nomʲer (номер '번호'), mino:tʰ (< минута '분'), sʲikʰ o:ntʰ (секунда '초'), maɕine (< машина '자동차'), seriŋkʰə (серник '성냥')

일부 어휘와 표현은 번역 차용으로 보이고, 그중 일부는 자료제공인의 즉석 번역으로 보인다.

예) kʰul tʰəriɣ (발 + 수레 > 자전거), qal tʰəriɣ (불 + 수레 > 열차), tʰəŋgər dor (하늘 + 아래 > 세상 (천하)), jiɣ wər (큰 + 곳 > 수도), xa:n gurõ: (韓 + 나라 > 대한민국), ɕe:n gurõ: (鮮 + 나라 > 북한), solɣui bərā: (왼 + 오른 > 대략)

중설 원순 모음은 보이지 않는다. 후설 원순 모음들은 닫힌 [o]와 [u]이다. 전설 원순 모음도 드물게 나타난다.

2.2. 부리야트어(Buryat, Буряад Хэлэн)

2.2.1. 언어 개관

45만 명에 이르는 러시아 부리야트 사람들의 본 고향은 바이칼호 부근이다. 즉 러시아 부리야트공화국, 이르쿠츠크주, 치타주와 그 인접 지역이다. 러시아의 2002년 통계를 참고하면 그 중 부리야트어와 러시아어를 모두 아는 사람이 35만 명, 부리야트어만 아는 사람이 2만 명, 러시아어만 아는 사람이 8만 명 정도가 될 것으로 보인다.

Joshua Project에 의하면, 근거는 불확실하지만, 몽골에 7만 명이 넘는 부리야트인들이 살고 있고(이들은 몽골의 북부와 동부, 즉 훕스굴, 자브항, 셀렝게, 볼강, 헨티, 도르노트 아이막에 주로 산다), 중국에도 15만 명 이상의 부리야트인들이 있다(이들은 네이멍구자치구 동북부의 후룬베이얼시 및 그 인접 지역에 주로 살고 있다).

부리야트어 화자들이 사는 나라가 3곳이나 되고 지역도 넓기 때문에 방언도 매우 다양하고, 연구자들의 분류도 다양하지만 대략 다음과 같이 분류하면 거의 모든 부리야트 방언을 망라할 수 있다.

① 호리 방언군(Khori): 호리(Khori), 아가(Aga), 투구누이(Tugunui), 북 셀렝게(Selenga) 방언
② 에히리트-불라가트 방언군(Ekhirit-Bulagat): 보한(Bokhan), 올혼(Ol'khon), 바르구진(Barguzin), 바이칼(Baikal)-쿠다르(Kudar) 방언
③ 알라르-툰카 방언군(Alar-Tunka): 알라르(Alar), 툰카(Tunka)-오카(Oka), 자카멘(Zakamen), 운가(Unga) 방언
④ 총골-사르톨 방언군(Tsongol-Sartul): 총골, 사르톨 방언
⑤ 바르가 방언군(Barga): 호친 바르가, 신 바르가 방언

우리의 관찰에 의하면 부리야트공화국 농촌 지역 사람들은 아직은 노소

를 막론하고 거의 모두 부리야트어가 유창하나 사회적으로 우월한 지위에 있는 러시아어 또한 유창하고, 언론 매체, 학교 교육, 인터넷, 컴퓨터 게임, 군대, 그리고 직장 등에서 러시아어가 배타적으로 사용되는 점을 함께 고려할 때 부리야트공화국의 부리야트어는 안정되어 있기는 하지만, 그러나 위협받는, 안전하지 못한 상태라고 진단해야 할 것 같다. 우리의 조사에 협력한 부리야트 학자들이 울란우데나 러시아인들이 다수 거주하는 도시 지역의 젊은 부리야트인들이 부리야트어를 잘 구사하지 못한다고 근심하고, 일부는 울란우데에 거주하는 30대 이하 부리야트인들 가운데 부리야트어가 유창한 사람은 20% 정도일 것이라는 비관적인 견해를 갖고 있는 것도 이 언어가 부리야트공화국에서도 결코 안전한 상태에 있지 못하다는 것을 의미한다 하겠다. ▪

이르쿠츠크주 지역의 부리야트어는 심각한, 치명적인 위험에 처한 것 같다. 이르쿠츠크주에서는 시골 지역에서도 60~70대 노인들조차 자신들끼리의 대화에 러시아어만 사용하는 것이 일반적이었으며, 40대인데도 부리야트어가 비교적 유창한 사람이 있는가 하면 70대인데도 부리야트어를 자유롭게 발화하지 못하는 사람도 있었다.

몽골에 사는 부리야트인들의 부리야트어는 대개 툰카 방언, 아가 호리 방언, 바르가 방언이다. 몽골의 홉스굴아이막 차강우우르솜 지역의 부리야트인들은 1910년대부터 툰카 지역에서 이주하였지만 1950년대 말까지도 러시아를 자유로이 왕래할 수 있었다고 한다. 수적으로 할하 사람들을 압도하는데도 언어적으로는 할하화하여 60~70대 이상 부리야트 노인들 가운데 일부만 부리야트 방언의 음운적 특징을 유지하고 있었다.

몽골 헨티아이막 다달솜 역시 부리야트 인구가 할하 인구를 압도하는데도 60대 부리야트 주민들이 부리야트어의 마찰음들 대신 이에 상응하는 할하 몽골어의 파찰음들을 발음하였고, 술어동사에 인칭대명사의 축약형이 첨가되지 않는 경우가 더 빈번하였다. 그들의 말로는 80대 부리야트 노인들은 우리 일행이 절대 못 알아들을 만큼 온전한 부리야트어를 구사한다고 하는

▪ 울란우데의 40대 가운데도 조사자의 할하 몽골어를 대략 이해하지만 부리야트어로 응답하지는 못하는 듯한 사람들도 있었다.

것으로 미루어 이 지역에서 언어적으로 할하화되지 않은 부리야트인들은 70~80대 이상의 노인들에 국한되는 것으로 보인다.[■]

대부분의 부리야트 방언들은 안전하지 못한, 명백하게 위험한 상태에 처해 있고, 앞으로는 점점 더 위험해 질 것이다. 부리야트 사람들은 이미 몇 세대 전부터 러시아어, 할하 방언과 같은 내외 몽골의 몽골어, 혹은 한어로 일상 생활을 할 수밖에 없는 형편이었고, 그러다보니 이제는 많은 지역에서 아버지 어머니 혹은 할아버지 할머니조차 손자, 손녀에게 부리야트어를 가르칠 수 없을 정도로 부리야트어가 부자유스러워졌기 때문이다.

사실이라면 매우 다행스러운 점은, 우리와 협력한 현지의 젊은 부리야트 학자들의 이야기인데, 전에는 부리야트어를 사용하는 사람은 "촌뜨기, 못 배운 사람, 딱한 사람"의 이미지를 가졌던 반면 1990년대 이후 울란우데의 젊은 부리야트인들 사이에 부리야트어를 사용하고, 자녀들에게 부리야트어를 가르치는 사람이 멋있는 사람, 의식 있는 사람, 배운 사람으로 보이는 경향이 지속되고 있다는 것이다. 자신의 모어에 대한 이러한 긍정적이고 적극적인 태도가 적어도 부리야트공화국 안에서는 부리야트어가 더 위험한 상황에 빠지는 것을 상당 기간 지연시킬 수도 있을 것이다.

러시아 거주 부리야트인들은 1937년부터 러시아 키릴 문자에 3글자(θ[= ɣ], ү[= u], h[= h])를 더한 다음과 같은 문자를 사용하여 자신들의 모어를 표기하고 있다.

[■] 2007년 8월 중에 러시아 부리야트공화국의 총골주의 타시르, 치타주의 놈토, 바르구진주의 바양골 마을을 방문한 조사자에게 그곳의 부리야트계 주민들은 할하 몽골어를 구사하는 조사자와의 의사소통에서 어려움을 느끼지 않는다고 하였다. 이들 가운데는 그것이 신기하다고 이야기하는 이들도 있었다. 위 지역에서는 취학 전 아동들도 부리야트를 구사하였으나 일상생활에서 러시아어가 더 자주 사용되는 것은 어쩔 수 없어 보였다.

〈표 7-1〉 **부리야트 문자**

Буряад хэлэнэй алфавит

Аа	Бб	Вв	Гг	Дд	Ее	Ёё	Жж	Зз Ии
Йй	Кк	Лл	Мм	Нн	Оо	Өө	Пп	Рр Сс
Тт	Уу	Үү	Фф	Хх	hh	Цц	Чч	Шш Щщ
Ъъ	Ыы	Ьь	Ээ	Юю	Яя			

2.1.2. 현지 조사 개황

가. 부리야트어 아가 호리 방언

호리 방언은 러시아 내 부리야트어 화자들의 50% 정도가 사용하는 최대 방언으로서 1936년 이래 부리야트 공화국의 표준어 역할을 하고 있고, 따라서 다양한 부리야트 방언 간 비교 연구에 기준이 되는 방언이다.

☐ **조사 기간**: 2004년 4월 18일~24일
☐ **조사 장소**: 러시아 부리야트공화국 울란우데 소재 러시아과학아카데미 시베리아지부 몽골-불교-티베트연구소와 부리야트 호텔
☐ **참가자**: 권재일(총괄), 유원수(전사), 최운호(녹음, 녹화), 자리빠(통역, 질문)
☐ **자료제공인**: 치펠마 체레노브나 발지니마예바(Цыпелма Цыреновна Бальжинимаева, 54, 여성)
　　- 민족: 부리야트족

[그림 7-15] **부리야트인 치펠마 발지니마예바 씨**

- 출생 및 성장: 러시아 치타주 아가-부리야트민족자치구 촉트-항길 지역(Читинская область, Агийнский-Буряатский Автономный округ, Цогто-Хангил). 고교 졸업 후 대학 진학을 위해 부리야트공화국의 수도인 울란우데로 이주하여 현재까지 거주한다.
- 직업: 러시아과학아카데미 시베리아지부 몽골-불교-티베트연구소 선임연구원(몽골어문 전공, 사전 편찬 작업 참여)
- 언어 사용 상황: 가정에서 부리야트의 유명 문필가인 남편, 같은 연구소에 근무하는 딸과 부리야트어로 대화하나, 직장에서 부리야트어, 러시아어를 혼용한다.

□ **조사 내용**: 1,325항목의 어휘, 276항목의 기초 회화, 266항목의 문법 문형 녹음

□ **언어의 특성**: 1988년~1990년 인구 조사에 의하면 아가부리야트민족자치구 부리야트인의 78.6%가 부리야트어를 이해하며, 말하기 65.7%, 읽기 53.3%, 쓰기 46.2%가 가능하여 전체 부리야트인 사회(부리야트공화국, 아가부리야트민족자치구, 오스티-오르딘스크민족자치구)의 평균보다 각 항목에서 모두 10% 정도 높은 것으로 보고되었다. 1988년~1990년 인구 조사에서 71.4%가 이해하고, 54.5%가 말하며, 34%가 읽고, 28.6%가 쓸 수 있었다는 도시(즉, 울란우데)의 경우 30대 이하에서는 간단한 말을 알아듣기는 하되 하지는 못하는 사람이 다수를 차지하는 듯하였다. 40~50대 중에는 부리야트를 유창하게 구사하는 사람들이 꽤 있는 것으로 보아 부리야트어의 쇠퇴는 400년 러시아 지배 역사 중 지난 1~1.5세대 동안 집중적으로 일어난 일인 듯하다. 부리야트어 (아가) 호리 방언에서 자주 나타나는 흥미로운 특징들로는 다음과 같은 것들이 있다. 몽골어 할하 방언과 비교해 보도록 한다.

(1) 음운
  ① 모음
  - 키릴문자 э로 표기된 단모음이 1음절에서 [ə]~[ɪ]로 나타난다.

예) шэдэх [ɕɪdəx] '던지다'

- 마지막 음절에서 이중모음이 장모음 [eː]~[ɛː]에 수렴한다.

  예) dalai [dalɛː] '바다', hɔnirhɔltʰɔi [hɔnirhɔltʰɛː] '흥미 있는'

- 중세 몽골어, 몽골 문어의 제1음절의 [i]가 꺾이는 양상이 할하 몽골어
  와 상이하다.

예)

어휘	중세 몽골어	부리야트어	몽골어
고기, 살	miqan	mʲaxa	max
승리	ilalta	ilaltʰa	jalaltʰa
얼굴	niʼur	ɲuːr	nuːr

- 부리야트어의 장모음 [ʊː]와 몽골어의 장모음 [aː]가 대응한다.

예)

어휘	부리야트어	할하 몽골어
잘못이 있는	aldʊːtʰeː	aldaːtʰeː

② 자음

- 몽골어 할하 방언의 어두, 어중의 [s]는 부리야트어 아가 호리 방언의
  [h], [t]와, 어말의 [s]는 [t]~[tʰ]와 대응한다.

예)

어휘	몽골 문어	부리야트어	몽골어
좋다	sayin	hɛːn	sɛːŋ
절반	qaɣas	xaxət	xagəs
헤엄치다	samaraqu	tamarxa	samrax

※ 다음과 같은 예외도 있음.

예)

어휘	부리야트어	몽골어
한국	sɔlɔŋgɔs	sɔlɔŋgɔs
안녕하세요?	sain bain aa	sain bain uː
문제	asʊːdal	asoːdal

- 어두에 유성 자음이 나타난다.

예)

어휘	몽골 문어	부리야트어	몽골어
젊은이	ǰalaɣu	ʒalʊ:	tɕalo:

- 몽골어 할하 방언의 [b]가 아가 부리야트어 아가 호리 방언의 [m]에 대응한다.

예)

어휘	부리야트어	몽골어
면적	tʰalmai	tʰalbai ▪

- 중세 몽골어의 유성 양순 폐쇄음 [b]가 마찰음화하지 않는다.

예)

어휘	부리야트어	몽골어
가다, 다니다	jabaxa	jawax

- [l]~[r]의 전위(다고르어 메이리쓰 방언에서도 확인된 현상이다.)

예)

어휘	부리야트어	몽골어
건강	elu:r	eru:ɬ

(2) 어휘

- 비할하 몽골어와 비러시아어가 많다.

  예) xulɪsiktʰe: '미안합니다.', bɔ:dza '고삐', baraigar '쌀, 곡식', harxʲa:g '버섯', muɕəŋ '별'

- 러시아어 차용어와 번역 차용 형태가 공존하는 가운데 러시아어형을 사용하는 경우가 많다.

  예) geroi '영웅'과 ba:tʰɨr '같은 뜻', ɔbʃtʃʰjestʰva '사회'와 [ni:gɪm] '같은 뜻'

▪ 우리 자료제공인은 할하 어형으로 발음했다.

- 여타 몽골어에도 존재하지만 의미가 (약간) 다른 경우가 많다.

예)

부리야트어	몽골어
xada '산'	xadə '바위, 高峰'
melxi: '거북이'	melxi: '개구리'

(3) 화용 등 기타 사항

- 같은 뜻의 속담, 구호, 복합어의 어순, 사용되는 어휘가 할하 몽골어 또는 여타 몽골어와 다르다.

예)

부리야트어	ɔi mɔdɔŋ undertʰe: nabtʰartʰɛ: ɔlɔŋ tʰumiŋ haintʰɛ: mɔːtʰɛ: 숲의 나무에는 높은 것도 낮은 것도 있고, 여러 사람에는 좋은 이도 나쁜 이도 있다.
몽골어	ɔi mɔdɔŋ ortʰtʰe: bɔʁintʰɔj ɔlɔŋ xɯŋ saintʰe: mɔːtʰe: 숲의 나무에는 긴 것도 짧은 것도 있고, 여러 사람에는 좋은 이도 나쁜 이도 있다.
부리야트어	buxii ɔrɔnuudə: pʰrɔljetʰarnar, negedegtʰii 만국의(= 모든 나라들의) 무산자들이여 단결하라!
몽골어	ɔrɔn buxni: pʰrɔljetʰarnar, negedegtʰːŋ 만국의(= 모든 나라들의) 무산자들이여 단결하라!
부리야트어	xɔrxɔitʰɔj naːdiŋ '노름' < 탐욕스러운 놀이
몽골어	mɵriːtʰe: tʰɔglɔːm '같은 뜻' < 내기 있는 장난
부리야트어	buduːŋ xuŋ '성인' (< 큰 사람)
몽골어	buduːŋ mɔrj '成馬' (< 큰 말)

나. 부리야트어 호친 바르가 방언

바르가 사람들은 예로부터 바이칼호 동쪽의 바르구진하 일대에서 훌룬부이르에 이르는 지역에 유목하고 있었다. 17세기에 바르가 사람들은 할하에 복속되어 있었는데 17세기 말 갈단의 난이 일어나자 할하와 함께 고비사막 남쪽으로 내려오게 되었고, 난이 평정된 후에도 일부는 귀환하지 않고 사막 남쪽에 계속 남았다. 그 남은 사람들 가운데 일부인 호친 바르가는 1732년부터, 또 다른 일부인 신 바르가는 1734년부터 현재의 위치를 공식적인 유목지

[그림 7-16] **위구르 몽문 불경(울란우데 러시아과학원 시베리아분원)**

역으로 삼아 살게 되었다.

이들 바르가 3호쇼(旗)의 바르가 사람들이 사용하는 몽골어는 내몽고의 몽골어 방언으로 분류되기도 하고, 부리야트어 방언으로 분류되기도 한다.

우리의 자료제공인은 자신의 모어를 단순히 바르가말(baɾəʁa ʜg) 또는 바르가 지역 방언(baɾək nʊtʰxiːŋ ajiɬəɣə)이라고 하였으며 호칭(χʊːtɕʰiŋ "오래된, 옛")이라는 한정어는 사용하지 않았다. 1980년과 1983년 호친 바르가 기 지역에서 이 방언을 조사한 Boosiyang 외(1996), Uuda 외(1984), Uuda(1985) 역시 "호친(qaɣučin)" 또는 진(陳)이라는 한정어를 사용하지 않았다. 그러나 우리는 바르가 지역에서 단지 한 사람의 언어만을 조사했고, 그가 호친 바르가 기의 주민이므로 당분간 이 언어체를 호친 바르가라고 부르도록 하겠다.

이 방언의 정확한 사용자 수에 대해서는 알려진 바 없다. 후룬베이얼시 (2005, http://www.hulunbeier.gov.cn)에 의하면 2001년 호친 바르가 기 주민 은 54,883명이고, 그중 42%에 해당하는 23,088명이 몽골인이라고 한다. 자료제공인에 의하면 바르가 지역의 3기 가운데 하나인 이 고장의 몽골계 주민 의 절대 다수는 바르가 사람이라고 한다. 또한 이 호쇼의 인접 도시이자 후룬베이얼시의 시청 소재지인 하이라얼구와 어윙키족자치기에도 상당수의 바르가 사람들이 살고 있다고 한다.[*]

Tsoloo(1987: 103~104)에 의하면 몽골 도르노트아이막 홀룬보이르솜 (1945년 신바얼후 지역에서 이주), 고르반자르갈솜(신바얼후 지역에서 1910 년대에 이주), 초이발상시, 투브아이막의 아브다르바얀솜(신 바르가 지역에서 1910년대에 이주)에도 바르가 사람들이 살고 있다고 한다.

Boosiyang 외(1996: 1~4)를 비롯한 일부 학자들은 이 방언을 이웃한 신바얼후(新巴爾虎)우기(右旗)(Sin-e barɣu baraɣun qošiɣu)와 좌기(左旗)(Sin-e barɣu ǰegün qošiɣu)에서 사용되는 방언들과 함께 바얼후 토어(巴爾虎土語) 또는 바르가 구어(Barɣu aman ayalɣu)라고 부르면서 어원커족 자치기에서 사용되는 부리야트 구어와 함께 바르가 부리야트 방언(Barɣu Buriyad ayalɣu) 또는 몽골어 동부 방언이라고 칭하였다. 이는 이 지역에서 언어 조사를 한 이 학자들이 신 바르가와 호친 바르가 지역의 신바얼후와 천(陳)바얼후 지역의 방언들이 실질적인 차이가 없다고 보았음을 의미할 것이다. 이는 또한 어원커족 자치기에서 사용되는 부리야트어와 바르가 방언이 일정한 차이가 있으면서도 같은 그룹으로 묶을 만큼 유사하다고 보았음을 의미할 것이다.

한편 Poppe(1987: 23)는 호친 바르가(Chipchin or Khuchin Bargu)를 할하, 오르도스(Urdus), 오라드(Urat), 투무드(Tumut), 호르친 (Kharchin), 차하르 (Chakhar)와 함께 몽골어파 동몽골어지파의 동몽골어로, 바르가 부리야트 (Bargu Buriat)를 에히리트(Ekhirit), 툰카(Tunka), 보한(Bokhan), 알라르(Alar), 바르구진(Barguzin), 호리(Khori), 아가(Aga), 총골(Tsongol), 및 사르톨(Sartul) 과 함께 몽골어파 동몽골어 지파의 부리야트어로 분류하였다. Doerfer(1964: 4

[*] http://www.hulunbeier.gov.cn 같은 사이트에 의하면 신 바르가 준 호쇼(新巴爾虎左旗) 는 인구 39,577명 가운데 몽골인이 73%에 달하는 28,937 명이다. 한편 위 책 420쪽에 의하면 신 바르가 바론 호쇼 (新巴爾虎右旗)의 2000년 인구 37,400명 가운데 79%인 29,600명이 몽골인이라 하므로 바르가 인구의 밀집 지역인 바르가 3기의 몽골인은 대략 85,000명 정도이고 그들 대부분은 바르가 사람일 것으로 짐작된다. 그러나 정확하게 바르가 사람이 현재 몇 명이나 되며 그 중 얼마가 바르가 몽골어로 이야기하는지는 알려진바 없다.

1~43) 역시 호친 바르가(Chutschin-Bargu)와 바르가-부리야트(Bargu-Burjaten)를 구분하였는데, 전자는 울란-차브(Ulan-Tsab), 오르도스(Urdus), 차하르(Tschachar), 호르친 -투무드(Chartschin-Tümüt), 조-오다 (Dschu-Uda), 호르친(Chortschin)과 함께 동몽골어의(Ostmongolisch)의 남몽골어 방언(Südmongolisch)으로, 후자는 서부리야트(Westburjaten), 동부리야트(Ostburyaten), 바르구진-에히리트(Bargusin-Echirit), 남부리야트 혹은 셀렝게 부리야트(Süd (oder Selenga-) Burjaten)와 함께 같은 동몽골어의 북몽골어 방언(Nordmongolisch)으로 분류하였다. 이는 Poppe(1987)와 Doerfer(1964) 모두 호친 바르가 방언이 내몽고의 몽골어 방언들과 할하에 더 가깝고, 신 바르가 방언은 부리야트 방언들과 더 가깝다고 보았음을 뜻할 것이다.

栗林(1989: 1426~1434)은 호친 바르가 방언(陳バルガ方言)과 신 바르가 방언(新バルガ方言)을 모두 바르가-부리야트 방언(バルガ・ブリヤート方言)으로 묶고, 다시 바르가-부리야트 방언을 부리야트 방언(ブリヤート方言)과 함께 내몽고의 동북부 방언(東北部方言)에 속한다고 하였다. 그는 또한 호친 바르가와 신 바르가 방언 사이에 큰 차이는 없으며, 이 방언들이 몽골의 할하 방언과 부리야트 방언들 사이의 중간적 특징을 지니고 있다고 보았다.

우리의 현지 조사에 의하면 호친 바르가 방언은 부리야트 방언들과 비슷한 점과 다른 점을 모두 가지고 있다. 중국학자들과 栗林(1989)는 비슷한 점에 더 무게를 두고, Poppe(1987)와 다른 학자들은 서로 다른 점을 중시한 듯하다.

중국 네이멍구자치구의 몽골족들은 다른 소수민족들에 비하면 자기 언어를 지켜 나가기가 유리한 편이다. 몽골어 소학교와 중학교가 있고, 텔레비전에서 하루 18시간 정도 몽골어 방송을 하며, 자료제공인의 표현을 빌자면, 유치원부터 박사가 될 때까지 몽골어로 공부할 수 있는 환경이 보장되어 있다. 그러나 내몽고에서조차도 몽골인의 인구 비중은 16%를 넘지 못하고, 몽골인들도 중국 사회의 일원이기 때문에 공적인 영역에서 한어 사용은 불가피한 실정이다. 몽골어가 위축될 수밖에 없는 형편인 것이다. 20일 오후 자료제공인 가족들로부터 식사 대접을 받은 식당에서는 마침 73세 바르가 할머니의 수연(壽宴)이 벌어지고 있었는데▪ 진행 언어가 반몽반한(半蒙半漢)이었고, 가족과 하객들이 부르는 노래 역시 중국 노래들이 압도적이었다. 바르가 몽골어, 나아가 중국내 몽골어의 위치를 보여주는 장면이었다. 노년층조차 대부분이 한어와 자기 언어의 이중언어 구사자이고, 중년층에서도 몽골어가 그다지 유창하지 못한 사람이 많고, 청소년층에서는 한어 하나밖에 구사하지 못하는 사람이 대부분인 것이다.

더구나 바르가 몽골어처럼 내몽고의 몽골어 가운데서도 약세인 방언은 매우 위험한 상황에 처해 있다. 이들이 학교에서 배우고 가르치는 몽골어, 방송 몽골어는 차하르 숄론 후흐 호쇼(正藍旗)의 몽골어에 바탕을 둔 내몽고의 표준 몽골어이기 때문이다. 호친 바르가 몽골어가 표준 방언을 비롯한 다른 몽골계 방언에 수렴하고 있는 흔적은 58세의 우리 자료제공인의 언어에서도 속속 발견될 정도이다. 결론적으로 이 방언은 안정되어 있지만 위협을 받고 있는 상태라고 해야 할 것이다.

□ **기간:** 2005년 2월 15일~22일

□ **장소:** 중국 네이멍구자치구 후룬베이얼시 후룬베이얼 호텔(呼倫貝爾賓館)

□ **참가자:** 고동호(총괄, 녹음), 유원수(전사), 자오원위(趙文宇, 통역, 질문), 이형미(녹화)

□ **자료제공인:** 직잠의 보얀덜거르(寶音德力格爾, 58, 남성).

  - 자료제공인의 자기소개 방식에 의하면 "바라가의 하시노트 성(姓)▪▪ 직잠의 보얀덜거르(baraɣaːn χaɕinʊːt χaltʰɛ dzigdzamiːn bʊjandəlgər)"

  - 민족: 몽골족. 자료제공인의 방식에 의하면 "몽골 민족 바르가 종족(mɔŋɢɨɫ ɥndɥsthineː baɾəg jasthiŋ '몽골 뿌리의 바르가 뼈')"

  - 출생 및 성장: 바르가 양친 사이에서 하이라얼에서 출생하다. 2살 때 조상 대대로 살던 호친 바르가 호쇼로 이주하여 조사 시점까지 50년간 거주하다. 네이멍구자치구의 수도인 후허하오터에서 어문전공으로

▪ 우리의 자료제공인은 바르가 사람들은 61세, 73세, 85세 생일을 크게 쇠며 85세가 넘은 사람의 나이는 세지 않는다고 했다.

▪▪ 다고르 자료제공인들이 자신들을 소개할 때 사용되는 용어임.

대학을 수학하다. 베이징에서 2~3년간 근무하면서 한어 실력이 크게 향상되다. 한어를 처음 배우기 시작한 것은 17세에 후허하오터의 대학에 진학하면서부터이다.

- 언어 사용 상황: 가정에서 몽골어(= 호친 바르가 방언) 사용한다. 조사팀이 바얀구런(巴顏固仁)진(鎭)의 자료제공인 댁을 방문했을 때 (2005년 2월 20일) 부인 서버거메드 씨(55, (바르가-부리야트) 몽골어, 어윙키어, 한어의 3중 언어 구사자), 30대의 큰딸, 20대의 아들 통골락 모두 유창한 몽골어로 대화한다.

□ 조사 내용

- 2,744항목의 어휘, 340항목의 기초 회화, 376항목의 문법 문형을 녹음, 녹화

- 자료제공인의 저술 Buyandelger(1999: 117~162, 163~195)에서 Erdenidalai qaɣan-u üliger(에르데니 달라이 임금의 이야기)와 Altan ɣalaɣu(황금 거위)를 낭독케 하여 녹음, 녹화하다.

□ 언어의 특성: 이 방언은 다음과 같이 (호리) 부리야트 방언과 어느 몽골어 방언의 특징을 모두 지닌다.

(1) 몽골 문어나 중세 몽골어의 유기 파찰음 [č]가 호리 부리야트 방언에서 처럼 마찰음 [ɕ] 또는 [s]로 실현된다.

(2) 몽골 문어나 중세 몽골어의 마찰음 [s]는 호리 부리야트 방언에서처럼 [h]로 실현되는 것이 아니라 구개~구개 뒤 마찰음 [x]~[χ]로 실현된다. 그러나 언제나 그런 것이 아니고 다른 내, 외몽골의 다른 몽골어에서처럼 [s]로 발음되기도 한다.

예)

어휘	몽골 문어	호친 바르가 방언	호리 부리야트 방언
희다	čaɣan	saɣaːŋ/tsʰaɣaːŋ	saɣaːŋ
돌	čilaɣu(n)	ʃʊɬwʊː/tʃʰʊɬʊː	ʃʊlʊːŋ
나이	nasu(n)	naχa/nas	nahiŋ

(3) 간혹 1인칭 및 2인칭 대명사의 축약형이 부리야트식으로 술어동사의 끝
    에 나타난다.

(4) 부리야트형 의문첨사 /gu/ (판정의문)와 /be/ (의문사 있는 의문문)가 간
    혹 등장한다.

(5) 내몽골의 다른 몽골어 방언들보다 월등하게 많은 러시아어 차용어를 갖
    고 있다.

   예) maʃiːn tʰəɾx ~ maʃiːn tʰəɾik (< машина '자동차'), sumkə ~ suːnkʰ
       (< сумка '가방'), baːŋqʰ (< банк '은행'), xəljeːb ~ xəljeːp (< хлеб
       '빵'), kʰaːtʰiɾ (< кадр '간부'), χandeɾ ~ χalindeːɾ (< календарь '달
       력'), kəmpːanʲ ~ kʰəmpʰaːn (< компания '회사'), dɔːktʰiɾ (< докт
       ор '의사'), kʰiɬɔmiːtʰəɾ (< километр '킬로미터'), seːɾk (< цирк
       '마술'), maʃiːn (< машина '기계'), pʰulmoːt (< пулемёт 'machine
       기관총'), matʰɾʲaːɬ (< материал '재료'), minuːtʰ (< минута '분'),
       miːtʰiɾ (< метр '미터', kʰenoː ~ kʰino (< кино '영화'), noːmiɾ (<
       номер '번호'), xaɾindaː (< карандаш '연필'), aɾaːdzo (< радио '라
       디오'), səsəːɾ '러시아' (< СССР '소련'), səxoːnt (< секунда '초'),
       (dzutɕʰigiːŋ) teatʰɾ < театр '(연극) 극장'), tʰɔn ~ tʰːɔːn (< тонна
       '톤'), tʰraːktʰəɾ (< трактор '트랙터')

2.3. 칼미크-오이라트어

2.3.1. 언어 개관

칼미크-오이라트어는 호브드, 오브스아이막 등 몽골 북서부(21만명), 러시
아 칼미크자치공화국(18만명), 신장 북부와 칭하이, 간쑤성 등 중국 서부(26만
4천명)의 칼미크-오이라트인들의 모어이다. 칼미크-오이라트 방언은 몽골 문
어, 중세 몽골어의 [k]가 마찰음화 하지 않고 [kʰ]로 유지되며, 술어동사에 1,
2인칭 대명사의 축약형이 복사되는 점, 기타 어휘와 형태-통사 등에서 인접한

할하 몽골어 등 내·외몽골의 몽골어 방언들과 구별되는 특징을 지니고 있다.

몽골의 칼미크-오이라트어는 두르부트, 울트, 바야트 방언 등의 북오이라트 방언과 자흐칭, 오량하이, 토르고트의 등 남오이라트 방언으로 분류하기도 한다. 몽골의 오이라트 사람들은 대화 중에 오이라트 사람임을 알 수 있을 정도로 오이라트어의 특징을 상당 부분 간직하고 있으나 몽골의 표준어인 할하에 동화되고 있는 것도 역시 감지할 수 있다. 몽골의 아르항가이아이막 울지트, 바트쳉겔, 호톤트, 우기노르솜 등지의 울트 사람들의 언어는 250년 동안 할하 사람들의 땅에서 사는 동안 할하화하여 이제는 오이라트어가 아닌 할하 몽골어의 서부 방언으로 분류되고 있다.

칼미크 자치공화국에서 칼미크어는 심각한, 치명적인 위험에 처한 것 같다. 이 고장에서 대화를 처음부터 끝까지 칼미크어로 할 수 있는 사람들은 칼미크 어문학 전공 대학원생들과 학자들뿐인 듯하였다. 70대 이상의 노인들도 처음 칼미크어로 시작한 대화가 몇 분 안에 러시아어로 대치될 정도였다.

신장, 칭하이 등지의 오이라트어는 아직도 모든 연령대에서 사용되고 있으나 이 지역 오이라트인들이 날이 갈수록 중국 사회에 통합, 의존하는 정도가 심화됨에 따라 한어에 많은 영역, 특히 공식적인 영역을 내 주게 될 것으로 보인다. 따라서 안정되어 있지만 위협을 받고 있는 상태라고 해야 할 것이다.

칼미크-오이라트 사람들은 1648년 자야 판디타(Zaya Pandita)가 고안한 토도 문자(Todo bičig)를 갖고 있으나 칼미크 사람들과 몽골의 오이라트 사람들은 키릴 문자를 사용하고 있다. 몽골의 오이라트 사람들은 문자 생활에서는 할하 몽골어의 문어를 사용할 수밖에 없는 현실이다.

2.3.2. 현지 조사 개황

가. 울드 방언

칼미크-오이라트어의 울드 방언

몽골어파의 동부몽골어군을 구성하는 할하오이라트하위어군의 오이라트 분파에 속하는 칼미크-오이라트어 소속으로 분류되어온 방언이다. 울트 사람들은 중가르 지방(중국 신장웨이우얼자치구 북부)과 몽골 서부에 걸쳐 제국(1635~1755)을 세운 적이 있는 오이라트 몽골 사람들의 핵심 집단으로서 아직도 방언의 특성을 유지하면서 그 지역에 거주한다. 예를 들어 몽골 북서 지방인 호브드아이막에서 태어나 고등학교를 졸업할 때까지만 살고, 대학에 진학한 이래 그 2배인 30여년 이상을 울란바타르시에서 거주한 울트 사람들의 발화에서도 어두의 연구개 자음이 유기 파열음으로 유지되는 것, 모음 [a]가 구개음화하는 것 등을 쉽게 알 수 있다.

한편 아르항가이아이막 울지트솜, 호톤트솜, 우기노르솜의 울트 사람들은 1695년 테렐지(울란바타르 동쪽 60km 부근) 전투에서 청나라 군대에게 돌이키기 어려운 피해를 입고 할하 땅에 주저앉게 된 사람들의 후예들, 또한 1755년~1758년에 청(淸)에 대항했다가 강제 이주된 사람들의 후예들로 200년 혹은 300년 넘도록 할하 몽골어 지역에서 거주했으므로 할하화되었을 것이 충분히 예상되었지만 울트라는 집단으로서 살아왔기 때문에 간직할 수 있었던 요소들도 있을 것으로 기대되어 예비 조사 삼아 조사를 실시하였다. 물론 Amarzhargal(1988: 24)를 비롯한 몽골 학자들은 다르하트 방언을 먕가드(Мянгад), 엘즈겐 할하(Элжгэн халх), 아릭 오량하이(Ариг урианхай), 사르톨(Сартуул), 호트고이드(Хотгойд), 울드(Өөлд), 고비-알타이(Говь-Алтай)와 홉드아이막(Ховд аймаг) 일부 지역에서 사용되는 할하 방언과 함께 서부 할하 방언의 하위 방언으로 분류하고 있다. Amarzhargal(1988: 24)을 비롯한 몽골인 학자들은 할하 몽골어를 중앙, 서부, 동부의 3대 방언으로 분류한다. 이 방언의 전체 언중 또는 인구는 알려지지 않았다.

□기간: 2004년 6년 26일

□장소: 몽골 아르항가이아이막 울지트솜 두헤(Дүүхээ) 및 두친 톨고이(Дөчин толгой)

□ **참가자:** 김주원(총괄, 녹음), 고동호(녹화), 유원수(전사)

□ **자료제공인**

(1) 두헤에서

- 담딩깅 잠임수렝(Дамдынгийн ЖАМЫНСУРЭН, 75, 남성)

- 오드웍메딩 사랑게렐(Одвогмэдийн САРАНГЭРЭЛ, 31, 여성): 다시돈도브 씨의 부인. 잠임수렝 할아버지의 외손녀. 친정이 타이지(칭기스칸의 후예) 출자라고 한다. 그렇다면 아버지는 할하라는 뜻이다.

- 부지노빙 다시돈도브(Буживийн ДАШДОНДОВ, 31, 남성): 사랑게렐 씨의 남편이며 잠임수렝 할아버지의 외손자 사위

(2) 두친 톨고이에서

- 소브딩 마후(Сувдын МААХYY, 80, 여성): 푸레브돌마 씨의 시어머니

- 에르덴촐로니 푸레브돌마 (Эрдэнчулууны ПYРЭВДУЛМАА, 여성, 48세): 마후 할머니의 며느리

(3) 민족: 모두 몽골족 울트 야스탕('울드 뼈')이라고 답함

(4) 출생 및 성장: 모두 현 거주지에서 출생, 성장

(5) 직업: 모두 목민

(6) 언어 사용 상황: 모두 가정에서, 고장 사람들과 울지이트솜 지역 울드 방언으로 대화한다.

□ **조사 내용:** 585항목의 어휘와 표현, 자유 발화를 녹음, 녹화

□ **언어의 특성**

(1) 이 방언은 이미 오이라트 방언이라고 할 수 없을 만큼 할하화하였다. 그러나 일부 어휘의 발음은 할하는 물론 자료제공인들 간에도 뚜렷한 차이가 있었다. 또한 이중모음이 장모음으로 발음되거나 고위 전설 평순 모음 앞의 단모음들이 전설화가 되는 것처럼 비교적 쉽게 기술, 설명할 수 있는 현상과 전혀 기대되지 않는 분절음이 출현하는 경우가 골고루 있었다.

예)

어휘	할하 방언	울드 방언
닭	tʰaxʲa	tʰexe:
흙	ɕɔɾɔ:	χɔɾɔ:(마후)
배	kedəs	ke:t(마후)
소리, 음성	aßia	ebe:
개	nɔχɔʲ:	nɔχɔ:
눕다	xʲeßtix	xortixi(마후), xiwtʰex(푸레브돌마)
골짜기	xɵndi:	xɵ:tɕəi(푸레브돌마)
머리	tʰɔlgɯi	tʰɔlɣurə(잠잉수렝)
젖	su:	usu:~ kʰsu:

(2) 할하에도 있지만 덜 자주 사용되는 형태를 사용하는 경우가 있다.

예)

어휘	할하 방언	울드 방언
비	pɔɾɔ:	χoɾʌ
1인칭 복수	pit	pidnu:s
2인칭 복수	tʰa:nər	tʰa:no:s
3인칭 복수	tʰet	tʰedu:s

(3) 다시돈도브 씨가 대처에서 학교 다닐 때, 군대에서 동료들이 웃으면서 흉내를 냈다고 한다. 이유는 2인칭 복수대명사를 [pidnu:s]라고 하는 것, 문장의 끝에 의미 없는 [e:]가 붙는 것, 말이 빠른 것 등이었다고 한다.

나. 칼미크-오이라트어의 칼미크 방언(Xalʲməɢ keln ~ Xælʲməɢ keln)

오이라트 사람들 가운데 일단의 토르구드와 두르브드 사람들이 1600년대 초 중가리아, 즉 신장 북부에서 볼가 강과 돈 강 유역으로 이주하였다가 1720년대에 그중 일부는 다시 돌아가고, 일부는 그 지역에 그대로 남아 있었다. 이들 남아 있는 오이라트인들이 칼미크인들이다. 이들은 1943년 시베리아와 중앙아시아 여러 지역으로 강제 이주 당했다가 14년 뒤인 1957년 명예 회복과 함께 귀환할 수 있게 되었으나 인구는 강제 이주 당시보다 22%나

줄어든 뒤였다.

칼미크 방언의 양대 방언은 두르부트와 토르구드이다. 칼미크 방언은 다른 칼미크-오이라트어 방언들과 본질적인 차이가 없으나 300여 년간 떨어져 러시아어에 포위되어 있는 동안 어휘, 형태-통사의 면에서 러시아어의 영향을 받아 다른 오이라트어들과 달리 칼미크어라고 부를 만큼은 달라졌다.

칼미크공화국의 인구 35만 가운데 18만 가까운 사람이 칼미크인이다. 그러나 칼미크 방언은 심각한, 치명적인 위험에 처한 것 같다. 76세인 우리의 자료제공인도 길에서 동년배의 칼미크 친구를 만나 처음부터 러시아어로 대화할 정도였다. 칼미크국립대학교, 아카데미의 칼미크 어문학 전공 교수, 대학원생들의 칼미크 방언은 유창하나 안내, 협조를 맡았던 대학원생의 경우만 보더라도 부모님은 칼미크 방언을 구사하지 못하고, 자신의 칼미크 방언은 대학 진학 후 배운 것이라고 하였다.

매일 오전 6시 45분부터 6시 53분까지 TV에서 칼미크 방언으로 방송이 나오는 것을 확인했으며, 나머지 시간은 러시아어로 편성되어 있었다. 일간 신문인 할리막 우는(Хальмаг Үнн '칼미크 진실')이 4면으로 발행되며 가격은 2루블로 책정되어 있었으나 무료로 배포되는 것으로 미루어 이 신문을 돈을 내고 사볼 만큼 칼미크 방언이 자유로운 일반 칼미크인은 거의 없는 것이 아닌가 짐작된다.

가판 서점의 40~50대 부녀자들이 러시아어로 대화하다가 우리가 러시아어를 모르는 것을 감지하고는 칼미크 방언으로 응대하는 것으로 미루어 이 연령층에는 잠재 능력이 있는 것으로 추정된다. 서점의 20~30대 점원들도 우리가 흉내내는 칼미크 방언을 이해하고 책값 등을 칼미크 방언으로 제시하기도 하였다. 그러나 이해는 겨우 하되 온전한 문장을 입 밖에 내어 말하기는 역부족인 듯하였다. 가판 서점에는 초등학교 1학년부터 10학년까지 칼미크어 교과서 및 부교재를 판매하고 있었고, 칼미크 방언으로 된 장편 소설도 있었다.

칼미크인들은 1937년 이래 러시아 키릴 문자에 6글자(ә[= æ], h[= ɢ],

ж[= ʧ], ҥ[= ŋ], ө[= ø], ү[= y])를 보완한 다음과 같은 문자를 사용하고 있다.

〈표 7-2〉 **칼미크 문자**

Хальмаг келнә алфавит									
Аа	Әә	Бб	Вв	Гг	Һһ	Дд	Ее	Ёё	Жж▪
Җҗ	Зз	Ии	Йй	Кк	Лл	Мм	Нн	Ңң	Оо
Өө	Пп	Рр	Сс	Тт	Уу	Үү	Фф	Хх	Цц
Чч	Шш	Щщ	Ъъ	Ыы	Ьь	Ээ	Юю	Яя	

□ **조사 기간**: 2006년 4월 16일~24일

□ **조사 장소**: 러시아 칼미크공화국 엘리스타시

□ **참가자**: 권재일(총괄), 김주원(전사), 유원수(전사), 김건숙(통역, 질문), 최운호 (녹음, 녹화), 뱌체슬라브 니콜라예비치 호니노프(현지 협조, 안내)

□ **자료제공인**: 만자 도르지예비치 바바예프(Манджа Доржиевич Бабаев, 76, 남성)

- 민족: 할리막 가운데 두르부트
- 출생 및 성장: 현 거주지에서 출생, 13살까지 자라다. 1943년 12월 29일 시베리아로 강제 이주 당했다가 27세인 1957년에 귀환하여 지금까지 49년간 생활하다.
- 직업: 초등학교 1년 다닌 학력으로 안 해 본 일이 없음
- 언어 사용 상황: 밖에서 러시아어를 사용하고 집에서 칼미크어를 사용한다. 할아버지가 칼미크 방언으로 이야기하면 손자들이 러시아어로 응대하는 형편이다. 즉 알아듣기는 하나 입 밖에 낼 능력은 없는 듯하다.

□ **조사 내용**

- 2,757항목의 어휘 가운데 2,629항목, 344항목의 기초 회화 표현 가운

▪ 거의 사용되지 않는다.

데 343항목, 379항목의 문법 구조 전부에 2번씩 답해 이를 녹음, 녹화

- 자신의 생애에 대한 간략한 자유 발화를 녹음, 녹화

[그림 7-17]   칼미크인 만자 도르지예비치 바바셰프 씨

□ **언어의 특징**: 자료제공인은 음운 면에서 완벽한 칼미크 방언의 토박이화자로 추정된다. 기초 회화와 문법 문형도 대부분 자연스러운 칼미크 방언으로 응답하였다. 그런데 간혹 어순의 혼란을 보였다. 아래 예에서처럼 질문자가 발화한 러시아어 어순과 일치하는 것이었다. 조사자가 확인을 하자 자기 발화가 옳다고 하였다. 조사자는 2007년 1월 중에 신장 지역의 칼미크-오이라트어 화자들의 언어를 조사할 기회가 있었는데 이들 역시 어순이 매우 자유로웠다. 이로 미루어 바바예프 씨의 어순이 러시아어의 영향이라고 단정할 일만도 아닌 듯하다. 어휘는 대체로 선행 연구에서 알려진 칼미크 방언의 형태로 답변하였으나 다른 형태로 대답하는 경우도 있었다. 몽골어계에서 공통으로 나타나는 형태가 아닌 것도 있었다.

예)

칼미크 방언	pi sɔŋslɔ: tʰaniɣi ysguldur naːɾaŋ iɾtɕ getɕ '나는 들었습니다. 당신이 어제 여기에 왔다고.'
러시아어	Я слышал, что Вы вчера приходили сюда. '나는 어제 당신이 여기에 왔었다는 것을 들었습니다.'
칼미크 방언	xandʐanab tʰandə ɲokʰe bolsintin namaːɣə kəɾeid bæːxədə '감사합니다. 당신께 도와주신 것에 내가 한국에 있을 때.'
러시아어	Спасиво, что Вы помогали мне, когда я был в Корее. '내가 한국에 있을 때 도와주셔서 감사합니다.'

예) juːr '친구', kʰʲuːrne '족제비', eɾulsik '호랑이'

[그림 7-18] 칼미크국립대학교 칼미크–몽골학대학 교수진과의 간담회

칼미크어에서 러시아어 어휘가 사용될 경우 그 형태를 대기도 하고, '역', '의자' 같이 없을 리가 없는 어휘도 칼미크어에는 없다고 주장하기도 하였다. 일부 어휘는 그 자리에서 러시아어를 번역하여 응대하는 듯한 경우도 있었다.

예) usna: maril '물의 사슴' (< водяной олень '고라니(?)')

χama:ʁa:s ɢartᶜʰ irsiŋ '어디서 나와 온' (< происхождение '기원')

조사가 끝나고 출발을 앞둔 저녁 협력자인 호니노프 뱌체슬라바 니콜라예비치(칼미크어 전공 대학원생)와 우리 조사에 참관한 대학원생 인디예바 엘레나 주르구노브나(호복사르 오이라트어 조사 경험이 있음)가 자동차로 2~3시간 거리에 있는 쾻츠네르(Көтчнр, 러시아어 표기 Кетчнеры)에서는 어린아이들도 칼미크 방언으로 생활한다고 하였다. 그리로 우리를 안내하지 않은 사유를 묻자 그곳에서는 마땅히 조사할 장소가 없다고 하였다. 2006년 8월 울란바타르에서 열린 제5차 국제몽골학회에서 만난 다른 칼미크 어문학자는 이 지역의 언어 사용 상황에 대해 조금 다른 견해를 갖고 있는 듯했다.

2.4. 몽골어 다르하트 방언(Darkhad, Tarχat)

2.4.1. 언어 개관

적어도 지난 몇 세대 동안 다르하트 사람들(Дархад ястан)은 주로 몽골공화국 홉스굴아이막의 이린첸르훔베솜, 올랑-올솜, 바얀주르흐솜, 그리고 알락-에르덴솜을 비롯한 이웃 지역에서 살아왔다. 이 사람들이 모어로 사용해 온 몽골어를 다르하트 방언(Darqad, Darkhad, дархад аялгуу)이라고 하는데 사실 다르하트 사람이 현재 몇 명이나 되며 그들 중 얼마가 다르하트 방언을 구사하는지는 정확하게 파악되지 않는다. 최근 몇 년 전부터 몽골에서 다르하트니 부리야트니 할하니 하는 집단별 인구 통계를 보기 어렵게 되었기 때문이다. 근거를 알 수 없으나 위키피디아(Wikipedia)는 다르하트 방언 사용자

[그림 7-19] 유제품을 들고 있는 다르하트인

를 20,350명이라고 하고 Joshua Project는 22,000명이라고 한다.

　다르하트 사람들의 몽골어를 오이라트(와 부리야트)적 언어 환경에서 몽골 사람들에게 동화된 튀르크계 사람들의 언어라고 요약한 Санжеев(1931)는 이미 80년 전에 다르하트 몽골어의 할하화를 목격했다. 이제 Амаржаргал 외 (1988: 24)를 비롯한 몽골 학자들은 다르하트를 먕가트(мянгад), 엘즈겐 할하 (элжгэн халх), 아릭 오랑하이(ариг урианхай), 사르톨(сартуул), 호트고이트 (хотгойд), 울트(ɵɵлд), 고비-알타이(Говь-Алтай)와 홉드아이막(Ховд аймаг) 일부 지역에서 사용되는 할하 방언과 함께 서부 할하 방언의 하위 방언으로 분류하고 있다. Amarzhargal(1988: 24)을 비롯한 몽골 학자들은 할하 몽골어를 중앙, 서부, 동부의 3대 방언으로 분류한다.

〈지도 7-1〉 다르하트방언의 주요 사용 지역

우리는 우리의 체계에 따라 이 언어체를 몽골어파 동부어군 할하오이라트하위어군 할하부리야트분파의 몽골어 다르하트 방언으로 분류한다.

2.4.2. 현지 조사 개황

□ **조사 기간:** 2005년 6월 20일~30일

□ **조사 장소:** 몽골 홉스굴아이막 알락-에르덴솜, 울지트솜 장하잉 차강 에렉 (Жанхайн цагаан эрэг)

□ **참가자:** 이호영(총괄, 녹화), 유원수(전사), 김윤신(녹음), 테. 푸레브수렝(T. Пүрэвсүрэн, 질문)

□ **자료제공인**

(1) 제1 자료제공인: 바이갈마(Дэмбэрэл БАЙГАЛМАА, 37세, 1968년생, 여성)

- 민족: 몽골 민족 다르하트 야스탕 샤르노트 오복(Шарнууд овог)

- 출생 및 성장: 1968년 올랑-올솜에서 태어나 성장하였고, 1995년 결

혼하면서 이렌친르홈베솜으로 이주하였다. 남편 역시 다르하트족이
다. 조사 당시 가족(시어머니, 남편, 2남 1녀)과 함께 알락-에르덴 솜의
장하인 차간에렉에 여름살이 터를 잡고 있었다. 제3 자료제공인 간바
트 씨의 형수이다.

- 직업: 목민
- 언어 사용 상황: 자신은 다르하트 방언만을 알고 있고, 사용하고 있다
  고 여긴다.

[그림 7-20] **다르하트인 바이갈마 씨**

(2) 제2 자료제공인: 바트-오치르(Балдан БАТ-ОЧИР, 57세, 1948년생, 남성)

- 민족: 몽골 민족 다르하트 야스탕 샤르노트 오복(Шарнууд овог)에서
  최근 달라이 에지 오복(Далай ээж овог)으로 변경 ▪
- 출생 및 성장: 가족은 여러 대에 걸쳐 홉스굴 연안을 따라 유목하던
  집안이었고 자신이 태어난 것은 1948년 이렌친르홈베 솜에 있을 때였
  다. 군복무를 울란바타르에서 했다.
- 직업: 유목민이었고, 목수였고, 러시아 지질 조사팀의 화부이기도 하

▪ 달라이 에지, 즉 '바다 어머
니' > '어머니이신 바다'는 이
고장 사람들이 **홉스굴 호수**를
높여 부르는 말.

였으며, 지방협동조합의 구매 및 분배 담당자이기도 하였다. 조사 당시에는 퇴직하여 연금을 수령하는 상태였다.

- 언어 사용 상황: 따라서 자신의 몽골어는 다르하트 방언, 할하 방언, 호트고이트(Хотгойд) 방언▪의 혼합일 수밖에 없다고 여긴다. 역시 다르하트 사람인 부인 및 다르하트 이웃들과 다르하트 방언으로 대화한다.

(3) 제3 자료제공인: 간바트(Дүүжий ГАНБАТ, 36세, 1969년생, 남성)

- 민족: 몽골 민족 다르하트 야스탕 날트 오복(Наалт овог).

- 출생 및 성장: 1969년 알락-에르덴솜의 하트갈읍(Хатгал тосгон)에서 태어났으나 이렌친르홈베솜에서 성장했다. 8학년을 마치고 투브아이막(Төв аймаг)의 트랙터 학교에 입학해 2년 과정을 졸업, 졸업 후 셀렝게아이막(Сэлэнгэ аймаг)에서 군 입대 전까지 1년간 트랙터 기사로 근무하였다. 도르노트 아이막(Дорнод аймаг)의 몽중국경 부대에서 복무할 때 같은 부대에 다르하트 출신이 3명 있었는데 동료들은 세 사람의 다르하트 말을 흉내 내며 재미있어 하였다.▪▪ 1991년 이린첸르홈베로 귀향했다가 2000년에 알락-에르덴으로 이주하였다. 제1 자료제공인 바이갈마 씨의 시동생이다. 아내, 2녀와 함께 형과 이웃하여 살고 있다.

- 직업: 목수, 반목민

- 언어 사용 상황: 자신의 언어는 다르하트 방언과 할하 방언의 혼합일 수밖에 없다고 여긴다. 가정에서 알락-에르덴 솜 출신 다르하트 사람인 부인과 다르하트 방언으로 대화한다.

□ 조사 내용

(1) 바이갈마: 2,748개의 어휘 중 2,716문항에 대답하였고, 기초 회화 표현은 345개 문항 전부, 문법 사항 역시 385문항 전부에 대답하였다. 자신의 생애에 대해 이야기하도록 하여 녹음, 녹화하였다.

(2) 바트-오치르: 816항목의 어휘, 252항목의 기초 회화 표현에 대답하였다.

▪ 할하화된 오이라트 사람들로서 다르하트와 이웃함. Амаржаргал 외(1988:24)의 분류에 의하면 다르하트와 함께 8개의 서부 할하 방언의 하나.
▪▪ 동료들이 느끼는 차이가 다르하트 고유의 것 때문이었는지 서부 할하 방언적인 것에 대한 것이었는지는 불분명하다. 동료들이 어떻게 흉내를 내더냐는 질문에는 웃음으로 답하였다.

자신의 생애에 대해 간략하게 이야기한 것을 녹음, 녹화하였다.

(3) 간바트: 812항목의 어휘와 186항목의 기초 회화 표현, 385항목의 문법 사항에 대해 대답하였다. 자신의 생애에 대해 간략하게 이야기한 것을 녹음, 녹화하였다.

□ 언어의 특성

(1) 자료제공인들의 자기 언어에 대한 인식 : 다르하트 방언을 연구한 학자들 뿐 아니라 토박이화자들이 자신의 언어에 할하 등 다른 몽골어 요소가 있다고 인식하는 것은 실제 상황을 반영하는 것으로 보인다. 그런데 자료제공인이 전부해야 세 사람뿐이긴 하지만 남성 자료제공인들이 그리 생각하고 여성 자료제공인은 그런 생각을 드러내지 않는 것은 흥미롭다. 남성 자료제공인들은 다르하트 방언과 할하 방언이 가까워진 것이 마치 자신들의 생애에 일어난 일인 것처럼, 즉 자신들이 외지 생활을 꽤 하였고, 고향에 살면서도 할하 등 외부 사람들과 지속적으로 접촉하고 있기 때문인 것처럼 여기는 듯하였다. 세 사람 중 아무도 자신의 방언에 부리야트어나 칼미크-오이라트어적 요소가 있다고는 여기지 않았다. 언어에서 부리야트어적 요소가 발견되는 간바트 씨도 부리야트 사람을 이웃으로, 친구로 혹은 친척으로 두고 있는지에 대한 조사자의 물음에 자기 주위에 오이라트나 부리야트 사람이 있었던 적은 없다고 답했다.

(2) 어휘 : 위에서 언급한대로 바이갈마 씨는 어휘 2,716항목, 바트-오치르 씨는 816 항목, 간바트 씨는 812항목을 대답하였다. 이들이 응답을 한 어휘들은 할하 어휘와 기본적으로 거의 동일하였다. 다르하트어 자료제공인들이 대답한 어휘가 할하 방언의 어휘와 거의 차이가 없는 것은 우선 두 몽골어의 어휘에 차이가 없기 때문일 것이다. 원래는 두 방언 간에 어휘상의 차이가 꽤 있었겠으나 여러 세대에 걸쳐 다르하트가 할하화하였을 것이고, 그 속도는 몽골 국가 건국 이후, 그러니까 지난 2~3세대 동안 교육이 보급되고, 중앙 집권화가 공고화하면서 더욱 빨라졌

을 것이다. 또한 자료제공인들이 거의 할하형 어휘로 대답한 데는 우리의 질문지가 할하 몽골어로 준비되었고, 질문자도 중앙 할하 방언의 토박이화자였던 것이 어느 정도 작용하였을 것이다. 간바트 씨는 다른 다르하트 자료제공인들이 사용하지 않는 다음과 같은 흥미로운 어휘들을 갖고 있었다.

예) xəːət～xəːxit～xəːxktʰ '아내'[ˈ], erixteː ɔːxʦʰoɬ '아들, 사내아이', emixteː ɔːxʦʰoɬ '딸, 여자아이', ix ʦeːɬ xuŋ～ix ʦeːɬ naswⁿnɛːxuŋ '어른', jɔŋɢwai '늑대'

(3) 음성, 음운 : 모든 다르하트어 자료제공인은 중앙 할하 방언의 토박이화자들과 마찬가지로 4개의 파찰음을 갖고 있다: 유기 치조 파찰음 /ʦʰ/, 무기 치조 파찰음 /ʦ/, 유기 치조 경구개 파찰음 /ʨʰ/, 무기 치조 경구개 파찰음 /ʨ/. 이호영 교수는 2005년 10월 29일 알타이어 현지 조사 연구 프로젝트의 청취 전사 회의에서 다르하트 방언 자료제공인들의 파찰음의 절단 주파수를 측정해 보였는데, 치조 파찰음들은 4,200~6,000Hz, 치조 경구개 파찰음들은 1800~2800Hz 범위에 있었다. 그러나 다르하트 자료제공인들이 치조 파찰음과 치조 경구개 파찰음을 혼동하는 흔적도 발견되는데 그 한 예가 바이갈마 씨의 [ʨʰeəʨʰ] '가슴'이 될 수 있을 듯하다.[ˈˈ] 이 어휘 항목에 대해 할하 방언의 토박이화자에게서 기대할 수 있는 발음은 [ʦʰeːʦ]에 가까울 것이다.[ˈˈˈ] 간바트 씨는 유성 치조 설측 마찰음 [ɮ]를 갖고 있었는데, 이것은 다른 다르하트 자료제공인들의 무성 치조 설측 마찰음 [ɬ] 또는 유성 치조 설측 접근음 [l]에 대응하는 것이다. 그리하여 할하 문어의 ойлгох '이해하다'에 대하여 우리는 다음과 같은 다양한 형태들을 갖게 된다.

예) [ɔiɮɣəx] (간바트)

[ˈ] (두르부트) 칼미크·오이라트어의 토박이화자인 바바예프 씨가 '아내'를 kʰyju : køt kʰyn이라고 대답한 것으로 미루어 오이라트적 요소일 가능성이 있다.

[ˈˈ] 이 어휘의 첫 번째 파찰음의 절단 주파수는 대략 2300, 두 번째 즉 어말 파찰음의 절단 주파수는 1850 정도이다.

[ˈˈˈ] 단정할 수 없는 것은, Амаржаргал 외(1988: 457)에 의하면, 중앙 할하 방언에서도 이 어휘는 [ʦédʒi]와 [ʦédʒi]로 발음된다고 하기 때문이다. 이들의 [ʦ]와 [ʦ]는 우리의 [ʨʰ]와 [ʦʰ]에 거의 규칙적으로 대응하는 것으로 보인다.

[ɔiɬgəx]~[xeɡɬiɕ] (바이갈마)

[xeɡɬiɕ] (바트-오치르)

한편 중앙 할하 방언의 토박이화자인 푸레브수렝 씨는[■] 이를 [œ:ɬkəx]~[œ:ɬkʌx]로 발음하였는데, 이 자음에 대해서는 바이갈마 씨나 바트-오치르 씨와 가깝다고 할 수 있겠다. 동사 уйлах '울다'에서도 위와 같은 현상을 볼 수 있다.

예) [oiʒəx] (간바트)

[o:ləx:] ~ [o:ləɕ:] (바이갈마)

[oiləx] (바트-오치르)

[ø:ɬəx] (푸레브수렝)

바이갈마 씨는 다른 자료제공인들의 /x/에 대응하는 [h]를 갖고 있었다. 그리하여 '담요'는 이 자료제공인의 발화에서 [hənt͡ɕiɕ]에 가깝게 발음된다. 바이갈마 씨는 이외에도 치음 [ʂ]~치조 경구개음 [ɕ] 사이에서 발음되는 것으로 들리는 무성 마찰음을 갖고 있다. 예를 들어, 위에서 본 [hənt͡ɕiɕ] '담요'에서, 그리고 [ʊʂ] '겨울'에서 들을 수 있는 자음들이다. 우리 자료제공인들이 갖고 있는 이 3개의 독특한 마찰음들은 단순히 개인적인 특징일 수도 있다. 그러나 더 자세한 연구가 전혀 예상치 않았던 다른 방언이나 언어와 다르하트 몽골어의 관련성을 밝혀줄 가능성도 배제할 수 없다.

Yu(2006b: 58)에서도 언급했듯이, 할하 문어에서 이중모음으로 표기되는 형태들이 구어에서는 장모음으로 발음되는 경향이 있는데, 다르하트 방언의 자료제공인들은 할하 문어에서 이중모음으로 표기되는 형태들을 이중모음으로 발음하는 경향이 있다. 예를 들어 ойлгох '이해하다'라는 동사를 자료제공인들이 다음과 같이 발음했다. 반면 중앙 할하 방언의 토박이화자인 푸레브수렝 씨는 이를 단순 장모음으로 발음하였다.

■ 다르하트 현지조사 연구팀의 질문자 푸레브수렝(Төмөрбаатар ПҮРЭВСҮРЭН) 씨는 투브 아이막 비안촉트 솜(Баянцогт сум, 1982년생)에서 태어나 고등학교를 졸업할 때까지 그곳에서 자라다 대학진학을 위해 울란바타르로 이주하였다. 우리는 질문자의 발화도 Audiotechnica AT831b pin microphone을 이용하여 Marantz Professional PMD670 녹음기의 오른쪽 채널로 녹음하여 할하 몽골어의 연구 자료로 활용하고 있다.

예) [ɔiɬgəx]~[xeɢɬic] (바이갈마)

[ɔiɬgəx] (바트-오치르)

[ɔiɮɣəx] (간바트)

[œːɬkəx]~[œːɬkʌx] (푸레브수렝)

그러나 이것은 같은 자료제공인의 발화에서도 고정불변의 현상은 아닌 듯하다. 예를 들어 할하의 уйлах '울다'에 해당하는 어휘의 어두에 모음연쇄처럼 표기된 부분을 바이갈마 씨는 중앙 할하의 토박이화자인 푸레브수렝 씨처럼 장모음으로 발음한 반면 바트-오치르 씨와 간바트 씨는 이중모음으로 발음하였다.

예) [oːləxː]~[oːləçː] (바이갈마)

[oiləx] (바트-오치르)

[oiɮəx] (간바트)

[øːɬəx] (푸레브수렝)

자료제공인들은 같은 어휘의 같은 부분을 때로는 이중모음으로 때로는 장모음으로 발음하였다. 예를 들어 보자.

예) [sain]~[sɛːm] '좋다', [bein]~[bɛːn] '이다'

할하 문어에서 키릴 문자 /ө/, /өө/로 표기되는 부분들이 다르하트 방언에서는 다양한 모음으로 나타난다. 예를 들어 /өдөр/ '날, 낮', /өнөөдөр/ '오늘', /өчигдөр/ '어제', /өвөл/ '겨울', /өглөө/ '아침' 같은 단어들을 바이갈마 씨는 다음과 같이 발음한다.

예)

어휘	중세몽골어/몽골문어	다르하트 방언	할하 문어
날, 낮	edür	otiɾˢ ～ otyɾˢ	ѳдѳр
오늘	ene edür	ɤnøːtər	ѳнѳѳдѳр
어제	öčigedür	ɤtɕɤɣyiter	ѳчигдѳр
겨울	ebül	ʊːɬ ～ ʊːs ▪	ѳвѳл
아침	örlüge	ɣɣɬʌː	ѳглѳѳ

달리 말하자면 바이갈마 씨는 할하 문어의 /ѳ/에 대해 닫힌 중위 후설 원순모음 [o], 닫힌 중설 평순 모음 [ɨ], 닫힌 전설 원순 모음 [y], 닫힌 중위 전설 평순 모음 [e], 닫힌 중위 후설 평순 모음 [ɤ], 거의-닫힌 거의-후설 원순 모음 [ʊ]를 갖고 있으며, /ѳѳ/에 대하여서도 닫힌 중위 전설 장모음 [øː]와 열린 중위 후설 평순 장모음 [ʌː]를 갖고 있다. 이 일대다(一對多) 대응은 바이갈마 씨의 모음 체계에서 할하화가 아직 완성되지 않았음을 의미하는 것일 수도 있겠다.

자료제공인들은 다음의 예와 같은 할하 문어의 원순 장모음에 대응하는 평순 장모음들을 갖고 있었다.

예)

어휘	중세 몽골어/몽골 문어	다르하트 방언	할하 문어
아우	de'ü	təː～tɵː(바이갈마)	дүү
눈보라	boro'an	pəɾaː '비'(간바트)	бороо(н)
둥지	sibaɣun-u egür	ɢowaːne əːɾ(바트-오치르)	шувууны үүр
아들	kö'ün	xəː～xɵːx(3명 모두)	хүү
일곱	dolo'an	tɔlaː (바이갈마)	долоо
흙	siroi	ɢɔraː (바이갈마)	шорой

▪ 우리는 조사에서 이 어휘를 [əwʊɬ]로 들었으나 2005년 11월 25일 ASK REAL의 청취 전사 회의에서 음성학 전문가인 서울대 이호영 교수와 런던대 교수로 국제음성학회회장인 웰즈 교수(John C. Wells)가 위와 같은 형태를 추천하였다.

위와 같은 형태의 대응은 자료제공인들의 발화에서 결코 흔하거나 규칙적인 것은 아니다. 세 사람 모두 같이 발음하는 어휘들은 몇 안 된다. 같은 사람이 같은 어휘를 위와 같이 발음하기도 하고 할하 구어에서처럼 발음하기도 한다. 장모음의 경우에는 대부분 할하 방언에서처럼 발음된다.

위와 유사한 현상들을 Gáspár(2006: 15~19)는 대체로 오이라트와 관련 있는 것으로 보고 있는 듯하다. 우리가 참가한 조사에서는 칼미크어 자료제공인인 바바예프 씨가 위 항목 어휘들에 대해 각각 [dyː]~[duː] '아우', [χoːr] '비', [ʃoːna juɾ] '새둥지', [kʰøyːn] '아들', [tolaːn] '일곱', [ɕoraː] '흙'으로 발음한 자료가 있다. 중세 몽골어와 몽골 문어형들과 비교할 때 다르하트 방언의 위와 같은 형태들은 할하화 이전 혹은 입술 견인이 시작되기 전의 다르하트 장모음의 형태의 흔적일 수 있다.

(4) 형태와 통사 : 간바트씨의 발화에서는 1인칭 및 2인칭 대명사의 축약형이 1인칭 및 2인칭 주어의 술어동사에 첨가되는 양상을 보이고 있다. 아래 예에서 밑줄 친 부분이 인칭대명사의 축약형으로 보이는 요소들이다.

예) pi xɔːłɔ: itəːt ɕutəː oɣaːsimb
   '나는 밥을 먹고 나서 이를 닦았다.'
   tɕʰi xəmbətɕʰ
   '너는 누구니?'
   tʰa saim beinuːtʰ
   '안녕하십니까?(= 당신은 잘 계십니까?)'
   maːnər ətsʰiktər xaːmtʰ sorgoːlta jaßsimbit
   '우리는 어제 함께 학교에 갔다.'
   maːnər ətsiktər nɔm ɔnɕitɕ tʰaːnər tsorik tsorsintʰ
   '우리는 어제 책을 읽고 너희들은 그림을 그렸다.'

위와 같은 현상은 Sanzheev(1931: 24~29)가 현지조사를 하던 시기까지만 해도 다르하트 방언에서 널리 남아있었던 것 같다. 그러나 지금은 간바트 씨의 발화에서만 찾아볼 수 있다.▪ 유사한 현상이 부리야트어, 오이라트어, 다고르어 등에서 발견되는데, 지리적으로 가까운 언어는 부리야트어와 오이라트어이다. 앞서 말한 대로 간바트 씨에게 이웃, 친구, 혹은 친척 간에 부리야트나 오이라트 사람이 있는지 물었으나 자기 주변에 부리야트나 오이라트 사람은 없었다고 한다. Sanzheev(1931: 24~29), Gáspár(2006) 등의 보고나 추론을 고려하고, 간바트 씨의 말을 참고할 때 간바트 씨의 술어동사에 인칭어미가 첨가되는 것은 그가 생애 중에 부리야트 몽골어나 오이라트 몽골어를 익혀 위와 같이 발화하는 것이 아니라, 원래 다르하트 몽골어에 있었던 현상이 할하의 영향으로 바이갈마 씨를 비롯한 일부 다르하트 사람들의 언어에서 탈락하고, 간바트 씨를 비롯한 일부 다르하트 사람들의 언어에는 남아 있는 것으로 이해해야 할 것이다.

간바트 씨의 발화에서는 1인칭 복수 대명사에서 [maːnəɾ]가, 3인칭 단수에서는 [tʰeɾən]이, 복수형에서는 [tʰetnəɾ]가 각각 어간처럼 구실한다. 그러므로 곡용의 모습은 아래와 같다. 바이갈마 씨의 인칭대명사 곡용은 할하 화자들과 다를 바 없다. 바트-오치르 씨의 인칭대명사체계에 대해서는 조사하지 못했다.

예)

	1인칭 복수	3인칭 단수	3인칭 복수
주격	maːnəɾ	tʰeɾ	tʰetnəɾ
속격	maːnaɾeː	tʰeɾəːne	tʰetnaɾeː/tʰetneː
여처격	maːnəɾtʰ	tʰeɾəntʰ	tʰeɾəntʰ
대격	maːnəɾik	tʰeɾəːnik	tʰetnəɾik
도구격	maːnəɾ	tʰeɾəːɣaːɾ	tʰetnəːɾ
탈격	maːnaɾaːs	tʰeɾəːnəːs	tʰeɾəːnəːs
공동격	maːnəɾtʰe	tʰeɾəntʰe	tʰetnəɾtʰe
방향격	maːnəɾluː	tʰeɾəːnɾoː	tʰetnəɾɬoː

▪ Gáspár(2006)의 예문들은 자신이 현지조사를 통해 채집한 오늘날의 다르하트 사람들의 발화를 가공한 것인지 노인들의 옛 노래나 샤먼들의 공수 등 옛 형태를 꽤 간직할 수밖에 없는 자료를 분석한 것인지 불분명하다.

우리가 1인칭 및 3인칭 복수형의 도구격, 3인칭 복수 탈격에 관해 간바트 씨를 제대로 이해시켰는지 확신할 수 없다. 간바트 씨의 3인칭 여처격의 단수와 복수의 형태가 동일한 것은 질문(문장)을 잘못 들은 데서 온 착오로 보인다.

인칭대명사의 어간, 곡용 체계 역시 간바트 씨의 것이 다르하트 방언의 이른 시기의 모습에 가장 가깝고, 바이갈마 씨의 체계는 거의 할하형이다. 이상을 고려해 볼 때 인칭대명사의 할하화는 다르하트 방언에서 아직 다양한 수준으로 진행되고 있는 것으로 보인다.

간바트 씨만이 다음과 같은 [-xkte]~[-xtə]를 갖고 있고 다른 자료제공인들의 발화에서는 발견되지 않는다.

예) tʰa ɔɾəxkte ɔɾəxkte '들어오세요!'

　　tʰamix tʰatəxtə xəi '담배 피우세요!'

부리야트 방언들의 명령 표지 형태소 [-qtiː]~[-ktiː]와 동일 기원으로 보인다. 예를 들어 2004년 4월 22일, 23일 조사한 (아가) 호리 부리야트어에서 자료제공인은 다음과 같이 대답하였다.

예) tʰamxijaː tʰatʰaqtiː '담배 피우세요!'

　　namda xandaɣaeŋ mʲaxa uguktiː '내게 사슴 고기를 좀 주세요!'

2006년 6월 및 7월 조사에서 같은 훕스굴의 아릭 오랑하이(ариг урианхай) 방언이나 우린 오랑하이(үүрийн урианхай) 방언 화자들은 이와 같은 형태소를 사용하지 않았다. 2006년 4월의 칼미크어 자료제공인 역시 이와 유사한 형태소를 사용하지 않았다. 위와 같은 부리야트 형태소가 세 사람 중 간바트 씨에게서만 나타나는 것은 탈다르하트화 혹은 할하화가 개인에 따라, 집단에 따라 다양한 속도로 진행된 결과 다른 사람들의 방언에서는 탈락하고 간바트 씨의 방언에만 남아 있는 것일 수도 있고, 위 형태소가 몽골어 다르하트 방언에서는 원래부터 간바트 씨를 비롯한 일부 방언에만 있었던 것일 수도 있겠다. 바이갈마 씨는 판정 의문에서 다음과 같이 의문 첨사 [jə ː]~[joː]를 사용한다.

예) tʰa xɔːlɔː itsiŋ joː '식사하셨습니까?'
　　tɕʰi soriktɕʰi jəː '너는 학생이니'

할하 몽골어의 판정 의문에 사용되는 의문 첨사 [joː]~[jʉ]와 다른 점은 자료제공인은 항상 [jəː]~[joː]를 사용하는데 반해 할하 몽골어에서는 이 이형태가 장모음이나 이중모음 뒤에만 나타나는 것, 즉 음운론적으로 제한을 받는 이형태라는 점이 다르다. 나머지 자료제공인들의 의문 첨사는 할하와 차이가 없는 점을 고려할 때 바이갈마 씨만의 개인적 특징일 가능성도 있다. '종이'라는 명사를 바이갈마 씨가 [tsʰaːɾs]로, 두 명의 남성 자료제공인이 [tsʰ aːs]로 발음하였다.

　　한편 2006년 6월 27일~29일 행한 현지 조사에서 아릭 오량하이 방언 자료제공인인 다와체렌(Давааням ДАВААЦЭРЭН, 1950년생, 여성) 씨와 부리야드(БУРИАД, 1944년생, 여성) 씨 역시 이 어휘를 [tsʰaːɾs]로 발음하였다. 그리고 2006년 7월 1일~3일 조사한 우린 오량하이 방언 자료제공인 바다르치(Сэрээнэн БАДАРЧ, 1955년생, 남) 씨와 바산자브(БААСАНЖАВ, 1941 년생) 씨는 이 어휘를 [saːɾsin]이라고 발음하였고, Yu(2006a: 132)에 제시된 대로 2004년 4월 22일~24일 조사한 (아가) 호리 부리야트어의 자료제공인 치펠마 체레노브나 발지니마예바(Цыпелма Цыренова Бальжинимаева, 1950년생, 여성) 씨는 [saːrahiŋ]으로 2005년 2월에 조사한 호친 바르가의 자료제공인 보얀델게르(Buyandelger, 1947년생, 남성) 씨는 [saːɾʊ]로, 즉 /r/을 가진 것으로 발음하였다.

　　孫竹 외(1990: 553)에 의하면 중국 내 오이라트계 하위 방언에서 이 어휘

항목에 대해 자음 /r/을 가진 방언은 없는 것 같다. Цолоо(1988)의 오이라트 방언 사전은 이 어휘 항목을 갖고 있지 않다. 우리가 2006년 4월 18일~21일까지 행한 조사에서 칼미크어 자료제공인인 바바예프 씨는 이 어휘를 [tsʰaːsin]으로 발음하였다.

Амаржаргал외(1988: 454)가 13세기 문헌인 몽골비사에서 /ča'alsun/, 몽골 문어에서 /čaɣarsu(n)/인 이 어휘의 중앙 할하형으로 [tsás]와 [tsarsǎ]를, 다르하트형으로 [tsārs]를 제시하는 점을 볼 때 현대 몽골어계 방언에서 이 어휘에 /r/이 들어 있는 형태를 부리야트형이라고 단정할 수는 없겠다.

그러나 오량하이 방언, 부리야트어 등 다르하트 방언과 인접한 몽골어에서는 '종이'를 가리키는 어휘에 자음 /r/이 아직도 들어 있고, 중앙 할하의 구어 방언에서 /r/ 없는 형태가 압도적이고, 할하 문어형도 /r/ 없는 형태이고(цаас), 다르하트 방언에서는 /r/이 없는 형태(남성 자료제공인들)와 있는 형태(여성 자료제공인들)가 공존하는 것으로 미루어 /r/이 있는 것이 부리야트형일 가능성이 높으며, /r/ 없는 할하형으로 대체되는 과정이 아닐까 짐작된다.

몽골비사와 몽골 문어에서 '옷'은 /qubčasu(n)/이다. 우리의 자료제공인들은 [χoːptʰis]∼[χoßtʰǝs]∼[ɣoːptʰis]∼[ɣußtʰǝs]∼[χoßtsʰǝs]∼[χußtsʰǝs]로 다양하게 발음하였다. 아릭 오량하이 방언과 우린 오량하이 방언 자료제공인들도 두 가지 형태, 즉 정지음으로 발음하는 형태와 파찰음으로 발음하는 형태를 모두 갖고 있었다.

할하 방언과 칼미크 방언 자료제공인들은 파찰음 [tsʰ]를 다르하트 방언의 [tʰ]의 자리에 갖고 있었다. Цолоо(1989: 456~457)에 따르면, 자흐칭(Захчин), 토르고트(Торгууд), 울트, 오량하이, 먕가트, 바야트(Баяд), 호통(Хотон), 두르부트(Дөрвөд) 같은 몽골의 오이라트계 방언에서는 이 어휘에서 정지음(D, T로 표기)을 갖고 있다. Мөөмөө 외(1984: 86)는 동부 할하 방언에서도 이 어휘가 정지음을 갖고 있다고 한다(키릴 문자로 хубтас로 표기). 孫竹 외(1990: 384)에 의하면, 내몽고의 정람기(正藍旗, [xobtǝs], 다르한([xobtǝs]), 동수니트(xubtas), 알라샨([xubtɑs]) 같은 방언들도 이 어휘에서 치조 정지음

[tʰ]를 갖고 있다.

모든 부리야트 방언들은 (아가) 호리 방언의 [χopsahiŋ], 호친 바르가 방언의 [χobso]처럼 이 자리에 마찰음 [s]를 갖고 있으므로 다르하트 방언의 이 어휘가 부리야트형은 아니라 하겠다.

다르하트 방언의 일부 자료제공인들이 아직은 인접 칼미크-오이라트계 방언들에서처럼 정지음 [tʰ]를 갖고 있으나 점차 할하형으로 대체되는 과정에 있는 것으로 짐작된다.

'어제'와 '오늘'이라는 어휘를 3명의 자료제공인 모두 [rtɛrɣiter]로 발음하였다. 즉 자료제공인들의 '어제'에는 [l]이 없다는 것이다.

孫竹 외(1990: 551)에는 이 어휘에서 [l]을 가진 중국 내 몽골어계 언어나 방언이 없는 것으로 되어 있다. 칼미크어 현지 조사에서 자료제공인 바바예프 씨는 이 어휘를 [øtsʰikeldur], [usuguldur], [eskuldir], [yskuldur] 등으로 다양하게 발음했는데, 그가 발음한 모든 형태의 공통점은 [l]을 갖고 있다는 것이다. 우리는 2007년 1월 부리야트 방언을 조사한 일이 있는데 [ɯstər]로 발음한 에히리트-불라가트 방언 자료제공인을 제외한 (아가) 호리, 알라르, 툰카, 오카 방언 자료제공인들이 모두 [usəɣəldər]에 가깝게, 즉 [l]을 포함하는 형태로 대답하였다.

따라서 [l]이 있는 것이 부리야트-오이라트형이고, 더 이른 시기의 다르하트형이며, [l]이 없는 것이 할하형이고, 오늘날의 다르하트형이라고 할 수 있겠다.

우리의 조사에서는 몽골어 다르하트 방언에 내재된 오이라트 및 부리야트적 요소를 많이 발견하지는 못했다. 다르하트 방언 자료제공인들의 어휘는 할하 문어와 별반 차이가 없었다. 그러나 몇몇 어휘는 몽골어 다르하트 방언을 할하, 부리야트, 칼미크 방언이 아닌 다른 몽골어와 연결시켜 준다는 점에서 기록해 둘 만하다. 간바트 씨의 발화에서만 출현하는 어휘(와 표현)은 소수였지만 이러한 어휘들의 동근어를 다른 방언이나 언어에서 찾아낼 수 있다면 몽골어 다르하트 방언의 화학적 구성을 추정하는데 도움이 될 수 있을 것이다.

음운론적으로 다르하트 방언은 아직도 할하화 과정에 있다 하겠다. 치조 및 치조 경구개 파찰음 분화 이전의 자취도 희미하게나 남아 있는 것을 보았다. 일부 다르하트 방언의 장모음들은 입술 견인이 아직 완성되지 않았다는 점에서 대응하는 할하 모음들과 차이를 보여주었다.

형태적, 그리고 통사적으로 자료제공인들 간에 큰 차이는 없으나 간바트 씨는 다른 자료제공인들의 발화에서는 볼 수 없는 독특한 형태와 형식을 갖고 있었다. 술어동사에 인칭어미의 축약형이 첨가되는 것, 2인칭 복수와 3인칭 단수 복수 대명사의 곡용이 그 예가 되겠다.

우리 조사의 다르하트 방언 자료제공인들의 발화에 대한 더 자세한 연구, 더 많은 다르하트 방언 자료제공인에 대한 조사, 몽골 북서 지방의 다르하트 방언의 인접 방언들과 언어에 대한 꾸준한 연구는 우리에게 다르하트 방언을 비롯한 몽골어의 과거 및 현재의 화학적 구성에 대해 실마리를 제공할 것이다.

2.5. 동부요구르어(자칭 셔라 요거르~셔라 요구르(ɕəra joʁər~ɕəra joʁur~ɕra joʁər~ɕra joʁur), 東部裕固語

2.5.1. 언어 개관

자신들을 요거르(joʁər) 또는 요구르((joʁur)라고 부르는 사람들은 주로 중국 간쑤(甘肅)성 쑤난위구쭈(肅南裕固族)자치현과 그 인근에서 사는데, 2000년도 인구 조사 통계상 13,719명이라 하므로 현재 전체 인구는 14,000명가량으로 어림되며 쑤난위구쭈자치현에 사는 사람은 해당 자치현 문화실 공무원들의 말로 9,000명 가량이라고 한다. 자치현 전체 인구는 3만여 명이라고 하며 그 중 1958년 이후 본격적으로 유입되기 시작한 한족(漢族)이 54%, 장족(藏族)은 5,000여 명이 될 것이라고 하였다.

특정할 필요가 없으면 그저 요거르(joʁər), 요구르(joʁur), 또는 유고르

(juʁur)라고 하다가 특정해서 말할 필요가 있어야 몽골어 계통의 언어를 사용하는 사람들은 자신들을 셔라 요거르(ɕara joʁər), 튀르크어 계통의 언어를 사용하는 사람들은 샤륵 요구르(sarïɣ joγur)라고 대답한다. 한편 셔라 요거르는 샤륵 요구르를 하라 요거르(χara joʁər '검은 요거르'), 샤륵 요구르는 셔라 요거르를 응가르(iŋgar)라고 부르기도 한다.

자치현 경내를 흐르는 융창하(隆暢河)를 경계로 그 서쪽에는 주로 튀르크어 계통의 언어를 사용하는 사람들의 산간 마을이, 동쪽에는 주로 몽골어 계통의 언어를 사용하는 사람들의 산간 마을이 자리 잡고 있지만 혼인, 교우 관계 등에서 구별이 없는 분위기라고 하는데 대체로 사실에 부합하는 듯하였다.

Wikipedia 영어판 등에 의하면 동부요구르어를 사용하는 인구가 2,800명, 서부요구르어를 사용하는 인구가 4,600명이라고 하였으나 자치현의 공무원들은 동, 서 산간의 요구르 인구가 비슷할 것으로 보았으며 동부 산간 마을의 요구르인 가운데 절반가량이 셔라 요구르어, 즉 동부요구르어를 구사하는 것으로 보았다.

이들을 한어로 위구쭈(裕固族)이라고 칭하고, 셔라 요구르의 사람과 언어를 각각 동부요구르족(東部裕固族), 동부요구르어(東部裕固語), 샤륵 요구르의 사람과 언어를 각각 서부요구르족(西部裕固族), 서부요구르어(西部裕固語)라고 한다.

셔라 요구르어는 오랜 세월 본류 몽골어에서 고립되어 있었고, 이웃한 샤륵 요구르어, 자치현 최대 민족인 한족과 장족의 언어인 한어와 티베트어의 영향을 받아 본류 몽골어들과 차이도 있지만, 몽골어로서의 언어학적 특질은 그대로 유지하고 있다.

셔라 요구르어의 언중들은 자신들의 문자를 갖고 있지 못하며, 아동들이 초등학교에 입학하고부터는 완전히 한어에 노출된다. 현재 40대 이상은 자신들의 모어를 자유자재로 구사하는 듯하나 10대 자녀들은 부모의 셔라 요구르어에 한어로 응대하는 듯하였다. 셔라 요구르 출신 문학가들도 자신들의 정서를 한어로 표현한다. 결론적으로 이 언어는 명백하게 위험한 상태에 놓여 있다고 하겠다.

2.5.2. 현지 조사 개황

□ 조사 기간: 2005년 10월 17일~21일

□ 조사 장소: 중국 간쑤성 쑤난위구쭈자치현 홍완스진(紅灣寺鎮) 쑤난호텔(肅南賓館)

□ 참가자: 권재일(총괄), 유원수(전사), 최운호(녹화), 판루신(范魯新, 통역, 질문), 고성익(녹음)

□ 자료제공인

(1) 제1 자료제공인: 안장다룽둥즈(安江達隆東智, 티베트 이름으로는 '달룽둥즈', 40세, 1965년생, 남성)

- 민족: 셔라 요거르 쿤((ɕəra) joʁər kʰun), ※ 민족: (셔라) 요거르 라르((ɕəra) joʁər laɾ)

- 출생 및 성장: 1965년 9월 18일, 조사 지점에서 70~80km 떨어진 양꺼향(楊哥鄉) 쓰다룽촌(寺大隆村)에서 출생하였다. 13세에 홍완스진의 중고교에 진학 20세에 귀향하여 양을 돌보다 21세에 서북민족학원대학 수학하여(경제경영), 졸업 후 양꺼향에서 공무원으로 근무하였으며, 2005년 9월부터 쑤난위구쭈자치현 위구쭈문화연구실에서 근무한다.

- 직업: 공무원

- 언어 사용 상황: 직장에서 한어를 사용하나, 가정에서 같은 (셔라) 요구르 사람인 부인과 셔라 요구르어로 대화한다. 각각 13세와 9세인 딸과 아들(아르슬랑 '사자')은 부모의 대화를 이해하나 대화를 하지는 못하는 실정이다. 샤륵 요구르어(서부요구르어), 티베트어 차용어는 고유어나 귀화어처럼, 한어 차용어는 외국어로 느끼는 듯하다. 샤륵 요구르어, 티베트어 차용어를 셔라 요구르 어휘로서 대답한다. 셔라 요

구르어로 말할 때 사용되는 어휘는 모두 셔라 요구르어로 간주되니
한어 차용어라도 자신의 모어에서 사용되는 형태대로 발음해 줄 것을
거듭 요청하였으나 한어 차용어가 사용되는 경우 해당 단어가 "없다,
모른다, 생각이 안 난다"고 반응하였다.

(2) 제2 자료제공인: 안위빙(安玉氷, 40세, 1965년생, 남성)

- 티베트 이름: 롭상돈쥭 bLo-bran Don-rtgos '선한 의식'. 본인은 이 이
  름이 요구르어 이름이라고 말함.

- 민족: 셔라 요거르 쿤((ɕəɾa~ɕiɾa) joʁəɾ kʰun), ※ 민족: (셔라) 요거
  르 라르((ɕəɾa~ɕiɾa) joʁəɾ laɾ)

- 출생 및 성장: 1965년 4월 캉러향(康樂鄕) 바인촌(巴音村)에서 출생
  하였다. 16세에 홍완스진 소재 중고교 진학, 22세부터 자치현의 마티
  (馬蹄)구 시슈이짱쭈(西水藏族)향, 황청(皇城)구 마창(馬常)향, 캉러
  (康樂)향, 밍화(明花)구 리엔화(蓮花)향 등지에서 재직하였다.

- 직업: 공무원(쑤난위구쭈자치현 위구쭈문화연구실)

- 언어 사용 상황: 직장에서 한어를 사용하나, 가정에서 셔라 요구르어
  를 사용한다. 각각 16세, 12세인 딸(알마 '사과')과 아들(메렌 '큰 강')
  은 부모의 대화를 이해하나 발화하지 못하는 듯하다.

(3) 제3 자료제공인: 안지차이(安吉才, 63세, 1942년생, 남성)

- 티베트 이름: 롬부(Lhun-pu '須彌山')

- 민족: 셔라 요구르(자료제공인의 발음은 유고르(juʁəɾ))

- 출생 및 성장: 1942년 캉러향 바인촌(paiŋɢol aimən)에서 출생, 성장하
  였다.

- 직업: 목민

- 언어 사용 상황: 바잉골에 있는 집에서나(처, 장남, 며느리) 마을에서
  나 셔라 요구르어를 사용한다. 장손(9세)의 뒷바라지를 위해 홍완스진
  에 있는 3남의 집에 와 있으며 역시 아들 내외와 셔라 요구르어를 사
  용한다. 아버지가 한어를 잘 이해하지 못할까 염려되어 아들(3남)이 따

라 왔으나, 한어 역시 유창하다.

[그림 7-21] 동부요구르인 안지차이 씨

□ 조사 내용

(1) 안장다룽둥즈: 어휘 2,789항목 중 2,520개, 기초 회화(344/344), 문법 구
문(380/380)을 모두 조사하고 녹음, 녹화하였다. 셔라 요거구어 기본 단
모음에 대한 최소 대립쌍 조사를 시도하였다.

(2) 안위빙: 자기 소개, 어휘(1~27)를 조사하고 녹음, 녹화하였다.

(3) 안지차이: 자기 소개, 어휘(1~91), 기초회화(1~84), 문법 구문(328~
380)을 조사하고 녹음, 녹화하였다. 주변 인물에 대한 간단한 소개를 녹
음하였다.

□ 협력자 : 아래 네 분을 비롯한 여러분의 도움으로 훌륭한 자료제공인들을
소개 받았고, 협조자들이 주선해 준 조사 장소의 환경도 양호하여 성공적으
로 조사를 마칠 수 있었다. 당국의 간섭, 지나친 환대 등 조사의 방해 요인
도 전혀 없었다.

(1) 김서경 박사: 란조우(蘭州)에서 몽골어파의 둥샹어(東鄉語, Santa) 연구.

현지 협조에 대해 포괄적으로 주선하였다.

(2) 터무얼(特穆爾, 현지 발음 터무르) 선생: 셔라 요구르족, 42세, 남성. 간쑤성 쑤난위구주자치현 문화연구실 실장. 작가. 현지 조사와 관련된 협조를 총괄하였고, 자신의 업무와 관련하여[*] 우리의 조사 방법과 질문지 내용에 깊은 관심을 갖고 있었다.

(3) 거럴마 여사: 몽골(네이멍구자치구 올란차브아이막, 다르한-모밍간 호쇼의 다르한 몽골). 터무르 선생의 부인. 도착하는 날 새벽 2시간 떨어진 장예(張掖) 역까지 마중 나왔다.

□ **언어의 특성** : 한족과 거의 교류없이 지내온 제3 자료제공인 안지차이 씨가 질문자의 한어를 이해하지 못할까 염려되어 셋째 아들 안샤오용(安曉勇, 40세, 동부요구르어 이름 ʨʰ(i)luː '돌')씨가 조사 장소까지 아버지를 모시고 왔으나 제3 자료제공인의 한어도 유창하였다. 아들의 말로는 자신들은 자신들의 언어가 칭하이성(淸海省) 하이시멍구쭈짱주자치주(海西蒙古族藏族自治州)의 몽골인들이 사용하는 몽골어와 가장 가까우며, 수백 년 전 쑤난으로 이주하기 전 칭하이의 다퉁허(大通河)를 따라 유목하였다고 믿고 있다고 하였다. 제1 자료제공인의 고향(楊哥鄕 寺大隆村)과 제2 자료제공인, 제3 자료제공인의 고향은 50～60km(말을 타고 7～8시간 소요) 밖에 떨어지지 않았으나 해발 3,000m가 넘는 산을 3개를 넘어야 하기 때문에 언어에 차이가 있다고 하였다. 자료제공인들은 모두 명실상부한 토박이 화자들로서 대단한 인내심을 발휘하였고, 매우 협조적이었다. 애석하게도 모두 이제까지 중점적으로 조사되어온 캉러(康樂) 방언 화자들뿐이었으나 20여 년 전 네이멍구대학 팀이 캉러 방언을 조사한 내용과 상당히 다르며, 3인의 자료제공인 간에도 어휘, 음운에서 다른 점이 관찰되었다. 심지어 같은 마을 출신인 제2 자료제공인과 제3 자료제공인 간에도 어휘, 음운에서 차이점이 관찰되었다.

세 사람의 발화에서는 당연히 샤릉 요구르어나 한어, 티베트어 계통이 어휘와 문법 형태소가 발견되었다.

[*] 중국 국무원에서 헤이룽장성의 오로챈어와 간쑤성의 요구르어(동, 서)를 중점 보호 단위로 지정하여 내몽고대학의 조니스트 교수(몽골학), 그리고 튀르크어 전공학자가 와서 문화연구실 직원들에게 언어 조사 방법을 가르쳤다고 한다.

예)

어휘	제1 자료제공인	제2 자료제공인	제3 자료제공인
해	naɾa	naɾa:n	nəra:n
별	pʰotin	hodin	hotin
빛	kəɾeɫ	galin	ʧas
여자	kəɲəːɾ kʰun	sgwi	pusɢy:
날	doɾu	utor	utuɾ

예)

어휘	제1 자료제공인	제2 자료제공인	제3 자료제공인
모래	χomaq	χomaq	χomaq
학교	ʤa:tɕʰigme ɢadzaɾ	ʃeʃao	putʰək sorma ɢadzaɾ
돈	meɲək	melik	menek
아빠	aʤa	paba:	---
가족	skoɾ	ge:ɾ	---

이 언어에는 할하 등 본류 몽골어와 몽골 문어에서는 나타나지 않는 원시 몽골어의 어두의 h-/p-의 변화형이 존재한다.

예)

어휘	몽골 문어	셰라 요구르	할하
열/10	arban	haɾβan	aɾβiŋ
별	odu(n)	podin/hodin/hotin	ɔt(ɔn)

중세 몽골어의 연구개 정지음들이 정지음으로 유지된다.

예)

어휘	중세 몽골어	셰라 요구르	할하
몇	kedün	kʰedin	xʲetiŋ
사람	küʼün	kʰun	xuŋ

2.6. 아릭 오량하이(Ариг урианхай) 방언

2.6.1. 언어 개관

몽골 훕스굴 지역에는 기원적으로 튀르크계의 후예로 알려진 두 종류의 오량하이(Урианхай) 사람들이 서로 이웃해 살고 있다. 하나는 찬드만-운두르솜(Чандмань-Өндөр сум)에 사는 아릭 오량하이(Ариг урианхай)이고, 다른 하나는 차강-우르솜(Цагаан-Үүр сум)에 사는 우린 오량하이(Үүрийн урианхай)이다. 아릭(ариг)이니 우린(үүрийн)이니 하는 오량하이 앞에 붙은 말들은 이들이 유목하는 고장을 흐르는 강들의 이름이다.

전자를 몽골 오량하이(Монгол урианхай), 후자를 오이가르 오량하이(Уйгар урианхай '오이가르') 혹은 투렉 오량하이(Түрэг урианхай '튀르크 오량하이')라고도 한다. 왜냐하면 아릭 오량하이, 즉 몽골 오량하이는 12~13세기에 이미 몽골화하여 벌써 몇 백 년 동안 몽골어만 사용하고 있었기 때문이고, 후자는 몽골이 청에 굴복한 17세기 말부터 몽골화하기 시작하여 튀르크계 언어, 좀 더 구체적으로는 투바계 언어를 완전히 잊어버린 것이 지금 생존한 중년층이나 노년층의 젊은 시절에 일어난 일이기 때문이다.

아릭 오량하이 인구가 얼마나 되는지는 현지에서는 아무도 모른다. 찬드만-운두르솜의 인구가 3,000명 가량이고, 이 솜에 할하, 호트고이트, 아릭 오량하이가 같이 살며, 훕스굴 전체에 오량하이 사람들이 3,000명 가량 산다는 정도만 이야기되고 있다.

아릭 오량하이에는 양기(Янги), 아르막오트(Армагууд), 젤메 나르(Зэлмэ нар), 샤와르쇼트(Шаваршууд), 옹호트(Онход), 소요트(Соёд) 등의 씨족(яст ан)들이 있으며 이들은 아릭 강의 서로 다른 지류가 흐르는 지역에서 유목을 하다 보니 서로 식별할 수 있는 방언적 차이가 발생하게 되었다.

아릭 오량하이를 몽골의 언어학자들은 다르하트(Дархад), 먕가드(Мянгад), 엘즈겐 할하(Элжгэн халх), 아릭 오량하이(Ариг урианхай), 사르톨(Сартуул), 호트고이트(Хотгойд), 울트(Өлд), 고비-알타이(Говь-Алтай)와 호브드

[그림 7-22] 찬드만-운두르의 거리

아이막(Ховд аймаг) 일부 지역에서 사용되는 할하 방언과 함께 서부 할하 몽골어의 8개 하위 방언 중 하나로 다룬다. 조사단의 엘. 볼드 교수는 70~80년대에 이 지역으로 조사를 다닐 때만 해도 주민들의 발화에서 할하와는 전혀 다른 특색을 바로 느낄 수 있었는데 이번 조사에서는 50대 이상 주민의 발화를 귀 기울여 들어야만 그것을 느낄 수 있게 되었다고 한탄하였다.

주민들은 자신들의 방언이 다르하트 방언과 다른데도 대처에 나가면 사람들이 다르하트 사람이냐고 묻는다고들 하였다. 이들의 서쪽 이웃인 다르하트 방언과 어떻게 다른지에 대해서는 앞으로의 연구가 밝혀 줄 수 있을 것이다.

2.6.2. 현지 조사 개황

□ 조사 기간: 2006년 6월 27일~29일

□ 조사 장소: 몽골 홉스굴아이막 찬드만-운두르솜 뱌랑긴골

[그림 7-23] 찬드만-운두르의 조사 캠프

□ 참가자

(1) 총괄: 엘. 볼드

(2) 1조: 유원수(제1 자료제공인 조사, 전사), 전순환(녹화), 박수연(녹음), 테.
　　푸레브수렝(통역, 질문)

(3) 2조: 이용성(제2 자료제공인 조사, 전사), 강희조(녹화), 최재영(녹음), 데.
　　오르트나상(통역, 질문)

□ 자료제공인

(1) 제1 자료제공인: 다와네밍 다와츠렌(Даваанямын Даваацэрэн, 56세,
　　1950년생, 여성)

　　- 민족: 아릭 오량하이족 다그잉 아르막오드 씨족(Ариг Урианхай үнд
　　　эстэн Даагын Армагууд, [aɾik uɾaːŋχae taːɣɯiŋ aɾməɣoːt])

　　- 직업: 목민

　　- 출생 및 성장: 1950년 3월 28일 뱌랑긴골(Бярангийн гол '뱌랑 강')

소와르가태 톨고이(Суваргатай толгой)에서 출생하여 출생지와 노르막팅골(Нуурмагтын гол '노르막 강') 사이를 유목하며 성장, 거주하였다.

- 언어 사용 상황: 항상 아릭 오량하이 방언으로 생활한다. 외지 경험은 없으며 1997년 장라이삭 부처님에게 참배하러 울란바타르에 갔다가 달라이 라마에게 직접 축복을 받았다.

[그림 7-24] 자료제공인 다와츠렌 씨(왼쪽)와 질문자 푸르브수렝 씨(오른쪽)

□ 조사 내용 : 어휘 2,749항목 중 2,647항목, 기초 회화 표현 345항목, 문법 구문 384항목에 2번씩 응답하여 녹음, 녹화하였다. 자유스러운 분위기에서 자신에 대해, 유목에 대해, 찬드만－운두르솜 주민들의 생활에 대해, 출생부터 조사시점까지 자신이 경험한 일들에 구술하도록 유도하여 녹음, 녹화하였다.

(2) 제2 자료제공인: 부리야드(Буряад, 62세, 1944년, 여성)

- 민족: 아릭 오량하이

- 직업: 목민

- 출생 및 성장: 1944년 9월 10일 찬드만-운두르솜에서 출생, 성장

- 언어 사용 상황: 아릭 오량하이 방언으로 언어 생활

[그림 7-25] 자료제공인 부리야드 씨(왼쪽)와 다와츠렌 씨(오른쪽)

□ 조사 내용

- 어휘 2,749개, 기초 회화 345개, 문법 구문 384개를 모두 조사하고 녹음, 녹화하였다.

- 옛날 이야기, 노래, 수수께끼, 속담, 동물명(새끼), 의성어, 여행, 음식, 12 간지, 형용사 강조형, 결혼 이야기 등을 추가 조사하였다.

3. 튀르크어파

3.1. 푸위 키르기스어

3.1.1. 언어 개관

푸위 키르기스어는 중국 헤이룽장성 치치하얼시 동북쪽 푸위현의 우자쯔촌과 치자쯔촌에 살고 있는 키르기스라고 자칭하는 수백 명의 사람들이 사용했던 튀르크계 언어이다. 2003년에 발간된 자료에 의하면 푸위 키르기스족은 우자쯔촌에 276명(마을 전체 인구는 551명), 치자쯔촌에 151명(마을 전체 인구는 397명)이 있다. 그밖에 극소수가 치치하얼, 하얼빈 등지에 거주하고 있다. 이제 푸위 키르기스족은 일상어로서 몽골어와 한어를 사용하고 있다. 우리가 현지 조사를 할 때 보니 젊은 사람들의 모어는 한어인 듯 했다. 이 언어를 조금이나마 이해하는 사람은 노인 몇 사람에 불과하다. 그러므로 푸위 키르기스어는 이미 사어가 되었다고 할 수 있다.

키르기스라는 명칭은 중앙 아시아의 키르기스를 떠올리게 하지만, 푸위 키르기스어와 중앙 아시아의 키르기스어는 서로 매우 다른 튀르크 언어들이다. 푸위 키르기스어는 남부 시베리아의 여러 튀르크 언어, 특히 하카스어와 매우 비슷하다. 에스놀로그(Ethnologue)에서는 하카스어 항목에 포함되어 있다. 이들의 전승에 따르면, 푸위 키르기스족의 조상은 청(淸)의 건륭제(乾隆帝) 치하인 1755년~1757년 경 중가르 전쟁 때에 알타이 산맥에서 추방되었다고 한다.

이 언어에 대해 중국인 학자 후전화(胡振華)가 1950년대 말과 1980년대 초 등 두 차례에 걸쳐 현지 조사를 하여 여러 글을 발표했고 전 세계 튀르크 학자들은 후전화의 자료를 근거로 그간 여러 편의 연구를 진행시켰다. 후전화의 자료가 유일한 출처였던 것이다. 후전화 외에 여러 외국 학자가 현지 조사를 진행시켰지만 극히 짧은 기간 현지에 머무를 수 있었기 때문에 주목할 만한 연구 결과를 내지 못했다. 푸위 키르기스어는 제대로 연구되지 않은 마지막 튀르크어라 할 수 있다.

3.1.2. 현지 조사 개황

□ **조사 기간**

(1) 1차 조사: 2003년 9월 23일~24일(오전-우자쯔촌, 오후-치자쯔촌)

(2) 2차 조사: 2004년 1월 15일~16일(치자쯔촌)

□ **조사 장소**

(1) 1차 조사: 우자쯔촌 및 치자쯔촌 촌민위원회 회관

(2) 2차 조사: 치자쯔촌 촌장의 집

□ **조사 참가자**

(1) 1차 조사: 김주원(총괄, 녹음, 녹화), 이용성(전사), 박련옥(朴蓮玉, 통역),

　　판루신(范魯新, 통역, 질문), 메흐메트 욀메즈(Mehmet Ölmez)

(2) 2차 조사: 고동호(총괄, 녹음, 녹화), 이용성(전사), 박련옥(통역, 질문)

□ **자료제공인**

(1) 1차 조사

　- 우자쯔촌: 한수전(韓淑珍, 1934년생, 여), 창수펀(常淑芬, 1936년생,

　　여), 창위(常玉, 1952년생, 남)

　- 치자쯔촌[*]: 창수위안(常淑元, 1935년생, 여), 우펑전(吳鳳珍, 1928년

　　생, 여), 차이원빈(蔡文斌, 1934년생, 남), 우궈쉰(吳國勳, 1934년생,

　　남)

(2) 2차 조사: 치자쯔촌[**]: 창수위안(常淑元, 1935년생, 여), 우궈쉰(吳國勳,

　　1934년생, 남), 한슈란(韓秀蘭, 1924년생, 여)

□ **조사 내용**

(1) 1차 조사

　- 우자쯔촌: 어휘 216개, 기초 회화 22문장

　- 치자쯔촌: 어휘 305개, 기초 회화 32문장

(2) 2차 조사: 어휘 363개, 기초 회화 43문장

[*] 창수위안(常淑元)은 창위(常玉)의 누나이다. 우펑전(吳鳳珍)과 차이원빈(蔡文斌)은 푸위 키르기스어를 거의 모르고 있었다.

[**] 한슈란(韓秀蘭)은 창수위안(常淑元)의 이모이자 우궈쉰(吳國勳)의 형수이다.

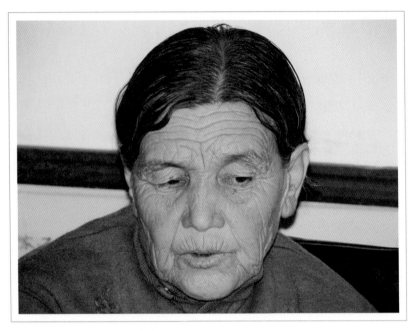

[그림 7-26] 푸위 키르기스인 한수전 씨

(3) 종합 : 두 차례의 현장 조사에서 어휘 400여개와 약간의 기초 회화 구문을 조사할 수 있었지만 문법 부분을 조사하는 것은 불가능했다. 자료제공인들이 푸위 키르기스어를 희미하게 기억하고 있을 뿐 이 언어로 좀 긴 문장들을 작성하지 못할 정도였기 때문이다. 자료제공인들은 조사 내내 자기들끼리는 몽골어로 대화하였다. 이제 푸위 키르기스어를 유창하게 구사하는 사람들은 모두 사망한 것 같다. 그러므로 푸위 키르기스어는 실질적으로는 사어라 할 수 있다.

□ **언어의 특성** : 푸위 키르기스어는 현대 튀르크어파 분류에서 이른바 azaq 그룹에 속한다.[*] 따라서 이 언어는 하카스어, 촐름 튀르크어의 중류 촐름 방언, 쇼르어의 므라스-상류 톰 방언 및 서부요구르어 등과 비슷한데, 그중에서도 특히 하카스어와 매우 유사하다. 그렇지만 푸위 키르기스어와 하카스어 사이에는 다음과 같은 차이점들이 있다.

(1) 어두 및 어말의 /č/가 푸위 키르기스어에서는 /š/로, 하카스 문어에서는 /s/로 바뀐다.

[*] Tekin(1991) 참조.

(2) 푸위 키르기스어에서 볼 수 있는 -rn- > -rd-의 변화가 하카스 문어에서
    는 없다. 푸위 키르기스어의 기초 어휘들은 기본적으로 남부 시베리아
    의 여러 튀르크 언어들과 비슷하다. 푸위 키르기스어에는 몽골어와 한
    어 차용어가 많다.

[그림 7-27] 푸위 키르기스인 자료제공인과 함께(왼쪽부터 우궈쉰, 한슈란, 창수위안, 박련옥, 고동호)

3.2. 쇼르어

3.2.1. 언어 개관

쇼르어 역시 절멸의 위기에 처해 있다. 쇼르 지역의 지배-공식 언어가 지
난 수백 년간 러시아어였을 뿐 아니라 쇼르족 인구가 매우 적고 혼혈이 많기
때문이다. 이 언어의 사용 지역은 러시아 케메로보(Kemerovo)주 남부의 톰
(Tom)강 및 이의 지류인 므라스(Mras)강, 콘도마(Kondoma)강 유역이며, 1979
년 인구 조사에 의하면 16,000명의 쇼르인이 있었는데 이의 61%인 9,760명

이 쇼르어를 모어로 사용했다고 한다. 위의 인구 조사는 벌써 거의 1세대가 지난 것이다. 우리가 므라스강 유역의 므스키(Myski, 쇼르어로는 토마자크 (Tomazaq))로 현지 조사를 갔을 때 현지인들에게서 추천받은 자료제공인은 몇 사람에 불과했다. 현장에서 수집한 정보로는 이제 쇼르어를 제대로 구사하는 사람은 별로 없고, 러시아어만 사용하든지 아니면 쇼르어와 러시아어를 같이 사용한다고 한다. 또한 쇼르인 자신들이 본거지에서 소수민족 신세로 전락했고, 타민족과의 혼혈도 심해서 이 추세대로라면 20년 안에 쇼르어는 절멸한다고 한다.

쇼르어는 크게 므라스-상류 톰 및 콘도마-하류 톰 두 방언으로 나뉜다. 현대 튀르크어 분류에서 므라스-상류 톰 방언은 이른바 azaq 그룹에 속한다. 따라서 이 언어는 남부 시베리아의 하카스어, 출름 튀르크어의 중류 출름 방언, 중국 간쑤성의 서부요구르어, 중국 헤이룽장성의 푸위 키르기스어 등과 비슷한데 그중에서도 특히 출름 튀르크어의 중류 출름 방언과 매우 유사하다. 한편 이른바 ayaq 그룹에 속하는 콘도마-하류 톰 방언은 남부 시베리아의 알타이어 북부 방언들 및 출름 튀르크어의 하류 출름 방언과 매우 비슷하다.

쇼르어는 1927년 이전에 문어가 되었지만 1937년 이후 거의 50년간 사용되지 않다가 소련 붕괴 이후 부활되었다. 쇼르 문어의 기초가 된 것은 므라스-상류 톰 방언인데, 우리가 이번에 조사한 것도 이 방언이다.

3.2.2. 현지 조사 개황

□ **조사 기간**: 2004년 4월 20일(오전), 21일, 23일(오후)

□ **조사 장소**: 므스키시 외곽의 콘도미니엄 형태의 한 숙박 시설

□ **조사 참가자**: 고동호(총괄), 이용성(전사), 미나라 셰리쿨로바(Minara Sherikulova, 통역, 질문) 고성연(녹음, 녹화)

□ **자료제공인**: 블라디미르 예고로비치 탄나가셰프(Vladimir Jegorovich Tannagashev, 1932년생, 남)

2002년 러시아 인구 조사에 따르면 쇼르족은 13,975명이고, 쇼르어를 아는 사람은 6,210명이다.

- 민족: 쇼르족
- 출생: 러시아 연방공화국 케메로보주 므스키 인근 쿠리야(Kurija) 마을
  에서 출생, 1985년 이후에 므스키에서 거주
- 직업: 1945년~1985년에 메지두레첸스크(Mezhdurechensk) 광산에서
  근무

[그림 7-28] 쇼르인 탄나가셰프 씨

□ 조사 내용: 어휘 2,728개(1급 250개, 2급 550개, 3급 525개) 거의 대부분,
  기초 회화 문형 276개, 문법 조사 문형 280개
□ 언어의 특성 : 자료제공인의 발음에서 rn > rd의 변화와 더불어 yn > yd의
  변화도 관찰되었다. 어휘 면에서 쇼르어의 므라스 방언의 기초 어휘들은 기
  본적으로 남부 시베리아의 여러 튀르크어들과 비슷하다. 그 수가 적긴 하지

만 아랍어-페르시아어 차용어도 눈에 띈다. 이 방언에는 몽골어 차용어도 많이 있다. 그렇지만 러시아어 차용어가 제일 많다. 더구나 우리가 현지 조사할 때 우리의 자료제공인은 러시아어의 어순에 따라 말하는 경우가 많았다.

3.3. 아무다랴 유역의 비(非)투르크멘어 오구즈방언

이 방언에 대한 조사는 터키 공화국 국적의 외국인 공동 연구원인 메흐메트 욀메즈 교수가 실시했다. 조사를 메흐메트 욀메즈 교수에게 맡길 수밖에 없었던 것은 이 방언이 사용되는 국가인 투르크메니스탄 비자를 취득하기가 어려웠기 때문이었다. 국내에서는 투르크메니스탄의 비자를 받을 수 없고, 중국 베이징에서는 이 나라의 비자를 받을 수 있다고 하지만 비자가 금방 나온다는 보장도 없었다. 터키에서도 투르크메니스탄의 비자를 받을 수는 있다고 했으나 인천에서 이스탄불을 거쳐 앙카라로 가서 그곳의 투르크메니스탄 대사관에서 비자 신청을 한 다음 비자가 나올 때까지 계속해서 기다리다가, 비자를 받으면 이스탄불에서 아시하바드(Ashkabat)로 이동한 뒤 그곳에서 다시 수백 km를 가야 하는 상황이었다. 이러한 장기간의 여행을 국내의 연구원이나 공동 연구원이 학기 중에 하는 것은 불가능했다.

메흐메트 욀메즈 교수 일행은 우리가 보낸 러시아 지역용 질문지를 받고 2004년 5월 7일부터 17일까지 투르크메니스탄의 아무다랴 유역의 할라치(Halach)에서 언어 조사를 실시했다. 그는 이스탄불에서 출발하여 아시하바드와 차르조우(Charjow) (= 튀르크메나바드(Turkmenabad)), 그리고 사야트(Sayat)를 경유하여 할라치에 도착했다. 그가 조사한 결과는 1시간짜리 비디오테이프 15개, 70분짜리 녹음테이프 12개에 기록되어 있다.

3.4. 투바어

3.4.1. 언어 개관

투바족은 주로 러시아 연방의 투바 공화국에 거주한다. 중국의 신장 북부

와 몽골에도 흩어져 사는 투바족이 있다. 이들의 가장 가까운 친척들은 카라
가스로 불렸던 토파족과 부랴트공화국의 오카구에 거주하여 오카 투바족으
로도 불리는 소요트(Soyot)족이다.

이들의 언어/방언들은 튀르크계 여러 언어 중에서 이른바 adaq 그룹을 이
루며 사얀 튀르크어(Sayan Turkic)라고 총괄할 수 있다. 사얀 튀르크어는 크
게 초원 지역 및 타이가 지역으로 세분된다. 초원 지역은 투바 공화국의 투
바족의 언어, 몽골의 쳉겔솜의 투바족의 언어 및 몽골과 중국의 쾨크 몬차크
(Kök Monchak) 방언으로 이루어진다. 타이가 지역은 러시아의 토파어와 소
요트어, 몽골의 차아탕(Tsaatan=Dukha) 방언과 우린 오량하이 방언을 포함
한다. 우리가 현지 조사에서 차아탕 방언 자료제공인에게 듣기로는 이들의
자칭은 한국어 '도화'에 아주 가깝게 들렸고 우린 오량하이 방언 자료제공인
은 자신의 언어 이름을 Tofa라고 발음하였다. 결국 토파, 차아탕, 우린 오량
하이의 자칭은 사실상 같은 것이다

사얀 튀르크어는 투바, 토파, 소요트 등 문어가 3개 있다. 투바 문어는
1930년경에 확립되었다. 토파어와 소요트어는 각각 1986년과 2001년에 문
어가 되었지만 토파어는 절멸 위기에 처해 있고, 소요트어는 사실상 절멸 상
태이다.

3.4.2. 언어 개관

□ 조사 기간

(1) 쾨크 몬차크 방언

　- 1차 조사: 2004년 10월 21일~22일

　- 2차 조사: 2005년 4월 28일~5월 4일(4월 28일~5월 1일은 카나쓰,
　　5월 2일~4일은 아커하바)

(2) 차아탕 방언: 2005년 6월 23~26일(제1 자료제공인: 6월 23일~25일, 제
　　2 자료제공인: 6월 26일)

(3) 우린 오량하이 방언: 2006년 7월 1일~3일

[그림 7-29] 괴크몬차크인 에르디시 씨 가족(카나쓰)

□ 조사 장소

(1) 쾨크 몬차크 방언

　　- 1차 조사: 중국 신장웨이우얼자치구 아얼타이지구 하바허현 아커하바

　　- 2차 조사: 중국 신장웨이우얼자치구 아얼타이지구 부얼진현 카나쓰

(2) 차아탕 방언: 몽골 홉스굴아이막 알락에르덴솜 하트갈토스공 장하잉 차

　　강에렉, 달라이 투어 캠프 제6호 게르(제1 자료제공인), 홉스굴 호반의

　　제1 자료제공인의 천막(제2 자료제공인)

(3) 우린 오량하이 방언: 몽골 홉스굴아이막 차강우르솜

□ 조사 참가자

(1) 쾨크 몬차크 방언

　　- 1차 조사: 김주원(총괄), 최형원(전사), 양재민(녹음, 녹화), 야오캉(질

　　문), 라이한굴(위구르인, 안내)

　　- 2차 조사: 이용성(총괄, 전사), 황영광(질문, 녹음, 녹화), 메흐메트 욀

메즈(Mehmet Ölmez, 조사 일부만 참여)

[그림 7-30] 아커하바 풍경

(2) 차아탕 방언▪: 김주원(총괄), 이용성(전사), Davaajav Urtnasan(질문), 고성익
(녹음, 녹화), 이호영(제2 자료제공인 조사 시 총괄)

(3) 우린 오량하이 방언▪▪

- 제1조: 유원수(총괄, 전사), 투무르바아타르 푸레브수렝(Tömörbaatar
Pürevsüren, 질문), 박수연(녹음), 전순환(녹화)

- 제2조: 이용성(총괄, 전사), 다와아잡 오르트나상(Davaajav Urtnasan, 질문),
강희조(녹음), 최재영(녹화)

□ 협조자

(1) 쾨크 몬차크 방언

- 1차 조사: 라이한굴(중국사회과학원 인류학민족학연구소 연구원, 위구
르족)

- 2차 조사: 토올라이(Toolai, 托來, 신장웨이우얼자치구 부얼친현교육
국 몽골학교 담당 장학사, 투바족)

▪ 이호영(총괄), 유원수(전사),
투무르바아타르 푸레브수렝
Tömörbaatar Pürevsüren(질
문), 김윤신(녹음, 영상)은 한
조를 이루어 몽골어계의 다르
하트 방언을 조사하였다.

▪▪ 제1조는 바다르치(Badarch),
제2조는 바아산잡(Baasanjab)
를 자료제공인으로 삼아 조사
하였다. 2006년 6월 27~29일
에는 훕스굴아이막(Khövsgöl
aymag)의 찬드만-운두르솜
(Chandmani-Öndör sum)에서
몽골어의 아릭 오량하이 방언
을 조사하였다.

(2) 차아탕 방언: 룹상도르지 볼드(Luvsandorj Bold, 몽골학아카데미 어문연구소 알타이학 본부장, 몽골알타이학회 회장), 부흐바트 멘다마르(Bökhbat Mendamar, 몽골과학아카데미 어문연구소 연구원)

(3) 우린 오량하이 방언: 룹상도르지 볼드(몽골과학하카데미 어문연구소 알타이학 본부장, 몽골알타이학회 회장)

[그림 7-31] **차강우르 풍경**

□ **자료제공인**

(1) 쾨크 몬차크 방언

① 1차 조사: 게렐(Gerel, 1963년생, 남)

 - 민족: 투바족(쾨크 몬차크족)

 - 직업: 목축관리인

 - 출생지: 아커하바. 아커하바에서 조상 대대로 살고 있는데, 현재 이곳 80호 700명의 인구 중 투바인(쾨크 몬차크인)은 380명이라고 한다.

 - 언어 사용 상황: 몽골어 학교를 다녔고, 투바어(쾨크 몬차크 방언)는 부모에게서 배웠다. 가정에서는 투바어를 사용하고, 투바족과 대화할

때도 투바어를 사용하는데, 카자흐인과는 카자흐어로 대화한다.

- 가족 사항: 배우자(투바족(쾨크 몬차크족)), 아들 2명

[그림 7-32] **투바인(쾨크 몬차크인) 게렐 씨 부부와 게렐 씨 처제**

② 2차 조사

1) 매치기르(Mäčigir, 瑪其格爾, 1949년생, 여)

- 민족: 투바족(쾨크 몬차크족 크즐 소얀(Qïzïl Soyan) 씨족)

- 직업: 한어 교사(퇴직)

- 가족 사항: 1남 3녀, 배우자(몽골족)

- 언어 사용 상황: 몽골어(직장), 투바어(쾨크 몬차크 방언)와 몽골어(가정), 투바어, 몽골어, 카자흐어, 한어(기타)

- 거주 경력: 카나쓰에서 출생, 아얼타이에서 근무

2) 카드르한(Qadïrxan, 卡德爾漢, 1962년생, 남)

- 민족: 텔렝기트족(Telengit)(조부가 1930년대에 스탈린의 박해를 피해 고르노 알타이스크(Gorno-Altajsk) 일대에서 이주함)

[그림 7-33] 투바인(쾨크 몬차크인) 자료제공인 매치기르 씨

- 직업: 의사

- 가족 사항: 2남 2녀, 배우자(투바족(쾨크 몬차크족))

- 언어 사용 상황: 투바어(쾨크 몬차크 방언), 카자흐어, 한어(직장), 투바어(쾨크 몬차크 방언)(가정), 위구르어, 한어, 카자흐어, 투바어(쾨크 몬차크 방언)(기타)

- 거주 경력: 아커하바에서 출생, 8학년까지 현지의 몽골학교에서 몽골어로 수업, 9~11학년은 하바허(哈巴河)에서 카자흐 학교에서 카자흐어로 수업, 대학에서는 위구르어를 통해 1년간 한어를 배운 뒤 한어로 수업, 대학 졸업 뒤 외지에서 근무하다가 요양 차 최근에 아커하바로 돌아왔다.

(2) 차아탕 방언

　① 닥지(Dagjiy, 1954년생, 남)

　　- 민족: 투바족(차아탕족)

　　- 직업: 순록 사육, 전직 교사

　　- 언어 사용 상황: 차아탕 방언의 토박이화자로서 집 안팎에서 몽골어를
　　　사용하고, 차아탕족과는 차아탕 방언을 사용한다. 배우자는 할하 몽골
　　　족이다.

[그림 7-34] **투바인(차아탕인) 닥지이 씨**

　③ 오윤바담(Oyuunbadam, 1972년생, 여)

　　- 민족: 차아탕족

　　- 직업: 교사

　　- 언어 사용 상황: 제1 자료제공인의 이복여동생이다. 차아탕 방언의 토
　　　박이 화자로서 집 안팎에서 몽골어를 사용한다. 배우자도 투바족(차아
　　　탕족)이다.

(3) 우린 오량하이 방언

　① 바다르치(Badarch, 1955년생, 남)

- 민족: 투바족(우린 오량하이족)

- 출생지: 홉스굴아이막 차강우르솜

- 직업: 유목민

- 학력: 학력미상(그러나 8년을 넘지 않을 듯하다. 16세에 결혼하여 18

  세에 입대했기 때문이다.)

- 가족 사항: 6남, 손자 3명, 배우자도 투바족(우린 오량하이족)

- 언어 사용 상황: 가정에서 할하 몽골어를 사용하나, 사회에서 할하/부

  리야트 몽골어를 사용한다(1964년 초등학교 입학 전까지 모어 사용.

  그러나 초등학교 입학 후 모어로 말하면 할하/부리야트 아동들이 놀려

  사용을 중단하고 할하화되기 시작하였다. 또한 직장에서 모어로 말하

  면 상사에게 호되게 질책을 받았다고 한다.)

② 바아산잡(Baasanjab, 1941년생, 남)

  - 민족: 투바족(우린 오량하이족)

  - 출생지: 홉스굴아이막 차강우르솜

[그림 7-35] 투바인(우린 오량하이인) 바아산잡 씨(왼쪽)와 바다르치 씨(오른쪽)

- 직업: 유목민

- 학력: 초등학교 2년 (1949년~1950년)

- 가족 사항: 3남 2녀, 배우자는 부리야트족, 현재는 부인과 딸, 손녀와 함께 살고 있다.

- 언어 사용 상황: 가정과 사회에서 할하 몽골어 사용

□ 조사 내용

(1) 쾨크 몬차크 방언

① 1차 조사: 어휘 1,187개(1, 2급과 3급 약간), 기초 회화 340문장, 문법 284문형

② 2차 조사

- 제1 자료제공인: 어휘 2,243개 (1, 2급 793개, 3급 797개, 4급 653개), 기초 회화 344문장, 문법 374문형)

- 제2 자료제공인: 어휘 2,715개, 기초 회화 344문장, 문법 374문형

(2) 차아탕 방언

- 제1 자료제공인: 어휘 2,768개, 기초 회화, 문법, 자유 발화, 최소 대립쌍

- 제2 자료제공인: 문법 385문형, 자유 발화, 최소 대립쌍

(3) 우린 오량하이 방언

- 제1 자료제공인: 어휘 2,749개(일부 항목은 대답하지 못함), 기초 회화 345문장, 문법 384문형, 신체 용어, 마구 관련 용어, 자유 발화(할하 몽골어로 함)

- 제2 자료제공인: 어휘 2,749개(2,466개에 대답함), 기초 회화 345문장, 문법 384문형, 신체 용어, 마구 관련 용어, 자유 발화

□ 언어의 특성

(1) 쾨크 몬차크 방언 : 투바 문어에서는 모음 사이에서 무성 자음이 유성 자음으로 바뀌는 특징이 있는데, 제2차 조사 시 자료제공인들의 발음에 서는 이 현상이 아주 약하였다. 특히 제1 자료제공인은 이들을 거의 언 제나 무성음으로 발음하였다. 이 지역의 투바어는 아직까지는 한어의

영향을 받지 않았는데, 이곳이 관광지로 개발되었기 때문에 이 방언의 미래가 그리 밝지는 않다.

(2) 차아탕 방언 : 제1 자료제공인은 가정에서도 몽골어를 말하기 때문인 듯, 문법 부분을 조사할 때 인칭어미를 생략하는 경우가 많았지만, 제2 자료제공인은 인칭어미를 생략하지 않고 거의 정확히 사용하였다.

[그림 7-36] 투바인(차아탕인)의 집 안에서 조사하는 장면

(3) 우린 오량하이 방언 : 제1 자료제공인은 완전하게 할하화하여 일부 모어 어휘만 기억함(예를 들어 수사 1~8). 제2 자료제공인은 나이에 비해 건강하고, 성격도 차분하여 분명한 발음으로 대답하였다. 제2 자료제공인의 발음에서 다음과 같은 음운 변화가 보인다.

① y- > ń- (특히 비음 앞에서, 토파어에도 이러한 특징이 있다.)

② -yn- > -ny- (일부 낱말에서, 투바 문어에는 없는 특징이다.)

③ ih- > h- (투바 문어에는 없는 특징이다.)

④ 일부 낱말에서는 투바 문어, 다른 튀르크어의 -y-에 -ń-가 대응한다.

⑤ 어휘의 상당수가 몽골어 차용이거나 번역이다.

⑥ 문장도 대부분이 몽골어 직역이다.

⑦ 문장 작성 시 몽골어의 영향인 듯 인칭어미를 생략하는 경우가 많다.

3.5. 야쿠트어

3.5.1. 언어 개관

튀르크계 여러 언어 중에서 야쿠트어는 이와 매우 유사한 돌간어와 함께 이른바 atax 그룹을 이룬다(튀르크계 언어들에서 adaq/azaq/atax/ayaq은 '발(足)'을 뜻한다). 야쿠트어는 튀르크계 여러 언어 중에서 가장 동북쪽에서 사용된다. 야쿠트인은 스스로를 사하(Sakha)라 부른다.

야쿠트족은 주로 러시아의 사하공화국에서 살고 있다. 러시아 연방의 마가단 지역과 사할린 섬에서도 소수의 야쿠트족이 살고 있다. 야쿠트어는 약간의 또한 어윙키족, 어원족, 유카기르족 등이 제2언어로 사용한다. 2002년 러시아 인구조사에 따르면 야쿠트족은 443,852명, 야쿠트어를 아는 사람은 456,288명이다. 야쿠트인은 공식적으로는 러시아 정교회 소속이지만 이들 사이에서는 아직도 샤머니즘이 살아 있다.

야쿠트어의 어휘의 절반가량은 몽골어 차용어이다. 야쿠트어는 소련 성립 이후 문어가 되었다. 야쿠트어는 남 알단(Nam-Aldan) 방언(xatïn '여자', särīn '서늘한, 서늘함'), 칸갈 빌류이(Kangal-Viljuj) 방언(xotun '여자', sörün '서늘한, 서늘함'), 돌간 방언(katun '여자', särün '서늘한, 서늘함') 등 세 개의 방언으로 나뉜다. 이 중에서 야쿠트 문어의 토대가 된 것은 칸갈 빌류이(Kangal-Viljuj) 방언이다. 돌간 방언은 별개의 문어로 발전하였다.

3.5.2. 현지 조사 개황

□ **조사 기간**: 2005년 2월 16일~19일

□ **조사 장소**: 러시아 사하(야쿠트)공화국 야쿠츠크시 야쿠트농업경제대학 요양숙사

□ **조사 참가자:** 권재일(총괄, 전사), 김건숙(질문, 통역), 최운호(녹화), 고성연(녹음)

□ **현지 협조 기관:** 러시아과학아카데미 시베리아지부 북방소수민족연구소, 인문학연구소(바실리이 로베크(Vasilij Robbek) 교수)

□ **자료제공인:** 안드레이 인노켄테비치 이바노프(Andrej Innokent'evich Ivanov, 1965년생, 남)

- 민족: 사하(야쿠트)족
- 직업: 가스 기술자
- 학력: 노보시비르스크국립대학 경제학부
- 가족 사항: 2남 1녀, 배우자(야쿠트족)
- 거주 경력: 빌류이스크(Viljujsk)구 보로곤(Borogon)
- 언어 사용 상황: 러시아어(직장), 야쿠트어(가정), 아버지는 러시아어 교사이고 어머니와 여동생 한 명은 야쿠트어 교사이다. 다른 여동생은 야쿠트어 사전 편찬원이며 자녀들은 집에서 야쿠트어 사용한다.

[그림 7-37] **야쿠트인 이바노프 씨**

□ **조사 내용**

- 어휘 2,727개, 기초 회화 344문장, 문법 381문형

- 야쿠트어 텍스트 4권 읽으며 녹음, 녹화(100분 분량): Олонхо в твор честве детей / Олонхо оҕолор Айымньыларыгар(아동용 작품에 서 올롱호). 17분 분량(pp. 14~98), Каменная жен-щина / Таас дьа хтар(돌 여인)(야쿠트어-러시아어-유카기르어). 27분 분량(pp. 52~71), Растения и животные Якутии / Саха сирин үүнээйитэ, кыыла-с үөлэ(Yakutia의 식물과 동물) 중 20 항목, Эбэм Аптаах Остуоруйал apa(나의 할머니의 마법의 옛날이야기들), 야쿠트어로만 된 동화집 중 Суор Кырыыһа(갈까마귀의 저주) 17분 분량. 러시아어 번역도 녹음 하였다.

□ **언어의 특성** : 야쿠트어는 할라지어 및 투르크멘어와 더불어 튀르크 조어의 일차 장모음을 체계적으로 유지하고 있는 언어이다. 튀르크 조어의 어중·어 말의 /d/가 /t/로, 어두의 /y/가 /s/로 변하는 등 공통 튀르크어의 여러 언어와 는 아주 다른 특징이 있다. 야쿠트어에는 몽골어 차용어가 많다.

3.6. 추바시어

3.6.1. 언어 개관

추바시어는 공통 튀르크어(Common Turkic)의 /z/과 /š/에 각각 /r/과 /l/을 지니는 등의 특징을 지니고 있어서 별도의 그룹을 이루는데 이 그룹에는 추 바시어만 있다. 따라서 추바시어는 튀르크조어(Proto-Turkic)가 아니라 이것 의 자매어라 할 수 있는 불가르조어(Proto-Bulgarian)에서 발전한 언어이다. 추바시어를 포함하는 언어들을 추바시-튀르크어파이라 부르는 것이 더 타당 하다. 공통 튀르크어의 /z/과 /š/에 각각 /r/과 /l/을 지니는 볼가 불가르어 (13~14세기)는 추바시어의 전단계라 할 수 있다.

2002년 러시아 인구 조사에 따르면 추바시족은 1,637,094명, 추바시어를 아는 사람은 1,325,382명이다. 추바시어는 에스토니아, 카자흐스탄, 키르기 스스탄, 우즈베키스탄 등에서도 사용된다. 추바시족의 절반가량은 러시아의 추바시공화국에서 살고 있다. 추바시족은 러시아 정교를 믿는데, 볼가 불가르인은 이슬람교를 믿었다. 추바시어는 Viryal("위쪽의") 및 Anatri("아래쪽의") 방언으로 대별되는데, 문어의 토대가 된 것은 Anatri 방언이다.

3.6.2. 현지 조사 개황

□ **조사 기간:** 2005년 4월 19일~22일

    - 제1 자료제공인: 4월 19, 20, 22일

    - 제2 자료제공인: 4월 21일

□ **조사 장소:** 러시아 추바시공화국 체복사르시 추바시아(Chuvashija) 호텔 323호

□ **조사 참가자:** 이용성(총괄, 전사), 김건숙(질문, 통역), 도정업(녹음, 녹화)

□ **자료제공인**

  (1) 발레리이 바실례비치 안드레예프(Valerij Vasil'evich Andrejev, 1956년
      생, 남)

[그림 7-38] 추바시인 안드레예프 씨

- 민족: 추바시족

- 직업: 추바시 국립대학 추바시어문학과장

- 가족 사항: 2녀, 손 1인, 배우자(추바시족)

- 언어 사용 상황: 추바시어/러시아어(직장), 추바시어/러시아어(가정)를
  각각 사용하나, 주로 추바시어를 사용한다. 자녀는 추바시어를 이해하
  나 완벽하게 구사하지는 못한다고 한다.

(2) 블라디미르 페트로비치 파블로프(Vladimir Petrovich Pavlov, 1950년생, 남)

- 민족: 추바시족

- 직업: 직업기술학교 교감

- 가족 사항: 1남 1녀, 배우자(추바시족)

- 언어 사용 상황: 추바시어/러시아어(직장), 추바시어/러시아어(가정)를
  각각 사용하나, 다른 민족과는 러시아어를 사용한다.

□ **조사 내용**

(1) 제1 자료제공인: 어휘(1~4급, 2,721개), 기초 회화, 문법

(2) 제2 자료제공인: 어휘(1, 2급, 806개, 3급 6개)

□ **언어의 특성** : 추바시어는 공통 튀르크어와 비교할 때 /z/에 대하여 /r/, /š/에
대하여 대개 /l/이 대응하고 어두의 /y/가 /š/로 바뀌는 등 너무도 다른 특징
을 지니고 있다.

3.7. 카자흐어

3.7.1. 언어 개관

튀르크계 여러 언어 중에서 카자흐어는 타타르어, 바시키르어, 카라칼파
크어, 노가이어 등의 여러 언어와 함께 "ayaq/ tawli" 또는 "큽차크" 그룹을
이룬다(튀르크계 언어들에서 taɣlïɣ/ tawlï/ taɣliq/ daɣlïɣ/ 등은 '산이 있는'
을 뜻한다). 카자흐족은 중앙 아시아에서 몽골족이 팽창한 뒤 선주의 튀르크
족과 혼혈하여 형성되었다.

카자흐족의 대부분은 카자흐스탄에서 살고 있다. 우즈베키스탄, 투르크메니스탄, 키르기스스탄, 타지키스탄, 러시아, 중국, 몽골, 아프가니스탄에서도 카자흐족들이 거주한다. 중국에 1,250,458명(2000년)의 카자흐족이 거주한다. 러시아에는 2002년 인구 조사에 따르면 655,000명의 카자흐족이 거주하고, 560,000명이 카자흐어를 안다. 몽골에는 20만 명 미만의 카자흐족이 거주한다. '위키피디아(Wikipedia)'의 자료에 따르면 전 세계에는 약 12,000,000명의 카자흐어 사용자가 있다.

3.7.2. 현지 조사 개황

□ **조사 기간:** 2005년 1월 4일~7일(16시간 조사)

□ **조사 장소:** 카자흐스탄공화국 알마티시

□ **조사 참가자:** 권재일(총괄), 김주원(전사), 고동호(전사), 임홍선(녹음, 녹화)

□ **협조자:** 박넬리, 장류다

□ **자료제공인:** 지베크 베갈리예브나 듀셈비노바(Zhibek Begalijevna Djussembinova, 1938년생, 여)

    - 민족: 카자흐족

[그림 7-39] **카자흐인 듀셈비노바 씨**

- 직업: 알마티외국어대학 라틴어 강사

- 언어 사용 상황: 카자흐어, 러시아어

□**조사 내용**: 어휘 2,730개(1~4급), 기초 회화 344문장, 문법 382항목, 대립쌍

□**언어의 특성** : 튀르크 조어와 비교할 때 카자흐어는 어두의 /y/가 /ǯ/로, /š/가

/s/로, /č/가 /š/로 바뀌는 등의 특성이 있다.

3.8. 서부요구르어

3.8.1. 언어 개관

요구르족은 중국 간쑤성에 살고 있는데 그 수는 2000년 인구조사에 의하면 13,719명이다. 이 중에서 4600명 정도가 azaq 그룹에 속하는 튀르크어를 사용하고 있고, 3분의 1가량은 한어를 모어로 사용하고 있다. 일부는 특이한 몽골어를 사용한다. 튀르크어를 사용하는 사람들은 Sarïɣ yoɣur, 몽골어를 사용하는 사람들은 Šïra yoɣor라고 자칭하는데 둘 다 "Yellow Uighur"를 뜻한다. 한어로는 이들 집단을 각각 서부요구르족(西部裕固族), 동부요구르족(東部裕固族)이라고 한다. 서부요구르족(西部裕固族)은 한어를 문어로 사용한다. 이들은 라마교와 샤머니즘을 믿는다.

장예(張掖)시와 쑤난위구쭈자치현의 홍완쓰(紅灣寺)진 사이 90여 km 구간의 대부분이 사막 지형이어서 산지에 나무가 전혀 없으며, 조사 지역인 홍완쓰은 사실상 분지에 위치한 오아시스이다. 한족이 다수를 차지하고 공용어가 한어이다.

3.8.2. 현지 조사 개황

□**조사 기간**: 2005년 10월 17일~21일

□**조사 장소**: 중국 간쑤성 쑤난위구쭈자치현 홍완쓰진 쑤난 호텔

□**조사 참가자**: 이호영(총괄), 이용성(전사), 도정업(녹음, 녹화), 야오캉(질문)

□**협조자**: 김서경 박사 외, 터무르(特穆爾) 선생, 거럴마 여사

□ 자료제공인

(1) 양쉐팡(楊雪芳, 1966년생, 여)

- 민족: 서부요구르족

- 출생: 다허(大河)구 페이차이거우(菲菜溝)향 시린(西林)촌 출신

- 직업: 재봉사, 중학교 졸업

- 가족 사항: 1녀, 배우자도 서부요구르족

- 언어 사용 상황: 가정에서는 서부요구르어를 사용한다. 자녀는 모어를 잘 구사하지 못한다. 본인은 한어로 먼저 생각한다고 한다. 사회에서는 한어를 사용하여 모어 지식이 부족하다고 한다.

(2) 투오쯔룽(娄自榮, Darjisotan, 1939년생, 남)

- 민족: 서부요구르족

- 출생: 밍하이(明海)향 난거우(南溝)촌 출신

- 직업: 처음에는 목민(牧民), 1957년~1968년에는 국영 상점 점원, 퇴직, 무학(無學)

- 가족: 4남 1녀, 손자 5명: 배우자도 서부요구르족

- 언어 사용 상황: 가정에서는 서부요구르어를 사용하며, 자녀는 모어를 잘 구사하지 못한다. 한족을 비롯한 다른 종족과는 한어를 사용하며 모어를 많이 잊었다. 조사의 성격을 잘 이해하지 못해 조사하기가 매우 어려웠다.

(3) 안위링(安玉玲, 1957년생, 여)

- 민족: 서부요구르족

- 출생: 다허구 페이차이거우향 광화(光華)촌 출신. 출생지에서 14세까지 거주, 그 후 2년 동안 장예에서 간호학교 다니고, 간호학교 졸업 후 캉러(康樂)에서 8년, 다허로 돌아가 3년, 황청(皇城)에서 8년 근무하고, 88년 이후 현 거주지 거주하고 있다.

- 직업: 의료인, 전문학교 졸업

- 가족: 1남 1녀, 배우자, 조모와 외조부는 서부요구르족, 조부와 외조모

는 동부요구르족

- 언어 사용 상황: 가정에서는 서부요구르어를 사용하나, 자녀는 모어를 잘 구사하지 못한다. 사회에서도 주로 서부요구르어를 사용한다. 언어 구사 능력이 뛰어나다.

[그림 7-40] **서부요구르인 안위링 씨**

□ 조사 내용

(1) 제1 자료제공인: 어휘(1~2급 60여개), 기초 회화 110개 정도

(2) 제2 자료제공인: 어휘(1~2급)

(3) 제3 자료제공인: 어휘(1-2급 813개 중 769개, 3급 1,324개 중 1,082개, 4급 652개 중 144개), 기초 회화, 문법

3.9. 카라임어

3.9.1. 언어 개관

카라임족은 하자르 제국 시대에 유대교를 받아들인 소규모의 튀르크계 종족이다. 카라임족은 최근까지 작은 집단 형태로 리투아니아의 트로키

(Troki)시, 우크라이나의 뤼츠크(Lutsk)시 및 할리치(Halicz)시에 살고 있었다. 예전에는 크림 반도의 예프파토리아(Evpatorija)시 부근에도 카라임 공동체들이 있었다. 카라임족의 수는 동화와 이민 때문에 옛 소련에서 5,900명(1959)에서 2,602명(1989)로 줄었다. 현재 258명(2001), 폴란드에 45명(2002), 우크라이나(주로 크림 반도)에 1,196명(2001), 러시아에 366명(2002), 터키(이스탄불)에 50명, 이스라엘, 프랑스, 미국, 캐나다에 극소수가 남아 있다.

그렇지만 카라임족은 오랫동안 다수의 이민족 사이에서 소수민족으로 살다보니 자기 모어를 구사하는 사람은 극히 적어, Boeschoten(1998)에 따르면 카라임어 사용자 수는 리투아니아에 50명, 우크라이나에 6명, 폴란드에 20명 정도이다. 그런데 2006년의 인터넷 '에스놀로그(Ethnologue)'의 자료를 보면 카라임어는 우크라이나와 이스라엘에서는 이미 사멸하였다. 이 언어의 사멸은 시간 문제인 것이다.

튀르크어의 큽차크 그룹에 속하는 카라임어는 3개의 방언이 있었다. 3개의 방언은 트로키 방언, 할리치-뤼츠크 방언, 크림 방언이다. 이들 중 크림 카라임어는 이미 오래 전에 튀르크계 언어 중 하나인 크림 타타르어에 흡수되었다. 나머지 두 방언도 이제는 주변의 언어들에 흡수된 상태이다.

3.9.2. 현지 조사 개황

□ 조사 기간: 2006년 2월 15~16일

□ 조사 지역: 우크라이나 크림자치공화국의 예프파토리아(카라임어로는 코즐뤼브(Kozlüv)), 심페로폴 (Simferopol', 카라임어로는 아흐메치(Akhmech))

□ 조사 장소: 카라임 역사민속박물관, 타브리아(Tavrija) 호텔 321호

□ 조사 참가자: 이용성(총괄, 전사), 이르나 드르가(Iryna Dryga, 안내, 질문), 임홍선(녹음, 녹화)

□ 자료제공인: 다비드 모이세예비치 엘(David Moiseevich Ehl' 1928년생, 남)
    - 민족: 카라임족

- 직업: 체육학교 전직 교장, 현직 교사. 우크라이나 카라임공동체 종교
  국의 종교상의 의장
- 가족 사항: 자녀 없음, 배우자는 러시아인
- 언어사용 상황: 러시아어(직장), 러시아어(가정), 러시아어, 카라임어
  (기타)
- 거주 경력: 출생지 예프파토리야, 대학과 군대에 있을 때만 빼고는 예
  프파토리야에서 거주하였다.

[그림 7-41] **크림 카라임인 엘 씨**

□조사 내용

- 어휘 151개, 기초 회화 일부, 문법 1~117번
- 오랫동안 모어를 사용하지 못한 탓인 듯 많은 어휘를 어렴풋이 기억하
  고 있을 뿐 확실하게 금방 대답하지는 못하였다.
- 기초 회화와 문법을 조사할 때 우선 러시아어 구문에 따라 카라임어
  낱말들을 나열한 뒤 일부를 다시 수정하기도 하였다.
- 격어미와 인칭어미들을 완전히 혼동하였다.

3.10. 가가우즈어

3.10.1. 언어 개관

몰도바의 남부와 우크라이나 서남부 오데사(Odessa) 지역을 중심으로 거주하는 25만 가가우즈족의 모어이다. 가가우즈어의 가장 중요한 특징 중의 하나는 주위의 슬라브 언어들의 영향으로 통사구조가 변하였다는 점이다.

옛 소련의 튀르크 학자들은 가가우즈어를 별개의 언어로 보았지만, 서구의 튀르크 학자들은 터키어의 루멜리(Rumelian) 방언의 하나로 볼 만큼 터키어와 가깝다. 가가우즈족은 대부분의 튀르크족과는 달리 크리스트교(동방 정교)를 믿는다.

3.10.2. 현지 조사 개황

□ **조사 기간**: 2006년 2월 5일, 17일

□ **조사 지역**: 우크라이나 키예프(Kiev)시

□ **조사 장소**: 자료제공인의 집(2월 5일), 엑스프레스(Ehkspres) 호텔 608호(2월 17일)

□ **조사 참가자**: 이용성(총괄, 전사), 임홍선(녹음, 녹화), 자료제공인이 직접 질문지를 읽고 대답함

□ **자료제공인**: 페도라 이바노브나 아르나우트(Fedora Ivanovna Arnaut, 1970년생, 여)

- 민족: 가가우즈족

- 직업: 교수

- 가족 사항: 미혼

- 언어 사용 상황: 가가우즈어, 터키어, 우크라이나어, 러시아어(직장), 러시아어(기타)

- 거주 경력: 1970년~1986년 드미트로프카(Dmitrovka) 마을에서 출생하여 고교까지 다녔다. 1986년~1988년 몰도바의 가가우지야 지역에

있는 차드르-룬가 지구(Chadyr-Lunga rajon)의 문화원에서 근무하였다. 1989년~1993년 아제르바이잔의 바쿠에서 학사과정 밟았다. 1993년~1997년 터키 앙카라에서 석·박사 과정 밟았다. 1997년~2000년 몰도바의 가가우지야 중심지에 있는 콤라트(Comrat)에서 교수로 근무하였다. 2000년~2003년 북키프로스의 가지마우사(Gazimağusa)에서 교수로 근무하였다. 2003년~ 우크라이나의 키에프에서 교수로 근무하고 있다.

□**조사 내용**: 1, 2급 어휘 719개에 대답함. 3급 138개, 4급 43개(시간이 없어서 3~4급 어휘의 대부분과 기초 회화, 문법은 조사하지 못함)

[그림 7-42] **가가우즈인 아르나우트 씨**

3.11. 크림 타타르어 크름차크 방언

3.11.1. 언어 개관

크림 반도에서 크름차크라 불리는 유대인 집단이 사용하는 크림 타타르어 중부 방언의 하위 방언이다. 이러한 까닭에 Judeo-Crimean Tatar나

Judeo-Crimean Turkish라고도 불린다. 크름차크족은 제2차 세계대전 때 나치의 대학살로 6,000명의 인구 중 80% 정도가 희생되었다. 전선에 가 있던 남자들과 제때에 크림 반도에서 제때에 소개된 일부만 살아남았을 뿐이다.

1989년 소련 인구조사에서는 크름차크족이 1,448명이고 이 중에서 604명이 크림 반도에 있었다. 2000년에 2,500명이 옛 소련 지역에 살았는데, 그 절반 가량이 우크라이나, 나머지는 그루지야, 러시아, 우즈베키스탄에 있었다.

히브리어와 아람어 차용어가 많다. 우리의 자료제공인을 포함한 3명의 고령자만 모어로 사용하고, 이 방언을 다소 아는 사람은 100명 미만이어서 곧 절멸한다. 크름차크족은 유대교를 믿는다.

3.11.2. 현지 조사 개황

□ **조사 기간**: 2006년 2월 12일~14일 오후

□ **조사 지역**: 우크라이나의 크림자치공화국의 심페로폴

□ **조사 장소**: 자료제공인의 집

□ **조사 참가자**: 이용성(총괄, 전사), 이르나 드르가(Iryna Dryga, 안내, 질문), 임홍선(녹음, 녹화)

□ **자료제공인**: 다비드 일리치 레비(David Il'ich Rebi, 1922년생, 남)

   - 민족: 크름차크족

   - 직업: 언어학자, 옛 소련 작가연맹의 편집위원

   - 가족 사항: 1남(사망), 두 번째 배우자는 유대인(우리가 조사를 끝내고 떠난 뒤 이틀 뒤에 사망하였음)

   - 언어 사용 상황: 직장과 가정에서는 러시아어를 사용하고, 다른 경우에는 러시아어와 크름차크 방언을 같이 사용한다.

   - 거주 경력: 예프파토리야에서 출생. 제2차 세계대전에 포병 장교로 참전, 서부 전선에서 독일군에게 포로가 되어 1942년~1945년에 뉘른베르크 포로수용소에서 지냈다. 고향에 돌아왔지만 가족 등이 모두 독일군에게 학살당한 것을 알고 레닌그라드로 가서 레닌그라드 편집 전

문학교를 졸업하고 소련 작가연맹의 편집위원으로 일하였다. 레닌그
라드에서 20년을 거주한 뒤 크림에 돌아왔다.

[그림 7-43] **크름차크인 레비 씨**

□ **조사 내용:** 어휘 548개(1급 190개, 2급 231개, 3급 103개, 4급 24개)에 대답,
1급 11개, 2급 31개, 3급 29개, 4급 18개는 대답하지 못하였다. 문법 12,
161, 237번은 대답하지 못하였다. 오후에만 조사를 했으므로 조사 시간이
충분하지 않아서 어휘를 골라서 질문하였으며 문법을 모두 질문하였으나,
기초 회화를 물어볼 시간이 없었다.

3.12. 우룸어

3.12.1. 언어 개관
크림 반도의 그리스인들은 일부는 그리스어를 유지하고 일부는 크림 타

타르어를 받아들였는데, 그리스어를 유지한 사람들을 Romaioi, 크림 타타르
어를 받아들인 사람들을 Urums(또는 Graeco-Tatars)라고 부른다. 이 두 집단
은 모두 18세기 후반에 아조프해 북쪽으로 이주하였다. 이들은 우크라이나
에서 공식적으로는 모두 그리스인으로 분류된다. 두 집단 모두 러시아화(및
우크라이나화)가 급속히 진행되어 모어 사용자가 거의 없는 실정이다.

우룸어는 우크라이나의 동남부의 도네츠크(Donetsk)주(29개 마을), 자포
리지아(Zaporizhia)주(1개 마을), 마리우폴시, 도네츠크시에서 사용되는데 크
림 타타르어와 매우 유사하기 때문에 이것을 크림 타타르어의 방언으로 보
는 학자들도 있고, 별개의 언어로 보는 학자들도 있다. 크게 큽차크(Kypchak)
방언과 오구즈(Oghuz) 방언으로 나뉘고, 이 두 방언은 다시 큽차크어와 오구
즈어의 요소에 따라 각각 Kypchak-Polovets, Kypchak-Oghuz 및
Oghuz-Kypchak, Oghuz의 두 하위 방언으로 나뉜다.

Urum은 처음에는 "로마인", 나중에는 "동로마인 (즉, 비잔틴인)" 과 "그
리스인"을 뜻한 아랍어 낱말 rūm이 튀르크어에 어두 모음이 첨가되어 차용
된 형태이다. 민족학에서는 튀르크어를 사용하는 그리스인 주민들을 모두
Urum이라 부른다. 이 때문에 에스놀로그(Ethnologue)에서는 18~20세기에
터키의 흑해 연안에서 그루지야로 이주한, 터키어를 사용하는 "찰카 우룸
(Tsalka Urums)"의 언어도 우룸어(Urum) 항목에 포함시켜 우크라이나의 "북
아조프 우룸(North Azovian Urums)"의 언어와 함께 다루고 있다.

3.12.2. 현지 조사 개황

□ 조사 기간

  (1) 제1 자료제공인: 2006년 2월 7일~11일(2월 8~9일 오전에는 대학에서
    강의하는 관계로 조사에 응할 수 없었음)

  (2) 제2 자료제공인: 2006년 2월 8일(2시간)

  (3) 제3 사료제공인: 2006년 2월 9일(2시간 20분)

□ 조사 지역

(1) 제1 자료제공인: 우크라이나의 도네츠크주의 마리우폴

(2) 제2 자료제공인: 마리우폴 인근의 만구시(Mangush)

(3) 제3 자료제공인: 우크라이나의 도네츠크주의 마리우폴

□ 조사 장소

(1) 제1 자료제공인: 마리우폴의 Spartak 호텔 315호

(2) 제2 자료제공인: 만구시 구역 소비에트(rajsovet) 선관위실

(3) 제3 자료제공인: 마리우폴의 스파르타크(Spartak) 호텔 315호

□ 조사 참가자: 이용성(총괄, 전사), 이르나 드르가(Iryna Dryga, 안내, 질문),
임홍선(녹음, 녹화)

□ 자료제공인

(1) 제1 자료제공인: 발레리이 이바노비치 키오르(Valerij Ivanovich Kior, 1951
년생, 남)

 - 민족: 우룸족

 - 직업: 언어학 강사, 시인

 - 학력: 대학원 수료

 - 가족 사항: 2남, 손 1인, 배우자 우룸족(배우자의 아버지는 우룸족, 어
   머니는 러시아인)

[그림 7-44] **우룸인 키오르 씨**

- 언어 사용 상황: 러시아어(직장), 러시아어(가정), 우룸어(기타)

- 거주 경력: 마리우폴 인근의 스타르이 크름(Staryj Krym: 우룸어로는 Est'i Qyrym)에서 출생, 마리우폴에서 고교를 졸업한 뒤 도네츠크에서 대학 졸업, 크림 반도의 잔코이(Dzhankoj)에서 병역을 치른 뒤 계속 출생지에서 거주하였다.

(2) 제2 자료제공인: 마리야 하를람피예브나 코류체바(Marija Kharlampijevna Korjucheva, 1928년생, 여)

- 민족: 우룸족

- 직업: 러시아어 교사(퇴직)

- 학력: 대졸

- 가족 사항: 1남 1녀, 손자 4인, 배우자는 우룸족

- 언어 사용 상황: 직장: 러시아어(직장), 러시아어(가정), 우룸어/러시아어(기타)

- 거주 경력: 마리우폴 인근의 만구시에서 출생

(3) 제3 자료제공인: 콘스탄틴 그리고례비치 시도로프(Konstantin Grigor'evich Sidorov, 1942년생, 남)

- 민족: 우룸족(여권에는 러시아인으로 기재되어 있음)

- 직업: 의사

- 학력: 대졸

- 가족 사항: 1남 1녀, 손녀 2인 (각각의 자녀에게서), 배우자는 러시아인

- 언어 사용 상황: 러시아어/우크라이나어(직장), 러시아어(가정), 우룸어(친구들과 말할 때), 러시아어(기타)

- 거주 경력: 마리우폴 인근의 만구시에서 출생, 13세 때 계부가 크림 타타르족이라는 이유로 카자흐스탄의 구례프(Gur'ev, 오늘날의 아트라우(Atyrau))로 추방되자 어머니와 함께 따라가 3년을 지낸 뒤 돌아왔다. 도네츠크에서 의대를 졸업하고 루한스크(Lugans'k)주의 브랸카

(Brjanka)시에서 병역을 치르었다.

□ 조사 내용

(1) 제1 자료제공인: 어휘 2,153개(모르는 것들은 그냥 지나치게 함), 기초
회화 344문장, 문법 380문형, 자유 발화, 모어를 잘 기억하고 구사하였다.

(2) 제2 자료제공인: 어휘 275개(1급 198개, 2급 77개), 모어를 잘 기억하지
못하고 구사하지도 못하였다.

(3) 제3 자료제공인: 어휘 118개(1급 55개, 2급 63개), 문법 104문형, 많은
어휘를 잘 기억하지 못하였다.

□ 언어의 특성

(1) 제1 자료제공인

- 오구즈 방언의 오구즈 하위 방언 화자

- 다음의 음운 변화가 관찰되었다.

① q > x (후설모음 옆에서)

② k > t' 및 g > d' (모음 i와 e 옆에서)

③ yr > ry

④ iste- > ste-

(2) 제2 자료제공인

- 큽차크 방언의 큽차크-폴로베츠 하위 방언 화자

- 다음의 음운 변화가 관찰되었다.

① q > x (후설모음 옆에서)

② k > t' 및 g > d' (모음 i와 e 옆에서)

③ yr > ry

(3) 제3 자료제공인

- 큽차크 방언의 큽차크-폴로베츠 하위 방언 화자

- 다음의 음운 변화가 관찰되었다.

① q > x (후설모음 옆에서)

② k > t' 및 g > d' (모음 i와 e 옆에서)

3.13. 출름 튀르크어

3.13.1. 언어 개관

출름 튀르크어는 남부 시베리아에서 오브(Ob) 강의 지류인 출름(Chulym) 강을 따라 몇 개의 마을에서 사용되는 튀르크어로서 하류 출름 및 중류 출름의 두 방언이 있다. 중류 출름 방언은 하카스어, 쇼르어의 므라스-상류 톰 방언, 서부요구르어, 푸위 키르기스어처럼 이른바 azaq 그룹에 속한다. 한편 이른바 ayaq 그룹에 속하는 하류 출름 방언은 쇼르어의 콘도마-하류 톰 방언, 알타이어의 북부 방언들과 공통의 특징이 있다.

출름 튀르크어는 쇼르어와 매우 유사하여 이들을 동일 언어로 보는 이들도 있다. 출름 튀르크족은 튀르크족과 여러 종족의 혼혈을 통해 형성되었다. 출름 튀르크족은 러시아어도 사용하는 이중언어 사용자이다. 2002년도 인구 조사에 의하면 러시아에는 656명의 출름 튀르크족이 있었는데, 출름 튀르크어를 아는 사람은 270명, 자기 모어를 유창하게 구사하는 사람은 100명 정도밖에 되지 않았다. 아직 문어가 되지 못한 출름 튀르크어는 하류 출름 방언이 절멸한 듯하고 중류 출름 방언도 현재 절멸 직전이고, 이 언어에 대한 자료는 아주 빈약한 편이기 때문에 현지 조사가 시급하다.

3.13.2. 현지 조사 개황

□ **조사 기간**

(1) 제1 자료제공인: 2006년 5월 15일~18일

(2) 제2 자료제공인: 2006년 5월 19일~21일

□ **조사 지역**

(1) 제1 자료제공인: 러시아 연방 톰스크주 톰스크시

(2) 제2 자료제공인: 톰스크 인근의 카프탄치코보(Kaftanchikovo) 마을

□ **조사 장소**

(1) 제1 자료제공인: 톰스크 호텔 214호

(2) 제2 자료제공인: 카프탄치코보 마을 학교 역사 교실 제 4 호

□ **조사 참가자:** 이용성(총괄, 전사, 녹음), 고성익(녹음, 녹화), 자리파 세리크바예바(Zaripa Serikbayeva, 질문, 통역)

□ **협조자:** 안드레이 유례비치 필첸코(Andrej Jur'evich Fil'chenko, 국립톰스크 사범대학교 시베리아 민족어학과 교수, 제1 자료제공인을 소개함), 아미나 자키로브나 아바네예바(Amina Zakirovna Abaneeva, 톰스크 인근의 카프탄치코보 마을 학교 역사 교사, 제2 자료제공인을 소개함)

□ **자료제공인**

(1) 바실리이 미하일로비치 가보프(Vasilij Mikhajlovich Gabov, 1952년생, 남)

- 민족: 출름 튀르크족

[그림 7-45] **출름 튀르크인 가보프 씨**

- 직업: 전직 운전 기사

- 학력: 10학년의 의무 교육 중 8학년까지

- 가족 사항: 2남 3녀, 손자 1인 (둘째딸만 기혼, 사위는 러시아인), 배우

자도 출름 튀르크족

- 언어 사용 상황: 러시아(가정, 직장, 기타, 배우자는 모어를 이해하나 구사하지 못하고, 자녀들은 몇 마디 낱말만 이해할 뿐임), 출름 튀르크어(마을에서 출름 튀르크족 친척들과)

- 거주 경력: 톰스크주 테굴데트(Tegul'det)구 노보-타를라가느(Novo-Tarlagany) 마을에서 출생하여 1961년까지 거주하였다. 이 마을 주민은 주로 출름 튀르크족이었고 자기들끼리 출름어를 사용했다. 1961년~1970년에 노보-슈밀로보(Novo-Shumilovo) 마을에서 거주, 이곳에서는 주로 러시아어만 사용했다. 1970년~현재 테굴데트(Tegul'det)구 테굴데트 마을에서 거주하고 있다.

(2) 드미트리이 그리고례비치 마몬토프(Dmitrij Grigor'evich Mamontov, 1921년생, 남)

- 민족: 출름 튀르크족(자료제공인은 자신의 출신 종족을 야사크 타타르라고 하였는데, 야사크 타타르라는 것은 특정한 종족명이 아니라 야사크 (ясак 즉, 시베리아 및 극동의 민족에게 부과된 모피·가축 등의 현물 세)를 바치던 토착민을 가리킴)

- 직업: 전직 트랙터 운전수(입대 전에는 농장원)

- 학력: 4학년까지 다님(1929년에 이웃마을에 있던 초등학교에 들어가 러시아어 초등학교를 졸업하다. 1932년에 4학년 때 아버지가 스탈린의 탄압을 받았기 때문에 학교를 그만 두다.)

- 가족 사항: 1남1녀의 자녀, 1남 2녀의 손자, 1남 1녀의 증손자, 배우자는 러시아인

- 언어 사용 상황: 제2차 세계대전 이전에는 일상생활에서 출름 튀르크어를 사용했음. 가정과 사회에서 러시아어 사용

- 거주 경력: 톰스크주 아시노보(Asinovo)구 미나예보(Minaevo)농촌 소베트 투르가이(Turgaj) 마을에서 출생(아버지는 출름 튀르크족이고 어머니는 러시아인과의 혼혈임)하였다. 1942년에 제2차 세계대전에 참가하여 루마니아, 불가리아, 유고슬라비아, 헝가리 등 동유럽의 여러

나라와 오스트리아에서 복무한 2급 장애인이다.

□ **조사 내용**

(1) 제1 자료제공인: 어휘 493개 (657개를 물었음), 기초 회화 344문장, 문법 239항목

(2) 제2 자료제공인: 어휘 386개(657개를 물었음), 질문지에 없는 어휘 6개

□ **언어의 특성**

(1) 제1 자료제공인

- 중류 출름(Middle Chulym) 방언 화자: 자료제공인의 출신 지역인 테굴데트구에는 출름 튀르크인이 470 명 정도 있지만 모어를 구사할 수 있는 사람은 몇 명 되지 않고 최근에 노파 2명이 사망했다고 한다.

- 건강 문제로 조사를 오래 진행시키지 못하였다.

- 일부 기본 개념을 이해하지 못하였다.

- 평소에 늘 러시아어만 사용한 탓에 모어의 많은 어휘를 즉시 기억하지는 못하였다. 따라서 어휘를 골라 물었다.

- 문장 작성 시 거의 언제나 러시아어 구문의 순서에 따라 문장 성분들을 배열하는데, 문장 성분들도 러시아어 구조에 따라 모어로 번역하는 경우가 대부분이어서 자연 발화가 아닌 이상 자료제공인의 문장들을 있는 그대로 받아들이는 것은 문제가 있을 것이다.

(2) 제2 자료제공인

- 하류 출름(Lower Chulym) 방언 화자

- 배우자가 편찮고 자녀도 방문하여 조사를 오래 진행시키지 못하였다.

- 평소에 늘 러시아어만 사용한 탓에 모어의 많은 어휘를 즉시 기억하지는 못하였다. 따라서 어휘를 골라 물었다.

- 기본 문장을 작성하는 것이 매우 어려웠다.

- 나이에 비해 건강한 편이다.

3.14. 바라바 타타르어

3.14.1. 언어 개관

타타르어의 동부 방언 중 하나로 간주되는 바라바 타타르(Baraba Tatar)어는 러시아의 톰스크주와 튜멘(Tjumen)주에서 약 8,000명이 사용하는 것으로 추정된다. 12~13세기에 서부 시베리아에서 거주한 큽차크 부족들이 바라바 타타르족의 선조로 여겨진다. 바라바 타타르어는 카잔 타타르어와 비교할 때 (1) /č/가 /ts/로 변하고, (2) 어두의 /b/가 /p/로 변하고, (3) 어말의 /z/가 /s/로 변하며, (4) /e/와 /o/가 각각 /i/와 /u/로 바뀌지 않고 유지되는 등 몇 가지 음운 차이를 보인다.

3.14.2. 현지 조사 개황

□ **조사 기간:** 2006년 5월 18일, 20일

□ **조사 지역:** 러시아 톰스크주 톰스크시 및 인근의 카프탄치코보 마을

□ **조사 장소:** 톰스크 호텔 214호(5월 18일), 카프탄치코보 마을 학교 역사 교실 제4호(5월 20일)

□ **조사 참가자:** 이용성(총괄, 전사, 녹음), 고성익(녹음, 녹화), 자리파 세리크바예바(Zaripa Serikbayeva, 질문, 통역)

□ **협조자:** 안드레이 유례비치 필첸코(Andrej Jur'evich Fil'chenko, 국립톰스크 사범대학교 시베리아 민족어학과 교수)

□ **자료제공인:** 아미나 자키로브나 아바네예바(Amina Zakirovna Abaneeva, 1948년생, 여)

  - 민족: 타타르족(바라바 타타르족)

  - 직업: 교사(카프탄치코보 마을 학교 역사 교사)

  - 학력: 대졸

  - 가족 사항: 미혼(현재 어머니와 함께 거주, 아버지는 현지의 토착 타타르인이고 어머니는 카잔 타타르인임.)

- 언어사용 상황: 가정에서는 타타르어를 사용한다. 직장이나 사회에서
  는 러시아어를 사용한다. 마을에서는 타타르인들과 타타르어(바라바
  타타르어)를 사용한다.
- 거주 경력: 톰스크주 톰스크구 바라빈카(Barabinka) 마을(시베리아 타
  타르어가 사용되는 마을)에서 출생하여 1~8학년은 이웃마 학교에 다
  니고 9~10학년은 톰스크시에 있는 야간 학교에 다니면서 동시에 공
  장에서 일하였다(공장에서 10년 동안 일함, 그 당시 의무 학교 교육은
  10학년까지였음). 1976년~1982년에 국립톰스크대학교 역사학과에
  다녔으며, 톰스크시에서 400 km 정도 떨어져 있는 톰스크주 바흐차르
  (Bakhchar)구에서 교사로 근무했다.

[그림 7-46] 바라바 타타르인 아바네예바 씨

□조사 내용
- 어휘 744개(713개 대답, 1~2급 686개 물음에 665개 대답, 3급 42개
  물음에 33개 대답, 4급 16개 물음에 15개 대답)

- 원래는 중류 출름 방언 조사를 계속하기가 불가능하여 그 대신 조사하기로 했던 것이다.
- 이 자료제공인이 하류 출름 방언 화자에 대한 정보를 주어서 하류 출름 방언 조사를 할 수 있었다.
- 본격적으로 바라바 타타르어를 조사하기에는 시간이 너무 없었다.

□ 언어의 특성

- 토착의 바라바 타타르 방언과 카잔 타타르 방언의 특징이 섞여 있다 (아버지는 토착 타타르인이고 어머니는 카잔 타타르인임). 따라서 순수한 바라바 타타르어 자료제공인으로 볼 수는 없다.
- 대부분의 어휘를 잘 기억하고 구사하였다.

절멸 위기에 처한 언어의 기록과 보존을 위한 연구 기관과 그 활동

위에서 우리는 '절멸 위기에 처한 언어'를 현지 조사하여 기록하고 보존하는 작업의 필요성을 기술하였으며 특히 한국알타이학회에서 최근 3년 동안 행한 절멸 위기의 알타이언어를 현지 조사한 방법과 내용을 상세하게 서술하였다. [부록]에서는 '절멸 위기에 처한 언어'를 연구하는 세계의 여러 연구 기관의 활동을 소개하고자 한다.

　　절멸 위기에 처한 언어들을 기록하고 보존하려는 전 세계 여러 단체들의
학문적 노력은 크게 다음과 같이 나누어 살펴볼 수 있다.

　　(가) 특정 연구소 혹은 대학의 학부가 학술재단의 연구지원을 받으며 세계
도처에 분포하는 절멸 위기 언어들을 실제적으로 문서화(Documentation)하
는 프로젝트

연구 단체	홈페이지
REAL(Researches on the Endangered Altaic Languages Sponsored by Korea Research Foundation, 한국알타이학회, 서울대학교 언어학과, 한국)	http://altaireal.snu.ac.kr/
AILLA(The Archive of the Indigenous Languages of Latin America, 텍사스대학교 언어학과/인류학과, 미국)	http://www.ailla.utexas.org/
AISRI(American Indian Studies Research Institute, 인디아나대학교, 미국)	http://www.indiana.edu/~aisri/
MIT ILI(MIT Indigenous Language Initiative, MIT 언어학과, 미국)	http://web.mit.edu/linguistics/www/mitili/
ANLC(Alaska Native Language Center, 페어뱅크스알래스카대학교, 미국)	http://www.uaf.edu/anlc/
ASEDA(Aboriginal Studies Electronic Data Archive, 오스트레일리아)	http://coombs.anu.edu.au/SpecialProj/ASEDA/
FATSIL(Federation of Aboriginal and Torres Strait Islander Languages, 오스트레일리아)	http://www.fatsil.org/
LACITO(Langues & Civilisations a Tradition orale 컨소시엄, 프랑스)	http://lacito.vjf.cnrs.fr/
ELPR(Endangered Languages of the Pacific Rim, 오사카가쿠인대학교, 일본)	http://www.elpr.bun.kyoto-u.ac.jp/
UHLCS(University of Helsinki Language Corpus Server, 헬싱키대학교 언어학과, 핀란드)	http://www.ling.helsinki.fi/uhlcs/
DoBeS(Dokumentation der Bedrohten Sprachen = Docu- mentation for Endangered Languages, 막스플랑크심리언어학연구소, 네이메겐, 네덜란드)	http://www.mpi.nl/dobes/

연구 단체	홈페이지
EMELD(Electronic Metastructure for Endangered Languages Data, 컨소시엄, 미국)	http://emeld.org/
HRELP(The Hans Rausing Endangered Languages Projects, 런던대학교, 영국)	http://www.hrelp.org/aboutus/
The Rosetta Project(The Long Now Foundation, 스탠포드대학교 도서관, 미국)	http://www.rosettaproject.org/live/concept/
ASLEP(Altai-Sayan Language & Ethnography Project, 폭스바겐재단)	http://sapir.ling.yale.edu%7/EASLEP/ASLEP.htm
FRPAC(The Foundation of Research and Promotion of Ainu Culture, 일본)	http://www.frpac.or.jp/eng/
SK(Spoken Karaim: the CD project, 일본, 독일)	http://www3.aa.tufs.ac.jp/~djn/karaim/karaimCD.htm
HLP(Himalayan Languages Project, 네덜란드)	http://iias.leidenuniv.nl/host/himalaya/
LELA(Leipzig Endangered Languages Archive, 독일)	http://www.eva.mpg.de/lingua/files/LELA.html
SGfbS(Schweizerische Gesellschaft für bedrohte Sprachen, 스위스)	http://www.unizh.ch/spw/aspw/dang/INDEX.HTM

(나) 특정 학술재단의 지원으로 개별 언어 연구자들이 절멸 위기 언어들을 연구하는 프로젝트

연구단체	홈페이지
ELF(Endangered Language Fund, 예일대학교 언어학과, 미국)	http://sapir.ling.yale.edu/~elf/
FEL(Foundation for Endangered Languages, 영국)	http://www.ogmios.org/
GBS(Gesellschaft fur Bedrohte Sprachen, 쾰른대학교, 독일)	http://www.uni-koeln.de/GbS/

(다) 국제적인 네트워크·커뮤니티·정보센터

DELMAN(Digital Endangered Languages and Musics Archive Network)과 OLAC(Open Language Archives Community)의 홈페이지에서는 언어와 간접

적으로 관련 있는 혹은 언어 외의 절멸 위기 매체, 예를 들어 음악 및 문화에 대한 연구 단체들이 30여 개 소개되어 있으며 그 가운데 대표적인 단체로는 ICHEL과 RNLD를 들 수 있다.

연구단체	홈페이지
ICHEL(International Clearing House of Endangered Languages, 도쿄대학교, 일본)	http://www.tooyoo.l.u-tokyo.ac.jp/ichel/
RNLD(Resource Network for Linguistic Diversity, 컨소시엄, 오스트레일리아)	http://www.linguistics.unimelb.edu.au/RNLD/

(라) 이 외에도 미국에 본부를 둔 근본주의 기독교 선교 단체이며 개신교 최대의 해외 선교모임인 SIL(Summer Institute of Linguistics, http://www.ethnologue.com/)이 있다. 이 단체의 주요 관심사는 성경을 세계 여러 민족의 언어로 번역하는 프로젝트를 추진하는 것인데 그러한 활동 가운데 언어 절멸 위기의 심각성을 잘 이해하고 기술하고 있다.

(1) 지역별 연구 기관

이하에서는 언어 지역별로 나누어 살펴보되 위에서 열거한 각 연구 기관의 설립 배경과 목적, 그리고 주 연구 대상 언어와 연구 방법, 참여연구원 등을 간단히 기술하기로 한다.

1. 유라시아의 알타이언어 지역

1.1. 한국알타이학회 REAL 프로젝트

(REAL: Researches on the Endangered Altaic Languages, The Altaic Society of Korea, 한국알타이학회, 서울대학교 언어학과)

<http://altaireal.snu.ac.kr/>

□ 개요

REAL은 한국알타이학회와 서울대학교 언어학과가 한국학술진흥재단의 지원을 받아서 알타이언어들을 현지 조사하고 기록, 분석, 디지털화 작업을 하고 있다. REAL 프로젝트는 두 가지 목표를 가지고 있는데 그 하나는 한국어의 계통을 밝히기 위한 기초 자료를 직접 수집하는 것이고 다른 하나는 대부분의 알타이언어가 절멸 위기에 처한 언어인 점을 감안하여 이 언어들을 조사, 기록, 분석, 디지털화하는 것이다. 알타이언어만을 대상으로 하여 이러한 작업을 하는 세계 유일의 연구 기관이다. 더 상세한 내용은 본문에 기술되어 있으므로 생략하기로 한다.

□ 연구 성과(2003년 9월~2006년 8월)

현지 조사팀과 음성 및 영상 DB팀은 지난 3년 동안 이미 앞에서 본 바와 같이 알타이언어를 조사하였고 이 자료를 모두 디지털화하였다.

지난 3년 동안 26 차례 현지 조사를 실시하였으며 언어의 개수로는 만주 퉁구스어파 7개, 몽골어파 4개, 튀르크어파 10개 도합 21개의 언어를 현지 조사하고 분석하였다. 알타이언어의 개수가 55개임을 감안하면 3분의 1이 넘는 언어를 조사한 것이다. 이러한 자료의 의미는 매우 크다. 왜냐하면 단일 학회에서 보유한 알타이언어 자료의 양으로서도 세계의 어떤 기관에도 뒤지지 않으며 그 수준에 있어서도 단연 뛰어난다. 즉 최상급의 자료를 얻기 위하여 조사 장비와 디지털화 프로그램을 완벽히 테스트하여 검증된 최상의 장비만을 사용하여 최고의 녹음 음질과 최고의 녹화 영상을 수집하였다. 또한 처음부터 동일한 질문지에 의거하여 조사를 하였으므로 균질한 자료라는 점도 큰 장점으로 꼽힐 수 있다. 앞으로 재정적인 지원이 더 주어진다면 모든 알타이언어를 현지 조사하고 디지털화한 후 세계의 언어학자들에게 자료를 제공할 수가 있게 되고 명실공히 절멸 위기의 알타이언어를 언어를 기록하고 보전한 세계 최고의 연구 기관으로 우뚝 설 수 있을 것으로 기대된다.

□ 참여연구원

연구팀은 현지 조사팀과 음성 영상 DB팀 그리고 어휘 비교 DB팀으로 구성된다. 음성 영상 DB팀에 소속된 대학원생들은 조사 기기 테스트 및 확정 작업, 음성 디지털화 작업, 영상 디지털화 작업 등 첨단 소프트웨어를 이용한 작업을 하는 한편 현지 조사에도 참여하여 조사 작업을 수행하는 등 모든 힘든 작업을 수행하여 이 프로젝트를 성공적으로 나아가게 하는데 큰 기여를 하였다. 연구책임자와 공동연구원, 연구보조원 그리고 자문위원의 명단은 다음과 같다.

(1) Project Director

KIM Juwon(Phonology: Dept. of Linguistics, Seoul National University)

(2) Fieldwork team

KWON Jae-il(Grammar: Dept. of Linguistics, Seoul National University)

KO Dongho(Phonology: Dept. of Korean Language and Literature, Chonbuk National University)

Shin Yong-kwon(Chinese Phonology : Dept. of Chinese Language & Cultural Studies, University of Incheon)

YU Wonsoo(Mongol Linguistics: Institute of Humanities, Seoul National University)

Li Yongsong(Turkic Linguistics: Institute of Humanities, Seoul National University)

KIM Geonsuk(Russian Linguistics: Institute of Humanities, Seoul National University)

CHOI Hyong-won(Mongol Linguistics: Institute of Humanities, Seoul National University)

(3) Sound Image Database team

LEE Hyo-young(Phonetics: Dept. of Linguistics, Seoul National University)

LEE Dong-eun(Sociolinguistics: Institute of Humanities, Seoul National University, The Institute of Foreign Language Studies, Korea University(now))

CHOI Moonjeong(Russian Linguistics: Institute of Humanities, Seoul National University)

KIM Yoonshin(Semantics: Institute of Humanities, Seoul National University, Dept. of Korean Language Education, Silla University(now))

JEON Soonhwan(Indoeuropean Linguistics, Institute of Humanities, Seoul National University)

CHOI Woonho(Computational Linguistics: Institute of Humanities, Seoul National University)

(4) Lexical Comparison Database team

CHUNG Kwang(Korean Linguistics: Dept. of Korean, Korea University)

KIM Dongso(Korean Linguistics: Dept. of Korean, Catholic University of Daegu)

YANG Wuzhen(Chinese Linguistics: Dept. of China, Duksung Women's University)

CHUNG Seung-hye(Korean Linguistics, Suwon Women's College)

BAE Seong-woo(Semantics: The Altaic Society of Korea)

KIM Yangjin(Korean Linguistics: The Altaic Society of Korea)

LEE Sang-hyeok(Korean Linguistics: The Altaic Society of Korea)

JANG Hyangshil(Korean Linguistics: The Altaic Society of Korea)

LEE Dongseok(Korean Linguistics: The Altaic Society of Korea)

HWANG Gook-jeong(Korean Linguistics: The Altaic Society of Korea)

KIM Il-hwan(Korean Linguistics: The Altaic Society of Korea)

SHIN Eun-gyeong(Korean Linguistics: The Altaic Society of Korea)

(5) Advisory team

SEONG Baeg-in(Manchu Linguistics: Professor Emeritus, Seoul National
        University, Former President of the Altaic Society of Korea)

CHEONG Chemun(Mongol Linguistics; Dept. of Korean Education, Sunchon
        University, President of the Altaic Society of Korea)

(6) Assistants

가. 서울대학교

　　박사과정 대학원생: 고성익, 고성연, 강희조, 국경아, 강은지, 미나라,
　　　　　　　　자리빠, 양은심, 판루신

　　석사과정 대학원생: 이형미, 양재민, 도정업, 윤기덕, 송창헌, 김수현,
　　　　　　　　원영숙, 박수연, 신우경

　　학부과정: 박민홍, 황영광, 최재영, 임홍선, 야오캉, 지민경

나. 전북대학교

　　박사과정 대학원생: 자오원위

석사과정 대학원생: 여은지, 백은아

다. 고려대학교

박사과정 대학원생: 윤경애, 김현주, 박미영, 이승연, 최정혜, 전성희

석사과정 대학원생: 정태원, 김태희, 서광진, 최창원, 로시짜, 빅토리야,

노드르, 반여진, 장인혜, 손아름

라. 대구가톨릭대학교

박사과정 대학원생: 원순옥, 이화숙

석사과정 대학원생: 정은영, 김옥주

1.2. 구어 카라임어 CD 프로젝트

(SK: Spoken Karaim, the CD project)

<http://www3.aa.tufs.ac.jp/~djn/karaim/karaimCD.htm>

□ 개요

이 프로젝트의 주된 목적은 1) 북서 유럽에서 동아시아로 뻗어있는 튀르크어족에 속하는 절멸 위기의 언어인 카라임어를 유지시키고 다음 세대로 전수시키는 노력으로 카라임 공동체를 후원하고, 2) 곧 출시될 카라임어를 기술하는 출판물인 '구어 카라임어'에 덧붙일 음성 자료를 포함하고, 3) 카라임의 언어와 공동체에 대한 정보를 제공할 멀티미디어 CD를 만들어 내는 것(CD 프로젝트)이다. CD 프로젝트는 도쿄외국어대학교 아프리카·아시아의 언어와 문화학과의 후원으로 1998년 1월에 시작되었고, 같은 해 말에 끝났다. 이 CD에 담긴 내용은 Eva Agnes Csato가 쾰른대학교의 독일의 연구재단(Deutsche Forschungsgemeinschaft)로부터 3년 동안 연구지원금을 받으며 수집한 자료이다.

□ 연구 성과

CD에 담겨질 내용은 카라임어로 쓰인 것들, 예를 들어 문어 텍스트, 사전,

비디오 클립, 사진, 카라임 음악 등이다. 이 요소들은 소리, 텍스트, 사전 등이 여러 상이한 방식으로 사용될 수 있도록 링크를 걸어 놓을 계획이다.

카라임어는 절멸 위기의 언어이기 때문에 위의 멀티미디어 CD로 다음의 몇 가지 이점이 더해 질 수 있다.

    (1) 공동체 구성원의 목소리가 녹음된 생생한 소리

    (2) 이미지가 담겨져 있는 다양한 문화적 실재

    (3) 젊은 세대가 흥미를 느낄 수 있는 매체로서의 노래 등

□ **참여연구원**

Eva Agnes Csato, David Nathan(언어 관련 멀티미디어 애플리케이션)

Karina Firkaviciute(카라임어 화자이자 카라임 음악 전문가)

Dr. Hans-Jürgen Sasse(독일 쾰른대학교 언어학과 교수, 프로젝트 연구책임자)

Lars Johanson(독일 마인쯔대학교 동양학부 교수)

□ **구어 카라임어의 위치와 화자의 수**

구어 카라임어가 분포하는 장소는 리투아니아의 수도 빌니우스(Vilnius) 트라카이다. 카라임어를 이해하고 일상 생활에서 자유로이 구사할 수 있는 사람이 리투아니아에서는 대략 50명 정도이고, 우크라이나의 경우 8명이 존재한다고 한다. 폴란드에 거주하는 카라임 사람들은 서로에게 카라임어를 사용하지는 않지만, 이 언어를 기억하는 사람들이 소수 존재한다고 한다. 비록 크림반도의 카라임어가 오늘날 절멸되었다고 말하고는 있으나, 책을 통한 학습으로 이 언어의 부활을 꾀하는 몇몇 젊은 사람들이 있다고 한다. 이러한 상황에서 볼 때 카라임어를 잘 구사하는 화자의 수는 매우 적다고 말할 수 있다. 그러나 이러한 상황이 카라임어가 소멸했다는 것을 의미하지는 않는다. 이 언어의 화자들이 존재하는 한, 카라임어는 여전히 살아 있고 현존하는 언어로서 여전히 조사, 연구될 수 있다. 오늘날 카라임 공동체는 자신의 언어를 부흥시키고 젊은 세대에게 전수시키려는 데 아주 열심

히 노력하고 있다.

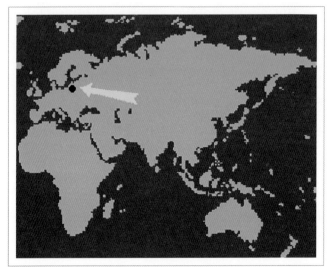

[그림 8-1] 카라임어 분포 지역

2. 유라시아의 핀우그르언어 지역

2.1. 헬싱키대학교의 언어 코퍼스 서버

(UHLCS: The University of Helsinki Language Corpus Server, 헬싱키 대학
교 일반언어학과, 핀란드)

프로젝트: "절멸 위기의 핀우그르언어에 대한 데이터뱅크 구축"

<http://www.ling.helsinki.fi/uhlcs/>

□ 개요

1980년대 말에 창설된 UHLCS의 프로젝트는 핀우그르어족, 알타이어족,
게르만어파, 라틴어, 러시아어, 스와힐리어 등과 같이 세계의 대표적인 어
족 혹은 어파, 그리고 그 언어들을 대상으로 데이터뱅크를 구축하고 이를 일
반인에게 공개하는 데이터 서버이다. 이 밖에도 UHLCS는 가까운 시일 내에

지구상에서 해당 문화와 함께 사라질 소수 언어들의 보존을 위한 프로젝트를 시작하고 수행했는데, 이는 절멸 위기의 언어들에 대한 컴퓨터 전자 말뭉치(Computer Electronic Copora) 구축의 중요성을 절실히 깨달았기 때문이었다. 이러한 이유로 UHLCS는 헬싱키대학교의 일반언어학과가 중심이 되고, 핀란드 외에 스웨덴과 노르웨이의 연구원들이 소속되어 있는 다른 학술 기관들과의 공조를 통해 연구를 진행해 나아갔다.

UHLCS 산하에서 진행되어 온 프로젝트는 모두 다섯 개인데, 그 가운데 하나가 바로 절멸 위기의 언어들에 관한 프로젝트이다: (1) 절멸 위기의 핀우그르어에 대한 데이터뱅크(1996~1998), (2) 핀란드어-스웨덴어 텍스트 말뭉치(FISC: Finland-Swedish Text Corpus), (3) 핀란드 언어 기술 문서화 센터(FiLT: Language Technology Documentation Centre in Finland), (4) 렌카(LENCA) 프로젝트, (5) 에코(ECHO = European Cultural Heritage Online) 프로젝트

□ **연구 성과**

UHLCS는 막스플랑크 DoBeS의 메타데이터 기술을 받아들이고 고유의 형태소 분석기 등 다양한 작업 영역을 통해 컴퓨터 말뭉치를 구축했으며, 더 나아가 시청각 데이터, 문화 지도 데이터를 마련하기도 했다.

이 프로젝트는 헬싱키대학교의 관할 아래 일반언어학과에 비치된 다언어(多言語) 데이터뱅크이자 데이터 서버이다. 특히 핀우그르어에서 수집한 자료를 바탕으로 데이터뱅크를 구축하기에 이르렀다(1996년~1999년). 현재 이 서버에는 50개 이상 언어들의 컴퓨터 말뭉치가 저장되어 있으며, 이 외에도 소수 언어들의 샘플, 그리고 상이한 여러 텍스트 유형을 기술하는 광범위한 언어 자료들이 등록되어 있다. 2000년에 들어서 우랄어, 튀르크어, 퉁구스어, 몽골어, 이란어 등의 언어 자료들이 막스플랑크연구소 산하 독일 라이프치히 진화인류학 연구소의 재정적 도움으로 일반인이 사용할 수 있도록 편집되었으며, 2003년에는 ECHO(=European Cultural Heritance Online: http://www. ling.lu.se/projects/echo) 프로젝트의 재정적 지원으로 메타데이터

기술(Metadata Descriptions)이 마련되기도 했다.

초기의 UHLCS가 자료를 제공하는 언어는 핀란드어, 영어, 스웨덴어에 한정되어 있었다. 그러나 이후 자료 제공 언어가 독일어, 라틴어, 러시아어, 스와힐리어 등으로 확대되었고, 90년대 초에는 핀란드어, 영어, 스와힐리어 자료 제공 단어가 수백만 개에 이르렀다(Helsinki Corpora I). 이 서버가 대상으로 하는 최초의 언어 자료들 가운데 하나는 핀란드어를 통사적으로 분석한 HKV-코퍼스(Hakulinen, Karlsson & Vilkuna 1980)였다.

유닉스를 기반 OS로 삼고 있는 UHLCS는 다수의 몽골어를 형태론적으로 분석한 언어 자료와 유럽과 북부 및 중앙아시아에 분포하는 상당수의 언어(LENCA = Languages spoken in Europe and North/Central Asia, Helsinki Corpora II)에 대한 자료도 포함되어 있다. 그 외에도 Brown corpus, Lancaster-Oslo·Bergen corpus, Susanne corpus가 포함되어 있는 등 광범위한 영어 자료가 갖춰져 있다.

□ 참여 연구원

이 프로젝트에는 핀란드를 주축으로 스웨덴과 노르웨이의 교수와 연구원이 참여했다.

(1) 연구 책임자 Seppo Suhonen (헬싱키대학교 핀우그르어학과 교수)

(2) 연구원 : Jelena Adel(노르딕 인문학 연구회 연합 위원회), Miikul Pahomov, Jarmo Alatalo, Merja Salo, Jack Rueter, Tapani Salminen (이상 핀란드 헬싱키대학교 핀우그르어학과 소속), Pirkko Suihkonen(핀란드 헬싱키 일반언어학과와 핀란드 아카데미) Andrø Hesselbøk, Manja Lehto (이상 스웨덴 웁살라대학교 핀우그르어학과와 노르딕 인문학 연구회 연합 위원회), Olavi Korhonen(스웨덴 우메(Ume)대학교 사미어(Saami)학부와 노르딕 인문학 연구회 연합 위원회) Nora Bransfjell(노르웨이 북트뢰델락(Nord-Trødelag)대학교 교육학과와 노르딕 인문학 연구회 연합 위

원회), Sjur Moshagen(노르웨이 인문학 컴퓨팅 센터와 노르딕 인문학 연구회 연합 위원회)

□ 대상 언어

컴퓨터 말뭉치를 구성하는 세계 도처의 나라별, 어족별 언어는 다음과 같으며, UHLCS에서 그 언어 자료는 어족과 언어의 이름에 따라 배열되어 있다:

(1) 핀란드 지역: Komi, Erzya(Jack Rueter), Khanty(Merja Salo), Nenets(Tapani Salminen), Selkup, Kamassian(Jarmo Alatalo), Livonian(Seppo Suhonen)

(2) 스웨덴 지역: Ingrian(Manja Lehto), Hill Mari(AndrøHesselbøk), Ume Saami(Olavi Korhonen)

(3) 노르웨이 지역: Southern Saami(Nora Bransfjøl, Sjur Moshagen, Sagka Renander)

(4) 우랄어파: Livvi, Dvina-Karelian, Ludian, Ingrian, Veps, Liv, Kildin Saami, South Saami, Ume Saami, Erzya, Moksha, East Mari, West Mari, Komi Zyrian, Komi Permyak, Khanty, Mansi, Hungarian, Enets, Nenets, Selkup, Kamas

이 외에도 UHLCS에는 다음과 같은 언어의 자료가 갖춰져 있다:

(5) 인도유럽어파: Kurdish, Ossete, Tajik, Armenian, Latvian, Lithuanian, Belorussian, Ukrainian, Serbo-Croatian, Moldavian (Romanian)

(6) 코카서스어파: Avar, Lak, Tabasaran

(7) 튀르크어파: Altai, Azerbaijani, Balkar, Bashkir, Crimean Tatar, Gazauz, Khakas, Kirghiz, Kumyk, Kazakh, Turkmen, Tuvin, Uyhghur, Uzbek, Yakut

(8) 몽골어파: Buryat, Kalmyk

(9) 만주퉁구스어파: Ewen, Ewenki, Nanai 등

3. 환태평양 지역

3.1. 절멸 위기의 환태평양 언어들

(ELPR: ENDANGERED LANGUAGES OF THE PACIFIC RIM, 오사카가
쿠인대학교 정보학부, 일본)

<http://www.elpr.bun.kyoto-u.ac.jp/>

□ 개요

지난 10년간(1995년~2004년) 절멸 위기의 언어들과 관련하여 세계 토착
민에 대한 관심이 크게 높아지면서, 특히 유네스코는 세계 여러 곳에서 이와
관련된 구체적인 행동을 개시했다. 그러나 당시 일본의 대중들은 절멸 위기
언어의 문제를 환경 파괴나 동식물의 절멸과 동등한 위치의 문제로 인정하
지 않고 있었으며, 더욱이 일본의 언어 연구자들도 그러한 문제에 대해 현실
적인 대안을 내놓는 것에 관해서 독일, 미국, 그 외의 선진국과 비교하여 볼
때 매우 뒤쳐져 있었다. 이러한 상황에서 일본언어학회는 1998년과 1999년
에 개최한 절멸 위기 언어 심포지엄을 통해 대중의 경각심을 증대시키기 위
한 노력을 시작했고 그 결과로 ELPR 프로젝트가 탄생했다. 1997년에 시행된
아이누(Ainu) 문화 장려 법규 역시 아이누어 회복으로 그 방향을 잡았다.

이 프로젝트의 대상 언어들은 어족이 아직 밝혀지지 않은 상당수의 언어
들과 세계 어디에도 알려지지 않은 많은 유형의 언어들이다. 이 언어들에 대
한 ELPR의 연구는 기존 연구 자료의 수집, 현지 조사, 기록 및 분석, 출판,
DB화 등의 단계로 진행한다.

□ 대상 언어: 환태평양 상황의 긴박성

언어들이 세계 도처에서 사라지면서 세계 언어의 분포는 지리적 측면에
서 극심한 불균형을 이루었다. 이러한 상황은 환태평양 지역에서도 일어나
고 있으며 이에 ELPR은 환태평양 지역의 언어들에 초점을 둔다.

[그림 8-2]에서 표시된 영역에는 어족이 아직 밝혀지지 않은 상당수의 언어들과 세계 어디에도 알려지지 않은 많은 유형의 언어들이 포함되어 있다. 이 언어들은 높은 학문적 가치가 있음에도 불구하고 광범위하게 녹음되고 기록된 언어들의 수는 사실상 매우 적다. 정보가 충분하게 혹은 전혀 수집되지 않은 대부분의 언어들이 현재 절멸되는 상황으로 빠져들고 있다.

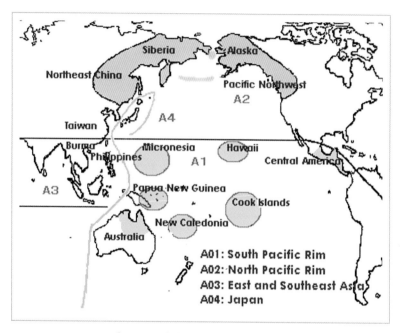

[그림 8-2] 환태평양의 언어 분포도

□ 참여연구원

(1) 연구 책임자 Osahito Miyaoka(오사카가쿠인대학교 정보학과 교수)

(2) 지역별 연구 책임자

　　A1(남태평양 지역): Norio Shibata(텐리대학교 교수, 남태평양 및 주변지역 절멸위기 언어 연구)

　　A2(북태평양 지역): Fubito Endo(와카야마대학교 경제학과 부교수, 북태평양 절멸위기 언어 연구)

　　A3(동아시아 및 남동아시아 지역): Hiroaki Kitano(아이치교육대학교 교

육학과 부교수, 동아시아 및 동남아시아 절멸위기 언어 연구)

A4(일본): Shinji Sanada(오사카대학교대학원 문자연구과 교수, 일본 절
멸위기 방언 연구)

B1 Tasaku Tsunoda(도쿄대학교 인문사회계연구과 교수, 절멸 위기 언어
의 기록 및 녹음 방법)

B2 Shigeki Kaji(도쿄외국어대학교 아시아 및 아프리카 언어문화학부 교
수, 언어 절멸과 유지에 대한 연구)

B3 Kazuto Matsumura(도쿄대학교 인문사회계연구과 교수, 언어 자료와
정보의 디지털화, 절멸 위기 언어의 연구 회복)

3.2. 아이누 문화 연구 및 장려 재단

(FRPAC: The Foundation of Research and Promotion of Ainu Culture)
<http://www.frpac.or.jp/eng>

□ 개요

이 재단의 기본적 이념은 아이누의 민족적 긍지가 존중되는 사회의 구현,
그리고 더 나아가 아이누의 언어와 전통 문화를 보존하고 장려함으로써, 또
한 아이누 전통에 대한 지식을 나라 전반에 전파함으로써 국가의 다양한 문
화를 발전시키는 것이다.

2007년 FRPAC는 위의 이념을 현실화하기 위하여 다음의 다섯 가지 기본
방침에 따라 프로젝트를 수행하고 있다.

(1) 아이누에 대한 포괄적이고 실용적인 연구 장려

(2) 아이누 언어의 장려

(3) 아이누 문화의 장려

(4) 아이누 전통에 대한 지식을 전파

(5) 아이누 전통적 삶 방식(Iwor)의 부흥

□ 연구 성과

아이누어는 아이누 고유의 언어이고, 그들의 민족적 정체성을 가장 잘 드러내 주는 핵심이다. 아이누어를 구사할 수 있는 사람의 숫자가 해마다 줄어들고 있기 때문에, 이 언어의 교육은 현재 절박한 상황에 놓여 있다. 따라서 아이누어 교사 양성을 장려하고, 이 언어의 사용자와 학습자 수를 늘이는 것이 절대적으로 필요하다.

(1) 아이누어 교육

가. 교사 양성 : 아이누어의 교육적 여건을 향상시키기 위하여 FRPAC는 아이누어 교사들을 양성하는 학습 기회를 제공하고 있는데, 이는 아이누어 연구자들과의 협력 하에 이 언어의 기본 문법과 언어학에 바탕을 두는 효과적인 교습 방법의 집중 강좌를 통해 진행된다. 집중 강좌에는 한 해에 여섯 명의 교사, 일곱 명의 학습자, 세 명의 학생 등이 참여한다.

나. 고급 과정의 아이누어 학급 : FRPAC는 아이누어의 교육적 여건을 향상시키기 위하여 이 언어의 연구자들과의 협력 하에 중급 과정 화자가 고급 과정으로 나아가 장차 언어 교육자가 될 수 있도록 지역 사회에 고급 과정의 학급을 개설한다.

다. 부모와 아이들 - 아이누어 공부 : 이것은 아이누어를 장려하고 아이누의 전통과 문화를 보존하는 프로젝트로서 아이누어 화자와 연구자의 협력 하에 이 언어를 사용하는 부모와 그 아이들을 위한 프로젝트이다.

(2) 아이누어의 전파

가. 라디오 강좌 : 아이누어를 일반 대중에게 전파하기 위하여 이 프로젝트는 많은 사람들이 아이누어와 접촉하고 배울 수 있는 기회를 제공하고, 초급자를 위한 아이누어 강좌를 삿뽀로 TV에서 방송함으로써 아이누의 전통과 문화를 이해하는데 도움을 주고 있다.

나. 말하기 경연 대회 : 이 프로젝트의 또 다른 목적은 자신들 노력의 결실을 보여주는 기회로서 아이누 말하기 경연대회를 개최함으로써 학습의 욕구를 증진시키고, 그곳에서 아이누어를 들을 기회를 사람들에게 제공함으로써 아이누어를 전파시키는 것이다.

4. 아메리카 지역

4.1. 라틴 아메리카의 토착어에 대한 아카이브 구축

(AILLA: The Archive of the Indigenous Languages of Latin America, 텍사스 대학교(오스틴) 인류학과/언어학과, 미국)

<http://www.ailla.utexas.org/>

□ 개요

AILLA는 절멸 위기에 처한 라틴 아메리카의 토착어를 녹음/녹화하고 이의 텍스트를 디지털 아카이브로 구축하는 프로젝트로서 미국 텍사스대학교(오스틴)의 인류학과와 언어학과, 그리고 중앙도서관 디지털 도서관 서비스부(Digital Library Services Division of General Libraries)가 참여한 연합 프로젝트이다.

이 프로젝트는 2000년 텍사스대학교(오스틴) 인류학과의 Joel Sherzer교수와 언어학과의 Anthony Woodbury교수, 그리고 중앙도서관 디지털 서비스부장인 Mark McFarland에 의해 창설되었다. 2000년 4월에 출범한 시험적인 웹사이트와 데이터베이스는 Sherzer 교수의 지도하에 있는 대학원생인 Christine Beier, William Fairchild, Ajb'ee Jimenez, Lev Michael 등에 의해 수립되었다. 프로젝트는 첫해 텍사스대학교(오스틴)의 교양학부 부장의 보조금에 의해 수행되었지만, 현재는 인문학을 위한 국립기금단체(National Endowment for the Humanities)와 국립과학재단(National Science Foundation)의 지원으로 진행되고 있다.

□ 연구 목적 및 성과

(1) 절멸 위기 토착어의 보존 : AILLA의 일차적 목적은 절멸 위기에 처한 수백여 개의 라틴아메리카 토착어의 녹음 자료를 안전하면서도 영구적으로 보존하는 것이다. 현재 문화적으로 중요한 발화 방식인 언어가 활기차게 사용되는 공동체에서조차 의례적 대화 혹은 전통적 설화와 노래 등과 같은 것이 사라지고 있는 추세이다. 이 프로젝트의 주된 목적은 다음 세대가 기억할 수 있고 어쩌면 재학습의 기회를 제공할 수 있는 구어체 형식의 자료를 녹음하여 보존하는 것이라 말할 수 있다. 지난 수십년 간 언어학자와 인류학자은 릴테이프(reel-to-reel)에 의한 녹음에서 오늘날의 미니디스크 녹음에 이르기까지 그때그때 사용할 수 있었던 모든 녹음 매체를 동원하여 토착어를 수집해 왔다. 그러나 50, 60년대의 테이프는 아무래도 외부적인 요인에 의해 손상될 수 있다는 단점이 있다. 이에 따라 AILLA의 가장 중요한 과제 가운데 하나가 바로 그와 같이 수집된 녹음 자료를 디지털화하고 안전한 아카이브에 저장하는 것이다. 표준 디지털 포맷은 사용하기 쉽고, 발화와 음악을 분석하기 위한 대중적인 프로그램과 호환이 용이하다. 또한 디지털 파일은 복사하기 쉽다: 이 프로젝트에서 수집된 자료는 보안을 위해 다른 장소에도 복사, 저장되면서 매일, 매주 백업된다.

(2) 접근성(Accessibility) : 일단 표준 디지털 포맷으로 안전하게 변형된 녹음 자료는 라틴 아메리카의 토착민, 그의 언어와 문화를 연구하는 학자, 그리고 관심을 보이는 일반인에게 열려 있다. AILLA는 이 자료를 특히 라틴 아메리카 토착 사회의 구성원이 이용할 수 있도록 최선의 배려를 다한다.

(3) 공동체와 지역 사회 지원 : 이 프로젝트의 아카이브는 라틴 아메리카의 토착어의 생존을 지원하고 토착화자이 그의 언어를 활성화시키고, 고유

어를 아이에게 전수하는 노력을 후원하는 데 도움이 될 것이다. 또한 이 아카이브 자체와 다언어(多言語) 인터넷 인터페이스를 대륙 간의 커뮤니케이션 매체로서 이용하여 화자와 연구자의 공동체를 육성하는 데도 도움을 줄 수 있을 것이다. 이 프로젝트의 아카이브를 이용하여 토착어로 쓰인 문학 작품과 그 언어의 화자와 아이를 위해 쓰인 교육 자료를 쉽게 출판할 수 있을 것이며, 아카이브를 통해 데이터를 공유함으로써 학제적 연구가 수행될 수도 있다.

□ 참여연구원

(1) 연구 책임자: Joel Sherzer(인류학과 교수), Anthony Woodbury(언어학과 교수), Mark McFarland(디지털 도서관 서비스부)

(2) 프로젝트 매니저: Heidi Johnson 박사

(3) 프로그래머 팀장: Erik Grostic

(4) 대학원 연구보조원: Lynda DeJong(언어학과), Ben Hansen(언어학과)

(5) 자문위원회(정책 문제와 아카이브 발전 전략에 관해 아카이브 연구원에게 조언하는 역할 담당): Adolfo Constenla Umaña(코스타리카대학교, 언어학과 교수), Megan Crowhurst(텍사스대학교(오스틴), 언어학과 교수), Nora England(텍사스대학교(오스틴), 라틴아메리카 토착어 연구센터 소장) 등

□ 대상 언어

AILLA는 북부의 리오 브라보(Rio Bravo)에서 카리브해 섬을 포함 남부 칠레의 최남단에 걸쳐 분포하는 토착어에 관한 자료를 갖추고 있다. 최북단의 언어는 Sonora어와 애리조나의 경계에서 사용되는 Yaqui어이고, 최남단의 언어는 칠레 남부 해안에서 떨어져 있는 웰링턴 섬에서 소수민족이 사용하는 Kaweskar어이다. 이 두 언어가 사용되고 있는 지역 사이에는 수백여 개의 토착어가 사용되고 있다. 유럽인의 침략이 있기 전에는 1,750개의 언어가 존

재했던 것으로 추정되지만, 1990년대 중반 현재 550~700여개의 토착어만이 존재하고 있는 실정이다.

　라틴아메리카에는 56개의 어족과 친족관계가 불투명한 73개의 언어가 존재하는 것으로 파악되는데, 이 라틴아메리카의 언어는 다음 세 개의 어군으로 나뉜다.

> (1) 북아메리카어군: Yaqui어와 Tarahumara어와 같은 북부 멕시코의 언어가 포함된다.
>
> (2) 중앙아메리카어군: 중부 멕시코에서 코스타리카에 이르는 지역에서 사용되는 어군에는 Otomangue 어족과 Maya 어족이 포함된다. 이 어군에는 11개의 어족과 친족관계가 불투명한 3개의 언어가 있다.
>
> (3) 남아메리카어군: 남아메리카의 전지역, 중앙아메리카의 남부, 앤틸리스 제도(Antilles)를 포함하며 이 어군에는 48개의 어족과 친족 관계가 불분명한 70여개의 언어가 존재한다.

4.2. 아메리카 인디언학 연구소

(AISRI: American Indian Studies Research Institute, 인디애나대학교, 미국)
언어 문서화(Language Documentation) 프로젝트
<http://www.indiana.edu/~aisrijects/ research.html>

□ 개요

AISRI는 1985년 아메리카의 토착민에 초점을 둔 학제적 연구센터로서 기능하고자 하는 취지로 인디애나대학교에 설립되었다. AISRI는 언어와 문화, 그리고 역사가 부분적으로 서로 긴밀하게 연관되어 있기 때문에, 이 세 분야를 충분히 이해하고 기술하기 위해서는 그 중 하나에 대한 연구에는 반드시 나머지 분야에 대한 연구의 특징이 반영되어야 한다는 전제 아래 창립되었다. AISRI의 일차적 기능은 연구와 교육 프로젝트를 수행하기 위해 필요한

단체적 체제와 조직을 제공하는 것이다. 프로젝트의 대부분은 외부 기관, 즉 국립과학재단(National Science Foundation)과 국립인문학지원기금(National Endowment for the Humanities) 등의 재정적 지원을 받고 있다.

현 프로젝트는 저지(低地)의 인디언 언어, 문화, 그리고 역사를 중심으로 하며, 언어에 대한 문서화 작업과 분석, 그리고 출판은 물론, 토착아메리카 언어의 교수를 위한 교재의 질을 혁신적으로 향상시키는 소프트웨어의 발전을 꾀하고 있다. AISRI의 연구 실적과 결과물은 Anthropological Linguistics라는 정기 간행물과 네브래스카대학교 출판부에서 나오는 시리즈인 Studies in the Anthropology of North American Indians에서 공개하고 있다.

□ **연구의 구성과 성과**

(1) 연구 프로젝트 : AISRI의 본 프로젝트는 현재 서로 연관된 다음 서너 개의 주된 영역으로 나뉘어 수행되고 있다.

① 언어 문서화 작업

② 문화사: 대평원에 분포하는 특정 부족의 역사와 문화, 수(Sioux)족의 다큐멘터리 역사, 방언의 차이, 사회적 운동, 역사적 전통 등에 투영된 Sioux-Assiniboine-Stoney족의 문화사, Arikara족의 역사와 문화 등. 다큐멘터리와 현지 연구가 결합된 이 프로젝트는 역사, 민족, 언어 자료를 대상으로 한다.

③ 음악 문서화 작업: 부족의 음악 전통에 대한 문서화 작업은 다음 두 개의 대규모 프로젝트로 구성된다.

  a. Arikara족의 음악 - 대체로 현지 조사를 통한 현대 음악 녹음에 초점을 두면서 역사적 녹음까지 포함하는 프로젝트

  b. Sioux족의 음악 - 현지 조사를 통해 녹음하는 프로젝트로서 이러한 프로젝트는 부분적으로 음성실험부서가 담당하는데, 이곳은 테이프 등에 옛 아날로그방식의 음성 녹음들의 질을 향상시키는 기술을 제공한다.

④ 물질문명: 박물관의 표본들에 대한 현대의 연구와 연관 하에 당시 기록된 문서화 작업을 이용함으로써 Pawnee족의 물질문명을 연구하는 프로젝트이다.

이러한 영역 내에서 특수한 프로젝트는 북아메리카 전역의 언어와 문화를 다루지만 대부분은 중앙과 북부 저지에 사는 민족에 초점을 둔다.

(2) 편집 프로젝트 : 연구 결과를 학자, 부족의 구성원, 일반인 등 다양한 계층이 이용할 수 있게 하는 편집 프로젝트는 AISRI의 주된 목적 가운데 하나이다. 이 프로젝트의 주요 초점은 중요한 문서를 출판하는 것이다. 아메리카 인디언에 대한 연구사를 통해 인디언과 인디언이 아닌 사람은 아카이브에 출판되지 않고 남아 있는 방대한 양의 기술적 자료, 즉 민족지학적·역사적·언어적 자료를 기록해 왔다. 과거 아메리카 인디언에 대한 이해를 최대한 돕기 위한 그와 같은 자료의 출판은 인류학, 역사, 언어학의 개념과 방법에 의존하기 때문에 학제적 전문적인 지식을 필요로 한다. AISRI의 구성원이 관여해 왔고 현재 관여하고 있는 편집 프로젝트의 범위는 다음과 같다.

① 역사적 문서: 정기간행물, 그 외 모피 교역자들과 (특히 중앙/북부) 대평원을 탐험한 사람들의 문서, 인디언 문화에 관해 인류학자와 인디언들이 비교적 최근에 쓴 원고

② 언어적 텍스트: 대평원에 분포하는 다양한 부족어, 특히 Caddo어족(Arikara어, Pawnee어, Kitsai어)과 Siou어족(Sioux어, Assiniboine어)의 구비 전통에 대한 전사와 번역

③ 실증되지 않은 협정 문서: 전혀 실증되지 않은 미국 정부와 여러 인디언 부족들 간의 상당수의 협정 문서를 편집한 것으로 이 작업은 최근에 마무리가 되었다. 이 프로젝트의 결과는 Documents of American Indian Diplomacy Treaties, Agreements, and Conventions(1975~1979)(Vine

Deloria, Jr./Raymond J. DeMallie ed. the University of Oklahoma Press)
로 출판되어 있다.

(3) 교육 프로젝트 : AISRI의 주된 목적 가운데 또 하나는 과학적 연구의
결과물을 해당 공동체가 사용할 수 있게 아메리카 인디언 교육 기관들
과 공조하는 것이다. 오늘날 대부분의 공동체가 갖는 최대 걱정이자
관심은 언어의 소실과 보존이다. 이러한 문제에 역점을 두고 다루기
위해 AISRI는 초중등학교뿐만 아니라 지역의 대학이 언어 교수 프로
그램을 지원할 수 있는 커리큘럼을 발전시키기 위해 10년 넘게 노력해
왔다.

□ 대상 언어
현재 다섯 개의 언어가 언어 문서화 작업의 대상이다.

(1) Pawnee

(2) Arikara(northern Caddoan languages)

(3) Yanktonai

(4) Assiniboine(Siouan languages)

(5) Passamaquoddy(Algonquian language)

4.3. MIT 토착어 연구 프로젝트

(MIT ILI: Indigenous Language Initiative, MIT 언어학과, 미국)
<http://web.mit. edu/linguistics/www/mitili/index.html>

□ 개요
MIT의 언어학과와 철학과는 절멸 위기 언어들의 화자에 대한 언어학 석
사 학위 프로그램을 설치하고 있다. 이 프로그램의 대학원생들은 절멸 위기

언어의 공동체가 언어를 계속 유지하도록 돕는 데 자신들의 언어학적 지식을 사용할 수 있다.

이 외에도 MIT 토착어 연구 프로젝트는 SM 프로그램에 의한 토착어화자들, 또한 그리고 외부 그룹과의 공조를 통해 MIT의 학생들과 학부가 토착어와 절멸 위기 언어 연구에 종사할 수 있는 폭넓은 기회를 제공한다.

절멸 위기 언어 자료 센터(The Endangered Language Resource Center)는 이러한 자료에 관심을 보이는 그룹 혹은 개인이 서로의 관련성을 진작시키고 토착어와 절멸 위기의 언어에 관한 연구를 할 수 있도록 하기 위해서 존재하고 있다. 이 센터는 언어 회복에 관한 정보 혹은 조언을 필요로 하는 모든 사람들에게 도움이 되는 곳이다.

이 센터에서 전체 MIT ILI의 계획을 조정하고 관심을 보이는 그룹에 언어학적 정보를 제공하는 일은 언어학 박사들이 담당하고 있다. 이 언어학자들은 공동체 언어 프로그램, 전문 언어학자, 대학원생 사이에서 일어날지도 모르는 일련의 문제를 해결하거나 새로운 방안을 제안하는 책임을 맡고 있다.

4.4. 알래스카 토착어 센터

(ANLC: Alaska Native Language Center, 알래스카페어뱅크스대학교, 미국)
<http://www.uaf.edu/anlc/>

□ 개요

ANLC는 주 법률에 의해 1972년 알래스카의 20여 개 토착어에 대한 연구와 문서화를 담당하는 센터로서 세워졌다. 이 센터는 국제적으로 에스키모어와 북부 아타바스카어(Athabascan)의 연구를 위한 미국의 중심적인 기구로 알려져 있고 또 그렇게 인정되고 있다. ANCL은 그러한 연구를 사전, 문법서, 논문 등으로 출판한다. 이 센터는 만여 개가 넘는 항목을 DB로 만들어 보관하고 있는데, 주요한 것으로는 최초 언어 문서의 복사본, 알래스카 이외의 지역에서 사용되는 친족어에 관한 중요한 자료, 사실상 알래스카 토착어로 쓰였거나 이러한 언어들에 관한 것 등이다.

ANLC는 대중에게 세계 도처, 특히 북아메리카에서 일어나는 언어 절멸의 위기에 대한 경각심을 일깨우는 지속적인 노력을 하고 있다. 이 지역에 분포하는 20여 개 토착어 가운데 성 로렌스 아일랜드의 두 부락에서 사용되는 시베리아 유픽어와 남서부 알래스카 17개 부락에서 사용되는 중앙 유픽어, 불과 두 개의 토착어만이 가정의 제1언어로서 아이들이 말하고 있다. 세상의 모든 언어와 마찬가지로 20여 개의 그러한 언어들이 값을 매길 수 없을 정도로 귀중하기 때문에 보존할 가치가 있다고 판단하여, ANLC는 가능한 한 그 토착어를 기록하고, 장려하며, 소생시키려는 노력을 계속하고 있다.

□연구 성과

ANLC의 연구원들은 해당 지역의 이중 언어 교사들을 비롯한 언어 종사자들에게 관련 자료를 제공하고, 사회과학자들과 기타 토착어 관계자들을 도와주며, 이중 언어 교육과 관련된 교사, 학교, 주 기관 등의 자문에 응하고 이들을 훈련하는 서비스를 제공한다. 이 센터의 구성원들은 또한 알래스카 페어뱅크스대학교에서 중앙 유픽어(Central Yup'ik)와 이누티악 에스키모어(Inupiaq Eskimo)에 대한 학위를 제공하는 알래스카 토착어 프로그램에 참여하기도 한다.

□참여 연구원

Tom Alton(편집자), Irene Solomon-Arnold(페어뱅크스대학교, 지역언어전문가), Anna Berge(버클리 캘리포니아대학교 언어학과 조교수), Gary Holton(산타바바라 캘리포니아대학교 언어학과 조교수), Steve Jacobson(페어뱅크스대학교 교수), Larry Kaplan(페어뱅크스대학교 언어학과 교수), Jeff Leer(페어뱅크스대학교 교수) 등

5. 오스트레일리아 지역

5.1. 토착민연구 전자데이터 아카이브

(ASEDA: the Aboriginal Studies Electronic Data Archive, 오스트레일리아)

<http: //coombs.anu.edu.au/SpecialProj/ASEDA/>

□ 개요

1988년 초기의 ASEDA는 AIATSIS에서 국립 어휘 프로젝트로 시작되었다. 이 프로젝트는 이미 컴퓨터 입력 형식으로 존재하는 오스트레일리아 언어의 단어 목록을 수집했으며, ASEDA라는 명칭과 아카이브의 실질적인 구축은 1991년 AIATSIS에 초빙 연구 교수로 온 Nicholas Thieberger가 만들고 실현한 것이다. 토착민 연구 전자데이터 아카이브가 AIATSIS에 의해 출범되었고 웹 편집은 1994년에 나왔으며, 이에 관련되어 있는 여러 프로젝트와 본 센터의 네트워크에 등록되어 있는 많은 이메일 사용자들과 함께 아카이브를 크게 발전시켰다. 이후 1995년 초빙 연구 교수인 David Nathan에 의해 ASEDA는 성장을 거듭했고, 상당수의 웹·멀티미디어 프로젝트를 조성했다. ASEDA는 현재 AIATSIS의 연구 영역에서 지속되고 있으며, OLAC(Open Language Archives Community)의 회원이 되었다.

□ 연구 목적 및 성과

ASEDA는 3백여 개나 되는 오스트레일리아 토착민 언어 자료를 수집하고, 이것을 컴퓨터 기반 (디지털) 자료로 만들어 최종적으로 아카이브를 구축하는 것을 주요 목적으로 삼는다. 또한 절멸 위기 언어들의 공동체와 그 외의 관심 인사들에게 해당 언어 자료를 제공하는 것이 부차적 목적이기도 하다.

AIATSIS는 ASEDA의 오스트레일리아 토착민 언어에 관한 컴퓨터 기반 (디지털) 자료를 보관하고 있다. ASEDA는 사전, 문법서, 교수 자료 등을 포함한 다양한 자료를 갖추고 있으며, 이러한 자료는 대략 3백여 개의 언어에 대한 것이다. 이 아카이브는 대상 언어 자료를 안전하게 저장하고 유지하며, 전자텍스트를 배분하는 서비스를 무료로 제공한다. 아카이브는 언어 공동체 구성원들과 현장에 있는 연구자들이 사용할 수 있다.

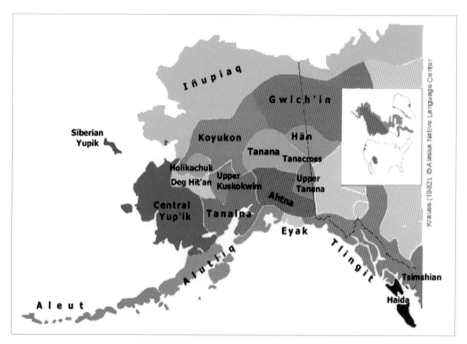

[그림 8-3] 알래스카 지역의 언어 분포도

Aleut | Alutiiq | Inupiaq | Central Yup'ik | Siberian Yupik | Tsimshian Haida | Tlingit | Eyak | Ahtna | Dena'ina | Deg   Hit'an | HolikachukUpper   uskokwim | Koyukon | Tanana | Tanacross | Upper Tanana | Gwich'in | Han

□ 대상 언어

A 지역 : Badimaya, Banjima, Gardudjarra, Gugada, Karajarri, Kaurna, Kimberley languages, Kukatja, Malyangapa, Mangarla, Manjiljarra, Martuthunira, Martuwangka, Mirniny, Nawo, Ngaanyatjarra, Ngarla, Ngarluma, Ngatjumaya, Nyamal, Nyangumarta, Nyiyaparli, Pankarla, Pilbara languages, Pitjantjatjara Yankunytjatjara, Wadjuk, Walmajarri, Wanggatha/Wangkatja, Wangkajunga, Warnman, Watjarri, Western Desert, Wirangu,

Yindjibarndi, Yinhawangka, Yulparija

C 지역 : Alyawarr, Anmatyerre, Antekerrepenhe, Antikirinya, Arabana, Arrernte, Bularnu, Central Australian Languages, Dirari, Gugada, Gurindji, Jaminjung, Jawaraworgad, Jingilu, Kaurna, Kaytetye/Kaytej, Kutanji, Kuyani, Malyangapa, Mirniny, Mudburra, Nawo, Ngamini, Ngari, Ngarinyman, Ngarnji, Ngarti, Pankarla, Pertame, Pintupi, Pitjantjatjara Yankunytjatjara, Wakaya, Wampaya, Wangkangurru, Warlmanpa, Warlpiri, Warumungu, Western Desert, Wirangu, Yandruwantha 등

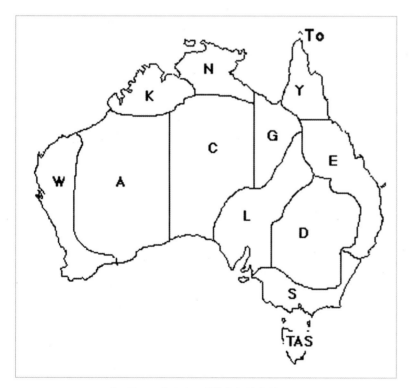

[그림 8-4] 오스트레일리아 언어 분포도

5.2. 오스트레일리아 토착어 연맹

(FATSIL: The Federation of Aboriginal and Torres Strait Islander Languages,

오스트레일리아)

<http://www.fatsil.org/>

□ 개요

FATSIL은 토착어 공동체에 기반을 두고 토착어 프로그램을 수행하는 오스트레일리아 국립기관이다. 이 조직은 1991년 오스트레일리아의 언어와 교육정책에 부응하여, 토착어 프로그램을 후원함으로써 토착어의 유지, 회복, 소생을 목적으로 설립되었다. 이 기관은 토착어와 관련된 문제에 대해 자문 역할을 수행하고 있으며, 오스트레일리아의 토착어에 종사하는 모든 그룹 간의 정보 공유를 지원하기 위해 커뮤니케이션 네트워크를 제공한다.

FATSIL은 토착어가 오스트레일리아 토착민과 관련된 모든 정책 수립과 법규 제정 과정에서 핵심적인 요소로서 인정되도록 하는 것이 목표이고, 그 구체적인 목적은 다음과 같다.

(1) 미래의 세대들도 이용할 수 있는 형식으로 조직을 구축하며 오스트레일리아 토착어와 관련된 문화적 활동과 전통의 장려와 유지를 위해 후원한다.

(2) 언어 문제에 관련하여 정부, 민간 단체, 일반 공동체에 정보와 조언을 제공한다.

(3) 오스트레일리아 토착어에 관한 정책과 프로그램을 지속시킨다.

(4) RATSILMC (Regional Aboriginal and Torres Strait Islander Languages Management Committees), 언어 센터, 그리고 공동체 그룹을 통해 방대한 조언과 상담 메커니즘을 제공한다.

(5) 교육과 고용 프로그램을 통해 토착어의 기술(skills), 언어 경험, 지식, 문화, 유산에 대한 인정과 이해를 진작시킨다.

(6) 토착어 작업자들과 전문 언어화자들의 훈련과 개발을 장려한다.

□연구 성과

공동체 기반 언어 프로젝트가 여러 형태로 시도되고 있고, 규모와 범위 면에서 지속적인 발전을 거듭하여 언어 회복을 위한 추진력으로 진행되고 있다. 토착 언어에 대한 구체적인 성과의 몇몇 예를 들면 다음과 같다.

(1) 언어화자들로부터 얻은 구전 설화의 녹음

(2) 공동체 기반 교육 프로그램과 커리큘럼의 개발

(3) 지역과 주차원의 교육 커리큘럼에 토착어 연구를 포함시킴

(4) 제3기 교육 프로그램의 개발과 이행

(5) 문어 형식의 언어 개발

(6) 지역 언어와 문화의 연구를 영어 교수 시스템과 연결함으로써 학교 프로그램의 다양화 모색

(7) 교육적 목적과 보급을 위한 출판, 비디오, CD의 개발

(8) 토착어를 예술, 방송, 비디오 개발로 인도

(9) 정보의 기록, 녹음, 저장, 공유에 관한 새로운 기술 모색

6. 오스트로네시아 및 티베트 지역

6.1. 라키토 아카이브 프로젝트

(LACITO Archive Project)(Langues & Civilisations à Tradition orale, 대학교와 연구기관들의 컨소시엄, 프랑스)
<http://lacito.vjf.cnrs.fr/archivage/index.html>

□개요

LACITO 아카이브는 대개 진기하거나 절멸 위기에 처한 언어들을 대상으로 그 문화적 환경에서 녹음되고 토착민 화자들과의 협의를 통해 전사된 발

화 기록물을 무료로 제공한다. 이 프로젝트의 목적은 귀중한 인류 유산, 즉 세계 언어들의 문서화와 연구에 기여하는 것이다.

LACITO는 인문학부과 사회과학부의 여러 학과, 엔지니어 과학부, 프랑스 국립과학연구센터(CNRS: National Center for Scientific Research)의 후원을 받아 오고 있다. Kanak 문화 발전 에이전시와의 접촉 하에 LACITO는 Noumea에 있는 Tjibaou 문화센터를 위해 신 칼레도니아의 10여개 언어로 된 CD롬을 만들어 내고 있다.

□ 연구 성과

LACITO 데이터 아카이브 프로젝트의 목적은 발화 데이터의 보호와 보존에 있다. 이러한 목적을 위해 이 프로젝트는 국제적으로 인정된 표준인 SGML(Standard Generalized Markup Language)을 사용하여 음성과 텍스트의 통합 문서를 마련하고 개발하기 위한 규범을 발전시켜 왔다.

이 아카이브는 26개의 진기하거나 절멸 위기에 처한 언어들(오스트로네시아의 언어들과 티베트의 언어들, http://lacito.vjf.cnrs.fr/archivage/index.html에 소개)을 대상으로 20여명의 연구자들이 제작한 127개의 문서를 갖추고 있다.

□ 연구원

Boyd Michailovsky(LACITO/CNRS, 코디네이터)

John B. Lowe(LACITO/CNRS 및 버클리 캘리포니아대학교)

Michel Jacobson(LACITO/ CNRS 박사과정)

7. 전 세 계 지 역

7.1. 도베스

(DoBeS:=Dokumentation der Bedrohten Sprachen, eng. Documentation of

Endangered Languages, 절멸 위기에 처한 언어들의 문서화를 위한 국제적인
연구 프로젝트)

<http://www.mpi.nl/dobes/>

□ 개요

한두 세대 내에 사라질지 모르는 언어들에 대한 체계적인 문서화 작업이
절실하게 필요한 상황에서 네덜란드 네이메겐 시에 있는 막스플랑크심리언
어학연구소는 폭스바겐 재단의 지원을 받는 DoBeS, 즉 "절멸 위기에 처한
언어들의 문서화를 위한 국제적인 연구 프로젝트"를 수행하고 있다. 이 프로
젝트의 과제는 온라인상에서 연구자들과 해당 언어의 토착민을 포함한 많은
사용자들이 접근할 수 있는 디지털 아카이브의 구축인데, 이 아카이브에는
문화적 상황에 따른 언어를 보여 주는 멀티미디어적 녹음·녹화가 포함된다.
이러한 프로그램의 전형적인 특성은 개별 언어에 대한 문서화의 결과물뿐만
아니라 언어적 문화적 자료를 연구·처리·보관하기 위한 새로운 방법을 발
견하고 실험한다는 데 있다.

□ 연구 목적 및 성과

점차 자신의 정체성을 자각하게 된 결과, 절멸 위기에 처한 많은 언어 공
동체들은 고유의 언어를 표기하고 집대성하는 작업에 열중해 왔다. 그들은
또한 학교 프로그램을 새로이 만들거나 다음 세대를 위해 언어에 기반을 둔
전통을 유지하기 위하여 노력하고 있다. 오디오와 비디오 등 녹음과 녹화에
의한 언어의 문서화는 해당 언어의 유지에 기여할 수 있는데, 예를 들면 전
사와 번역 등은 학습 자료로 사용될 수 있다. 부분적으로는 서로 다른 시각
을 갖고 있지만, 언어학자와 엔지니어 간의 공조를 통해 아카이브를 구축할
수 있고, 이 아카이브에서 언어학자, 교육자, 기타 관련 분야의 전문가들이
유용한 자료를 검색할 수 있다.

(1) 언어학적 목적 : 도베스 프로젝트의 언어학적 목적은 다른 분야의 과학자를 위해 언어 자료를 과학적으로 분석하고, 미래의 연구 세대가 사용할 수 있도록 분석된 자료를 저장 및 보관하는 것이다.

(2) 아카이브의 목적 : 둘째 목적은 언어 자료를, 예를 들어 디지털화, 변환, 상이한 미디어로의 저장 등 여러 방법으로 분석하고, 분절화와 계층화를 통해 분석된 자료를 구조화하며, 기술적이고 조직적으로 이러한 자료를 관리하는 것이다. 또한 이러한 자료에 쉽게 접근할 수 있도록 데이터 및 프로그램 등의 접근 도구를 통합하고 자료 저장・기술・주해 방식을 표준화하고 통일시키는 것도 목적으로 삼고 있다.

(3) 교육적 목적 : 메타데이터(Metadata: 데이터에 관한 데이터) 검색 기능을 포함하는 미디어 시소러스(Media Thesaurus), 주해 시소러스(Annotation Thesaurus)를 제공하고, 교육적인 용도의 미디어와 주해를 변형하여 채택하게 하는 것 역시 이 프로젝트의 목적이다.

□ 데이터 수집

목표가 되는 데이터는 무엇보다도 음악, 춤, 신화 등 사회의 문화적・기술적・의사소통적・종교적 양상과 관계된 것들이다.

(1) 일상생활 : 모든 삶은 많은 상투적인 것들로 구성된다. 이것들은 사회의 현대화로 인해 빠르게 변하거나 사라질 수 있기 때문에 문서화할 가치가 있다.

(2) 기술과 예술 : 사회의 중요한 문화적・기술적 양상은 문서화하고 분석할 필요가 있다.

(3) 종교와 의술 : 종교와 의술은 종종 서로 얽혀 있다. 절멸 위기에 처한 사회의 이러한 양상은 특히 문서화하기가 어렵다. 이것은 금기시되고 오용의 위험이 있기 때문에 일반 대중으로부터 안전하게 지켜진다.

(4) 음악 : 특이한 악기, 노래, 멜로디의 방식은 모든 사회마다 특징적이다. 이와 같은 문화적 유산 역시 절멸 위기의 상황에 처해 있다.

(4) 춤 : 춤은 종종 성격상 종교적이며, 또한 전수 의례의 완성체이고 문화적 유산의 한 부분이기 때문에 문서화되어야 한다.

(5) 환경 : 풍경, 동물, 식물 등은 사회의 생활양식에 영향을 주는 중요한 요소들이며, 종종 절멸 위기에 처해 있기도 하다. 이러한 이유로 그것들 역시 문서화의 대상이 된다.

□ **프로젝트의 조직**

(1) 문서화·아카이브작업 팀 : 현재 25개의 언어들에 대해 각각 교수와 연구원들로 구성되는 20개의 팀이 작업 중에 있다. 문서화 작업의 결과물은 자료 구축팀으로 보내진다. 이 두 팀은 정기적인 학술 모임을 통해 정보를 교환하며 작업 중에 생겨나는 문제에 대해 의논한다.

(2) 감독위원회 : 감독위원회는 학술 모임을 준비하고 여기에서 발생하는 모든 문제에 귀를 기울이고 해결책을 제시하며, 이 프로젝트의 성과를 외부에 알린다. 또한 감독위원들은 도베스 프로젝트에 참여하는 모든 구성원들에게 도움을 주고 조언을 제공한다. 현재 감독위원회는 Arienne Dwyer(anthlinguist_ AT_ku.edu), Jost Gippert(gippert@em.uni-frankfurt.de), Raquel Guirardello(raquel.guirardello@mpi.nl), Ulrike Mosel(umosel@linguistik.uni-kiel.de), Peter Wittenburg(peter.wittenburg@mpi.nl) 등으로 구성되어 있다.

(3) 자문위원회 : 절멸 위기 언어들에 대한 문서화 작업은 윤리적, 사회적, 정치적 환경이 매우 다른 서너 개의 집단이 관여하고 있다. 따라서 언어 문서화 작업 도중이나 구축된 자료에 온라인으로 접근할 수 있을 때 많은 상이한 문제가 생길 것으로 예상할 수 있다. 국제적으로 저명하고 풍부한 경험을 지닌 학자들로 구성된 이 위원회는 그러한 문제를 해결하고 연구할 수 있도록 아카이브팀 구성원들의 자문에 응한다. 자문위원회는 전적으로 독립기구이며, 도베스 프로젝트 안에서 이루어지는 결정에는 관여

하지 않는다. 2002~2004년 사이에 이 위원회를 맡은 위원은 다음과 같다: Peter Austin (SOAS 교수, 위원장), Balthasar Bickel 교수(라이프치히 막스플랑크진화인류학연구소), Gerrit Dimmendal(쾰른대학교 교수), Colette Grinevald(리용대학교 교수), Pieter Muysken(네이메겐대학교 교수), Angela Terrill(AIATSIS 박사), Anthony Woodbury(텍사스대학교 교수)

□ 참여 연구원

(1) Thomas Widlok(인류학자), Christian Rapold(언어학자), Gertie Hoymann (언어학 박사과정) 이상 ≠Akhoe-Hai//om어 담당

(2) Hans-Heinrich Lieb(베를린대학교 일반·독일어 언어학과 교수), Sebastian Drude(베를린대학교 박사, 공동연구원), Sabine Reiter(베를린대학교 박사, 공동연구원) 이상 Aweti어 담당

(3) Christian Lehmann(에어푸르트(Erfurt)대학교 교수), Johannes Helmbrecht (에어푸르트대학교 박사), Nils Jahn(에어푸르트대학교 석사) 이상 Hocank어 담당

(4) Bruna Franchetto(리우데자네이루대학교 인류학과, 연구원 및 교사), Mara Santos와 Jaqueline Medeiros de França(리우데자네이루대학교 언어학과 대학원생) 이상 Kuikuro어 담당

(5) Hans-Juergen Sasse(쾰른대학교 언어학과 교수), Nick Evans(멜버른대학교 언어학과·응용언어학과 부교수), Linda Barwick(시드니대학교 음악학과 박사) 이상 Iwaidja어 담당

(6) Barry F. Carlson(빅토리아대학교 언어학과 교수, 프로젝트 책임자), Suzanne Elizabeth Cook(빅토리아대학교 언어학 석사, 프로젝트 책임자), Penelope Brown(막스플랑크심리언어학연구소 박사, 공동연구원) 이상 Lacandon어 담당

(7) Wolfgang Klein(막스플랑크심리언어학연구소 언어학 교수, 코디네이터), Gabriele Cablitz(막스플랑크심리언어학연구소 언어학 박사), Edgar

Tetahiotupa(인류학 박사) 이상 Marquesan어 담당

(8) Ulrike Mosel(키일(Kiel)대학교 일반・비교언어학과 교수), Ruth Saovana Spriggs(오스트레일리아 국립대학교 언어학과 박사) 이상 Teop어 담당

(9) David Harrison(막스플랑크진화인류학연구소 박사), Greg Anderson(막스플랑크진화인류학연구소) 이상 Tofa어 담당

(10) Stephen Levinson(막스플랑크심리언어학연구소 박사), Raquel Guirardello-Damian (막스플랑크심리언어학연구소 박사) 이상 Trumai어 담당

(11) Sabine Dedenbach-Salazar(스털링(Stirling)대학교 문화・종교학과 박사), Simon van de Kerke(레이덴대학교 박사) 이상 Chipaya어 담당

(12) Maurício Belo(토착민), John Bowden(오스트레일리아 국립대학교), John Hajek(멜버른대학교), Nikolaus Himmelmann(보쿰대학교) 이상 Waima'a어 담당

(13) Davis S. Rood(콜로라도대학교 언어학과), Mirzayan Armik(콜로라도대학교, 연구보조원) 이상 Wichita어 담당

□ 대상 언어

현재 세계 각지에 분포하는 총 25개의 언어를 대상으로 20개의 팀이 문서화 작업을 진행하고 있다.

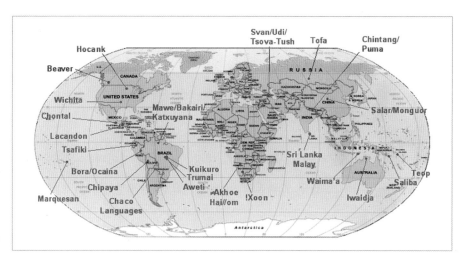

[그림 8-5] DoBeS 프로젝트의 연구 대상 언어 지도

7.2. 절멸 위기 언어들의 데이터에 대한 전자 메타구조

(EMELD: Electronic Metastructure for Endangered Languages Data, 대학과 연구기관의 컨소시엄, 미국)

<http://emeld.org/>

□ 개요

과학적 공동체의 구성원들은 두 가지 급박한 상황에 직면해 있다: 언어 데 이터를 디지털화하는 시도가 급격히 증가하고 있는 반면에, 세계의 많은 언어 들이 급속히 절멸하고 있다. 전자는 후자의 측면에서 볼 때 분명히 좋은 현상 으로 보인다. 그러나 아카이브 구축자들, 현지 조사 언어학자들, 언어공학자 들이 적절하게 협력하지 않으면, 잘못 들어설 수도 있는 두 가지 길이 있다.

첫째는 언어 자료 디지털화에 대한 공통적인 표준이 합의되지 않을 수 있 다는 것이다. 만약 그렇다면 그 결과로 생기는 편차 때문에 데이터 접근, 검색, 범언어적 비교 등이 효율적으로 이루어지지 않을 것이다. 둘째는 일련 의 표준들이 인간 언어의 구조적 가능성의 범위를 가장 잘 알고 있는 기술 언어학자들의 안내 없이 설정될 수도 있다는 것이다. 언어 아카이브가 데이 터에 대해 가능한 한 폭넓은 접근을 제공하는 것이고 이를 최적의 유용한 형식으로 공급하는 것이라면, 아카이브 인프라 구조와 관련하여 반드시 일 정한 합의가 이루어져야 한다. E-MELD는 바로 이러한 상황에 대한 해결을 시도하기 위해 만들어진 프로젝트이다.

□ 연구 목적

(1) 절멸 위기 언어들의 보존을 위해 대상 언어들의 데이터를 문서화한다.

(2) 전자 아카이브 간의 효과적인 협력에 필요한 인프라 구조의 발전에 기 여한다.

□ 대상 언어

E-MELD는 다음과 같은 10여개의 절멸 위기 언어들의 데이터를 이용한다: Monguor어, Tofa어, Biao Min어, Mocovi어, Potawatomi어. Ega어, Alamblak어, Dadibi어, Mapos Buang어, Tagakaulu Kalagan어, Tuwali어, Ifugao어

□ **참여 기관과 연구원**

EMELD 프로젝트에는 다음의 다섯 개 기관과 연구원들이 참여하고 있다:

(1) 웨인(Wayne)주립대학교: Anthony Aristar(LINGUIST List의 공동 책임자), Martha Ratliff(ELP에 대한 LSA위원회 전 위원장)

(2) 동부미시건대학교: Helen Aristar-Dry(LINGUIST List의 공동 책임자)

(3) 아리조나대학교: D. Terrence Langendoen(TEIAIC 전 위원장), Scott Fararr

(4) 언어학컨소시엄: Steven Bird(LDC 공동감독관)

(5) ELF: Doug Whalen(예일 & 해스킨스(Haskins)연구소, ELF 의장)

7.3. 절멸 위기의 언어 연구 프로젝트

(HRELP: The Hans Rausing Endangered Languages Project at SOAS, 런던대학교, 영국)

<http://www.hrelp.org/aboutus/>

□ **개요**

"언어의 문서화"란 정확히 무엇을 의미하는가? 이것은 언어 절멸의 위기 상황에 대한 응답으로 나타난 언어학의 새로운 분야이다. 이 분야는 데이터 수집 방법을 두 가지 방식으로 강조한다. 첫째는 실제 대화 상황에서 넓은 범위의 언어 현상을 수집하고 기록하도록 연구자를 북돋는 방식이며, 둘째

는 결과물이 해당 언어의 최상의 기록이라는 것을 확실히 하기 위해 고품질의 녹음과 녹화를 하는 방식이다. 이러한 의미에서 "언어의 문서화"는 HRELP에서 가장 중요한 사안으로서, 이는 절멸 위기 언어를 대상으로 하는 세 가지 연구 프로그램, 즉 아카데미 프로그램과 문서화 프로그램, 아카이브 프로그램을 통해 수행되고 있다.

□연구 목적

(1) 안전하고 오랫동안 언어 자료를 저장할 수 있는 곳 제공

(2) 지금까지 수행되어 온 문서화 작업 내용 공개

(3) 연구자들 사이의 국제적인 공조 진작

(4) 절멸 위기 언어 공동체에 대한 프로젝트 참여 유도 및 동기 부여를 위한 자료 제공

(5) 절멸 위기 언어 자료의 디지털화를 위한 조언과 협조 제공

□연구 프로그램

HRELP는 다음 세 개의 프로그램으로 구성되어 있다.

(1) ELDP(Endangered Languages Documentation Programme: 문서화 프로그램): 연구 지원금의 분배

(2) ELAP(the Endangered Languages Academic Programme: 아카데미 프로그램): 현지 조사 언어학과 문서화를 위한 박사·석사 프로그램

(3) ELAR(the Endangered Languages Archive: 아카이브 프로그램): 문서화된 자료의 디지털 아카이브 작업 및 보급

□대상 언어

Abkhaz(North Caucasian), Abui, Agaw, Aleut, Allang(Moluccan), Apurina(Arawak), Arapaho, Arawak, Archi, Auslan, Australian Sign Language, Ayuru(Tupi): Barupu, Bayot, Betta Kurumba, Bierebo, BogoN: Ceq Wong,

Chorote, Cushitic: Daohua, Diyari: Eastern Penan, Enawene-Nawe: Gamilaraay, Goemai(West Chadic), Great Andamanese, Guaycuruan, Guruntum(West Chadic): Haisla, Haruku(Moluccan), Henaaksiala: Iquito(Zaparoan), Jawoyn: Kadiweu, Karo, Kemanteney, Khamtanga(Agaw, Central Cushitic), Khumi Chin, Klon, Koruon, Koyi Rai(Tibeto-Burman): Lakandon Maya: Mafea, Mah Meri, Maku'a, Matacoan, Mekens(Tupi), Middle Chulym(Siberian Turkic), Mmani, Monde(Tupi): Nenets, Neverver, Ngamini, Nivacle: Ofaye(Macro-Ge), Olrat, Os(Siberian Turkic): Poko(Sko), Purubora (Tupi): Q'anjob'al, Qatareu: Qwarenya: Rama, Ratahan, Reyesano(Takana), Rongga: Sakapulteko, Shangaji(Bantu), Singpho, Soahuku/Amahei, Southern Tujia, Svan(South Caucasian): Teiwa, Thalanji, Togla, Tujia(Tibeto-Burman), Tulehu(Moluccan), Tundra Nenets, Turung: Ubykh(North Caucasian), Urarina, Uspanteko(K'ichee', Mayan): Vedda, Vogul, Vures: Wa, Wutunhua: Xipaya (Tupi): Yakima Sahaptin, Yami, Yan-nhangu 등

□ 프로젝트의 조직과 참여 연구원

(1) 아카데미 프로그램(Academic Programme): Peter Austin(Marit Rausing Chair 언어학과 교수 및 ELAP 감독관), Zara Pybus(아카데미 프로그램 관리자)

(2) 문서화 프로그램: Mrs Jacqueline Arrol-Barker (ELDP 매니저), Mrs Maureen Gaskin(ELDP 관리자), Najma Hussain (ELDP 연구원)

(3) 아카이브 프로그램: David Nathan(ELA 감독관), Robert Munro(소프트웨어 개발), Rob Kennedy (인프라 구축), Bernard Howard(기술 담당)

7.4. 로제타 프로젝트

(The Rosetta Project: LNF(Long Now Foundation) & 스탠포드대학교 도서관, 미국)

<http://www.rosettaproject.org>

□ 개요

이 프로젝트의 주요 대상 언어들은 개별 연구자에 의해서만 기록되어 온 1천여 개의 소수 언어들이다. 이 언어를 보존하려는 노력의 일환으로 로제타 프로젝트는 LNF의 지원을 받아 광범위한 온라인 조사를 통해 그 언어들에 대한 아카이브를 구축한다.

□ 연구 목적과 성과

이 프로젝트의 목적은 첫째로 비교·대조언어학적 연구와 교육을 위한 기반을 형성하고, 둘째로 점차 사라지고 있는 절멸 위기 언어들의 회복에 도움이 될 기능적인 언어 도구를 발전시키고 이를 널리 보급하며, 셋째로 인간 언어의 다양성 자체뿐만 아니라 이러한 다양성이 지속적으로 존속될 수 있다는 실제적인 징후를 보여 주는 것이다. 결국 언어 절멸의 비극을 주위에 환기시키고 언어에 투영된 인간의 지식을 보존하는 것이 이 프로젝트의 주된 목적이다.

아카이브는 자유롭고 지속적으로 발전하는 온라인 아카이브로서, 역사적으로 의미가 있는 단행본 형식의 참고서로서, 언어들이 기록된 반영구적인 마이크로 디스크(=로제타 디스크)로 공개된다.

□ 로제타 디스크 (Rosetta Disk)

로제타 디스크는 로제타 디지털 언어 아카이브(Rosetta Digital Language Archive)의 물리적 결정체이며 LNF(The Long Now Foundation's 10,000-Year Library) 역사상 하나의 원형체이다. 이 디스크는 인간의 언어를 담은 영구적 아카이브일 뿐만 아니라 문화와 역사를 넘나드는 상상의 나래를 제시하는 미학적 결정체이기도 하다. 위에서 제시된 디스크는 표면은, 담겨져 있는 내용의 항목을 나타내주는 것으로서, 그 중심에는 지구의 이미지가, 가장자리에는 세계의 8대 대표 언어들로 쓰인 다음과 같은 메시지가 새겨져 있다: "1,000개 이상의 언어들이 담긴 아카이브이며, 천배 이상로 확대하면 1만 5천 페이지가 넘는 언어 자료를 볼 수 있다"

[그림 8-6] 로제타 디스크

디스크의 뒷면에는 1만 5천 페이지 이상의 언어 자료가 세밀하게 새겨져 있다. 각각의 페이지는 디지털이기보다 오히려 물리적이며, 그렇기 때문에 포맷 등의 개념이 없다. 디스크를 읽기 위해서는 광학 현미경(100x~500x)만이 필요하다. 각각의 페이지는 약 0.5mm이다.

각각의 언어는 서너 개의 데이터 범주로 나뉘어 기술되는데, 언어 공동체에 대한 기술, 지도상의 위치, 표기 체계 등의 범주이다. 이 외에도 해당 언어의 음성 체계, 단어와 문장 등이 어떻게 만들어지는지, 기초 어휘 목록 등 문법적인 사항도 포함되어 있다. 디스크에 기술된 각각의 대상 언어는 http://www.rosettaproject.org/archive/search-results.html?language_name=True 에서 확인해 볼 수 있다.

□ 프로젝트 구성원

(1) 자문위원단: Anthony Aristar(동부미시건대학교 교수), Helen Aristar-Dry (동부미시건대학교 교수), Kurt Bollacker(디지털연구 감독관, LNF), Stewart Brand(공동창설자, LNF), Bernard Comrie(감독관 및 언어학과 교수, 막스플랑크진화인류학과), Simon Donnelly(비트바테르스란트대학교 교수), Karl Franklin(SIL), Gary Holton(알라스카페어뱅크스대학교 교수, ANLC), Michael Keller (스탠포드대학교 도서관, 감독관) 등

(2) 감독관 : Laura Buszard-Welcher(아카이브 감독관), Jeff Good (기술 감독관), Ross Leahy(아카이브매니저) Auburn Lupine Lutzross(햄프셔대학교) 등

(3) 연구원 : Frédérique Passot(파리3대학교 부교수), Timothy Usher(어휘자

료 수집), Tanya Dewey(버클리 캘리포니아대학교 게르만어 전공), Rob Podesva(스탠포드대학교 오스트로네시아어 전공), Mary Rose (스탠포드 대학교 피진어와 크리올어 전공), David, Andrew & Rachel Simons (SIL 아카이브) 등

□ 대상 언어: 어파와 언어

Afro-Asiatic	Austronesian	Creole	Iroquoian	Maku
Alacalufan	Aymaran	Deaf sign language	Isolate	Mascoian
Algic	Barbacoan	Dravidian	Japanese	Mataco-Guaicuru
Altaic	Basque	East Bird's Head	Jivaroan	Mayan
Amto-Musan	Caddoan	East Papuan	Khoisan	Misumalpan
Ancient	Cahuapanan	Eskimo-Aleut	Kiowa	Mixe-Zoque
Andamanese	Carib	Geelvink Bay	Tanoan	Mon-Khmer
Arauan	Chapacura-Wanham	Guahiban	Kwomtari-Baibai	Mura
Araucanian	Chibchan	Gulf	Language	Muskogean
Arawakan	Chimakuan	Harakmbet	Isolate	Na-Dene
Artificial	Choco	Hmong-Mien	Left May	Nambiquaran
Artificial	Chon	Hokan	Lower	Niger-Congo
language	Chukotko-Kamchatkan	Huavean	Mamberamo	Nilo-Saharan
Australian	Chumash	Hurro-Urartian	Luwic	North Caucasian
AustroAsiatic	Coahuiltecan	Indo-European	Macro-Ge	Oto-Manguean

8. 그 외의 지역

8.1. 알타이-사이안 언어 및 민족지학 프로젝트

(Altai-Sayan Language & Ethnography Project: 폭스바겐 재단)

□ 개요

이 프로젝트는 남부 시베리아와 북부 몽골의 언어와 문화를 기록하는 동시에 언어와 문화의 회복을 꾀하는 토착민을 돕는데 그 목적이 있다(이 프로

젝트의 홈페이지는 한 예로 Tofa어의 지역 사회·언어·음악·문화 등을 소
개하고 있다).

8.2. 히말라야 언어 프로젝트

(HLP, Himalayan Languages Project)

<http://iias.leidenuniv.nl/host/himalaya/>

□ 개요

1993년에 출범한 HLP는 네덜란드 레이덴(Leiden)대학교이 중심이 되면서
거의 알려지지 않거나 절멸위기에 처한 히말라야, 네팔, 중국, 부탄, 인도 등
에 분포하는 언어들과 관련하여 세계에서 인정을 받고 있는 많은 연구자들
이 참여한 연구 프로젝트이다. 이 프로젝트의 연구 참여자는 한 번에 몇 달,
몇 해 정기적으로 현장에 나가 그곳의 토착화자들과 함께 시간을 보낸다. 거
의 알려지지 않은 언어들에 대한 현장 연구는 박사 논문의 주제로 이어지기
도 한다. HLP는 Dzongkha어의 표준적 로만 표기를 고안해 내기 위해 부탄
정부로부터 공식적인 위임을 받기도 했다. 이 프로젝트에 의해 연구된 많은
언어들은 앞으로 몇 년 혹은 몇 십 년 내에 사라질 것이라고 보고 있지만
HLP의 노력 외에는 아무런 조치를 하고 있지 못한 상황이다. HLP는 또한
분명하게 절멸해 가는 Kasunda어라는 네팔의 언어를 연구하고 있는데, 숲에
서 사냥을 하며 생활을 꾸려갔던 그 언어의 화자들은 현재 부근에 있는 도시
로 흡수, 뿔뿔이 흩어지는 과정에 있다.

□ 참여 연구원

George van Driem(연구 책임자), Mark Turin, Jeroen, Wiedenhof 등

□ 대상 언어

Limbu, Dumi, Dzongkha, Wambule, Kulung, Jero 등(이상 과거의 연구),

Manchad, Lohorung, Thangmi, Sunwar, Lhokpu, Sampang, Gongduk, Olekha, Chiling, Gyal-rong, Lepcha, Chulung, Dhimal(이상 현재의 연구), Bumthang, Byangsi, Puma, Rabha, Rongpo, Baram, Dura, Toto(이상 문법기술의 완료 및 진행)

8.3. 라이프치히 절멸 위기 언어 아카이브

(LELA: Leipzig Endangered Languages Archive)

(http://www.eva.mpg.de/lingua/files/LELA.html)

□ 개요

LELA는 '라이프치히 언어학 커뮤니티'(Leipzig Linguistics Community)의 구성원들이 수집한 언어 자료를 디지털 아카이브 서비스로 제공하기 위해 2005년 창설되었다. LELA의 일차적 기능은 디지털 언어자료의 보존과 더불어 이 자료를 학술단체의 구성원 또는 그 내용에 대해 큰 관심을 보이는 언어 사용자 단체에게 전파시키는 것이다. 이 프로젝트는 카세트테이프나 현지 조사 노트 등과 같은 물리적인 자료를 제공할 수는 없지만, 경우에 따라서는 그러한 자료가 디지털화 작업의 대상이 될 수 있다. 현재 자료의 웹 서비스는 제공되지 않으며 아직까지도 그러한 계획이 없다.

□ 연구 성과

라이프치히 언어학 커뮤니티의 구성원들은 LELA의 서비스를 이용할 수 있다. 이 구성원들에는 라이프치히대학교에 적을 두어 언어 연구를 수행하고 언어학자를 통솔하는 막스플랑크진화인류학연구소의 고용자 및 객원 연구자들이 포함되어 있다. 경우에 따라서는 라이프치히 언어학 커뮤니티와 관련이 그리 많지 않는 연구자이라 할지라도 LELA의 서비스를 받을 수도 있다. 현재 LELA의 아카이브에는 디지털 음성 파일, 디지털 이미지 파일, PDF 문서 등이 포함되어 있다. 비디오 아카이브 서비스가 아직 제공되지 않으나, 가까운 시일 내에 공개될 것이라고 한다.

자료를 아카이브화하고 기술에 의존하는 언어자료 외에도 LELA는 월드
와이드웹과 유형론적 데이터베이스를 포함하는 다른 곳에 존재하는 언어적
으로 흥미로운 자료를 아카이브화하는 방법을 모색하고 있다. LELA는 아카
이브 자료의 체계화를 위해 IMDI 메타데이터를 사용한다. 또한 가까운 미래
에는 OLAC 메타데이터가 '언어학 커뮤니티'에 더 널리 퍼져 사용될 것이다.

8.4. 스위스 절멸 위기 언어 연구 단체

(SGfbS: Schweizerische Gesellschaft für bedrohte Sprachen)

(http://www.unizh.ch/spw/aspw/dang/INDEX.HTM)

□ 개요

스위스 절멸 위기 언어 연구 단체는 1997년 12월 12일 취리히에서 창립되
었다. SGfbS의 목적은 절멸 위기 언어를 널리 알리고, 더 나아가 언어 기술과
언어 조사의 구체적인 과제를 수행하는 것이다. 이 단체의 주된 과제는 문서
화되어있지 않은 언어를 기술하고 이 언어를 유지하도록 토착민을 후원하는
것이다. 따라서 SGfbS는 다음과 같은 사항을 수행한다.

(1) 지금까지 (거의) 기술되지 않은, 즉 대체로 문자로 기록을 남기지 않은
    언어들의 문서화를 위한 현지조사
(2) 토착 교사와 언어학자의 양성
(3) 절멸 위기 언어를 위한 학교 교재 개발
(4) 절멸 위기 언어를 위한 문법서, 사전, 책 등을 출판

□ 연구 성과 및 참여 연구원

Mon부족은 1962년 이래로 군사정권이 통치하는 미얀마에 거주하고 있으
며, 그 가운데 소수의 사람들이 태국으로 건너갔다. 현재 이 부족의 언어는
절멸 위기에 처해 있으며, 그들의 언어로 진행되는 학교 수업은 전무하다.

게다가 Mon부족의 거의 모든 사람이 이중언어 화자이다. 충분한 지원이 있다면 몬 부족의 언어와 문화는 생존해 나갈 수 있는 듯 보이는데, 그 이유는 몬 부족의 인구가 대략 백만 명에 이르며, 부족의 구성원 스스로도 자신의 정체성을 유지하려고 노력하기 때문이다.

현재 Mathias Jenny가 Mon 프로젝트(Mon Literature Project)를 지휘하고 있으며, 주된 과제는 Mon어-타이어-영어 사전을 만드는 것이다. 이 사전은 이전의 것과는 달리 실제로 사용되는 현대 어휘를 포함하고 있다고 하며, 동시에 Mon어의 정서법 표준화에도 기여할 것이라고 한다. Mon 프로젝트의 책임자는 Nai Ok Pang로서 미얀마에서 망명하고 현재 미얀마와의 경계에서 그리 떨어지지 않은, 하지만 벗어나서는 안 되는 태국의 한 마을에 거주하고 있다. 정치적 망명자로서 그는 노동허가를 받지 못한다. 따라서 Nai Ok Pang가 수행하는 일체의 작업은 현재 SGfbS의 지원을 받고 있다.

(2) 언어 보존을 위한 연구 지원 기관

언어의 쇠퇴와 절멸은 쉽게 저지될 수는 없다. 그러나 언어 절멸이 불가피하다고 보는 무지를 완화시키는 노력은 할 수 있다. 절멸 위기 언어 재단(FEL)은 지역 공동체들과 이들의 전통을 지원하는 데 사용되는 컴퓨터와 통신과 같은 기술이 발전함에 따라 그와 같은 노력에 부응한다. 또한 거의 쇠퇴, 즉 절멸 위기의 길에 들어선 것처럼 보이는 지역 공동체의 언어를 가능한 한 많이 기록/녹음하고, 아직 남아있는 다양성의 특별한 이점을 강조하며, 위험에 처해 있는 언어 사용자의 장점과 사기를 고취시키기 위한 학습 및 언어 유지 프로그램을 개발하는 일도 그러한 노력의 하나이다. 이와 같은 노력을 진전시키기 위해서는 인종, 정치, 성, 종교 등에 구애받지 않는 자립적인 국제기구의 필요성이 절실하다.

1. 절멸 위기 언어 재단

(ELF: The Endangered Language Fund, 미국)

<http://sapir.ling.yale.edu/~elf/>

□ 개요

ELF는 (1) 절멸 위기의 언어들에 대한 과학적 연구, (2) 절멸 위기 언어들의 유지를 위한 토착민들의 노력에 지원, (3) 토착 공동체와 학문 세계에 대한 이러한 노력의 결실 보급에 기여한다. 이 재단은 해스킨스(Haskins)연구소와 예일대학교 언어학과에 연계되어 있다.

□ 프로그램

ELF는 토착 공동체 혹은 특정 절멸 언어 연구 종사자의 계획 등을 지원하며,

매년 다음과 같은 영역에서 제안서를 받아 채택한다:

(1) 토착 문화 텍스트의 보존

(2) 해당 절멸 언어로 된 비디오 제작

(3) 해당 토착 세대의 언어 학습 지원

□ 프로젝트

(1) Lisa Conathan and Belle Anne Matheson(UC Berkeley: Arapaho어의 기술과 복원)

(2) Dmitri Funk(Russian Academy of Sciences: The Last Epic Singer in Shors (Western Siberia))

(3) Arthur Schmidt, Rita Flamand and Grace Zoldy(Metis: The Camperville Michif Master-Apprentice Program) 등

□ 감독위원회

Douglas H. Whalen(해스킨스 연구소 창설자 및 의장), Stephen R. Anderson(예일대학교, 언어학자), Noam Chomsky(MIT, 언어학자), Peter Ladefoged(LA 캘리포니아대학교, 언어학자), Johanna Nichols(버클리 캘리포니아대학교, 언어학자), Karl V. Teeter(하버드대학교, 언어학자) 등

2. 절멸 위기 언어들을 위한 재단

(FEL: Foundation for Endangered Languages, 미국)

<http://www.ogmios.org/home.htm>

□ 개요

이 재단의 목적은 (1) 모든 채널과 미디어를 통해 절멸 위기 언어들에 대

한 지역 공동체 안팎의 인식을 고양시키고, (2) 모든 환경, 즉 가정, 교육, 미디어, 사회·문화·경제적 삶에서 절멸 위기 언어들의 사용을 권장 지원하며, (3) 언어 정책과 현장 상황을 모니터링하면서 필요한 곳에서는 적절하게 해당 기관에 영향력을 행사하고, (4) 재정적 지원, 훈련, 결과물을 출판함으로써 절멸 위기 언어들의 문서화 작업을 지원하며, (5) 절멸 위기 언어들의 보존을 위해 사용할 수 있는 정보를 수집하고, (6) 가능한 한 위의 모든 활동에 대한 정보를 널리 보급하는 것이다.

□ 연구 결과물

FEL II Proceedings(Edinburgh 1998): What Role for the Specialist?

FEL III Proceedings(Maynooth 1999): Endangered Languages and Education

FEL IV Proceedings(Charleston 2000): Endangered Languages and Literacy

FEL V Proceedings(Agadir 2001): Endangered Languages and The Media

FEL VI Proceedings(Antigua 2002): Endangered Languages and Their Literatures

FEL VII Proceedings(Broome 2003): Language Identity and the Land

3. 절멸 위기 언어 협회

(GBS: Gesellschaft fuer Bedrohte Sprachen, 쾰른대학교, 독일)

<http://www.uni-koeln.de/GbS/>

□ 개요

언어와 방언은 인간의 문화와 정신의 집약체일뿐만 아니라 해당 화자에게는 사회 접촉 수단이 되기도 하다. 이 언어들은 그 자체로 귀중한 가치를 지니고 있기 때문에 유지되는 동시에 기록되어야 한다고 생각하며, 1997년 독일의 여러 언어학자들은 쾰른대학교에서 독립적인 기구인 절멸 위기 언어 협회(GBS)를 창설히기에 이르렀다.

□ 목적

이 단체의 목적은 절멸 위기 언어/방언들의 사용, 유지, 문서화를 고무하는 것이다. 이 목적에 이르기 위해 다음과 같은 사항을 제시하고 있다.

(1) 절멸 위기의 언어/방언들을 연구하는 프로젝트를 지원하고, 준비·수행·평가하는 그 구성원들에게 조언한다.

(2) 절멸 위기의 언어/방언들을 유지하고 회복하는 데 기여할 수 있는 현지 조사 프로젝트와 문서화 프로젝트 및 학문적으로 지원되는 그 외의 계획을 장려한다.

(3) 절멸 위기의 언어/방언들과 관련된 제반 사항을 대학에서 장려하는 데 알맞은 척도를 마련하고 후원한다.

(4) 절멸 위기의 언어/방언들의 연구에 종사하는 학자들 간의 국내외 협조를 촉진한다.

(5) 절멸 위기의 언어/방언들 및 관련 언어공동체의 문제에 관하여 홍보한다.

□ 위원회

Nikolaus Himmelmann(보쿰대학교, 의장), Katrin Lehmann(쾰른대학교 릴 반언어학과, 비서), Ulrike Mosel(키일대학 일반언어학 및 비교언어학과, 부의장) 등

□ 프로젝트

지금까지 GBS의 재정적 지원을 받은 여러 프로젝트들이 있다.

(3) 연구 기관 네트워크 및 공동체

1. 절멸 위기의 언어와 음악을 위한 디지털 아카이브 네트워크

(DELMAN: Digital Endangered Languages and Musics Archive Network, 오스트레일리아)

<http://www.delaman.org/>)

□ 개요

최근 상당수의 연구 기관들이 세계 도처에 분포하는 절멸 위기의 언어와 문화를 문서화하고 아카이브 구축을 목적으로 하여 설립되고 있다. DELMAN 은 현지 조사자들과 아카이브 구축자들이 경험한 결과 나타난 현실적인 문제에 관한 집중적인 상호 작용의 기반을 조성할 아카이브 프로젝트의 국제 네트워크를 형성하기 위해 설립되었다. DELMAN은 절멸 언어의 언어와 음악을 문서화하고 이를 아카이브로 구축하는 모든 기구들이 참여할 수 있는 개방된 조직이다.

□ 참여 프로젝트와 기관

(1) Alaska Native Language Center Archives

<http://www.uaf.edu/anlc/>

(2) Archive of Indigenous Languages of Latin America

<http://www.ailla.utexas.org/>

(3) DoBeS archive(Max Planck Institut fur Psycholinguistik)

<http://www.mpi.nl/DOBES>

(4) ELAR archive(School of Oriental and African Studies)

<http://www.hrelp.org/archive/>

(5) EMELD Project(Electronic Metastructure for Endangered Languages Data)
<http://emeld.org>

(6) LACITO Archive(Langues et Civilisations a Tradition Orale)
<http://lacito.vjf.cnrs.fr/archivage/>

(7) PARADISEC(Pacific and Regional Archive for Digital Sources in Endangered Cultures, 시드니대학교, 멜버른대학교, 오스트레일리아 국립대학교, 뉴잉글랜드대학교가 함께하는 컨소시엄) <http:// www.paradisec.org.au> PARADISEC은 오세아니아, 동남아시아를 포함한 태평양 지역에서 절멸 위기의 민족학적 자료를 디지털로 보존하고 이에 접근할 수 있는 편의 도구를 제공한다. 현재의 상황은 1,788 항목 가운데 1,094개에 대해 디지털 작업이 완료되었다.

(8) Aboriginal Studies Electronic Data Archive: AIATSIS Audiovisual Archives: AIATSIS Library Digitisation Program: AIATSIS는 오스트레일리아 토착민의 연구에 종사하는 독립적인 법정 정부단체이다. 이는 오스트레일리아 토착민들의 문화와 삶의 방식에 관한 정보를 수집하는 오스트레일리아 제1의 기구이다.

(9) Archive of Maori and Pacific Music(오클랜드대학교, 뉴질랜드)
<http: //www.arts.auckland.ac.nz/ant/ethnomusicology/New/PDF/Archive%202002.pdf>

2. 언어 아카이브 공개 공동체

(OLAC: Open Language Archives Community)
<http://www.language-archives.org/>

□ 연구 목적

월드와이드웹에서 언어 문서화와 기술의 디지털 아카이브가 제공하는 언어 정보는 그 접근 방식에 있어 서로 다르다. 그러나 이와 같은 다양성이 표준화되지 않는다면 혼란이 초래되는 것은 당연하다. OLAC는 인프라 구조와 관련된 7개의 핵심, 즉 DATA, TOOLS, ADVICE, GATEWAY, METADATA, REVIEW, STANDARDS에 초점을 맞춘다.

OLAC는 언어 자료와 관련하여 세계 도서관을 창출하고 있는 기구들과 개별 연구자들이 참여하는 국제 협력 조직으로서, (1) 언어 자료의 디지털 아카이브 구축에 대해 최상의 일치된 약속을 이끌어내고, (2) 그러한 자료에 대해 보관 및 접근이 가능한 저장소와 서비스 네트워크를 발전시키고 있다.

□ 참여 아카이브 프로젝트

(1) A Digital Archive of Research Papers in Computational Linguistics (필라델피아, 미국) <http://www.ldc.upenn.edu/acl/>

(2) ASEDA(Aboriginal Studies Electronic Data Archive: Australian Institute of Aboriginal and Torres Strait Islander Studies)(캔버라, 오스트레일리아) <http://coombs.anu.edu.au/SpecialProj/ASEDA/>

(3) Academia Sinica Balanced Corpus of Modern Chinese(중앙연구원, 대만) <http://www.sinica.edu.tw/SinicaCorpus/>

(4) Academia Sinica Formosan Language Archive(중앙연구원, 대만) <http://www.ling.sinica.edu.tw/formosan/>

(5) Academia Sinica Tagged Corpus of Early Mandarin Chinese(중앙연구원, 대만)

(6) Alaska Native Language Center Archive(Alaska Native Language Center)(알라스카 페어뱅크스, 미국) <http://snowy.arsc.alaska.edu>

(7) Archive of the Indigenous Languages of Latin America(텍사스오스텐대학교, 미국) <http://www.ailla.org/>

(8) ATILF Resources(낭시, 프랑스) <http://www.olac.inalf.fr/olac-dicos/>

(9) Boiste(OLAC, 파리, 프랑스) <http://rbmn04.waika9.com>

(10) CHILDES Data repository(카네기멜론대학교, 미국)

<http://chileds.psy.cmu.edu/>

(11) Comparative Corpus of Spoken Portuguese(IEL Unicamp, 캄피나스, 브라질) <http://ime.usp.br/~tycho/>

(12) Cornell Language Acquisition Laboratory, CLAL(코넬(Cornell)언어습득연구소, 미국) <http://www.clal.cornell.edu>

(13) Ethnologue: Languages of the World(SIL, 미국)

<http: //www.ethnologue.com>

(14) European Language Resources Association(파리, 프랑스)

<http://www.icp.inpg.fr/ELRA/catalog.html>

(15) LACITO Archive(프랑스) <http://lacito.archive.vjf.cnrs.fr>

(16) ODIN - The Online Database of Interlinear Text(캘리포니아주립대학교, 미국)

(17) Oxford Text Archive(옥스퍼드, 영국) <http://ota.ahds.ac.uk/>

(18) Pacific And Regional Archive for Digital Sources in Endangered Cultures (PARADISEC) <http://paradisec.org.au>

(19) Perseus Digital Library (터프츠(Tufts)대학교, 미국)

<http://www. perseus.tufts.edu>

(20) Rosetta Project 1000 Language Archive (Long Now Foundation, 샌프란시스코, 미국) <http://www.rosettaproject.org:8080/live>

(21) Surrey Morphology Group Databases (서리(Surrey)대학교, 영국) <http://www.smg.surrey.ac.uk/>

(22) Survey for California and Other Indian Languages(버클리 캘리포니아대학교, 미국) <http://linguistics.berkeley.edu/Survey/>

이 연구 기관은 이 분야에서는 미국의 최상위에 있다. 버클리 캘리포니아대학교 언어학과는 아메리카의 토착어 영역에서 가장 오랜 전통으로 괄목할 만한 연구업적을 쌓았다.

(23) TalkBank(카네기멜론대학교, 미국) <http://talkbank.org>

(24) The LDC Corpus Catalog(필라델피아, 미국) <http://ldc.upenn.edu/Catalog/>

(25) The Natural Language Software Registry(자르브뤼켄, 독일)

　　　<http://registry.dfki.de>

(26) The Typological Database Project(위트레흐트(Utrecht), 네덜란드)

(27) Tibetan and Himalayan Digital Library(버지니아대학교, 미국)

　　　<http://iris.lib.virginia.edu/tibet/>

(28) TRACTOR Test Archive(버밍햄)

(29) U Bielefeld Language Archive(빌레펠트, 독일)

(30) UQ Flint Archive(퀸즐랜드대학교, 오스트레일리아)

　　　<http:// www.uq.edu.au/~uqmlaugh/flint/flint_catalogue.html>

(31) Virtual Kayardild Archive(멜버른대학교, 오스트레일리아)

　　　<http://www.cs.mu.oz.au/research/lt/kayardild/>

3. 절멸 위기의 언어들에 대한 국제 정보 센터

(ICHEL: The International Clearing House for Endangered Languages, 도쿄
대학 언어학과, 일본)

<http://www.tooyoo.l.u-tokyo.ac.jp/ichel/ichel.html>

□ 프로젝트와 데이터베이스

(1) UNESCO Red Book of Endangered Languages

(2) Indigenous Minority Languages of Russia: a bibliographical guide

(3) Baltic-Finnic Languages Corpora

(4) Bibliography on Endangered Languages

□ 수집된 대상 언어와 그 자료

Ainu, Uralic & Altaic Asia, Russian, North America, South America,

Africa, Oceania 등

□ 최근의 활동

(1) International Symposium on Endangered Languages, November 1995

(2) ICHEL Workshops in November 1997

(3) The LSJ Symposium on Endangered Languages, October 1998.

(4) Universal Declaration of Linguistic Rights

(5) Ainu Related Links 등

4. 언어 다양성을 위한 자료 네트워크

(RNLD: Resource Network for Linguistic Diversity, 오스트레일리아)

<http://www. linguistics.unimelb.edu.au/RNLD.html>

□ 개요

RNLD는 절멸 위기 언어 연구를 위한 작업 방법과 기술을 공유하여 발전시켜 가는 프로젝트이다. 이러한 작업 방법과 기술에는 문서화, 녹음·기록, 데이터 운영, 아카이브 구축, 전사, 디지털화, 훈련 등이 포함된다. RNLD의 구성원은 오스트레일리아, 인도네시아, 동티모르, 멜라네시아 등에서 언어 유지에 종사하는 사람들이다. RNLD의 구성원들은 새로운 기술과 표준을 공유할 수 있다는 장점이 있기 때문에 Terralingua(미국), HRELP, ELF, FEL, E-MELD, DELAMAN과 같은 국제 네트워크와 연계하고 있다. RNLD는 초심자를 현장의 전문가와 연결시켜 주기도 한다.

□ 연구 목적

RNLD의 목적은 토착어 화자와 그 후손, 언어학자, 언어센터 근무자, 교육자, 아카이브 구축자, 기술 개발 전문가, 지역 기관(공동체, 정부, 비정부기관) 등을 포함한 모든 핵심 참여자를 서로 연결시키는 데 있다. 이 네트워크는 언어 다양성과 언어 절멸 상황을 잘 보여 주는 오스트레일리아, 인도네시아, 동티모르, 말레이시아, 브루나이, 멜라네시아 지역에서의 언어 유지 활동에 초점을 둔다.

□**언어 문서화 방법론**

(1) 언어 유지 종사자들에게 필요한 기술을 제공할 수 있는 프로그램

(2) 언어 데이터에 대한 적절한 기술적 접근

(3) 아카이브 기록/녹음을 위한 기술

(4) 아카이브 자료의 검색 방법

(5) 아카이브 자료의 해석 지침

(6) 언어와 문화 회복을 위한 아카이브 자료의 이용

(7) 사전 집필

(8) 해당 현지와의 전문 기술 연계

□**활동 및 성과**

문화적 다양성과 생물적 다양성을 유지하고 전이하는 일은 언어적 다양성과 긴밀하게 연결되어 있다. 토착어를 유지시키는 활동은 언어 문서화, 저술 작업, 교육(언어의 보금자리 마련, 학교와 공동체의 언어 프로그램), 아카이브 데이터, 특수 도구의 개발, 언어 유지 활동과 관련되어 있는 모든 사람들을 훈련시키는 일 등 여러 가지이다.

이와 같은 광범위한 활동은 대체로 개인, 공동체, 그리고 기구와 조직의 관심과 필요에 토대를 두고 시작되어 발전하고 있다. 이에 따라 언어를 유지하거나 회복하려는 움직임이 활기차게 시도되었고, 그와 관련된 다양한 분야의 포괄적인 전문 기술이 축적되었다. 그러나 양적인 측면에서 보면, 지금까지 얻어진 전문 기술이 충분하다고는 결코 말할 수 없다. 또한 토착어 유지 혹은 회복에 종사하려는 사람들은 이미 얻어진 정보와 유사한 정보를 필요로 하고 있고, 이미 나타난 문제와 유사한 문제에 직면해 있다. 개별적인

종사자들이 자신들의 작업 유형과 관련된 다양한 수준의 전문 기술을 갖고 있다면, 토착어 화자와 연구자들이 더 생산적인 결과를 얻을 수 있는 방법론이 나올 수 있도록 아이디어와 기술을 공유해야 한다는 필요성이 부각되었다.

RNLD가 다른 개별적 활동 혹은 프로그램보다 초점이 더 넓은 첨단 단체라는 것은 바로 위와 같은 시나리오 때문이다. 즉 언어 유지에 대한 폭넓은 접근을 목표로 하고, 그 분야 종사자들 간의 네트워크를 발전시키며, 해당 지역에서 정기적인 심포지엄과 컨퍼런스를 개최하는 것과 더불어 자료 웹사이트를 유지함으로써 언어 다양성을 지원한다는 것이다.

□참고문헌□

고동호(2005), 「시버어의 음운구조 연구」, 『알타이학보』 14, 1~22, 한국알타이학회.

국립국어원 지역어조사추진위원회(2006), 『지역어 조사 질문지』, 서울: 국립국어연구원.

김방한(1976), 「한국어 계통 연구의 문제점―그 방법론과 비알타이어 요소―」, 『언어학』 1, 3~24, 한국언어학회.

김방한·김주원·정제문(1986), 『몽골어와 퉁구스어』, 서울: 민음사.

김주원(1992), 「계통론」, 『국어학 연구 백년사』, 서울: 일조각, 541~549.

서울대학교 인문대학 언어학과(제작), ASK Real Project 팀(수정)(2005), 『언어조사질문지 (중국지역용, 러시아지역용, 몽골지역용)』: 한국알타이학회.

성백인(1983), 「몽고어 다구르 방언의 음운체계 연구」, 『동방학지』 40, 119~152, 연세대학교국학연구원.

오미정(1999), 「국어의 기초어휘 선정에 대한 연구 ―<신체> 영역의 어휘를 중심으로―」, 고려대학교 대학원 국어국문학과 석사학위논문.

이기갑(1990), 「방언 어휘론」, 『방언학의 자료와 이론』(국어국문학회 편): 107~171, 서울: 지식산업사.

이기문(1977), 「한국어와 알타이제어의 어휘 비교에 대한 기초적 연구」, 『동아문화』 14, 33~102, 서울대학교 동아문화연구소.

이익섭(1984), 『방언학』, 서울: 민음사.

_____(1994), 『사회언어학』, 서울: 민음사.

이용성(2004), 「"富裕 크르그즈어" 신체 용어」, 『알타이학보』 14, 185~220, 한국알타이학회.

한국알타이학회(1999), 『알타이언어들을 찾아서』, 알타이언어 문화 연구 총서 1, 서울:태학사.

한국정신문화연구원 어문학연구실(1980), 『한국방언조사질문지』, 한국정신문화연구원.

國家統計局人口和社會科技統計司, 國家民族事務委員會經濟發展司(2004) 『2000年人口普查 中國民族人口資料』, 北京:民族出版社.

內蒙古大學 蒙古語文研究所, 『蒙古語族語言方言研究叢書』, 呼和浩特: 內蒙古人民出版社.

斯欽朝克圖(2002), 「康家語概況」, 民族語文, 2002年第6期(總第138期), 66~77.

孫竹 主編(1990), 『蒙古語族語言詞典』, 西寧: 靑海人民出版社.

安 俊(1986), 『赫哲語簡志』, 北京: 民族出版社.

錫伯族簡史編寫組(1986), 『錫伯族簡史』, 北京:民族出版社.

吳寶柱(2003), 「赫哲語使用現狀的調查與分析」, 滿语研究 2003(2): 93-99.

恩和巴圖 等(編)(1984), 『達斡爾語詞彙(Dayur kelen-ü üges)』, 蒙古語族語言方言研究叢書 005, 呼和浩特: 內蒙古人民出版社.

李樹蘭·仲謙(1986), 『錫伯語簡志』, 北京:民族出版社.

中國 社會科學院, 中國少數民族語言簡志叢書, 北京: 民族出版社.

郝時遠 主編(2002), 中國少數民族分布圖集, 北京:中國地圖出版社.

朝　克(2006), 『現代錫伯語口語研究』, 北京: 民族出版社.

赵阿平, 郭孟秀, 唐戈(2002), 「满-通古斯語族語言文化抢救調查──富裕县三家子满族語言文化調查报告」, 满語研究 2002(2): 39-44.

陳宗振 編著(1990), 中國突厥語族語言詞匯集, 北京: 民族出版社.

胡增益, 朝克(1986), 『鄂溫克語簡志』, 中國少數民族語言簡志叢書, 中國 社會科學院, 北京: 民族出版社.

服部四郎(1957), 『基礎言語調査表』, 東京大学 文学部 言語学研究室.

アジア・アフリカ言語文化研究所(1979), 『アジア・アフリカ言語調査票 下』, 東京外國語大學.

栗林 均(1989), <內蒙古語>, ≪言語學大辭典≫ 中, 1426-1434, 東京: 三省堂.

Australian Academy of the Humanities and the Chinese Academy of Social Sciences (1987), *Language Atlas of China*, Longman, Hong Kong: Longman.

Boeschoten (1998), "The speakers of Turkic Languages", in Johanson, Lars and Éva Á. Csató (eds.), *The Turkic languages*, London & New York: Routledge, pp. 1~15.

Boosiyang, Jirannige Bo. (1996), *Bar γu aman ayal γu*, Mongγol töröl-ün kele ayalγun-u sudlul-un čoburil 001, 呼和浩特: Öbör mongγol-un yeke surγaγuli-yin keblel-ün qoriy-a.

Bulaga, Do. (2005), *Mong γol kelen-ü oyirad ayal γu-yin sudulul*, 烏魯木齊: Sinjiyang-un arad-un keblel-ün qoriya.

Buyandelger, Ji.(γoollan nayiraγulba) (1999), *Eligen qayiratu qa γučin bar γu*, Kökeqota: Öbör mongγol-un soyol-un keblel-ün qorij-a.

Castrén, M. A. (1856), *Grundzüge einer tungusischen Sprache nebst kurzem Wörterverzeichnis*, St. Petersburg.

Clauson, Sir Gerard (1972), *An Etymological Dictionary of Pre-Thirteenth Century Turkish*, Oxford: The Clarendon Press.

Crystal, David (2002), *Language Death*, Cambridge: Cambridge University Press.

Doerfer, Gerhard(1964), "Klassifikation und Verbreitung der Mongolischen Sprachen," Poppe, N., N. (eds.), *Mongolistic*, pp. 35~50, Leiden/Kölen: E. J. Brill.

＿＿＿＿＿＿＿＿＿(1978), "Classification problems of Tungus," in Doerfer G. and M. Weiers (eds.), *Tungusica*, Band 1, pp. 1~26, Wiesbaden: Otto Harrassowitz.

Esenova, Tamara (2004), "Kalmyks in Russia: History, Language, and Culture," *Altai Hakpo* 14, pp.139~151, The Altaic Society of Korea.

Gáspár, Csaba (2006), *Darkhat*, Muenchen: Lincom GmbH.

Johanson, Lars & Csató, Éva Á. (ed.) (1998), *The Turkic Languages*, London, New York: Routledge.

Janhunen, Juha and Tapani Salminen (2000), *UNESCO Red Book on Endangered Languages: Northeast Asia* (http://www.helsinki.fi/~tasalmin/nasia_report.html).

Kibrik, Aleksandr E. (1991), "The problem of endangered languages in the USSR," in Robins, Robert H. and Eugenius M. Uhlenbeck (eds.), *Endangered languages*, 257-273, Oxford & New York: Berg, pp. 257-273.

Krasnaja kniga jazykov narodov Rossii (1994), *Enciklopedicheskij slovar'-spravochnik*, Moscow: Academia.

Krauss, Michael (1992), "The world's languages in crisis", *Language* 68(1), pp. 1~42.

Malchukov (1995), *Even*, München-Newcastle: Lincom Europa.

Menges, Karl H. (1968), *The Turkic Languages and Peoples. An Introduction to Turkic Studies*, Ural-Altaische Biblioth XV, Wiesbaden: Otto Harrassowitz.

Nida, Eugene (1947), "Field Techniques In Descriptive Linguistics," *International Journal of American Linguistics*, 13.3: 138-146, The University of Chicago Press.

Polivanov, E. D. (1927), "K voprosu o rodstvennykh otnoshenijakh korejskogo i 'altajskikh' jazykov", *Izvestija akademii nauk SSSR*, Series VI, Vol. XXI, Nos. 15-17, Leningrad.

Poppe, N. (1955), *Introduction to Mongolian Comparative Studies*, Helsinki: Suomalais-Ugrilainen Seura.

_____ (1960), *Vergleichende Grammatik der altaischen Sprachen*, Wiesbaden: Otto Horrassowitz.

_____ (1965), *Introduction to Altaic Linguistics*, Wiesbaden: Otto Harrassowitz.

Ramstedt, G. J. (1928), Remarks on the Korean Language, *MSFOu* 58.

Ramstedt, G. J. (1952), *Einführung in die altaische Sprachwissenschaft*, Helsinki: Suomalais--Ugrilainen Seura.

Salminen, Tapani (2000), *UNESCO Red Book on Endangered Languages*: Europe(http://www.helsinki.fi/~tasalmin/europe_index.html).

Sem, L. I. (1976), *Ocherki dialektov nanajskogo jazyka, Bikinskij (ussurijskij) dialekt (= Outlines of Nanai dialects, Bikinian (Ussurian) dialect)*, Leningrad: Nauka.

Tekin, Talat (1991), "A New Classification of the Turkic Languages," *Türk Dilleri Araştırmaları (Researches in Turkic Languages)* 1, pp. 5~18.

Uuda et al. (1984), *Barɣu aman ayalɣun-u üge kelelgen-yin materiyal*, Mongɣol töröl-ün kele ayalɣun-u sudlul-un čoburil 002, 呼和浩特: Öbör mongɣol-un arad-un keblel-ün qoriy-a.

_____(1985), *Barɣu aman ayalɣun-u üges*, Mongɣol töröl-ün kele ayalɣun-u sudlul-un čoburil 003, 呼和浩特: Öbör mongɣol-un arad-un keblel-ün qoriy-a.

Vaux, Bert and Justin Cooper (1999), *Introduction to Linguistic Field Methods*, Muenchen: Lincom Europa.

Yu, Wonsoo(2004), "A Brief Sketch of the (Aga) Khori Buryat dialect: With special reference to its phonological properties," *Proceedings of the 6th Seoul International Altaistic Conference*, pp. 109~127.

_____(2006a), "Remarks on Khuuchin Barga Affricates," *Altai Hakpo* 16, pp. 127~141.

_____(2006b), "Preliminary Report on Korean-Mongolian Joint Darkhad Fieldwork Studies," *Summaries of Congress Papers*: 58-59, The 9th International Congress of Mongolists, Secretariat International Association For Mongol Studies.

Yu, Wonsoo & Kwon, Jae-il (2004), "Preliminary remarks on the phonemic system of the Qiqihar Meilis dailect of the Dagur language," *Altai Hakpo* 14, pp. 153~184.

Амаржаргал Б., Ж. Цолоо, Г. Гантогтох (1988), *БНМАУ дахь монгол хэлний аялгуу ны толь бичиг I: Халх аялгуу*, Улаанбаатар: БНМАУ-ын ШУА, Хэл Зохиолын Хүрээлэн.

Цинциус В.И. (1975, 1978), Сравнительный словарь тунгусо-манчжурских языков I-II, Ленинград.

Мөөмөө, С., Мөнх-Амгалан, Ю. (1984), *Орчин үений н монгол хзл аялгуу*, Улаанбаат ар хот.

Санжеев, Г. Д. (1931), Дархатский говор и фольклор, Ленинград: Издательство Акад еми Наук СССР.

Цолоо, Ж.(1987), "БНМАУ-ын нутгын аялгуу," *Хэл Зохиол Судлал* 18: 5-144, Улаан баатар: БНМАУ Шинжлэх Ухааны Академи, Хэл Зохиолын Хүрээлэн.

Цолоо, Ж.(1988), *БНМАУ дахь монгол хэлний аялгууны толь бичиг II: Ойрд аялгуу*, Улаанбаатар: БНМАУ-ын ШУА, Хэл Зохиолын Хүрээлэн.

http://www.hoodong.com
http://www.joshuaproject.net
http://www.hulunbeier.gov.cn

□ 찾아보기 □

□ 알타이언어 범례 □

만주퉁구스어파

1. 어원어(Ewen)
2. 어윙키어(Ewenki)
3. 솔론어(Solon)
4. 네기달어(Negidal)
5. 나나이어(Nanai)
6. 윌타어(Uilta)
7. 울치어(Ulchi)
8. 우디허어(Udihe)
9. 오로치어(Orochi)
10. 만주어(Manchu)
11. 시버어(Sibe)

몽골어파

12. 다고르어(Dagur)
13. 몽구오르어(Monguor)
14. 보난어(Bonan)
15. 캉자어(Kangjia)
16. 둥샹어(Dongxiang)
17. 동부요구르어(East Yugur)
18. 부리야트어(Buriat)
19. 몽골어(Mongolian)
20. 칼미크어(Kalmyk-Oirat)
21. 모골어(Moghol)

튀르크어파

22. 추바시어(Chuvash)
23. 할라지어(Khalaj)
24. 터키어(Turkish)
25. 가가우즈어(Gagauz)

26. 아제르바이잔어(Azerbaijani)
27. 투르크멘어(Turkmen)
28. 호라산 튀르크어(Khorasan Turkish)
29. 카시카이어(Qashqa'i)
30. 아프샤르어(Afshar)
31. 아이날루어(Aynallu)
32. 살라르어(Salar)
33. 위구르어(Uyghur)
34. 우즈베크어(Uzbek)
35. 크림 타타르어(Crimean Tatar)
36. 우룸어(Urum)
37. 카라임어(Karaim)
38. 카라차이 발카르어(Karachai- Balkar)
39. 쿠므크어(Kumyk)
40. 타타르어(Tatar)
41. 바시키르어(Bashkir)
42. 카자흐어(Kazakh)
43. 카라칼파크어(Karakalpak)
44. 노가이어(Nogai)
45. 키르기스어(Kirghiz)
46. 알타이어(Altai)
47. 하카스어(Khakas)
48. 쇼르어(Shor)
49. 출름 튀르크어(Chulym Turkish)
50. 투바어(Tuvan)
51. 토파어(Tofa)
52. 야쿠트어(Yakut)
53. 돌간어(Dolgan)
54. 서부요구르어(West Yugur)
55. 푸위 키르기스어(Fuyu Kirghiz)

알타이언어 사용 지역

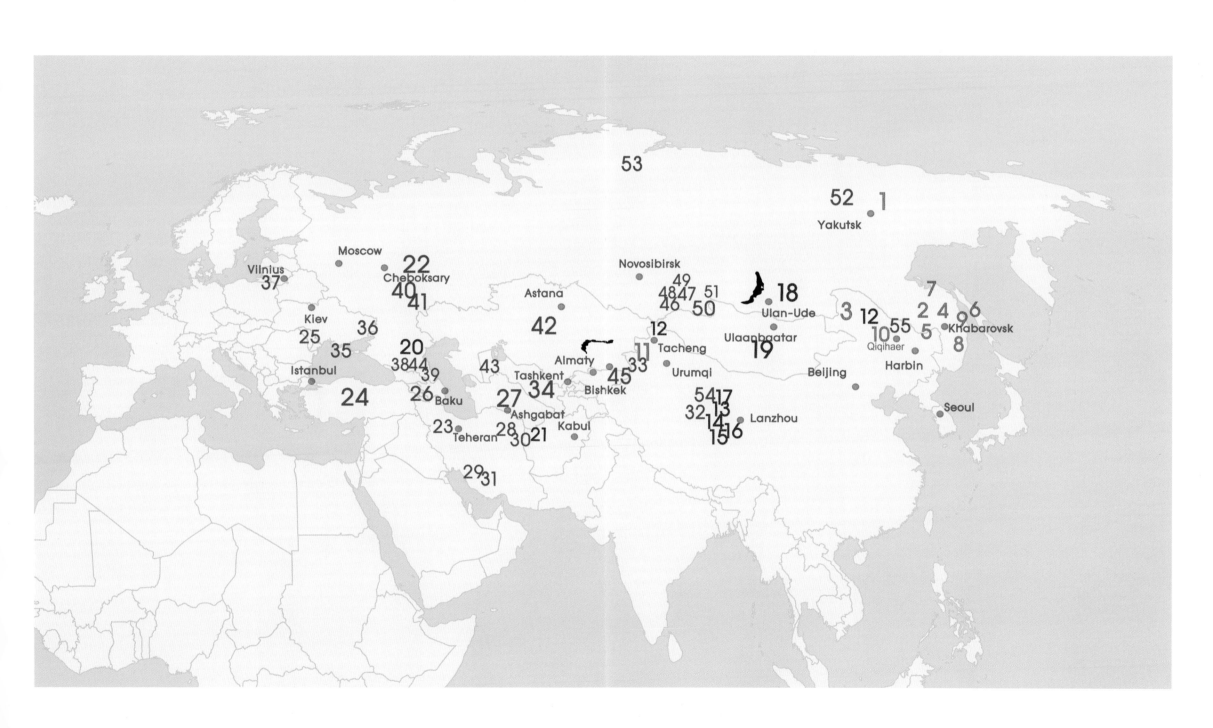